U0452870

公平竞争审查

法治理论与中国方案

Fair Competition Review
Rule of Law Theory and China's Solution

孙晋 等／著

法律出版社 LAW PRESS·CHINA
———— 北京 ————

图书在版编目（CIP）数据

公平竞争审查：法治理论与中国方案／孙晋等著.
北京：法律出版社，2024. -- ISBN 978-7-5197-9596-2
（2025.6重印）

Ⅰ. D922.294

中国国家版本馆 CIP 数据核字第 20245SF312 号

公平竞争审查：法治理论与中国方案
GONGPING JINGZHENG SHENCHA：FAZHI LILUN YU ZHONGGUO FANGAN

孙　晋　等著

策划编辑　沈小英
责任编辑　陈　妮
　　　　　张思婕
装帧设计　李　瞻

出版发行　法律出版社	开本　710 毫米×1000 毫米　1/16
编辑统筹　法治与经济出版分社	印张　23.75　字数　410 千
责任校对　王语童	版本　2024 年 10 月第 1 版
责任印制　吕亚莉	印次　2025 年 6 月第 2 次印刷
经　　销　新华书店	印刷　北京中科印刷有限公司

地址：北京市丰台区莲花池西里 7 号（100073）
网址：www.lawpress.com.cn　　　　　销售电话：010-83938349
投稿邮箱：info@lawpress.com.cn　　　客服电话：010-83938350
举报盗版邮箱：jbwq@lawpress.com.cn　咨询电话：010-63939796
版权所有·侵权必究

书号：ISBN 978-7-5197-9596-2　　　　定价：118.00 元

凡购买本社图书，如有印装错误，我社负责退换。电话：010-83938349

作者简介

孙晋

　　武汉大学法学院二级教授，国家社会科学基金重大项目首席专家，中国法学会理事，亚洲竞争法协会竞争与规制委员会主任，中国商业法研究会副会长，中国法学会经济法研究会常务理事，辽宁省委省政府决策咨询委员会委员，湖北省政府法律顾问。

　　在《中国社会科学》《中国法学》等发表学术论文250余篇，其中《新华文摘》《中国社会科学文摘》《高等学校文科学术文摘》等五大文摘全文转载（摘）20篇，出版学术专著16部。主持国家社科基金重大项目、重点项目、一般项目等70余项。

　　荣获教育部高等学校科学研究优秀成果奖二等奖、钱端升法学研究成果奖一等奖、中国法学优秀成果奖三等奖、方德法治研究奖一等奖等。

前　言

竞争法治建设犹如大厦建设,既要绘制好蓝图、有顶层设计,又要抓好施工、重在落实。在全球经济持续变革和中国经济转型升级的背景下,确保政府秉持中立立场促进公平竞争、切实维护市场主体之间公平竞争,不仅是完善社会主义市场经济体制的核心,而且是构建法治政府的基石。在此过程中,公平竞争审查制度作为落实竞争法治的重要工具,日益成为推动社会主义市场经济健康发展的关键。

武汉大学竞争法与竞争政策研究中心(以下简称研究中心)成立于2010年,既是全国高校最早成立的三家竞争法研究机构之一,也是最早开展公平竞争审查制度研究的三个团队之一,还是国内最早从事公平竞争审查第三方评估实践的机构。在科研成果产出方面,研究中心聚焦公平竞争审查制度的理论与实践问题,在《中国法学》《新华文摘》《中国社会科学文摘》《高等学校文科学术文摘》《光明日报》《清华法学》《政法论坛》《法学评论》等期刊报纸发表或转载论文百余篇,出版著作近10部。另外,研究中心主任和骨干成员全程参与了《反垄断法》《公平竞争审查制度实施细则》《公平竞争审查条例》等法律、法规、规章指引的制定、修改的起草论证工作。

科研立项和社会服务方面,研究中心先后承担并圆满完成了《湖北省公平竞争审查联席会议单位公平竞争审查第三方评估项目》(2019年)、《江苏省全省公平竞争审查第三方评估项目》(2021年)、《内蒙古自治区全区公平竞争审查第三方评估项目》(2022—2023年)、《浙江省全省乡镇公平竞争审查第三方评估项目》等30余个省市县三级政府或职能部门的公平竞争审查第三方评估项目。其中,研究中心在2019年中标并承担湖北省公平竞争审查第三方评估项目,该项目是全国第一例公平竞争审查第三方评估项目。研究中心在2019年年底和2020年上半年克服种种困难,最终圆满完成评估任务,评估报告得到湖北省分管省长的高度肯定。另外,研究中心为国家发改委、国家市场监管总局以及若干省委党校、10余个省(自治区、直辖市)市场监管部门、企业举办反垄断与公平竞争审查培训授课近300场。研究中心的实践经验为本书的编撰提供了丰富的第一手资料和坚实的实证分析基础。

本书的编撰源于研究中心在公平竞争审查领域的长期观察、深厚积累与独到见解。研究中心团队在深入实践的基础上,广泛开展实证研究,真正把论文写在祖国的大地上,在理论研究方面取得系列重要突破。鉴于此,研究中心编撰《公平竞争审查:法治理论与中国方案》一书,以期通过深入的理论研究结合实践案例分析,为我国公平竞争审查在理论、制度和实践三个方面的不断发展完善提供学术支撑和政策建议。

本书共分为理论研究和审查实践两大部分。理论研究部分体系化梳理了研究中心团队成员在公平竞争审查制度理论研究中所取得的成果,研究涵盖公平竞争审查制度的背景与发展、目的与意义、基本原则、审查主体与标准以及监督与保障等多个维度,形成了包括总则篇、审查内容篇、特定行业篇、实施保障篇、第三方评估篇在内的全面讨论。审查实践部分重点展示了研究中心团队在全国范围内进行公平竞争审查第三方评估的调研成果。通过对多个省市地区政府部门的实地访谈与材料收集,系统梳理了当前公平竞争审查制度在不同地区、不同领域的实施状况。并在调研基础上总结目前审查实践中的典型经验,归纳形成可供借鉴的优秀做法,同时提出具有针对性和可操作性的制度优化建议。

公平竞争是市场经济的基本原则,是市场机制高效运行的重要基础。公平竞争审查制度的建立及实施有助于规范政府的经济管理和市场干预行为,防止出台排除、限制市场竞争的政策措施。研究中心团队希望通过自身在理论上与实践中的努力,为读者提供一个更加专业的全新视角,使之理解公平竞争审查制度理论与实践的有机结合如何有效地促进市场机制的公正和高效运转,进而加快建设全国统一大市场和推动经济高质量发展。同时,书中所涉及的广泛案例和深入分析,也将为政策制定者、学者、法律实务工作者以及对公平竞争审查制度感兴趣的社会公众提供重要的参考和有益的启迪。

路虽远,行则将至。进一步全面深化改革,需要扎实推进公平竞争审查落地见效。通过编撰出版本书,不仅展示了研究中心团队在公平竞争审查领域的研究成果和实践经验,更表达了武汉大学竞争法团队全体成员对推动公平竞争审查制度全面落地和竞争法治发展的坚定信念。真诚期待本书的问世能够为我国公平竞争审查制度的不断完善和审查工作的全面落地、有效实施贡献力量,为中国式现代化提供更多智慧、注入强劲动力。

孙　晋

武汉大学竞争法与竞争政策研究中心主任、

武汉大学法学院教授

2024年5月30日,江城武汉

法律规范简称索引

简称	全称
《宪法》	《中华人民共和国宪法》
《立法法》	《中华人民共和国立法法》
《反垄断法》	《中华人民共和国反垄断法》
《反不正当竞争法》	《中华人民共和国反不正当竞争法》
《民事诉讼法》	《中华人民共和国民事诉讼法》
《行政诉讼法》	《中华人民共和国行政诉讼法》
《政府采购法》	《中华人民共和国政府采购法》
《建立公平竞争审查制度的意见》	《国务院关于在市场体系建设中建立公平竞争审查制度的意见》
《公平竞争审查实施细则》	《公平竞争审查制度实施细则》
《加快建设全国统一大市场的意见》	《中共中央、国务院关于加快建设全国统一大市场的意见》
《企业国有资产法》	《中华人民共和国企业国有资产法》
《证券法》	《中华人民共和国证券法》
《邮政法》	《中华人民共和国邮政法》
《商业银行法》	《中华人民共和国商业银行法》
《保险法》	《中华人民共和国保险法》
《民用航空法》	《中华人民共和国民用航空法》
《电力法》	《中华人民共和国电力法》
《外商投资法》	《中华人民共和国外商投资法》
《海南自由贸易港法(草案)》	《中华人民共和国海南自由贸易港法(草案)》
《铁路法》	《中华人民共和国铁路法》

目 录

理 论 研 究

总则篇

以公平竞争审查制度的高质量实施扎实推进高质量发展 …………… 005
公平竞争原则与政府规制变革 ………………………………………… 009
规制变革理论视阈下公平竞争审查制度法治化进阶 ………………… 036
公平竞争审查制度构建的基准与进路 ………………………………… 054
公平竞争审查制度的规范困境和优化路径 …………………………… 069
公平竞争审查主体制度探析 …………………………………………… 087

审查内容篇

地方政府奖补政策公平竞争审查制度的适用 ………………………… 105
政府采购领域公平竞争审查制度的适用 ……………………………… 126
国有资本投资政策公平竞争审查的法治保障 ………………………… 139
公平竞争审查豁免制度研究 …………………………………………… 157

特定行业篇

公平竞争审查视角下共享经济的政府监管路径选择 ………………… 179
竞争政策视角下我国光伏产业持续发展的政策转型 ………………… 194

实施保障篇

公平竞争审查制度地方实施激励机制研究 …………………………… 207
公平竞争审查制度的实施保障机制研究 ……………………………… 230

第三方评估篇

公平竞争审查第三方评估机制研究 …………………………………… 243

审 查 实 践

湖北省公平竞争审查第三方评估报告(2019~2020)
………………………… 武汉大学竞争法与竞争政策研究中心　259

江苏省公平竞争审查第三方评估报告(2021)
………………………… 武汉大学竞争法与竞争政策研究中心　270

内蒙古自治区公平竞争审查第三方评估报告(2022~2023)
………………………… 武汉大学竞争法与竞争政策研究中心　303

海南市场监督管理局公平竞争审查第三方评估报告(2023)
………………………… 武汉大学竞争法与竞争政策研究中心　328

宜昌市公平竞争审查第三方评估报告(2023)
………………………… 武汉大学竞争法与竞争政策研究中心　350

附件　《公平竞争审查条例》出台的时代背景、现实意义
　　　以及未来展望 …………………………………………………… 362

后记 ………………………………………………………………………… 372

理论研究

总　则　篇

以公平竞争审查制度的高质量
实施扎实推进高质量发展

2023年以来,中国经济持续回升向好,增速在全球主要经济体中保持领先。同时,世界百年变局仍在加速演进,世界经济面临多种风险挑战,我国面临高质量发展的首要任务,亟待进一步破除影响各类所有制企业公平竞争、共同发展的法律法规障碍和隐性壁垒,持续提振经营主体信心。为深入贯彻落实党的二十大关于构建全国统一大市场、完善公平竞争市场经济基础制度、破除地方保护和行政性垄断等重要部署,国家市场监督管理总局(以下简称国家市场监管总局)、国家发展和改革委员会(以下简称国家发改委)等部门压实责任、真抓实干,常态化指导地方开展公平竞争审查工作,推动工作走深走实。这是相关职能部门认真落实党中央部署,严格按照《反垄断法》要求,助力高质量发展的重要举措,对处理好政府与市场的关系使市场在资源配置中起决定性作用,更好发挥政府作用促进全国统一大市场建设,维护市场公平竞争破除市场准入壁垒,持续优化营商环境促进民营经济做大做优做强,具有重大的时代意义。

一、公平竞争审查制度是我国全面深化改革的顶层设计和全面依法治国的重要抓手

公平竞争审查制度是我国在规制抽象行政性垄断领域的制度创新。2016年6月,《建立公平竞争审查制度的意见》提出,建立公平竞争审查制度,是深入推进经济体制改革的客观需要,是全面推进依法治国的有力保障,是实现创新驱动发展的必然选择,是释放市场主体活力的有效举措。公平竞争审查制度作为强化竞争政策基础地位的关键路径,体现了在竞争政策与其他经济政策、社会公共政策之间的冲突协调中遵循竞争优先、坚守竞争底线的原则。公平竞争审查制度在规范政府行为、保障公平竞争以促进

全国统一大市场建设的国家战略上被寄予厚望。该制度实施以来,有力地维护了各类经营主体公平参与市场竞争,为高质量发展提供了重要制度供给,对促进经济社会持续健康发展具有重大意义。

2022年6月,十三届全国人大常委会第三十五次会议表决通过了《关于修改〈中华人民共和国反垄断法〉的决定》,把"国家建立健全公平竞争审查制度"纳入其中,形成了"1+1>2"的制度合力,既推动了公平竞争审查制度的法治化,又夯实了《反垄断法》"经济宪法"的地位。一方面把这项事关国家顶层设计和党中央决策部署的关键制度以法律形式固定下来,另一方面也宣示了我国社会主义市场经济是公平竞争的法治经济。修改后的《反垄断法》在总则部分第4条和第5条明确规定:"反垄断工作坚持中国共产党的领导。国家坚持市场化、法治化原则,强化竞争政策基础地位,制定和实施与社会主义市场经济相适应的竞争规则,完善宏观调控,健全统一、开放、竞争、有序的市场体系";"国家建立健全公平竞争审查制度。行政机关和法律、法规授权的具有管理公共事务职能的组织在制定涉及市场主体经济活动的规定时,应当进行公平竞争审查"。修法为从源头上避免制定出台排除、限制竞争的政策措施和实施行政性垄断提供了明确的法律保障。该预防性制度与《反垄断法》第5章"滥用行政权力排除、限制竞争"的规定共同构成从源头预防到过程治理的行政性垄断全链条监管,有利于进一步巩固和强化我国竞争政策的基础地位,在全国范围内规范和优化各项政策措施,加快促进全国统一大市场建设。

二、对于违反公平竞争审查标准的政策措施应当依法及时整改

在现实层面考察,有的地方政府及其职能部门制定的政策措施违反公平竞争审查标准的现象依然存在,缺乏公平竞争考量的情况也不少见。建设全国统一大市场以及更高水平的现代市场经济体制,必然需要全局性、可持续性、以生产要素自由流动和经营主体公平竞争为核心特征的竞争政策。违反市场准入和退出标准、商品和要素自由流动标准,影响生产经营成本和行为标准的政策措施,将扭曲市场竞争机制,破坏市场公平竞争秩序,不利于鼓励企业创新和优胜劣汰,要运用公平竞争审查制度对这些政策措施实施审查全覆盖。发现问题应当依法依规及时整改,我国《反垄断法》和《公平竞争审查实施细则》均对此作出明确规定。

三、真抓实干释放强化公平竞争监管的重要信号

有效实施公平竞争审查制度、规范和优化地方政府政策措施、维护市场公平竞争秩序，无疑是强化公平竞争监管的主要面向和第一要务。我国公平竞争审查制度实施以来，主要取得了以下成效：一是实现了国家、省、市、县四级政府全覆盖，这为常态化实施该项制度奠定了坚实基础。二是建立了配套保障机制。例如出台了《公平竞争审查实施细则》，将公平竞争审查制度禁止的18类行为细化为55种情形，为各地各部门开展自我审查工作提供更加清晰的指引；强化部际联席会议、地方各级人民政府及联席会议的职能作用，建立联席会议办公室主动审查机制，有利于整合力量推动政府内部的竞争倡导，并调动社会专业力量补充政策制定机关自我审查能力不足的问题，保障审查工作的专业性和规范性。三是补充了《反垄断法》2022年修改前纠正行政性垄断方面的不足，通过公平竞争审查防止出台滥用行政权力排除、限制竞争的政策措施，扩大交叉检查范围、加强督促整改力度、公开典型案例。这些举措清晰释放出党中央对地方政府政策措施强化公平竞争监管的重要信号，表明在加快建设全国统一大市场和持续优化民营经济发展环境的背景下，国家必然要加大公平竞争审查工作力度，切实破除市场准入壁垒，更好维护市场公平竞争。

四、坚持自我审查与外部监督并重，以公平竞争审查工作高质量实施推进经济高质量发展

国家市场监管总局、国家发改委在推进全国统一大市场建设方面，持续开展妨碍统一市场和公平竞争的政策措施清理，对妨碍市场准入和退出、影响生产经营成本等突出问题开展专项整治。开展这些工作根本目的在于促进公平竞争审查工作提质增效、落地生根、自我续航，持续规范和优化地方政府的政策措施，以公平竞争审查工作高质量常态化实施，为全国统一大市场建设和经济高质量发展提供持久动力和可靠保障。"工欲善其事，必先利其器。"为此，需要从加强立法和赋能执法两方面同时发力，在法治轨道上打造更加完善的公平竞争审查制度。

要进一步提升公平竞争审查制度的法治化水平，为审查工作提供明确指引。2022年《反垄断法》在总则部分规定了国家建立健全公平竞争审查

制度,只是完成了该制度法治化的第一步。还需要尽快以《公平竞争审查条例》和相关规章为抓手,推动公平竞争审查制度规范化、责任化、标准化,从而形成实体规范和程序规范的公平竞争审查法律制度体系。要进一步为反垄断执法机构赋能,树立指导审查、督促整改的权威。目前,现行法律对市场监管部门在公平竞争审查工作中的定位还需进一步明确,增强反垄断执法力量。一方面,通过制定《公平竞争审查条例》明确规定市场监管部门负有指导审查、督促整改的法定职责;另一方面,增加反垄断执法人员编制,建立中央与地方反垄断执法联动机制,稳健推进反垄断执法资源配置从"横向管理"向"纵向配置"转变,大力提升执法队伍素质,匹配全国统一大市场建设目标。

公平竞争原则与政府规制变革

引 言

党的二十大报告指出,"充分发挥市场在资源配置中的决定性作用,更好发挥政府作用"。这是对市场与政府关系的基本定位,是新时代指导法治政府建设、加快政府职能转变、进一步厘清政府与市场边界、推动有效市场和有为政府更好结合的根本依据。法治作为人类社会对美好制度的向往,是国家治理体系治理能力的重要依托。具化到现代市场体系建设,表现为一对核心的范畴——政府规制与市场自治。而现代市场体系建设的优劣,则取决于国家通过制度(主要是法律)对二者辩证关系的处理和有机变量的把握,追求实现以包容性法律环境促成包容性经济制度并与之匹配。[1] 因为包容性法律政策环境强调充分发挥社会力量多方民主参与,以市场主体需求为制度完善导向,所以符合法治的主要特征;包容性经济制度则强调自由进入和竞争,任何人都没有通过垄断获得超额利润的机会,社会资源得到优化配置,生产效率极大地提高,因此对人们具有很高的生产性激励。

改革开放 40 多年以来,我国经济发展和制度建设取得了举世瞩目的成就。然而近年来,随着全球经济进入低迷期,我国经济面临较大的下行压力。传统的政府规制发展到今天也遭遇困境:加强规制容易衍化为"越俎代庖式"政府规制——政府可能将主导甚至决定资源配置,市场竞争机制在资源配置中可能将"无用武之地";放松规制容易演变为"临阵脱逃式"政府规制——政府公共产品公共服务可能将供给不足,市场竞争可能将秩序混乱。政府规制与社会主义市场经济体制的关系趋于紧张,现代化经济体系建设面临挑战。如何顺利实现新旧发展动能转换,缓解产业政策和竞争政策之

---

[1] 参见[美]德隆·阿西莫格鲁、[美]詹姆斯·A.罗宾逊:《国家为什么会失败》,李增刚译,湖南科学技术出版社2015年版,第296~299页。

间的张力,优化产业政策和改善宏观调控?如何有效加强法治建设,促进产业结构调整,在经济体制关键性基础性的重大改革上不断突破创新?如何更好地适应和助力以国内大循环为主体,国内国际双循环相互促进新发展格局?显然,积极探寻新发展阶段政府规制的变革方向和可行方案,切实处理好新时代政府与市场的关系,快速提升国家治理体系和治理能力现代化,便成为通过全面依法治国加快完善社会主义市场经济体制的必然选择。

20世纪70年代,全球范围内掀起了一场规制变革运动,政府规制变革开始进入我国学者的研究视野,我国学者对其开展了诸多有益探索。近年来,供给侧结构性改革和"放管服"改革在实践层面全面展开,我国新发展阶段的政府规制变革方兴未艾。政府规制变革的核心议题,依然是如何界分政府与市场在资源配置中的功用,并实现"政府失灵"与"市场失灵"两个问题的辩证而治。[1]

一、政府规制演进逻辑与现实悖论

（一）政府规制的内涵演进

"规制"一词古已有之,古罗马时代政府官员通过颁行法令,让公民个人或组织提供商品或服务,并出于社会公平之目的为该产品或服务制定价格。[2] "规制"源于"regulation"的汉译,而该词也常被翻译为"管制",只不过"规制"为行政法学者所偏好,[3] "管制"更受经济学学者青睐。[4] 后来,随着政府是规制主体这一观点得到认同,"规制"便与"政府规制"等同了。在规制范围上,规制经济学认为这是一个不断发展的过程,较早时规制主要聚焦经济和社会目标,而今增加了环境和可持续发展,且日益关注竞争性发展议题;规制经济学本身至少涵盖4个宽泛的领域——经济规制、社会规

---

[1] 参见张守文:《政府与市场关系的法律调整》,载《中国法学》2014年第5期。

[2] 参见阎桂芳:《政府规制概念辨析》,载《生产力研究》2009年第6期。

[3] 在《牛津规制手册》中,"regulation"一词被我国行政法学者译为"规制",并沿用2001年布莱克(Julia Black)对规制概念所作的界定:"有意使用权力,根据既定的标准,运用信息收集和行为修正等工具,来影响其他当事人的行为。"参见[英]罗伯特·鲍德温、[英]马丁·凯夫、[英]马丁·洛奇编:《牛津规制手册》,宋华琳等译,上海三联书店2017年版,第12页。

[4] 现代产业组织经济学中,管制多指政府通过法律、政策等手段对经济和社会加以控制和干预。参见廖进球、陈富良主编:《规制与竞争前沿问题》(第3辑),中国社会科学出版社2007年版,第201~203页。另外,美国著名经济学家丹尼尔·F.史普博的名著 Regulation and Markets 也被翻译为《管制与市场》(三联书店上海分店、上海人民出版社1999年版)。

制、竞争法和法律制度。[1] 在统制经济时代或计划经济条件下,规制替代论观点比较流行,主张"政府规制实际上是通过政府的'命令—控制'取代市场竞争,是通过施政者人为的判断取代市场机制自身作用的发挥"[2],实际上规制已沦落为行政管制,现在这一观点已日渐式微。目前关于政府规制比较有代表性的观点,如美国学者巴拉卡认为,规制是政府对私人领域的干预,包括实施政府干预的法律规则来试图塑造个人和企业的行为。[3] 该观点与我国经济法学界的代表性观点相近,认为规制是公共机构遵循一定的程序、运用恰当的工具对市场失灵进行干预的活动。[4] 实际上,政府规制历来是我国经济法学的研究重点,只不过经济法聚焦的是经济性规制,其经常被国家调节、调制、协调、干预等概念从不同侧面加以概括。[5] 从经济法的基本原理出发,政府规制是国家调节的下位概念,故笔者将其定义为:国家、政府为维护市场竞争秩序,保护消费者利益、国家整体利益和社会公共利益,根据相应法律和政策,通过许可、认可、处罚、激励等各种手段,对微观市场主体的市场进入和退出、价格、数量、质量等活动予以控制、监督、制约和引导。既强调了政府规制弥补市场失灵的目的正当性、规制依据的合法性、规制范围的微观性、规制内容和手段的多样性,也对市场经济体制下的政府规制与计划经济体制下的行政管制予以区别。

(二)政府规制变革的理论逻辑及现实悖论

20世纪70年代,经过一段时期的政府规制实践,人们发现利益集团、信息不对称、部门自身利益等主客观原因的存在,使政府规制成本不断攀升,规制权力出现寻租或滥用,经济效率因此反而下降,商品或服务供给再一次出现短缺。有学者在研究电信和其他网络产业的规制与竞争法的关系时,发现为了解决市场竞争问题的过度规制反而导致了市场竞争受损。[6] 易言

---

[1] 参见[英]罗伯特·鲍德温、[英]马丁·凯夫、[英]马丁·洛奇编:《牛津规制手册》,宋华琳等译,上海三联书店2017年版,第7、18页。

[2] [美]小贾尔斯·伯吉斯:《管制和反垄断经济学》,冯金华译,上海财经大学出版社2003年版,第4页。

[3] 参见[英]科林·斯科特:《规制、治理与法律:前沿问题研究》,安永康译,清华大学出版社2018年版,第5页。

[4] 参见应飞虎、涂永前:《公共规制中的信息工具》,载《中国社会科学》2010年第4期。

[5] 参见漆多俊:《经济法基础理论》(第5版),法律出版社2017年版,第100页。

[6] 参见[英]罗伯特·鲍德温、[英]马丁·凯夫、[英]马丁·洛奇编:《牛津规制手册》,宋华琳等译,上海三联书店2017年版,第560~568页。

之,为了弥补市场失灵却导致了危害更严重的政府失灵,为了社会公共利益却导致了社会公共利益受损。这种"规制悖论"已成为现实并愈演愈烈。由此,大规模政府规制变革浪潮在世界范围内迅速蔓延并一直持续至今,人们对政府规制地位的认识亦不断深化。那么,政府规制为何需要改革?政府规制变革经历了怎样的理论预设?时至今日,回答上述问题依然极为关键且迫切。

要厘清政府规制何以变迁,首先应当回答政府规制何以发生。研究发现,公共利益规制理论与利益集团规制理论共同回答了这一问题。传统公共利益规制理论以福利经济学和市场失灵为基础,给出的基本理论预设是:脆弱的市场具有无法根除的固有缺陷,如果放任其自由发展,则会导致市场失灵,继而引发社会不公正和资源配置的低效甚至无效;反之,政府是有效、仁慈且万能的,其在实施政府规制的过程中能够代表公众进行理性计算使资源配置实现帕累托最优,从而实现社会福利最大化之目标。[1] 相当长的一段时期内,公共利益规制理论在规制经济学中居于统帅地位。尽管这一理论预设是美好的,但是实践证明政府并非万能,政府规制也不可能运行于"真空"中,规制法律、政策的制定和实施难免受到市场主体的游说或阻碍。[2] 在经济学家不断追寻政府规制除市场失灵外是否还有其他产生原因的过程中,利益集团规制理论应运而生。该理论的基本假设是:强制权是政府的基础性资源,不同社会成员之间的福利转移正是基于该强制权的行使而发生;作为政府规制的主体和对象,政府与企业均是理性经济人,也有可能通过选择规制政策的制定或实施来实现自身效用的最大化。易言之,政府规制亦会产生不菲成本,而包括被规制企业在内的利益集团,可能通过提供财力等支持来改变政府规制政策的制定或实施。同时,政府甚至有可能主动寻租,以使政府规制有利于规制者自身。[3] 如此便产生政府规制的外部性,即当政府把收入再分配给不适当的人或者当国家行动不能制止经济无效率时,政府失灵就产生了,其所带来的社会成本比市场失灵更高。[4] 在充分认识到政府规制外部性对经济和社会产生的负面影响后,传统政府规

---

[1] 参见李项峰、李郁芳:《政府规制外部性及其政策涵义》,载《南京社会科学》2006年第7期。
[2] 参见张波:《政府规制理论的演进逻辑与善治政府之生成》,载《求索》2010年第8期。
[3] 参见姜明安:《行政的现代化与行政程序制度》,载《法制与社会发展》1998年第2期。
[4] 参见[美]保罗·萨缪尔森:《经济学》,萧琛译,商务印书馆2014年版,第429页。

制的效率便引发人们的疑问,政府规制变革也就势在必行了。

具体而言,西方政府规制变革经历了"规制→放松规制→强化规制→后规制"的历程。前文提及,公共利益规制理论所强调的政府全能与慈善在现实中并不存在。于是,规制变革便从繁文缛节的政府内部规则改革入手,以规范政府秩序为目的的规制因此出现,强调为官僚制度减负,从而使政府规制结构更具灵活性。[1] 其后,放松规制成为政府规制变革的主流。放松规制强调政府对市场经济的干预降至最低,表现为政府规制的范围缩小而私有经济涉及的领域增大。20世纪70年代,面对西方经济"滞涨",理论界对凯恩斯主义全面反思,1982年提出可竞争市场理论,及时为放松规制提供了理论依据并指明了改革方向。可竞争市场理论的基本假设条件是:企业进入和退出市场、产业是完全自由的,相对于在位企业,潜在进入者在生产技术、产品质量、成本等方面不存在劣势;潜在进入者能够采取"打了就跑"的策略,甚至只要有一个短暂的盈利机会就会吸引潜在进入者进入市场参与竞争。[2] 在一个可竞争市场的假设条件下,不存在任何沉没成本,只要有利可图,市场便会吸引企业不断进入,基于供求影响产品价格便会不断下降,当下降到市场无利可图时,企业便会离开;而当市场又有利可图时,企业便会再次进入,周而复始。在在位竞争者和潜在竞争者的持续博弈中,各企业获得平均利润。在市场竞争这只"看不见的手"调节资源优化配置的过程中,逐步实现市场供求平衡和持续发展。[3] 受可竞争市场理论的影响,人们不再将政府规制特别是经济性规制看作提高经济效率的唯一手段。只要存在竞争,市场主体便会制定一种可获得平均利润的维持价格方式,而不一定制定垄断高价。因此,政府规制不应当直接或间接筑起市场壁垒,反而应当降低行业市场准入,使企业进出自由以引入竞争。[4] 可竞争市场理论给传统规制理论带来了极大的冲击和挑战,它意味着应废止或修正现有的规制政策,确立政府维护竞争的基本职责,重建有序的市场竞争规则。然而,放

---

[1] 例如,新西兰、澳大利亚、瑞典等国家均允许中央及地方各级财政采取"宽额预算",且政府部门必须为其行为承担相应责任。

[2] 参见王万山:《新兴市场规制理论研究述评》,载《北华大学学报(社会科学版)》2004年第5期。

[3] 参见[意]马西莫·莫塔:《竞争政策——理论与实践》,沈国华译,上海财经大学出版社2006年版,第7~9页。

[4] 参见马昕、李泓泽等编著:《管制经济学》,高等教育出版社2004年版,第52页。

松规制并非绝对,认识到政府规制于保障社会公共利益方面不可替代的作用,在经济性规制的范围不断缩小的同时,社会性规制却不断增大增强。[1] 20世纪90年代后期,激励性规制的提出使得人们意识到政府规制出现了新的信息结构,有必要再一次对政府规制进行革新以提高政府规制的质量,尽量减少对市场竞争的不利影响。此时,在可竞争市场理论和激励性规制新方法基础上兴起的"后规制",强调规制与竞争均是增进社会福利的工具,而并不是非此即彼的价值目标。不仅需要将市场竞争主体和规制机构纳入政府规制中,而且规制过程本身亦应当受到竞争机制的评价和约束。这便是现代语境下,政府规制推动传统的政府直接干预向经济主体自我规制的转变。相较于传统规制,后规制是对规制的再规制,更强调政府规制对可竞争市场理论的承继和激励性规制的利用,尊重市场竞争机制和维护市场竞争秩序,充分发挥社会力量多方民主参与,以实现良法善治之目的。[2]

(三)当前我国政府规制面临的挑战

在世界性的政府规制变革如火如荼开展的同时,我国正处于经济转轨时期,这是我国实行政府规制和规制变革的重要时代背景和经济基础。经济转轨与规制变革交织在一起,这本身就使政府规制变革具有了丰富的内涵。二者的关系呈现为:经济转轨是政府规制变革的前提和基础,政府规制变革是经济转轨的重要内容和手段。必须承认,我国经济体制改革和市场经济发展已经取得了令人瞩目的成就。然而,改革至今,政府对市场不合理的干预尚未得到全面有效遏制。随着这些干预的持续,政府规制本身的缺陷也不断暴露。具体而言,我国政府规制变革需要解决的最主要问题,是政府规制依旧对市场决定资源配置形成阻力和障碍——作为政府规制"副产品"的行政性垄断与市场竞争的关系并未得到理顺,政府规制导致产业政策与竞争政策面临冲突。其面临的挑战主要表现在以下几个方面。

1. 政府规制方法单一和规制措施之间不协调

传统上,政府规制过于倚重强制性控制惩戒性监管的作用,忽略对市场主体自我规制和激励方法的运用,既达不到预期的规制效果,又会引发一系列新的问题。按照经济学观点,政府对市场的过度管制会造成市场价格机

---

[1] 参见章志远:《公用事业特许经营及其政府规制——兼论公私合作背景下行政法学研究之转变》,载《法商研究》2007年第2期。

[2] 参见许健:《论可持续发展与经济法的变革》,载《中国法学》2003年第6期。

制的扭曲,引发市场规律的深度失灵,同时也不利于发挥规制规则的灵活性,进而导致政府规制成本的上升和管制俘获可能性的增大。自我规制是相对于政府规制而言的概念,既能延伸政府强行规制的功能,又能弥补惩戒性监管的不足。因为自我规制相较于政府规制具有"规制负担更小,更有利于政府将稀缺资源用于更擅长的领域"及"能够利用累积性判断力和经验去解决政府较难处理的问题"的特点。[1] 实际上,政府规制与自我规制是相互调节和促进的辩证关系。激励性规制是指为了实现特定规制目标,通过非强制性评价、奖励或特殊待遇等方式激发、引导和鼓励市场主体自觉做出一定行为的法律调整方法。[2] 这种提倡性调控手段,能够最大限度激发被调控主体自我规制的主动性。当前,在经济性规制中,对于激励性规制,如商业信用机制和商业声誉评价这一市场固有机制以及特许投标竞争、区域间比较竞争、社会契约制度等方法运用较少。而我国规制措施的不协调尤以竞争政策与产业政策的抵牾最为突出。我国产业政策的目标是扶持重点行业和重点企业,政府通过财政、金融、税收等产业政策和手段对重点企业倾斜扶持,鼓励其通过增加投资和兼并重组等方式迅速扩大规模,提高市场占有率,以期在短时间内培育出具有国际竞争力的大企业。与之相对,竞争政策则对非普惠性非公益性的政策支持和企业市场份额的扩大及市场集中度的提高持警惕态度,对企业之间的并购进行严格审查。产业政策虽然不必然排斥竞争,但更强调企业间既竞争又合作的关系。为避免某些行业的重复投资和过度竞争,政府往往设定行政性进入壁垒,试图保护在位企业利益。因此,企业间的竞争是政府管制下的"有节制的竞争"即不充分竞争。相反,竞争政策则鼓励企业间展开自由充分竞争,以划分市场和固定价格为目的的协议将遭到竞争政策的严厉禁止。[3]

2. 规制法律体系尚不完善

法律法规是政府及其职能部门对市场主体行为开展规制的法律依据。规制法律体系应该包括三个层次:第一个层次是有关被规制产业部门的基

---

[1] See Robert Pitofsky, *Self-regulation and Antitrust*, Prepared Remarks in the D. C. Bar Association Symposium, Vol. 63:663, p. 663 – 667(1998).
[2] 参见倪正茂:《激励法学探析》,上海社会科学院出版社2012年版,第150页。
[3] 参见石俊华:《日本产业政策与竞争政策的关系及其对中国的启示》,载《华东经济管理》2008年第10期。

本法,起到原则性指导性的作用;第二个层次是与基本法相配套的、保证基本法的立法宗旨和原则得以实现的相关法律;第三个层次是其他法律中与被规制产业(行业或企业)相关的内容。当前,就正式颁布的自然垄断产业规制法律而言,目前仅颁布了《邮政法》《铁路法》《商业银行法》《保险法》《民用航空法》《电力法》等少数几部法律,而更多的是各级政府制定的各种规章、条例,以及行政命令、行政措施等政策。法律的缺失直接导致政府规制的法治化程度低,常见政策变动性大或前后不一致。大量政府规制法律法规迟迟没有出台,即使是已颁布的极少数法律,也大多是原则性立法,针对性不强、实操性欠佳。例如《电力法》第 6 条第 1 款中规定:"国务院电力管理部门负责全国电力事业的监督管理。国务院有关部门在各自的职责范围内负责电力事业的监督管理。"这种表述不明确的法律条文,没有指明有管理权的政府机构到底是哪些,更没有说明各政府规制机构的规制权限、职责。关于电价形成,虽然规定"应当合理补偿成本,合理确定收益,依法计入税金,坚持公平负担,促进电力建设",但成本如何构成,收益如何确定,怎样才算"合理",缺乏具体规定。这就容易导致必须遵守的规制立法形同虚设。

　　加强规制容易导致行政性垄断问题;放松规制则导致不正当竞争或限制竞争等竞争失序问题。我国平台经济即是最佳例证:得益于初期的包容审慎监管,平台经济得到长足发展,然而近期也衍生出竞争失序尤其是垄断问题。如果片面加强政府监管,又有阻滞平台发展之隐忧,政府规制陷入进退失据的尴尬境地。[1] 我国政府规制变革存在的问题与缺乏系统的理论指导不无关系。由于缺乏坚实的基础理论和统一的指导思想,政府在规制变革进程中难以正确把握监管尺度,制定政策容易左右摇摆。对市场失灵的矫正需要通过政府规制来实现,然而政府规制又不能解决市场失灵的所有问题,甚至反过来可能破坏市场交易的自由、公正与效率。那么,如何正确处理市场失灵与政府规制的关系?在可竞争市场理论基础上确立的政府遵循公平竞争原则作为后规制的基石性概念,强调通过政府的公平规制公正监管,实现市场主体权利平等、规则平等和机会平等,兼顾规制本身和经济主体自我规制的重要性,依赖多元规制主体的共同参与,可以为我国新发展

---

〔1〕 参见张效羽:《如何避免"一管就死一放就乱"》,载《学习时报》2019 年 12 月 25 日,第 2 版。

阶段的规制变革提供可行的优化路径。

二、公平竞争原则的缘起、内涵及价值

(一)公平竞争原则的缘起和内涵

公平是法治的根本要义,也是我国社会主义核心价值观的重要内容。竞争是人类社会进步的根本动力,也是资源优化配置的基本途径。在市场经济体制下,公平竞争是大道至简的基本规律和不言自明的根本原则。对公平竞争的理解有两个维度:市场端和政府端,市场端要求各类市场主体之间开展公平竞争,政府端则遵循公平竞争原则及维护公平竞争秩序,本部分主要关注后者。1993 年颁布的《反不正当竞争法》,在第 1 条开宗明义规定立法目的是"保障社会主义市场经济健康发展,鼓励和保护公平竞争,制止不正当竞争行为";2007 年制定的《反垄断法》,同样在第 1 条规定立法目的是"预防和制止垄断行为,保护市场公平竞争";2019 年 3 月,时任总理李克强在《政府工作报告》中首次提出政府要重视竞争中性。由此不难发现,历经 40 余载逐步生发并最终确立的公平竞争原则,内生于我国改革开放、经济体制转型和竞争法治发展,是对我国市场经济发展和竞争法治演进的规律把握和制度共识,已经成为构建我国统一开放、竞争有序的现代市场体系的指导原则,在当下及未来推动政府规制变革中将发挥重要指导作用。

阐释公平竞争原则,绕不开竞争中立。实际上,遵循和维护公平竞争既然作为处理政府与市场关系的基本原则,就不可避免有两个基本面相——市场主体之间公平竞争和政府对不同市场主体公平对待。易言之,竞争中立是维护公平竞争原则在政府端的要求和体现。从历史沿革来看,"中立"(neutrality)一词源于 14 世纪,用于表达在国际争端中某一国家中立的政治态度。[1] 20 世纪初,"国家中立"慢慢延伸到新的领域,"税收中立"被认为与"税收平等""税收公平"等概念息息相关,是国家税收应该遵循的基本规则。[2] "税收中立"对"国家中立"概念的充分借鉴、吸收和创新,极大地拓

---

[1] See Philip Marshall Brown, *Neutrality*, Cambridge University, 2017, p. 726; W. S. M. Knight, *Neutrality and Neutralization in the Sixteenth Century-Liège*, Journal of Comparative Legislation and International Law, Vol. 2:98, p. 100(1920).

[2] See Thomas C. Atkeson, *Tax Equity and the New Revenue Act*, The Accounting Review, Vol. 31:194, p. 194(1956).

宽了"中立"这一概念的内涵,"竞争中立"作为"税收中立"的一种结果的衍生概念得以呈现,并通过设计税收特殊规则确保税收中立,以最终实现竞争中立。[1] 此后,竞争中立逐渐拓展至公共企业、交通、国际贸易和金融领域,并于1993年在澳大利亚的《坎佩尔报告》(Campell Report)中首次被正式提出。《坎佩尔报告》不仅确立了政府干预金融市场的必要性,还明确了应将竞争中立视为维持市场公平竞争的重要工具。[2] 真正推动竞争中立在国内法中得以确立的是澳大利亚于1995年发布的《希尔默报告》(Hilmer Report)。该报告以专章详细阐述竞争中立,将其列为"国家竞争政策"(National Competition Policy,NCP)的六大组成部分之一,并将其内涵明确为政府企业和私人企业之间的竞争关系处理原则。[3] 其后,澳大利亚联邦政府与各州政府之间签署了"竞争政策协议"若干文件,并在过去的20年间发布了以《澳大利亚联邦竞争中立政策声明》等为代表的数量庞大的竞争中立政策体系,形成澳大利亚的竞争中立法律制度。同时期,欧洲联盟(以下简称欧盟)和各成员国虽然没有明确提出竞争中立的概念,但国家援助控制制度及其国内竞争政策和法律体现了竞争中立的实质内容,并有效发挥了作用。经济合作与发展组织(Organization for Economic Co-operation and Development,OECD)不遗余力地推动竞争中立从国内规则走向国际经贸投资新规则且成效显著,其通过发布竞争中立国际组织研究报告的形式,形成大量具有广泛国际影响力的"国际软法",指向"规范国企运行模式、分账户核算、商业回报要求、透明补偿要求、税收中立、监管中立、债务与补贴中立、规范政府采购"8项指标。[4] 美国作为OECD竞争中立研究的主要推动者,并未将竞争中立规定在其国内法律、政策之中,而是在双边或多边贸易协定中强调和落实,旨在对世界贸易组织(World Trade Organization,WTO)等的国际经贸投资规则进行更新和调整。

---

[1] See Martin Norr & Nils G. Hornhammar, *The Value-Added Tax in Sweden*, Columbia Law Review, Vol. 70:379, p. 407(1970).

[2] See Australian Financial System, *Final Report of the Committee of Inquiry*, Australian Government Publishing Service, 1981, p. 4.

[3] See Frederick G. Hilmer, Mark R. Rayner & Geoffrey Q. Taperell, *National Competition Policy*, Australian Government Publishing Service, 1993, p. 34.

[4] 参见孙晋:《竞争性国有企业改革路径法律研究——基于竞争中立原则的视角》,人民出版社2020年版,第7页。

近年来,美国有将其竞争中立主张作为新型贸易保护工具予以使用的企图,甚至有学者指出,竞争中立已被美国扭曲为一种政治摩擦而非经贸摩擦的工具。[1] 然而,否认不了的一个事实是,在一国国内市场,竞争中立是市场经济运行规律对政府规制的基本需求。

竞争中立客观上是市场经济发展的内生制度产物,并非外在压力的结果。我国社会主义市场经济体制需要政府规制秉持竞争中立立场和遵循公平竞争原则。早在1980年,"竞争十条"就规定"允许和提倡各种经济成分之间、各个企业之间,发挥所长,开展竞争",该规定可以被看作我国竞争中立政策的滥觞;2017年《"十三五"市场监管规划》首次提出"把竞争政策作为制定经济政策的重要基础","实行竞争中立制度,避免对市场机制的扭曲";2018年10月,时任中国人民银行行长易纲提出"以竞争中性原则对待国有企业";2019年3月,时任总理李克强在《政府工作报告》中指出要按照竞争中性原则,加快清理修改相关法规制度,对妨碍公平竞争、束缚民营企业发展、有违内外资一视同仁的政策措施应改尽改、应废尽废;2019年10月通过的《优化营商环境条例》第10条明确规定:"国家坚持权利平等、机会平等、规则平等,保障各种所有制经济平等受到法律保护。"由点及面、从政策到法律,时至今日,市场主体规则平等已成为市场经济法律的基石性理念。[2]

诚如上述,政府秉持竞争中立和维护公平竞争,既是现代规制的新理念新原则,也是竞争政策的新制度新路径。

(二)公平竞争原则在新发展阶段的定位和价值

我国《宪法》规定"国家实行社会主义市场经济",其中蕴含了公平、自由市场竞争的基础理念和基本要求。[3] 然而,《宪法》同样规定了我国社会主义经济制度的基础是生产资料的社会主义公有制,作为国有经济的重要

---

[1] 参见关权:《中美贸易摩擦的本质与促进均衡贸易的意义》,载《人民论坛》2018年第30期。退一步而言,如果竞争中立是诚如美国政府拿来对华开展贸易保护主义的"一把刀",那么错不在刀,错在用刀的主体。我们恰好需要用好这把刀,更好地保护自己、发展自己和在国际经贸规则重构中增强话语权。

[2] 参见刘大洪:《市场主体规则平等的理论阐释与法律制度构建》,载《中国法学》2019年第6期。

[3] 参见单飞跃、徐开元:《"社会主义市场经济"的宪法内涵与法秩序意义》,载《东南学术》2020年第2期。

载体,我国国有企业具有特殊的弥补市场失灵、提供公共产品的历史使命,在推动社会发展的过程中体现更强的公益性,承担更多的社会责任[1]。因此,对主要布局于公共领域、提供公共产品和服务的国有企业,《反垄断法》和公平竞争审查制度有其适用除外的空间。公平竞争和竞争中立原则必然要求公共性(公益类)和竞争性(商业类)国有企业的分类改革更加准确和彻底,从而促使国有企业治理重大变革,也会赋予竞争中立更适合我国国情的丰富内涵。显然,我国原则上豁免公共性(公益类)国有企业适用竞争中立,应限定在全面评判规制即政府干预竞争是否合理的维度上。

我国改革开放40余年来,社会主义市场经济从起步走向繁荣,经济法作为经济性规制的法律载体也从无到有,成为我国社会主义法律体系的重要组成部分和市场经济的主要法制保障。改革开放的需求推动了现代经济法制度的建立,现代经济法制度的完善又不断促进和引领改革开放和国家现代化。[2] 经济生活的秩序必须符合那些以保障所有人生存尊严为目的的正义的基本原则,故现代化国家承担着对经济生活秩序的正确的、广泛的责任。[3] 统一开放、竞争有序的现代市场体系的形成,包含"良法"和"善治"两个维度,其核心在于处理好政府与市场的关系,特别是对现代竞争法制度的促进和发展,这是现代经济法的核心要义,也是后规制的重要旨趣。只有自由、有序且公平的市场竞争才能实现资源优化配置和经济可持续高质量发展。须从以管制和直接分配为特点的"政府主导型规制"向以公平竞争和间接分配为特点的"市场回应型规制"加速转轨。纵观各国经济法基本理念的发展,基本都经历了这样一个深刻的变革过程。[4] 凯恩斯主义经济学的兴起,宣告终结了政府是否应该干预市场的世纪争论,却开启了政府应该如何干预市场的曲折探索。在建设现代市场体系的要求下,"全能政府"父爱主义之下的国家建构主义成为过去,经济法的谦抑性和规制机构的谦抑规

---

[1] 参见漆多俊:《对国有企业几个基本问题的再认识》,载《经济学家》1996年第2期。
[2] 参见张守文:《现代化、改革开放与经济法的生成》,载《法学论坛》2018年第7期。
[3] 参见《魏玛宪法》第5章第151~165条。
[4] 以德国为例,自魏玛时代始,德国将国家对经济的计划和调控视为以国家为导向的发展纲领而予以重视,而第二次世界大战后便向着一个完全不同的经济法基本理念转变——社会市场经济,其根源在于人民亲历国家暴力的滥用,并愿以任何代价去换得自由基础上的自由意志。参见[德]弗里茨·里特纳、[德]迈因哈德·德雷埃尔:《欧洲与德国经济法》,张学哲译,法律出版社2016年版,第12页。

制或曰后规制开始成为主流。[1] 因此，维护公平竞争作为政府干预市场的最核心理念和最基本操守得到越来越多的认同。同时，市场竞争机制和宏观调控/产业政策分别作为"无形之手"与"有形之手"的主要载体，竞争中立是调解两者之间冲突和缓解二者之间紧张关系的最优路径。

在新发展阶段推动高质量发展，对政府维护公平竞争提出了更高更紧迫的要求。《中华人民共和国国民经济和社会发展第十四个五年规划和2035年远景目标纲要》指出，我国已转向高质量发展阶段。强调在新发展阶段，国家要建设高标准市场体系，健全市场体系基础制度，坚持平等准入、公正监管、开放有序、诚信守法，形成高效规范、公平竞争的国内统一市场；健全公平竞争审查机制，加强反垄断和反不正当竞争执法司法，提升市场综合监管能力。同时，强调要加快转变政府职能，建设职责明确、依法行政的政府治理体系，通过改革提高决策科学化、民主化、法治化水平。具体而言，公平竞争在我国新发展阶段的定位和价值至少包含以下3个层面：第一，公平竞争实乃市场经济的内在要求和基本原则。现代规制的诸多理论中基本蕴含国家适度干预、秉持中立态度、减少制度成本的理念。公平、自由、效率、消费者福利、社会公共利益无一不是市场经济的核心价值目标，而这些价值目标的实现，必须有赖于政府遵循公平竞争原则的确立和贯彻，从而推动规制的产业政策由差异化、选择性向普惠化、功能性转变。第二，维护公平竞争是政府行为的基本准则。一方面，公平竞争原则理应作为政府规制竞争影响评估的基本准则，对包括干预必要性、交易机会、经营负担、投资回报以及适用除外等方面予以综合性评估，并充分发挥公平竞争审查制度的功能，为政府规制提供竞争指引和优化路径；另一方面，公平竞争和竞争中立也应该作为政府推动国有企业改革的基本准则。在这一过程中，需要综合考虑我国特殊国情、产业政策现实、经济和法治发展阶段等因素，原则上排除那些关涉国家安全、掌握国家经济命脉的公共性（公益类）国有企业，以及部分竞争性（商业类）国有企业承担的部分公益职能，准确确立竞争中立适用的范围，做到有效隔离和分类分标准深化国有企业改革。第三，公平竞争制度是建设高标准市场体系的基本制度。我国高标准现代市场体系是在市场

---

[1] 参见孙晋:《谦抑理念下互联网服务行业经营者集中救济调适》，载《中国法学》2018年第6期。

化、全球化和国家治理现代化的重要历史背景下提出的,立法、执法、司法等子系统组成其基本体系。[1] 公平竞争不仅是一种理念和原则,更是贯穿整个现代市场体系的基本制度和具体规则:立法,尤其是政府制定的政策文件,应该避免打破市场平衡和干扰竞争均势;执法和司法应该不偏不倚,不因市场主体的特殊身份或特殊区域而选择性裁量和歧视性对待。

三、遵循公平竞争原则推动政府规制变革的现实需要与实践检证

正确认识和诠释公平竞争原则的基本内涵和重要意义,不仅是我国学术界和政府部门共同面临的重大议题,也是我国深化经济体制改革和优化营商环境的必然要求,[2] 更是我国规制变革从"政府主导型"转向"市场回应型"的重要依循。

政府规制的基础是市场经济体制和法治的制度环境,其逻辑起点是修正市场机制的结构性缺陷,避免市场经济可能的弊端。[3] 然而,从政府规制的起源与发展历程来看,其也会出现政府失灵,而政府规制失灵带来的危害是社会治理面临的更大难题。从政府规制的初心来说,为克服市场机制本身不足的政府规制,其前提是充分发挥市场机制的作用。党的十八届三中全会提出市场在资源配置中发挥决定性作用,是全面深化改革在制度层面的顶层设计,为实现市场的决定性作用,政府规制需要变革,在变革过程中引入公平竞争,即以公平竞争原则作为规制变革的指导思想,以公平竞争制度作为规制变革的制度基础。申言之,公平竞争既是发挥市场决定性作用的内在要求,又是建设高标准现代市场体系的重要内容,关键在于通过规则公平、监管公平和机会公平,保障不同类型企业公平竞争,最终促进实现竞争友好型发展。

(一)确立公平竞争原则的现实需求

1. 维护公平竞争是构建现代市场体系的基本原则

进入新时代,经济基础、制度安排与改革开放之初有了很大区别。国家

---

[1] 参见张守文:《中国经济法治的问题及其改进方向》,载《法制与社会发展》2018年第2期。
[2] 参见李宇英:《经济全球化中的"竞争中立"与中国改革路径研究》,载《价格理论与实践》2018年第6期。
[3] 参见韩中华、付金方:《西方政府规制理论的发展及其对我国的启示》,载《中国矿业大学学报(社会科学版)》2010年第1期。

适度干预经济、秉持产业政策制定实施的中立立场、坚持社会本位理念和民本思想。公平、自由、效率、消费者福利、社会公共利益等市场经济核心价值目标的实现必须有赖于遵循公平竞争这一市场经济的基本原则。为市场竞争提供良好的制度基础,厘清政府干预经济的边界及标准,有效规制政府不当干预经济的行为,优化政府干预经济的必要工具,是实现市场决定性作用的关键所在。[1] 从市场机制的构建要素来看,市场在资源配置中的决定性作用,以确立竞争政策基础地位作为前提条件,只有竞争机制的有序运行得到制度保障,市场才能最终发挥决定性作用。自"市场决定论"新论断提出以来,我国竞争政策得到前所未有的重视和发展,政府通过推动公平竞争审查制度落实对政府规制的再规制,前置性规避政府的不当干预。维护公平竞争和竞争中立成为"市场决定论"的标配及内在要求,已然成为构建高标准市场体系、追求高质量发展的基本原则。

2. 遵循公平竞争是有效规制政府不当干预和优化公平营商环境的基本要求

营商环境的优劣取决于市场化、国际化与法治化的水平,重点在于法治化的公平竞争环境。[2] 通过再规制提升市场化、法治化、国际化程度,实现营商环境的持续优化,需要遵循公平竞争原则和确立公平竞争制度予以保障。

首先,公平竞争作为政府规制的基本准则,是国有企业竞争力提升的有效路径。我国对垄断的规制,是国家通过制定竞争规则对垄断者进行约束,以及以竞争政策作为工具矫正政府限制竞争来实现的。我国改革开放40多年的经济转型过程中,市场发展不充分不平衡和计划经济制度惯性的双重影响,造成政府非中立干预在一定程度和范围内存在。国有企业尤其是竞争性(商业类)国企,只有真正接受市场竞争的洗礼,才可以使企业所有者有强烈动机督促管理者改善管理,提高企业效率。[3] 公平竞争和竞争中立要求政府在竞争性市场一视同仁,平等对待不同的所有制企业,这既是政府

---

[1] 参见顾钰民:《对经济体制改革核心问题的深化认识》,载《经济纵横》2013年第2期。
[2] 参见罗培新:《世界银行营商环境评估:方法·规则·案例》,译林出版社2020年版,第3~4页。
[3] 参见沈伟:《"竞争中性"原则下的国有企业竞争中性偏离和竞争中性化之困》,载《上海经济研究》2019年第5期。

干预经济的行为准则,又是切实提升国有企业竞争力的有效路径。

其次,公平竞争作为政府规制的基本准则,是民营企业获得与国有企业同等发展机遇的制度保障。目前,民营经济占中国 GDP 的 2/3 左右,为国家创造了 1/2 以上的税收总量和 2/3 的税收增量,是国家财力增长的最大贡献者。[1] 在我国经济已由高速增长转向高质量发展的新阶段,在经济潜在增速下降与外部环境不利等因素的共同作用下,民营企业发展中出现投资不振、信心不足等问题。通过政府规制变革促进不同所有制企业之间公平竞争,为各类市场主体发展营造稳定、公平、透明、可预期的良好环境,有利于切实增强民营企业信心,刺激市场内生力量走出下行周期,拓展发展机会和提高盈利空间。继续推动民营企业对经济作出重要贡献,是我国优化营商环境的关键举措,也是经济发展由高速度向高质量转型的重要保障。

3. 实现公平竞争是"政府主导型"向"市场回应型"规制转型的必由路径

经济发展转型需要配套政府规制转型。我国的政府规制脱胎于计划经济,对改革开放以来商品经济和市场经济条件下产生和发展的规制制度打下了"政府主导型规制"的烙印,市场活力和社会创造力受限。这与党的十九届四中全会关于提升国家治理体系和治理能力现代化、打造更加成熟的制度要求不符,必须从国家建构主义之下的"政府主导型规制"向"市场回应型规制"转变了。从政治经济学角度看,公平竞争原则符合产权平等保护的基本理论,为规制转型提供了指引。以公平竞争原则指引我国政府规制转轨,必然要求经济法律制度与之适应。我国 2016 年建立的公平竞争审查制度,[2] 剑指政府规制对市场竞争的扭曲和限制,促进政府制定政策措施以充分尊重市场规律和回应市场主体的公平竞争诉求为前提,实现规制的竞争合规;2019 年制定的《外商投资法》,把内外资平等作为立法原则,对政府行为的约束和对公平竞争的倡导是其鲜明特色,这对于完善外向型市场经济

---

[1] 参见陈永杰:《民营经济改变中国——改革开放 40 年民营经济主要数据简明分析》,社会科学文献出版社 2018 年版,第 101 页。

[2] 2015 年 3 月,《中共中央、国务院关于深化体制机制改革加快实施创新驱动发展战略的若干意见》首次提出"探索实施公平竞争审查制度"。2016 年 6 月 1 日,国务院出台《建立公平竞争审查制度的意见》,要求国务院各部门、各级人民政府及所属部门均应在有关政策措施的制定过程中进行公平竞争审查,标志着我国公平竞争审查制度正式建立。

的基本体制、构建基于竞争中性原则的企业政策体系具有重要意义;[1]同年,《优化营商环境条例》第5条规定,"国家加快建立统一开放、竞争有序的现代市场体系,依法促进各类生产要素自由流动,保障各类市场主体公平参与市场竞争"。公平竞争原则的基础地位在我国经济法中逐步得以确立,进而优化经济法体系中的宏观调控法和产业政策,促进经济规制的良法善治,从以政府严格管制和直接配置资源为主要特点的"政府主导型经济规制",向以市场竞争和间接干预为主要特点的"市场回应型经济规制"转轨。

(二)遵循公平竞争原则的实践场域

遵循公平竞争原则与深化经济体制改革的紧密关联,主要体现为该原则与国有企业改革、公平竞争审查制度实施和自由贸易试验区(港)建设的高度匹配和内在一致。易言之,国有企业深化改革、公平竞争审查全面落实和自由贸易试验区(港)建设全面铺开,既是当下我国全面深化改革的主要内容,又是遵循公平竞争原则的三大实践场域。

1. 遵循公平竞争原则与深化国有企业改革

近些年的一系列国有企业改革政策和监管措施本身,可视为遵循公平竞争原则的体现和推行竞争中立政策的一部分。[2] 改革的目标就是要使国有企业真正成为自主经营、自负盈亏、自担风险、自我约束、自我发展的独立市场主体,即意味着国有企业应当和非公有制企业一样,依法平等使用生产要素、公平参与市场竞争、同等受到法律保护。2020年12月30日,中欧领导人视频会晤共同宣布如期完成中欧投资协定谈判,有待中国和欧盟双方最终批准协定。协定主要包括市场准入承诺以及公平竞争原则(规则),意在为中欧企业提供更公平的营商环境。尤其在公平竞争规则方面,中欧就国有企业、补贴透明度、技术转让、标准制定、行政执法、金融监管等与企业经营密切相关的关键议题达成重大共识。由此可见,无论是基于我国融入甚至引领国际贸易和投资规则重构,还是基于深化以国有企业改革为主要载体的国内市场化法治化改革,政府越来越重视维护公平竞争,也更加积极

---

[1] 参见梁国勇:《大力推进开放 走向竞争中性》,载《经济参考报》2019年3月18日,第1版。
[2] 参见应品广:《法治视角下的竞争政策》,法律出版社2013年版,第221页。

主动地推动确立竞争中立规则,探索中国特色的样本实践。[1] 遵循公平竞争原则符合深化国有企业改革的现实需求,也与我国当下及未来强化反垄断和全面实施公平竞争审查制度相呼应。

2.维护公平竞争秩序与公平竞争审查

维护公平竞争秩序需要相应的制度予以保障和体现,公平竞争审查制度就是除反垄断法之外最好的制度保障和体现。因为反垄断法主要针对经营者垄断行为的涵摄范围局限和单向线性规制工具的手段局限,[2] 公平竞争审查制度则要求国务院各部门、各级人民政府及所属部门均应在有关政策措施的制定过程中进行公平竞争审查,使公平竞争原则在政府端的贯彻更为彻底和有效。党的十八大和十八届三中全会以来,在更好发挥政府作用的顶层设计和制度供给上,最大的亮点就是公平竞争审查制度的建立和推进。尤其是确立竞争政策的基础地位最为关键,给经济规制的变革与优化提供了现实可能。

公平竞争审查制度的目的是减少法律和政策对市场竞争不合理的限制,是政府遵循公平竞争原则和维护公平竞争秩序的制度载体和具体体现。通过对涉及市场主体经济活动的行政规章、规范性文件和其他政策措施,进行公平竞争审查,从根本上维护公平竞争,实现竞争中立。此外,公平竞争审查可以充当竞争中立的"事先审查"部分,从而在法律、政策制定之初消除有违公平竞争规则的隐患。由此可见,公平竞争审查的落实与推广,为我国全面贯彻公平竞争原则提供了制度保障和实现路径。

3.国内自由贸易试验区(港)的既有经验

在自由贸易试验区(港)政策和立法层面,不少规定或条款体现了竞争中立的理念,为全面确立政府遵循公平竞争原则培育了合适的土壤,并且做好了将其推衍普及的准备。2021年1月初向社会公开征求意见的《海南自由贸易港法(草案)》第3条提出,"构建高水平经济贸易规则";第18条第1款规定,"海南自由贸易港实行高水平投资自由化便利化政策,完善投资促进和投资保护制度,强化产权保护,保障公平竞争,营造公开、透明、可预期的投资环境"。《中国(上海)自由贸易试验区条例》中的若干条款也体现了

---

[1] 参见许皓:《我国竞争中立的应然之路》,载《湖北大学学报(哲学社会科学版)》2019年第1期。

[2] 参见金善明:《竞争治理的逻辑体系及其法治化》,载《法制与社会发展》2020年第6期。

竞争中立的内涵,第47条第2句规定:"区内各类市场主体在监管、税收和政府采购等方面享有公平待遇。"这体现了监管、税收和政府采购等方面竞争中立的立场。此外,第12条、第13条、第14条以及第35条等相关规定,均体现了放宽市场准入、促进自由和公平竞争的要求。福建和天津自由贸易试验区也有类似规定,这些规则均与竞争中立的内涵一致。尽管各个国家或地区对公平竞争和竞争中立的理解有差异,在具体制度建设上也不尽相同,但公平竞争和竞争中立自身蕴含的共性大于个性。通过这些共识来认定相关国家或者地区是否已经承认和建立竞争中立规则,主要体现在以下三个方面:第一,政府或立法机关发布的权威性文件、法律规定明确宣布公平地对待所有市场经营者;第二,配套性的文件将法律规定和权威性文件确定的公平对待所有市场经营者的政策进一步细化落实;第三,政府应当坚持、兑现公平对待所有市场经营者的承诺,并通过一系列改革明确政府在市场竞争中的权力边界,限制政府不当干预市场。同时具备上述三个方面的内容,就应当认定一个国家已经承认维护公平竞争原则,而不一定在乎其所发布的法律或文件中有无"公平竞争"或"竞争中立"的措辞。[1]

四、公平竞争原则下政府规制变革路向

(一)规制理念的调整:政府与市场关系再厘清

任何系统的存在都有其目的性,遵循和维护公平竞争作为一个完整的规制原则也不例外。就一般性的理论分析框架而言,首先要明确原则所要实现的基本目的。政府端的公平竞争,是为了全面评判政府权力干预市场竞争合理与否。究其本质,该原则的贯彻需要以政府规制权力的谦抑和对市场经济规律的尊重为前提,尽量实现与市场竞争的协调。而事实上,社会经济领域问题的探讨无论如何都离不开政府与市场这一基本问题的关系范畴。[2]

正如法的价值体现了其可以满足主体需要的功能和属性一样,公平竞争原则及其所要处理的政府与市场关系也有需要追求实现的基本价值。政

---

[1] 参见许皓:《我国竞争中立的应然之路》,载《湖北大学学报(哲学社会科学版)》2019年第1期。

[2] 参见张守文:《政府与市场关系的法律调整》,载《中国法学》2014年第5期。

府代表着公平,市场代表着效率,[1]公平与效率如何在社会经济发展中实现有机统一,正是公平竞争原则下评判政府规制的重要考量。

1. 市场通过竞争机制实现经济效率

公平竞争原则将不同经济单元和经济关系纳入考量范围,包括公权力机关与企业、国有企业与民营企业等,该原则的贯彻首先要求市场微观主体能够实现充分、自由的竞争,使市场发挥更为重要的资源配置功能和价格调节作用。

20世纪70年代,由石油危机引发的经济滞胀在各主要资本主义国家爆发,扩张总需求会持续提高价格水平,而收缩总需求则会加剧经济发展停滞,通过需求侧调控经济的方式遇到了困境。同时,长期全面加强规制限制了竞争,使国家经济活力受挫。在这一背景下,以传统供给经济学为内核的新供给经济学派提出的供给侧经济管理思想重新引起重视,[2]他们认为造成经济滞胀的根本原因在于供给侧而非需求侧,政府应该放松规制减少干预,并逐步取消限制市场竞争的系列法律制度。80年代的美国里根政府以及英国撒切尔夫人内阁,都将新供给经济学派的理论作为经济政策制定的理论依据,注重供给侧管理、减少需求侧刺激迄今仍然是最为重要的规制手段。甚至在2008年的国际金融危机中,各国也没有片面干预刺激需求侧,而是重视市场竞争机制的自发作用,通过协调竞争政策与产业政策等方式予以有效应对。

总体而言,市场实现经济效率的前提是价格传导机制能有效发挥作用,而价格传导机制无疑建立在自由竞争的基础之上,因此只有竞争机制正常作用才能使价格传导机制将要素端的资本、劳动力等由过剩领域流向不足领域,最终实现资源合理分配和提高经济效率。而且,在有效的市场竞争环境中,生产要素可以实现自由流通,各类企业也可以根据市场情况及时调整产品和产量,自由地进入或退出市场,有助于实现资源的优化配置。

2. 政府通过制度供给保障公平价值

关于政府职能,理论界曾长期存在两种截然相反的观点,一种是以亚当·斯密为代表的"自由放任"模式,另一种则是以卡尔·马克思为代表的

---

[1] 参见蔡磊、周芳:《政府与市场:效率维度和公平维度》,载《学术交流》2003年第9期。

[2] 参见刘元春:《论供给结构性改革的理论基础》,载《人民日报》2016年2月25日,第7版。

"中央经济体制"或者是"指令经济"模式。[1] 前一种模式下,政府应对国家经济运行持自由、放任的态度。在后一种模式下,政府则应对经济发展实现严格的约束和控制,甚至试图以政府完全替代市场。从历史的维度考量,单一选择任意一种模式都曾给世界经济带来不利后果。随着经济社会发展至今,政府职能已不再完全适用或者偏废哪一种,而是将两者进行结合,并发挥各自不同的优势。客观来看,政府在资源配置中存在着诸多弊端,如无法有效调动市场主体的积极性,经济运行效率低下等。因此,就公平竞争原则的贯彻实施而言,政府更应该成为该原则和秩序的制度供给主体,并在公平价值的维度内保障其贯彻实施。

一方面,政府本身就是社会公共利益的代表和维护者,公平竞争原则正是基于这一理论前提而确立的。为维护市场在资源配置中的决定性作用,无论是中央政府还是地方政府,其通过不同的宏观调控手段和多种产业政策,都是为了解决在市场经济发展过程中产生的竞争问题。另一方面,当前我国竞争制度不完善和竞争失序与政府制度供给的不当或不足有直接关系。这既有中央政府在宏观调控方面的问题,也有地方政府管理职能发挥不尽完善的因素。所以,通过适当的制度供给保障公平价值的实现,是公平竞争原则贯彻实施的前提,也是政府规制变革的基本逻辑。

3. 后规制的新理念——兼顾公平和效率的竞争友好型规制

在遵循和维护公平竞争之下,公平与效率这两大基本价值追求之于政府规制都不可偏废,必须在社会经济发展中实现有机统一。一方面,加强规制,如一味追求公平,则往往挤占了市场竞争的空间,减少甚至破坏竞争,资源配置效率低下;另一方面,规制需要成本,因而拉高了制度性交易成本,放松规制,如一味追求效率,则虽然制度性交易成本下降,但又使市场竞争秩序混乱,社会资源依然得不到优化配置。所以,无论加强规制还是放松规制,二者都会产生竞争问题,进而损害效率、破坏公平,规制的两个基本价值实现都得不到保障,都不是好的规制。

在可竞争市场理论的冲击下,传统规制理论认识到规制与竞争均是增进社会福利的工具,并非绝对对立。好的规制需要兼顾公平和效率,需要在

---

[1] 参见[美]维托·坦茨:《政府与市场——变革中的政府职能》,王宇等译,商务印书馆2014年版,第47~48页。

公平竞争和竞争中立原则的指导下对规制进行再规制。它意味着借由独立于政府规制的竞争法作为价值指引和制度工具,废止或修正现有的规制制度,重建有序的市场竞争规则。[1] 具备新理念的后规制应运而生。在后规制视域内,在政府和市场这两个变量中,政府是最关键的变量。尊重市场规律、回应市场需求、维护市场秩序,此三者是政府变量的决定因素,即政府秉持竞争中立立场调适政府变量,方为兼顾公平和效率的竞争友好型规制。实现竞争友好型规制,需要将市场竞争主体和规制机构皆纳入政府规制之中,规制决策和规制过程本身亦应受到竞争机制的评价、约束和纠补,从而全过程优化规制。新理念之上的后规制,有利于促进竞争性发展,实现我国经济发展模式由"产业政策外在驱动型"向"公平竞争内在驱动型"发展的转型升级。

(二)规制制度优化的核心内涵:强化竞争政策基础地位

法律原则贯穿于制度并通过制度予以体现,公平竞争原则主要通过反垄断法和公平竞争审查制度及其落实予以体现。公平竞争审查制度是在确立竞争政策基础地位的基础上,对政府规制的各项制度安排、公共政策或措施,根据一定的标准,进行前置分析、评价和审查,以维护市场公平竞争。与反垄断法主要规范经营者行为不同,公平竞争审查实乃治本之策。故此,公平竞争原则与公平竞争审查制度的关系更为密切。

1. 竞争政策与产业政策之协调

确立和强化竞争政策基础地位的关键,在于如何处理竞争政策和产业政策的关系。相较于竞争政策,产业政策在我国长期占据着更为重要的地位。其确立时间较早,在"七五"计划时"产业政策"一词就已正式出现在我国官方文件之中,之后原国家计划委员会专门成立了产业政策司,地位稳固。[2] 而竞争政策则是在2007年《反垄断法》出台之后才逐渐引起重视,虽然提出较晚,但发展迅猛。2015年《中共中央、国务院关于推进价格机制改革的若干意见》中首次提出"逐步确立竞争政策的基础性地位";2019年党的十九届四中全会提出"强化竞争政策基础地位,落实公平竞争审查制度";

---

[1] 参见[美]史蒂芬·布雷耶:《规制及其改革》,李洪雷等译,北京大学出版社2008年版,第157~158页。

[2] 20世纪90年代,我国先后颁布了农业、汽车等专项产业政策。现在国家发改委的产业发展司,其职责依然是组织拟订综合性产业政策。

2020年《中共中央、国务院关于新时代加快完善社会主义市场经济体制的意见》，明确要求"完善竞争政策框架，建立健全竞争政策实施机制，强化竞争政策基础地位"，"强化公平竞争审查的刚性约束，修订完善公平竞争审查实施细则"；2021年《反垄断法》修订列入国家重点立法项目，草案送审稿增加了"强化竞争政策基础地位"和"建立公平竞争审查制度"的重要规定；2022年党的二十大提出"构建全国统一大市场，深化要素市场化改革，建设高标准市场体系。完善产权保护、市场准入、公平竞争、社会信用等市场经济基础制度，优化营商环境"。时至今日，强化竞争政策基础地位已成为不可逆的发展趋势。

随着我国市场经济的不断发展，竞争政策与产业政策的冲突愈加明显，尽管二者最终目标都是促进我国经济增长，但具体实现手段和作用机制大相径庭。竞争政策主要是排除市场竞争障碍，真正使市场在资源配置中起决定性作用；而产业政策则主要发挥政府主导作用，由政府根据其认知水平选择主导产业或者区域内企业给予重点扶持，这是政府对市场经济活动的直接干预，体现了其在资源配置中的主导作用。毫无疑问，竞争政策和产业政策都是我国经济发展不可或缺的经济政策，如何实现二者协调至关重要。遵循公平竞争原则，强调通过市场决定资源配置实现效率和公平价值，并非意味着排斥产业政策。正如公平竞争和竞争中立不排斥政府规制，只是主张通过公平竞争制度将竞争政策置于基础地位和优先适用，在产业政策制定时前置公平竞争审查以优化产业政策，在源头上避免对竞争的妨碍。[1]在产业政策实施中利用竞争法对其约束，纠补对竞争的损害。总之，确立竞争政策基础地位和优先适用，以公平竞争审查制度和反垄断法为主要制度工具完成对规制的再规制，方能实现在政府规制中植入公平竞争基因。

2. 宏观路向——实现"整体竞争"

公平竞争原则的贯彻并非针对某一区域、某一行业或者某一企业，它本身是一项涉及政府、涵盖各类市场主体等的改革，其目标是通过解决我国社会经济发展中积累的竞争缺乏和竞争失序问题，从而实现全国经济的整体健康运行。笔者主张的整体竞争观，是指将竞争政策基础地位落实到政府

---

[1] 参见向立力、俞四海：《公平竞争审查制度的理论梳理与完善建议》，载《中国价格监管与反垄断》2017年第3期。

规制的各个领域,以竞争政策为统领,形成多层次、多角度、多方面的法律、政策体系,尽量避免对某一区域、行业、企业的扶持政策,取消针对部分企业的隐形担保,营造公平竞争的制度环境。整体竞争意味着竞争政策应在经济规制体系中和全国范围内落实,这不仅与提倡竞争中立的国际规则新发展动向相契合,更是我国新时代建设现代市场体系和优化营商环境的现实需要。改革开放以来,我国通过规制变革和政府职能转变,为今天市场经济的持续发展和稳定运行奠定了基础,也进一步验证了竞争政策的实施可以有效推动国家长远发展。

竞争法因其刚性约束性质,是竞争政策最为重要的组成部分,也只有法律才能使竞争成为可能,并促进和塑造竞争。[1] 竞争法尤其是反垄断法和公平竞争审查制度,应该成为也能够成为产业政策、宏观调控法等规制制度优化的价值指引和制度工具。通过竞争法确立并强化竞争政策基础地位,不仅具有法律权威性,能从根本上建立全国的整体竞争体系,而且更符合营商环境法治化的时代要求。

3. 微观路向——保护竞争者合法权益

反垄断法产生之初和保护中小企业利益密切相关。垄断企业凭借其垄断优势或者政府权力滥用的"偏袒",排除、限制相关市场上其他经营者尤其是中小企业的合法竞争,为市场设置不合理的进入壁垒等情形在现实中屡见不鲜。经营者自由进入市场开展公平竞争,是竞争法的主要目标,尽管对于经营者而言,竞争本身是否属于一种权利尚有争议,但它作为竞争法上的利益受到保护并无异议。[2] 与之相对的是反垄断法"保护竞争而不保护竞争者"的主流观点,认为反垄断法乃至于整个竞争法体系保护的是竞争秩序而非竞争者,我国《反垄断法》也没有将经营者的合法权益列入立法宗旨之中。我国对经营者竞争利益的保护尚且缺乏竞争法上的依据,遑论在不同行业中对经营者的保护问题了。

事实上,包括保护竞争在内的竞争法价值在不同历史时期既有各自侧重,也有不同体现,正因此有学者认为反垄断法以及竞争秩序的价值问题属

---

[1] 参见[美]戴维·格伯尔:《全球竞争:法律、市场和全球化》,陈若鸿译,中国法制出版社2012年版,第3页。

[2] 参见王红霞、李国海:《"竞争权"驳论——兼论竞争法的利益保护观》,载《法学评论》2012年第4期。

于一种历史范畴的概念。[1] 但无论反垄断法在特定历史时期更注重维护何种价值,最终都体现在一次又一次对市场主体的法律保护上。而作为竞争法律关系的主体,市场中的竞争者拥有进入市场参与竞争的权利,同时也负担不得违法实行不正当竞争及排除、限制竞争等损害竞争秩序的义务。当某些具有垄断力量的竞争者违背了该义务,作为受侵害的其他竞争者得依法律寻求救济,这本身便是反垄断法立法宗旨和基本价值实现的手段。因此,反垄断法不保护竞争者这一观点,无疑忽视了抽象价值目标最终须通过对具体权利主体的保护才能得以实现。[2] 相反,如果法律承认保护竞争者合法权益,必然会极大调动广泛的市场力量与垄断势力对抗,反垄断私人诉讼制度将被激活,公共执行的效率因举报而大大提高,垄断者真正成为"过街老鼠",其实施垄断的成本也将急速增加。实际上,动员社会力量参与市场共治,[3] 形成合力更好维护公平竞争,本来就是后规制的主要意涵和优势所在。

(三)后规制的制度保障:公平竞争审查制度法治化

维护公平竞争的要旨在于强化市场竞争和优化政府规制,而规制权力的合法行使须有法律依据和授权,规制的优化有赖于竞争法的约束,所以规制变革实现后,规制有赖于法律的保障,尤其是反垄断法和公平竞争审查制度的保障。我国现行反垄断法制度相对比较成熟,而当下公平竞争审查制度尚处于规范性文件阶段,软约束面对政府规制的主要"副产品"——行政性垄断这一顽疾,显然力有不逮,故而后规制的主要制度保障建设的关键环节和重要内容,集中在公平竞争审查制度法治化方面。一旦公平竞争审查制度实现了法治化,就相当于打造了一个强大且统一的"制度筛子",利用这个"量身打造的铁筛子",既可以优化各项产业政策又可以优化规制法律,既可以优化如电力法、电信法、邮政法等特别规制法,又可以优化国家投资法、财税法等宏观调控法,实现经济规制制度的更新与优化,从而为实现营商环境法治化打下牢固的制度基础,创造良好的制度环境。

考察当下我国的公平竞争审查制度,不难发现其局限性面临的挑战主

---

[1] 参见叶卫平:《竞争立法与竞争秩序建构——以行政垄断规制必要性为中心》,载《深圳大学学报(人文社会科学版)》2007年第1期。

[2] 参见吴宏伟、谭袁:《保护竞争而不保护竞争者?——对主流反垄断法观点的审视》,载《北方法学》2013年第4期。

[3] 参见钟原:《供给侧结构性改革的竞争法实现》,载《理论月刊》2017年第11期。

要有:自我审查模式实效性欠佳;审查主体法律责任界定不明且责任轻;审查范围较窄尚不全面;审查工作缺乏规范性,程序法保障严重不足。[1]公平竞争审查制度在实践中的局限性,使公平竞争原则难以真正作用于优化政府规制。亟须将属于"软法"的规范性文件升华为法律,甚至提升至宪法层面,变软性约束为法律的刚性约束势在必行、迫在眉睫。具体可分为两个阶段:第一步,公平竞争审查制度"入法"即植入《反垄断法》——从合理性审查到合法性审查。[2]《反垄断法》是竞争政策法治化的集大成者,本身就体现着对市场竞争中公平、自由理念的价值追求。将《反垄断法》的规范体系从具体行政行为延展到抽象行政行为,是《反垄断法》当前修法面临的主要任务。[3]公平竞争审查制度法治化要求将其从规范性文件升华到法律,将合理性审查升华为合法性审查,变软性约束为刚性约束。第二步,公平竞争审查制度"入宪"——从合法性审查到合宪性审查。对于《宪法》第15条"国家实行社会主义市场经济""国家加强经济立法,完善宏观调控""国家依法禁止任何组织或者个人扰乱社会经济秩序"3个条款的相关规定,可以这样理解:在规制权力方面,表现为政府规制权力及其法治化要求;在价值方面,表现为公民和市场主体的经济自由与政府规制的市场优先原则。[4]使公平竞争审查制度成为公平竞争、竞争中立和后规制的宪法渊源,在此基础上推进合法性审查上升为合宪性审查。[5]进而通过"合理性审查→合法性审查→合宪性审查",切实实现后规制。

通过公平竞争审查制度法治化,有利于强化公平竞争审查制度的贯彻实施。以法治思维和科学立法方式,将维护公平竞争原则融入我国经济政策与规制法律的制定中,将竞争政策纳入顶层设计,不仅能真正实现公平竞

---

[1] 参见孙晋:《新时代确立竞争政策基础性地位的现实意义及其法律实现——兼议〈反垄断法〉的修改》,载《政法论坛》2019年第2期。

[2] 2016年10月,在国家发改委召开的"竞争政策实施纲要课题成果"汇报会上,笔者提出将公平竞争审查制度通过《反垄断法》修订而"入法",2020年初〈中华人民共和国反垄断法〉修订草案(公开征求意见稿)》和年底《反垄断法(修订草案送审稿)》中,已增加了相关规定:"国家强化竞争政策基础地位,制定和实施与社会主义市场经济相适应的竞争规则,完善宏观调控,健全统一、开放、竞争、有序的市场体系。""国家建立和实施公平竞争审查制度。"

[3] 参见王晓晔:《我国〈反垄断法〉修订的几点思考》,载《法学评论》2020年第2期。

[4] 参见单飞跃、徐开元:《"社会主义市场经济"的宪法内涵与法秩序意义》,载《东南学术》2020年第2期。

[5] 参见李友根:《经济法规的合宪性审查标准——基于对美国联邦最高法院判例的考察》,载《法学评论》2020年第1期。

争审查制度控权的初衷,也是我国政府规制寻求适应市场经济发展的革新之路。依据合法性合宪性审查工作"有件必备、有备必审、有错必纠"的要求,实现所有规范性文件、行政法规规章、地方立法、规制特别法和规制一般法备案审查全覆盖,将公平竞争审查纳入合法性审查和合宪性审查制度框架之中,[1]把公平竞争原则全方位融入政府规制,从制度根本上优化规制,为建构高标准市场体系和推动高质量发展提供强大且坚实的制度保障。

结　语

我国政府规制在现实中更倾向于推行政府主导的"非普惠选择性产业政策",通过强化在市场准入、项目审批、供地审批、贷款的行政核准、目录指导等方面的规制干预,从而充分利用规模经济和自然垄断特征,推动相关行业的技术进步,短时间内打造具有国际竞争力的大型企业集团,实现国民经济快速发展。但在经济进入新常态、工业化迈过初期发展阶段之后,传统的政府规制已不再适应基于市场公平竞争的更加均衡和可持续发展的新需求。政府规制主导的产业政策刺激经济发展,破坏市场竞争机制,发展不可持续。因此,市场需求向竞争性发展转型势在必行,政府规制变革具备了时代必然性。

在传统规制进退两难的当下,为了建设现代化经济体系和推动高质量发展,政府依循公平竞争原则实现"市场回应型"规制变革方可破局。公平竞争和竞争中立,一方面早已根植于我国市场经济体制中、内化于我国现行经济法律制度体系内;另一方面也是国际社会贸易投资规则重构的发展主流,可以为实现我国经济规制转向和建构良法善治的"中国之治"提供恰当且有生命力的规制方案。这样一种拥有理念先进性和制度契合性的竞争原则及其政策,必然成为政府规制变革的必由之路。遵循公平竞争原则,通过公平竞争审查制度的法律化和宪法化,从根本上推进政府规制变革,实现对政府规制的再规制,有利于提升国家治理体系和治理能力现代化、推进法治政府建设,有利于市场竞争机制充分发挥作用和减少制度性交易成本,有助于契合以国内大循环为主体、国内国际双循环相互促进的新发展格局,最终推动新发展阶段改革取得更大突破,实现竞争性高质量发展。

---

〔1〕　参见王炳:《公平竞争审查的合宪性审查进路》,载《法学评论》2021年第2期。

规制变革理论视阈下公平竞争审查制度法治化进阶

一、缺乏竞争基因的政府规制在新时代亟待变革

（一）政府规制的时代演进与法律意涵

"规制"作为一个比"法律"更宽泛的术语，无论是早期定义"简单地将规制视为自由市场负担的政治理念"，还是如今更为细致地认为"为解决集体问题或者集体担忧而试图有组织地管理风险的特定行为"，都没有改变一个事实——规制的主体主要是政府。[1]于是"规制"便与"政府规制"在很大程度上趋同了；我国历史上由于社会组织不发达，规制主体单一。在规制经济学的框架下，规制范围从早期的经济和社会目标扩展到环境保护和可持续发展，并逐渐关注竞争性发展议题。学者巴拉卡的观点为当今"规制"定义提供了代表性阐释，其学术主张与我国经济法学界主流观点较为接近：规制主体是政府、重点领域在于经济规制、规制对象是市场中的企业和个人、目的在于弥补市场失灵。值得肯定的是，我国经济法学者已关注到规制需要运用"恰当的工具"。近年来，国内规制行政法学者对于国外规制研究成果的介绍以及本土化研究做了大量卓有成效的工作，[2]但规制绝非行政法学的"专有领域"，它同样是经济法学的核心命题。笔者在《公平竞争原则与政府规制变革》中已经对"政府规制"的内涵进行了详细阐述。

前文已对政府规制的时代演进与法律意涵予以介绍，规制行政法中的"规制"，如果聚焦或曰限缩于经济性规制，[3]则相当于管理学中的"管制"，

---

[1] 参见[英]罗杰·布朗斯沃德、[英]埃洛伊斯·斯科特福德、[英]凯伦·杨主编：《牛津法律、规制和技术手册》，周辉等译，中国社会科学出版社2021年版，第479页。

[2] 代表性学者诸如李洪雷教授和宋华琳教授等。

[3] 下文如果没有特别示明，政府规制即指经济性规制，即经济法意义上的宏观调控以及作为宏观调控主要表现的产业政策。

也相当于经济法学中的"宏观调控"。[1] 唯有如此定位,方能妥当地把政府规制和作为规制替代方式的如放松规制和反垄断区别开来,而且很可能为涵括了公平竞争审查制度的广义的反垄断法影响甚至优化宏观调控[2]提供逻辑基点和作用空间,这也是规制理论中规制改革的题中之义。

(二)缺乏竞争基因的政府规制需要变革

在人类社会进入市场经济体制之前,政府规制并不发达,缺乏竞争基因是世界通病。在20世纪初期至80年代,市场经济和计划经济相互竞争和交织,竞争基因在竞争胜出的市场经济国家得以逐步确立统治地位,并分别在第二次世界大战后向德日等国和80年代向新兴转轨国家扩散。[3] 人类社会早已进入工业文明和后工业时代,市场经济也发展到相当高的水平,政府规制的作用面之广和重要性之巨早已不言自明,但如果缺乏竞争基因的政府规制,其不利影响同样不可同日而语。

建设全国统一大市场以及更高水平的现代市场经济体制,必然需要全局性、可持续性、以生产要素自由流动和市场主体公平竞争为核心特征的竞争政策与之匹配,如果各地方政府追求短期效益和地方利益,罔顾全局和长远,各自为政、画地为牢的产业政策及各地之间产业政策的竞争大行其道,这种规制势必与全国统一大市场的公平竞争秩序产生抵牾。党的二十大报告指出,"充分发挥市场在资源配置中的决定性作用,更好发挥政府作用",为新时代政府规制变革指明了发展方向。我国需要加快完善社会主义市场经济体制、加快建设全国统一大市场,[4]在当下及可预见的未来,推进政府规制变革尤为急迫,植入并赋能竞争基因,无疑是规制变革的主要面向和第一要务。

---

[1] 笔者认为"宏观调控"比"国家干预"或"国家调节"更准确——在国家干预/调节之下,以宏观调控为表象的政府经济性规制(产业政策)和以公平竞争为核心要义的市场规制(竞争政策)应该是并列关系。

[2] 这里的"宏观调控",无疑也涵摄了作为政府宏观调控具体化表现的产业政策。实际上,以产业政策代指宏观调控和政府规制在我国政策话语体系和学术界非常普遍。

[3] 参见[意]马西莫·莫塔:《竞争政策:理论与实践》,沈华译,上海财经大学出版社2006年版,第12~15页。

[4] 2020年5月,《中共中央、国务院关于新时代加快完善社会主义市场经济体制的意见》正式发布,2022年3月,《加快建设全国统一大市场的意见》正式发布。中央两份重磅文件都强调有效市场与有为政府相结合,公平竞争与规制变革相统一。

二、基于可竞争市场理论的规制变革即"后规制"

（一）可竞争市场理论

20世纪70年代，西方经济陷入"滞涨"，对凯恩斯主义的反思和关于政府干预的警示推动了自由竞争理念的回归。[1] 20世纪80年代初，"可竞争市场理论"应运而生，为减少政府干预、放松规制提供了理论依据和改革方向。该理论的核心假设是：企业可自由进入和退出市场，潜在进入者与在位企业在技术、成本等方面没有劣势，且可采取"打了就跑"策略，抓住短暂盈利机会。[2] 在这种假设下，市场通过企业的进入和退出实现动态平衡——企业进入带来竞争，供过于求时价格下降至无利可图时企业退出，周而复始。由此，通过潜在和在位竞争者的博弈，市场实现了资源的优化配置和供求平衡。[3] 可竞争市场理论的影响在于，人们不再视政府规制为提高经济效率的唯一途径，只要市场竞争存在，市场主体便会通过维持价格获得平均利润，无须依赖政府筑起市场壁垒或替代竞争。政府仅需放宽行业准入，确保企业自由进出，以引入竞争。[4] 该理论是当今市场经济成熟国家的主导理论。

（二）规制变革即后规制

可竞争市场理论与市场经济高度匹配，因为市场经济从根本上讲是一种受法制规范保障的竞争经济——由竞争法律与政策提供竞争规则，引导公平竞争，在应然状态下，针对市场竞争所不能，由政府规制提供补充，助力公平竞争。无疑，竞争机制在市场经济体制中处于核心地位，是市场经济的最高权威。正如马克思所断言的："社会分工则使独立的商品生产者相互对立，他们不承认任何别的权威，只承认竞争的权威，只承认他们相互利益的压力和加在他们身上的强制。"[5] 竞争机制得到充分良好的发挥与否，关乎

---

[1] 参见[美]尼古拉斯·韦普肖特：《凯恩斯大战哈耶克》，闫佳译，机械工业出版社2013年版，第221页。

[2] 参见王万山：《新兴市场规制理论研究述评》，载《北华大学学报（社会科学版）》2004年第5期。

[3] 参见[意]马西莫·莫塔：《竞争政策——理论与实践》，沈国华译，上海财经大学出版社2006年版，第7~9页。

[4] 参见马昕、李泓泽等编著：《管制经济学》，高等教育出版社2004年版，第52页。

[5] 中共中央马克思恩格斯列宁斯大林著作编译局编译：《马克思恩格斯全集》（第23卷），人民出版社1976年版，第290页。

到市场能否在资源配置中起决定性作用,关乎到市场机制能否高效运行,还关乎到在此基础上国民经济能否又好又快发展,其意义重大,影响深远。由此可见,放松规制,强化竞争,构建自由、公平、有序、健康的市场环境,为竞争机制蓬勃发展提供条件是现代市场体系建设的中心议题和政府规制的题中应有之义。然而,放松规制并非一概而论,政府在促进社会公共利益方面仍有不可替代的作用。随着经济性规制的缩减,社会性规制的范围却逐步扩展[1]。20世纪90年代后,激励性规制的出现揭示了政府规制中信息结构的变化,推动人们重新审视规制的方式。其中的原理在于,忽视市场竞争机制的传统规制,其实施的结果往往产生行政性垄断。在此背景下,"后规制"应运而生,其在可竞争市场理论和激励性规制新方法的基础上,强调规制与竞争皆为增进社会福利的工具,而非相互排斥的对立目标。正所谓"解铃还须系铃人","后规制"改革要求在规制设计中兼顾市场主体和规制机构,将二者置于规制整体框架中,同时引入竞争机制对规制过程本身进行评价和约束[2]。其核心内涵在于,相较于传统规制,后规制是对规制的自我革新和纠偏升级:一是政府规制推动传统的政府直接干预向经济主体自我规制转变,注重激励性规制的挖掘与利用,整合社会力量多方民主参与;二是它更强调政府规制对可竞争市场理论的承继,尊重市场竞争机制和维护市场竞争秩序,通过革新转向竞争友好型规制,最大限度消弭产业政策与竞争政策的冲突,更有利于实现经济法的良法善治。

三、公平竞争审查制度成为新时代政府规制变革的路径依赖

(一)新时代政府规制变革的制度工具——公平竞争审查

基于可竞争市场理论,立足新时代背景,我国亟待对传统规制植入竞争基因,促使规制转向竞争友好型政府干预,实现后规制。2022年3月发布的《加快建设全国统一大市场的意见》作为新时代构建新发展格局的纲领性文件,强调要"强化竞争政策基础地位,加快转变政府职能",同时指出"让需求更好地引领优化供给,让供给更好地服务扩大需求"。从"建设高效规范、公平竞争、充分开放的全国统一大市场","建设高标准市场体系"和"构建高

---

[1] 参见章志远:《公用事业特许经营及其政府规制——兼论公私合作背景下行政法学研究之转变》,载《法商研究》2007年第2期。

[2] 参见孙晋:《公平竞争原则与政府规制变革》,载《中国法学》2021年第3期。

水平社会主义市场经济体制"这个刚需角度来看,"让需求更好地引领优化供给"——通过"强化竞争政策基础地位,加快转变政府职能"推进规制变革,必定是优化制度供给的核心命题。[1] 规制变革具有路径依赖,如欧盟主要通过国家援助控制制度缓解各成员国对国内企业补贴政策与欧盟统一市场公平竞争秩序的张力。[2] 我国自 2008 年实施《反垄断法》,并于 2016 年以来建立并施行公平竞争审查制度。[3] 公平竞争审查制度作为国家贯彻"市场决定论"、推进规制变革、深化经济体制改革的重大决策部署,目的是对政府及其职能部门制定的政策措施实施事前审查,从源头上防止滥用行政权力排除或限制竞争,以建成统一开放、竞争有序的市场体系,已经成为我国规制变革的主要路径依赖。[4] 虽然说公平竞争审查制度是优化政府干预和实现规制变革的主要路径,但我们依然不能忽略反垄断法中行政性垄断规制制度的重要辅助作用。公平竞争审查制度和反垄断法的行政性垄断规制制度共同作用于政府规制变革,体现在以下 3 个向度:

首先,二者都反映了现代市场体系对于公平竞争的内在要求,突出市场机制尤其是竞争机制在资源配置中的决定性作用。市场经济的灵魂在于竞争,只有发挥市场竞争机制、构建公平竞争环境,才能为各类经济主体自由进入、充分竞争、优胜劣汰提供必要条件,市场在资源配置中起决定性作用才得以体现。反垄断法当中的行政性垄断规制制度和公平竞争审查制度的根本目的都是通过约束政府行为、优化政府规制、维护市场竞争机制、保障市场主体公平竞争的权利,建立统一开放、竞争有序的现代市场体系。

其次,二者都是经济法上国家调节和干预的体现,都能矫正政府角色,

---

[1] 《加快建设全国统一大市场的意见》还明确要求:"以市场主体需求为导向,力行简政之道,坚持依法行政,公平公正监管,持续优化服务,加快打造市场化法治化国际化营商环境。"

[2] 参见靳静:《公平竞争审查制度的欧盟路径》,载《中国价格监管与反垄断》2016 年第 2 期。

[3] 2015 年党中央首次提出要"探索实施公平竞争审查制度",2016 年国务院出台《建立公平竞争审查制度的意见》(国发〔2016〕34 号)作出明确要求,凡是涉及市场主体经济活动的规章、规范性文件和其他政策措施,都应当在事前进行公平竞争审查。随后,有关部门还制定了《公平竞争审查实施细则》(国市监反垄规〔2021〕2 号)、《公平竞争审查工作部际联席会议制度》、《公平竞争审查第三方评估实施指南》(国家市场监管总局公告 2023 年第 17 号已失效)等配套规定,为开展审查工作提供体系化制度保障。

[4] 参见孙晋:《新时代确立竞争政策基础性地位的现实意义及其法律实现——兼议〈反垄断法〉的修改》,载《政法论坛》2019 年第 2 期。

优化政府作用,重塑政府与市场关系。资源有效配置不能仅仅依靠市场的决定性作用,还要依靠政府有形之手的及时弥补和有效调控。政府主体和市场主体既要"公私分明"又要"公私合作",只有在各自的轨道上各司其职、互为补充,才能使国家经济平稳有序运行。[1] 为此,国家不仅应该制定实施专门的竞争法律与政策,直接保护市场主体之间的公平竞争,也应当建立公平竞争审查相关制度,保障政府切实维护市场竞争。[2] 如此方能构建政策制定机关事前对政策措施进行公平竞争审查与反垄断执法机构事后进行监督的双重机制,[3]通过对政府规制行为的约束,优化政府职能,完善市场规则,保护合法竞争,为"更好发挥政府作用"提供制度保障和优化工具,以此实现政府规制与市场调节的有机互补、相向而行,既矫正政府失灵,又克服市场失灵。[4]

最后,二者共同构成我国竞争政策的基本框架,皆体现了反行政性垄断的价值取向。2007年颁布的《反垄断法》是我国对行政性垄断予以规范的制度集大成者。而随着新形势下经济发展中新问题的产生,国家意识到深化改革对政府职能转变的迫切需求,进一步约束行政权力、加强规制行政性垄断势在必行。而修法前的《反垄断法》关于反行政性垄断的制度规定在实践中呈疲软之势,不能满足时代发展需要。公平竞争审查制度作为我国竞争政策的最新发展,旨在从源头上预防和控制行政性垄断,成为《反垄断法》的有力补充。2008年《反垄断法》的相关规定已为公平竞争审查制度的出台预留了制度空间,虽蕴含其意但无明确规定,远不能满足有效规制行政性垄断的现实需要,理应成为2022年《反垄断法》修订的中心任务和核心议题。2016年以来,公平竞争审查制度及其实践为《反垄断法》的修订提供了内在动力与依据:作为一种事前预防措施,它有效补充了《反垄断法》事中监管事后救济的局限。而公平竞争审查作为竞争政策的重要组成部分,旨在规范政府行为,其行为规则主要围绕着政府采取什么样的干预举措和经营模式以最大限度营造公平竞争环境,[5]内容包括合理补贴、政府采购中立

---

[1] 参见张守文:《政府与市场关系的法律调整》,载《中国法学》2014年第5期。
[2] 参见张守文:《公平竞争审查制度的经济法解析》,载《政治与法律》2017年第11期。
[3] 参见李青:《中国竞争政策的回顾与展望》,载《中国价格监管与反垄断》2018年第7期。
[4] 参见孙晋:《经济法视角下政府经济权力边界的审读——以政府职能转变为考察中心》,载《武汉大学学报(哲学社会科学版)》2014年第2期。
[5] 参见白金亚:《国有企业竞争中立制度研究》,知识产权出版社2019年版,第35页。

等,对政府投资、补贴、采购、招投标等政策措施实现合理管控和竞争优化以达到促进市场公平竞争的目的。与修法前《反垄断法》第5章行政性垄断规制制度的事后救济不同,公平竞争审查制度着力于提前防范政府不当干预对市场竞争的破坏,与2022年《反垄断法》一起形成全链条闭环监管。

在系统理论看来,一定的市场体系对应相关的法律和政策体系。市场体系的建设和完善需要相应法律制度和经济政策的保障。市场体系是经济系统的重要组成部分,经济法是法律系统的重要组成部分,二者密切关联。[1] 2022年《反垄断法》已经把公平竞争审查制度成功纳入其中,入法即成定局,公平竞争审查制度加速成为"经济法的大制度"[2]指日可待。反垄断法作为经济法的核心组成和"龙头法",通过公平竞争审查为经济法植入公平竞争基因,再通过对垄断行为的事中监管和执法惩戒呵护公平竞争基因。据此优化完善经济法律和政策,减少经济法内部法律、制度、政策之间的冲突,增加内部的系统协调性,[3]能够更好地回应和满足市场体系对公平竞争秩序的需求,促进并保障现代市场体系建设。

(二)公平竞争审查制度的现实困境

新发展阶段我国建设高标准市场体系、构建高水平社会主义市场经济体制,需要公平竞争政策尤其是公平竞争审查制度提供制度保障。然而,初步法治化的公平竞争审查制度只是初步实现了对法规规章、政策措施的软约束和合理性审查,使这项作为国家全面深化改革顶层设计和战略部署的"大制度"非正式化、政策化,无法有效解决行政性垄断问题,在审查实践中频频遭遇困境,实施效果有待加强。

1. 自我审查的控权约束模式实效性欠佳

公平竞争审查是实现对政府干预经济权控权和优化政府规制的制度设

---

[1] 参见[德]卢曼:《社会的法律》,郑伊倩译,人民出版社2009年版,第14~15页。

[2] 中国法学会经济法研究会会长张守文教授称公平竞争审查制度为"经济法的大制度",主张通过该制度将公平竞争理念、价值、原则贯穿于经济法的各类制度,使整个经济法都有助于促进保障公平竞争。参见张守文:《公平竞争审查制度的经济法解析》,载《政治与法律》2017年第11期。

[3] 2022年3月发布的《加快建设全国统一大市场的意见》强调,要处理好公平竞争政策和产业政策的关系,以及要健全反垄断法律规则体系,加快推动修改《反垄断法》《反不正当竞争法》,完善公平竞争审查制度,研究重点领域和行业性审查规则,健全审查机制,统一审查标准,规范审查程序,提高审查效能。

计。[1] 根据《建立公平竞争审查制度的意见》和《公平竞争审查实施细则》，我国公平竞争审查制度的审查模式以政策制定机关的事前自我审查为主导，反垄断执法部门加强指导，同时加强信息公开，强化社会监督。然而自我审查本身存在逻辑上的悖论：若行政机构认为其反竞争的不当行为使自身利益最大化，将不会将自我审查落到实处，自我审查就会成为空头支票；若行政机构认为维系竞争对自身有利，将主动寻求合规，自我审查似乎就失去了存在的必要。[2] 自我审查模式下，难免会出现"主观上不愿审"和"客观上不会审"交织的情形。但是，基于现实因素考虑，我国公共政策文件数量庞大、内容繁多、增量可观；[3] 另外，行政机构事务冗杂，行政事务和执法工作皆需兼顾，执法资源匮乏和执法赋能不足。当下的客观现实决定了自我审查在现阶段不得不维系，尚不应全盘否定。强化监督保障，完善举报处理和责任追究机制，建立政策措施定期抽查机制，强化公平竞争审查考核机制，普遍引入第三方专业评估，鼓励社会各方广泛监督，可以在相当程度上填补自我审查机制之不足。

2. 审查主体法律责任界定和程度待完善

目前，国家市场监管总局、司法部、财政部、商务部会同有关部门，共同统筹协调推进公平竞争审查相关工作，对实施公平竞争审查进行宏观指导。同时，政策制定机关可以建立专门定期评估机制，要求各地区、各部门委托第三方评估专业机构，协助对政策措施进行公平竞争审查和定期评估。我国现阶段在审查主体上采取了"自我审查为主、有关机关指导备案、社会监督补充"的多元复合审查模式。[4] 该模式下，各机构内在目标存在偏差，可能造成效率低下、执法成本高，不利于执法资源的优化配置。从责任承担角度看，《建立公平竞争审查制度的意见》规定对涉嫌违反《反垄断法》的，"反垄断执法机构要依法调查核实，并向有关上级机关提出处理建议"。这样的

---

[1] 参见王贵：《论我国公平竞争审查制度构建的基准与进路》，载《政治与法律》2017年第11期。

[2] 参见李俊峰：《公平竞争自我审查的困局及其破解》，载《华东政法大学学报》2017年第1期。

[3] 参见汪改丽：《对公平竞争审查"内部审查制"的思考》，载《广西政法管理干部学院学报》2016年第5期。

[4] 参见孙晋、孙凯茜：《我国公平竞争审查主体制度探析》，载《湖北警官学院学报》2016年第4期。

"处理建议"赋予上级机关较大的自主决定权,制度的威慑力不足。[1] 有鉴于此,在制度进阶过程中探索建立"统一、独立、权威和专业的一元化主体模式"[2]确有必要;在奖惩机制上,需要全面细化奖惩机制以确保赏罚分明,[3]提高审查效能。

3. 公平竞争审查公众参与社会监督不足

公平竞争审查对市场具有普遍影响,审查范围广泛,决定了该制度的多元共治属性很强,知情权的落实是公众参与和监督的基础。《公平竞争审查实施细则》在审查机制和程序里对公众参与和社会公开作了具体说明:开展公平竞争审查,应当征求利害关系人意见或者向社会公开征求意见;"利害关系人指参与相关市场竞争的经营者、上下游经营者、行业协会商会、消费者以及政策措施可能影响其公平参与市场竞争的其他市场主体";任何单位和个人都可以向政策制定机关的上级机关或反垄断执法机构举报。审查结果的公开透明无疑能在一定程度上挽回自我审查的信任危机,保障公众知情权和参与权又是提升审查质量的必然要求。然而在实际操作中,还存在未能及时征求利害关系人意见,遗漏利害关系人,举报制度落实不到位,接受举报的上级机关、竞争执法机构等受理单位权责不明、相互推诿等现象。在落实公平竞争审查制度时,主体机关应当坚持依法行政,将制度真正落到实处,加强宣传普及,提高公平竞争审查的社会关注度,推动公众广泛参与、社会有效监督。

4. 例外规定可能被滥用

例外规定在公平竞争审查制度功能的发挥中起到重要作用,实质上属于该制度的豁免范围。[4] 例外规定的执法机制健全与否关系公平竞争审查中例外制度法律规则的适用成效。在执法实践中,例外规定的审查主体缺乏激励机制。是否适用例外规定由政策制定机关自行决定,这种自我审查模式是基于我国国情复杂、地区间差别迥异、资源分配不均、信息不对称而

---

[1] 参见孙晋:《我国〈反垄断法〉法律责任制度的缺失及其完善》,载《法律适用》2009年第11期。

[2] 孙晋、孙凯茜:《我国公平竞争审查主体制度探析》,载《湖北警官学院学报》2016年第4期。

[3] 参见丁茂中:《论我国公平竞争审查制度的建立与健全》,载《竞争政策研究》2017年第2期。

[4] 参见黄进喜:《反垄断法适用除外与豁免制度研究》,厦门大学出版社2014年版,第49~52页。

做出的折中处理,适用规定较为模糊笼统,可以根据各地区不同的地域实践而做出一定程度的变通。自我审查模式原本就存在悖论,前文已有述及。因此这种考量就有可能滋生例外规定的滥用,导致原本为适应社会环境变化而设计的较为模糊的适用例外情形变成了自我审查模式下有的审查主体追求自身利益最大化的工具。[1] 再者,对适用例外规定的外部监督力度不够。根据《公平竞争审查实施细则》可知,公平竞争审查制度的监督主体有政策制定机关的上级机关、反垄断执法机构和社会公众。三者各有利弊,而专业的反垄断执法机构却仅有向政策制定机关或其上级机关提供咨询建议的权利,滥用例外规定的行政主体受到的惩处也较轻微。问责机制的缺失导致执法力度大打折扣,更增加了例外规定被滥用的风险。

上述公平竞争审查制度的实践困境,皆与该制度长期作为规范性文件的规则设计缺陷尤其是软性约束密切相关,公平竞争审查制度亟待进阶到合法性审查甚至合宪性审查,方能最终实现对政府规制的刚性约束。

四、公平竞争审查制度法治化为规制变革提供法治保障

(一)何为公平竞争审查制度法治化

公平竞争审查制度法治化是竞争法治的核心要义。公平竞争审查制度是在规制抽象行政性垄断领域的制度创新,作为不妨碍政策目标实现而提供对竞争损害最小的替代方案的制度,[2] 旨在解决政府因过度干预或者不合理干预而损害市场竞争的问题,以督促政府秉持竞争中立原则,保障各类市场主体平等使用生产要素,维护各类市场主体公平参与市场竞争。在以发展动能转换和国家治理现代化为主要特征的新时代背景下,确立并强化竞争政策基础地位和推动竞争法治乃时代要求。作为贯彻竞争中立原则和实施竞争政策的关键路径——公平竞争审查制度,不仅体现了竞争政策与其他经济政策、社会公共政策之间的价值判断要遵循竞争优先的价值取向,[3]

---

[1] 参见孙晋、钟原:《竞争政策视角下我国公平竞争审查豁免制度的应然建构》,载《吉首大学学报(社会科学版)》2017年第4期。

[2] 参见黄勇、吴白丁、张占江:《竞争政策视野下公平竞争审查制度的实施》,载《价格理论与实践》2016年第4期。

[3] 参见向立力、俞四海:《公平竞争审查制度的理论梳理与完善建议》,载《中国价格监管与反垄断》2017年第3期。

也是顶层设计者对行政立法的一种规则控制。[1] 公平竞争审查制度在规范政府行为、保障公平竞争以促进全国统一大市场建设的国家战略上被寄予厚望。但是，作为一种冲突解决机制，公平竞争审查制度能否找准自身立法定位，厘清法律属性，激发制度功能，与竞争政策能否贯彻落实、竞争法治能否实现息息相关。一种制度的立法定位很大程度上取决于它自身的法律属性。[2] 明确公平竞争审查制度的法律属性，界定其立法地位，推进制度朝着法治化方向发展，通过公平竞争审查制度植入《反垄断法》等法律法规，形成公平竞争审查法律体系，是实现公平竞争审查制度法治化的制度前提，也是推动竞争法治发展的基本要求。

（二）公平竞争审查制度法治化的时代意义

公平竞争审查制度法治化是全面深化改革和全面依法治国的最佳交集，是赋能控权和优化规制的有效途径，唯有循此路径，方可将该顶层设计真正变成"大制度"。其制度价值和现实意义，可以从该制度本身进化和反垄断法宪法进阶两个维度予以呈现并展开分析。

公平竞争审查制度对于破坏市场竞争具有源头预防价值和纠偏优化功能，作为法治化结果的刚性约束有利于制度的功能发挥和价值实现。[3] 行政性垄断顽固存在和广泛影响，与对政府规制软约束形成强烈反差，现行制度陷入威慑困境，引发学界思考前置预防在风险社会的制度价值，而法律风险的防范与社会秩序的事前规制并非反垄断法独有，但因垄断行为的特殊性而增添了制度衍生价值。[4] 作为国家维护市场公平竞争秩序顶层设计的公平竞争审查制度，在政府规制体系的革新与完善上发挥越来越重要的作

---

[1] 参见孙晋、袁野：《共享经济的政府监管路径选择——以公平竞争审查为分析视角》，载《法律适用》2018年第7期。

[2] 参见俞梦睿：《消费者冷静期制度的法律属性与立法定位》，载《江淮论坛》2017年第1期。

[3] 实际上，公平竞争审查制度的法治化，首先，其首要的制度价值就是提高该制度的法律位阶，将其升级为法律，使其本身成为法律渊源意义上的法律文本规范，从而能够在市场监管实践中被作为法律依据加以援引。与此同时，明晰制度的上位法即《宪法》，防止法律体系碎片化。其次，积极推进公平竞争审查制度的合法性合宪性审查，依据合法性合宪性审查工作"有件必备、有备必审、有错必纠"的要求，实现所有规范性文件备案审查全覆盖，将公平竞争审查纳入合法性审查和合宪性审查制度中，是完善现有的自我审查模式的根本路径。最后，合理界定概念范畴及外延内涵，完善审查标准以提高其对审查限制竞争的实效，制定可操作性强的具体流程，明确各方权利义务和法律责任，极大提升制度的权威性和威慑力。

[4] 参见刘乃梁：《"预防垄断行为"的理论逻辑及其制度展开》，载《社会科学》2020年第12期。

用。然而,被寄予厚望的公平竞争审查制度在实践中的局限性,使竞争中立原则难以通过该制度切实作用于政府的市场干预。局限性主要来源于公平竞争审查制度设计本身的缺陷——《建立公平竞争审查制度的意见》和《公平竞争审查实施细则》只是规范性文件,属于"软法",难堪大任。通过逐步推进公平竞争审查制度法治化,为政府规制体系和治理方式的转型升级注入了新活力,开拓了新路径——将规制权力真正置入法治轨道和法律框架进行约束,重点审查政府规制的合法性与合理性,提升政府规制的科学性。同时,督促政府及其职能部门有效实施优化之后的规制政策,也是依法治国与依法行政的主要"战场";以此为抓手,持续优化政府干预行为,就可以理顺市场与政府的关系。易言之,通过公平竞争审查制度法治化,实现对政府干预权力的控制和优化,有利于提升政府干预质量、提高政府治理体系和治理能力现代化;实现公平竞争审查制度法治化,有利于从根本上改变公平竞争审查制度作用于政府规制"心有余而力不足"的尴尬局面,成就公平竞争审查制度,使之真正成为推进政府规制变革之利器的"大制度"。

现代反垄断法是典型的回应性立法。回应性立法的静态性、事后性、被动性与风险社会反垄断立法的动态性、事前性、主动性需求之间的巨大冲突,推动反垄断立法从回应性向预防性转型。垄断行为规制理念、模式、方略的变迁反映了预防性反垄断立法转型的必要性、正当性、可行性。依循预防性立法路径,反垄断立法在原则上,应当实现从包容审慎向宽严均衡的转向;[1]在实体法制度上,应当实现从片面注重事后惩戒的制度设计到兼顾事前预防事中纠偏制度设计的转化;在程序法制度上,应当构建垄断行为风险预警机制、完善第三方竞争评估制度、加强社会监督机制、增加反垄断执法临时措施规定、建立预防性反垄断公益诉讼制度,实现从事中事后监管向全过程监管转型,最终实现反垄断法立法体系的新突破。《反垄断法》是竞争政策法治化成果的集大成者和实现竞争法治的主要制度工具,本身就承担着"经济宪法"之重任,应推动其规范体系不断完善,法律权威持续提升,并整合执法职责以优化其实施。[2] 竞争法治需要公平竞争审查制度法治化,要求将制度从规范性文件升华到法律,将合理性审查升华为合法性审查,要

---

[1] 参见孙晋:《公平竞争原则与政府规制变革》,载《中国法学》2021年第3期。
[2] 参见黄勇:《论中国竞争政策基础性地位的法治保障》,载《经贸法律评论》2018年第1期。

求在我国经济政策与法律、法规和规章的制定中,将竞争中立原则融入其中,将预防性立法典范的公平竞争审查以法治思维和方式贯穿始终。这不仅能真正实现公平竞争审查制度的初衷,也是我国在政府规制体系下寻求高质量发展的革新之路,还是对全面深化改革、全面依法治国和加快全国统一大市场建设的有力制度回应。

五、公平竞争审查制度法治化的进阶

(一)公平竞争审查制度初级入法

2019年10月8日国务院第66次常务会议通过并于2020年1月1日起施行的《优化营商环境条例》,不仅在立法内容上体现了政府规制必须遵循竞争中立原则,[1]而且在我国立法层面首次明确规定对"与市场主体生产经营活动密切相关的行政法规、规章、行政规范性文件,应当按照国务院的规定进行公平竞争审查"[2]。这是我国法律体系中首次出现"公平竞争审查"概念,并首次规定对作为政府经济性规制载体的"与市场主体生产经营活动密切相关的行政法规、规章、行政规范性文件"应当进行公平竞争审查。应该肯定,该法律规定标志着我国初步尝试实现公平竞争审查制度法治化。但这离法治化要求还相去甚远,毕竟《优化营商环境条例》只是国务院的一部行政法规,法律位阶低,且又是一个以优化营商环境为目的的法规,矮化了公平竞争审查制度的重大作用,这与该项制度作为国家"大制度"的地位严重不符。

(二)借由《反垄断法》修法实现公平竞争审查制度入法

十三届全国人大常委会于2018年9月将《反垄断法》的修订列为第二类立法规划;2020年1月国家市场监管总局就《〈中华人民共和国反垄断法〉修订草案(公开征求意见稿)》向社会公开征求意见;2021年10月19日十三届全国人大常委会第三十一次会议第一次审议《反垄断法(修正草案)》;2022年6月24日十三届全国人大常委会第三十五次会议审议通过

---

[1]《优化营商环境条例》(中华人民共和国国务院令第722号)集中体现竞争中立原则的条文为第4条、第5条和第6条。如第5条明确规定:"国家加快建立统一开放、竞争有序的现代市场体系,依法促进各类生产要素自由流动,保障各类市场主体公平参与市场竞争。"第6条规定:"国家鼓励、支持、引导非公有制经济发展,激发非公有制经济活力和创造力。国家进一步扩大对外开放,积极促进外商投资,平等对待内资企业、外商投资企业等各类市场主体。"

[2]《优化营商环境条例》第63条第1款。

《关于修改〈中华人民共和国反垄断法〉的决定》;2022年《反垄断法》自8月1日起施行。

《反垄断法》的修订无疑应当体现我国国情、反映时代要求和赋予其历史使命。我国市场经济体制脱胎于计划经济体制,市场经济发展和国家治理体系现代化是一个循序渐进的过程。从《反垄断法》修法前的规定和实施情况来看,对具体行政行为造成的垄断,法律规定了政策制定机关对垄断实施者的"建议权",但权威缺乏和工具箱匮乏,使执法机关不便开展工作,而对于抽象行政行为如制定产业政策从源头上限制竞争造成的垄断情形,原《反垄断法》更是阙如。所以,将公平竞争审查制度入法赋能,无疑是正确的修法方向。将反垄断执法和公平竞争审查合二为一,形成规制行政性垄断的制度合力,致力于锻造中国统一大市场的"经济宪法"。修法前我国《反垄断法》虽然第9条提出了"竞争政策"概念,但对竞争政策的具体适用以及制度安排一直都未明确,"竞争政策"仅停留在政策层面。因此,应当通过修订《反垄断法》明确竞争政策基础地位,将竞争政策予以具体化。同时,作为竞争政策重要抓手的公平竞争审查制度,应当被纳入《反垄断法》,使该项制度上升为法律,满足更高位阶的合法性要求。

我国《反垄断法》自2007年颁布至今15年来的首次修订,最大的亮点在于,借助《反垄断法》的这次修改,遵循竞争中立原则,最终实现将"竞争政策基础地位"和"公平竞争审查制度"融入《反垄断法》,公平竞争审查制度由规范性文件升格为法律,实现"华丽转身",制度刚性和强制力增强。如此,实现了"1+1>2"的制度合力,既法治化了公平竞争审查制度,又夯实了《反垄断法》的"经济宪法"之地位,可谓一举两得。具体而言,在总则部分,为了强化竞争政策基础地位,新增第5条规定"国家建立健全公平竞争审查制度",接着规定"行政机关和法律、法规授权的具有管理公共事务职能的组织在制定涉及市场主体经济活动的规定时,应当进行公平竞争审查"。该条重要制度规定,不仅为实现公平竞争审查制度法制化和刚性约束提供了制度保障,而且为"完善宏观调控,健全统一、开放、竞争、有序的市场体系"提供了实现路径。新修《反垄断法》中的公平竞争审查制度和行政性垄断规制制度相配合,可以弥补行政性垄断违法救济疲软的短板,从事前预防、事中监管、事后纠偏3个维度规制行政性垄断。该制度必将进一步巩固和加强我国竞争政策基础地位,规范和优化政策制定机关制定的各项政策措施。

实际上，我国《反垄断法》的规制对象与域外绝大多数国家和地区的反垄断法基本一致，聚焦于市场主体即经营者的垄断协议、滥用支配地位和经营者集中三大垄断行为；然而，我国《反垄断法》又有所不同，除了经济性垄断，还面临行政性垄断，所以修法前我国《反垄断法》的最大制度创新就是该法的第5章"滥用行政权力排除、限制竞争"专章规范行政性垄断。可是，修法前《反垄断法》在总则部分的第3条规定："本法规定的垄断行为包括：（一）经营者达成垄断协议；（二）经营者滥用市场支配地位；（三）具有或者可能具有排除、限制竞争效果的经营者集中。"显然该条没有包括行政性垄断，如此一来，第5章超出了总则规定的"本法调整范围"。虽然这次修法的最大亮点或曰制度创新是公平竞争审查制度入法，发展并补强了行政性垄断规制制度，但第3条原文未动。如此一来，法律文本存在一个逻辑问题：总则规定的法律调整范围不能涵盖分则规定的各项具体的反垄断制度。如今把公平竞争审查制度植入法律，使该问题愈加突出。为了消弭该问题，笔者认为，从长远来看，未来有必要改造第3条，把《反垄断法》的规制对象从"经营者的三大行为"即经济性垄断拓展到"政府的不当干预与限制竞争政策与措施"即行政性垄断，唯有如此，无论是原法的第5章，还是新增的公平竞争审查制度，才都既能满足法律文本的逻辑自洽，又能实现我国《反垄断法》紧密结合中国市场垄断的特殊问题与一般问题二者兼顾的制度创新，真正体现我国反垄断的理论自信和制度自信。[1]

另外，原法第4条的规定在"国家制定和实施与社会主义市场经济相适应的竞争规则"之后，直接是"完善宏观调控，健全统一、开放、竞争、有序的市场体系"。试问，没有目标、欠缺标准、亦无工具，何来"完善宏观调控"？国家的宏观调控现实中大量体现为政府的产业政策，产业政策与竞争政策时有冲突是不争的事实，发生冲突时必须有一方让位居次亦是不争的事实，市场决定资源配置和竞争政策基础地位，要求一般情形下竞争政策优先和守住市场竞争底线。所以，这次修法后的第4条规定明确在"完善宏观调控"之前加上"国家坚持市场化、法治化原则，强化竞争政策基础地位"，最后规定"健全统一、开放、竞争、有序的市场体系"。该条规定修改后，从原则到

---

[1] 参见孙晋：《新时代确立竞争政策基础性地位的现实意义及其法律实现——兼议〈反垄断法〉的修改》，载《政法论坛》2019年第2期。

工具再到目标,逻辑清晰,修法甚当。

修法之后的2022年《反垄断法》所规范的4类垄断行为中,最大的挑战依然来自行政性垄断,行政性垄断中最难者莫过于抽象行政性垄断,这意味着公平竞争审查制度的推行必将面临最大的困难,对指导和执法机构的要求必然最高。最可行的方案,即明确第12条国务院反垄断委员会(以下简称反垄断委员会)组织、协调、指导全国实施公平竞争审查的法定职责,未来将其改造为统一、权威、专业的公平竞争审查制度的审查机构。笔者认为,这是制度成本最低的最佳改革方案,既可以从源头上避免上下级机关的相互维护、保证审查的独立性,又可以整合现有资源,节约成本,提升审查效率,无疑是确立和落实公平竞争审查制度的有力保障。

最后,公平竞争审查制度通过首修已融入2022年《反垄断法》,但这只是该制度法治化的第一步。《反垄断法》的高度抽象性、规定的纲领性和规则的模糊性,决定了需要以《公平竞争审查条例》为抓手,推动反垄断委员会制定相关指南、国家市场监管总局制定相关规章,规范化、标准化、要件化公平竞争审查制度,使抽象、弹性且缺乏可操作性的原则规定更加具体化、程序化,同时注重反行政性垄断执法与公平竞争审查之间的衔接与协调,从而形成实体规范和程序规范完备的公平竞争审查法律系统,确保这项"大制度"不仅好看更要好用。

(三)择机推进公平竞争审查升华为合宪性审查

在经济法的控权观视野下,为经济法实现良法善治"架桥铺路"的公平竞争审查制度,作为中国特色反垄断法律制度的重要组成部分,不仅包容了丰富的经济法意义,也蕴含了深刻的宪法命题。宪法的传统功能在于调整国家与个体两极的关系,社会内部的关系主要由私法处理。但社会复杂性的提升导致社会内部出现冲突和分化,需要通过国家调控政府规制解决社会内部的问题,宪法的功能因之发生转型。在我国,合宪性审查可以实现政治层面和法律层面的双重协调。[1] 公平竞争审查制度进阶并融入合宪性审查机制,可反过来促进政治系统的自我反思和政府规制的加速变革。

我国公平竞争审查制度实施虽已全面展开,但实效仍有待加强。究其根源,原因有二:其一,试图以行政规制思维补救反垄断执法机制之不足难

---

[1] 参见李忠夏:《宪法功能转型的社会机理与中国模式》,载《法学研究》2022年第2期。

以撼动问题根本,且孤立看待公平竞争审查制度还存在离散我国法律体系的弊害,碎片化我国宪法、反垄断法、行业法之间的关系;[1]其二,尽管该制度已经规定于2022年《反垄断法》之中,但按照我国《立法法》规定,下位法不能违背上位法,作为《反垄断法》组成的公平竞争审查制度之效力只能及于行政法规、部门规章和地方立法,却对全国人大及其常委会颁行的法律无能为力。由此不难发现,公平竞争审查问题最终应向宪法问题回归,在宪法体系下进行制度建构,丰富公平竞争审查体系,赋能公平竞争审查宪法权威。具体而言,建构和强化公平竞争审查的合宪性审查,形成"合理性审查→合法性审查→合宪性审查"的循序进阶,最终从国家法律体系的最高层级最大效力出发,对政府不当干预及其依据的法律法规、政策措施予以最强有力的规范,为加快全国统一大市场建设提供最强大的制度保障。

在宪法层面为竞争中立原则确定依据,不仅可以有效弥补公平竞争审查之自我审查模式的局限,也是对行政性垄断进行规制的治本之策。将公平竞争审查制度升级为合宪性审查的具体方案是,对《宪法》第15条"国家实行社会主义市场经济"规定中蕴含"公平竞争"的条款进行解释,择机推进《宪法》修订,增加"国家坚持竞争政策基础地位"和"国家施行公平竞争审查"的规定,把《宪法》第15条修正为:"国家实行社会主义市场经济,坚持竞争政策基础地位。国家加强经济立法,施行公平竞争审查,完善宏观调控。国家依法禁止任何组织或者个人扰乱社会经济秩序。"此外,也要在《立法法》总则第7条引入公平竞争审查条款或确立公平竞争原则,[2]明确规定将涉及市场主体经济活动的法律和规章也纳入备案审查范围,[3]保障反垄断执法机构和市场主体的建议权行使,完善合宪性审查建议回复和公开制度,通过其广泛的法律效力约束行政机关的法规规章制定行为,以避免政府对市场经济的不当干预。

---

[1] 参见王炳:《公平竞争审查的合宪性审查进路》,载《法学评论》2021年第2期。

[2] 2015年《立法法》第7条第1款规定:"立法应当从实际出发,适应经济社会发展和全面深化改革的要求,科学合理地规定公民、法人和其他组织的权利与义务、国家机关的权力与责任。"实际上该条文已经蕴含"国家经济立法应当遵循公平竞争原则"之意,只不过需要修法进一步明确而已。

[3] 依据《公平竞争审查实施细则》第3条的规定,法律和规章尚不属于公平竞争审查范围。

六、结语

缺失竞争基因的传统规制在市场经济条件下衍生出行政性垄断问题,[1]成为建设全国统一大市场和形成统一开放、竞争有序的现代市场体系的最大障碍。建设全国统一大市场和形成现代市场体系有两个前提和基础:首先需要统一的法律规则体系,其次这个规则体系必须是促进和维护公平竞争的。公平竞争制度尤其是公平竞争审查制度和竞争法治提供了可行的工具和路径。如果说全国统一大市场建设对高质量制度供给的需求为规制变革提供了驱动力,那么,竞争法治则为规制变革提供了制度和体制保障,国家关于"重大改革于法有据"的基本要求为规制变革提供了明确指引。如果说全面深化改革为规制变革提供了动力,那么全面推进依法治国则为规制变革提供了历史契机。公平竞争审查制度是实现政府规制变革的重要工具,通过2022年《反垄断法》修订和未来《宪法》释法甚至修宪,为公平竞争审查制度法治化进阶,稳健推进竞争法治,进而推动规制变革提供实现路径。

---

[1] 行政性垄断作为行政机关和法律法规授权的具有管理公共事务职能的组织滥用行政权力,实施排除、限制竞争的行为,其本质是政府规制公平竞争理念阙如、内部缺失公平竞争维护机制、对市场不当干预的制度"副产品"。

公平竞争审查制度构建的基准与进路

一、问题的提出

党的二十大报告提出"坚持社会主义市场经济改革方向""构建高水平社会主义市场经济体制",而要实现这一宏伟目标,当务之急就是改革市场监管体系,建立更加公平、开放、透明的市场规则,"清理和废除妨碍全国统一市场和公平竞争的各种规定和做法,严禁各类违法实行优惠政策行为,反对地方保护,反对垄断和不正当竞争"。关于如何"清理和废除"妨害公平竞争的各种规定和做法,中央的意图也逐渐明晰,就是将公平竞争审查制度作为实现这一目的的重要举措。自 2015 年 3 月 13 日《中共中央、国务院关于深化体制机制改革加快实施创新驱动发展战略的若干意见》第一次提出要建立公平竞争审查制度,到 2016 年 6 月 1 日《建立公平竞争审查制度的意见》正式公布,一年多的时间里,公平竞争审查制度的研究、制定与实施进入快车道,以此为抓手来规范政府有关行为,促进公平竞争秩序的形成,可以进一步厘清政府与市场的边界。

结合《建立公平竞争审查制度的意见》及其他文件来看,公平竞争审查制度是指对政府干预经济的公共政策,包含法规规章、政策措施、制度安排、规范性文件等,以是否限制竞争为标准,进行审查、实施替代乃至给予制止的一项制度。该制度既有通过审查限制或控制政府管理经济、监管市场权力的一面,也有在最终目的上促进市场公平竞争,进而保障市场主体公平竞争权和消费者权益的一面,可以说,制度本身内嵌并联结着对政府经济权力的制约和对市场主体与消费者权利的保障。

当前,学术界和实务部门研究和关注公平竞争审查制度,并对其功能、框架、主体以及实施路径等具体问题作了分析,[1]为制度的进一步完善提供了有益借鉴。然而,一项制度的持续演进和发展,不仅有赖于具体规则的细化和健全,更重要的是需要一种贯穿并内化于制度本身的价值基准,并以此为核心指导制度具体构建。唯有如此,制度的发展方能根深叶茂、源远流长。目前公平竞争审查制度的拓展恰恰缺乏一种价值基准上的支撑以及在此基础上的制度设计。因此,笔者于本部分中试图从权力制约和权利保障二元视角出发,一方面,为公平竞争审查制度的研究寻求一个可能的价值基准和分析视角,明晰制度的正当性基础和根本价值取向;另一方面,围绕二元价值基准,以更加广阔的研究视野和思维方法来审视公平竞争审查制度,以拓宽制度研究之进路,优化制度设计。

二、权力制约与权利保障：公平竞争审查制度的价值基准

(一)公平竞争审查制度的权力制约之维

中国在计划经济向社会主义市场经济转型的过程中,"市场经济的二重性加重了社会转型期的各种矛盾的复杂性,使权力制约问题的研究在中国式的市场经济模式中具有极为重要的理论意义和现实意义"[2]。溯源我国经济体制改革和建立市场经济的历程,可以发现其自身特点:一方面,我国转型、改革的内在驱动力量源于国家和政府,改革转型由政府自上而下主导,政府管理或调控经济、干预市场的力量强大,形成"大政府——小市场"的格局;另一方面,我国向市场经济转型是在一种经验和理性不足的情况下展开的,在对市场经济的模式设计和具体操作上基本遵循一种"摸着石头过河"的经验主义和实用主义逻辑,法治思维难以在改革中生成并发挥作用,更多的是在计划经济惯性下利用行政管控来实施改革措施、控制市场经济体系的建构,政府的"有形之手"倾向于掌握资源分配,市场在资源配置中的作用发挥不足。

在此种特点下,当过度的行政权力尤其是管理经济的权力遇上市场经济大潮时,权力失范乃至滥用在所难免,行政权力在经济领域影响巨大,资

---

[1] 参见朱凯:《对我国建立公平竞争审查制度的框架性思考》,载《中国物价》2015年第8期;黄勇、吴白丁、张占江:《竞争政策视野下公平竞争审查制度的实施》,载《价格理论与实践》2016年第4期;孙晋、孙凯茜:《我国公平竞争审查主体制度探析》,载《湖北警官学院学报》2016年第4期。

[2] 林喆:《权力腐败与权力制约》,山东人民出版社2009年版,第203页。

源配置并不完全由市场决定,直接利用行政手段分配资源乃至垄断资源的情况屡见不鲜。这种分配或者掌控资源分配的稀缺权力即可形成"租金",某些主体便试图通过"寻租"而获取权力"偏爱"或特权,攫取垄断利润和不正当利益。另外,因为经济转轨下的利益多元化,地方政府或政府部门有其独特利益诉求,有的地方政府或政府部门利用行政权力、通过直接或间接的方式实行地方保护主义或纵向部门利益分化,人为实行市场分割,破坏统一市场的形成和竞争秩序的运行。因此,在我国社会主义市场经济转型背景下,如果政府管理经济、调节市场的权力(笔者于本部分中将此种权力称为政府经济权力)过大、越位或滥用,就会导致市场经济发展中出现大量的设租和寻租现象。如果政府权力任意干预经济的发展、破坏市场经济发展的正常秩序,那么不利于社会主义市场经济体制的完善和经济有序协调发展,因此对政府经济权力充分有效的监督和制约必不可少。[1]

至于如何实现对政府经济权力的制约并为其划定边界,核心当然是实现法治基础上的"规则之治",遵循竞争性、合法性、政府调节适度、政府调节中立、政府调节公共性等原则,加强相关实体法对政府经济权力的约束,政府在行使经济权力时要充分考量并维护公共利益和相关主体的利益,及时对政府经济权力进行审查、矫正和救济。[2] 在全面深化改革和全面推进依法治国背景下制定实施公平竞争审查制度,对政府经济权力的运行进行审查和矫正,是制约政府经济权力的有力保证。

从更广的范围和趋势上分析,推进公平竞争审查制度以限制政府经济权力具备现实资源和正当性。首先,在我国改革过程中,社会变革风起云涌,新情况层出不穷,仅由权力机关立法不足以满足和应对社会实践,遂授予相应行政机关立法权,由大量以"先行先试""地方特色"为导向的行政立法来指导改革实践,各类行政政策、指令等规范性文件也层出不穷。然而,(广义)行政立法的盛行在市场经济领域之弊端也暴露出来,侵害公民及市场主体财产权、自由竞争等权益并不罕见,地方保护主义严重阻碍全国统一

---

[1] 参见陈国权等:《权力制约监督论》,浙江大学出版社2013年版,第84~85页。
[2] 参见孙晋:《经济法视角下政府经济权力边界的审读——以政府职能转变为考察中心》,载《武汉大学学报(哲学社会科学版)》2014年第2期。

市场的构建。[1] 因此，从一定程度上来说，公平竞争审查制度就是顶层设计对行政立法的一种规则控制，以增强行政立法的合理性、公开性和规范性。其次，自20世纪七八十年代以来，针对政府行为、规制政策的规制影响评估制度，其目的在于提高政府规制的透明度和科学性。[2] 公平竞争审查制度或竞争评估，从本质上来说是规制影响评估制度的一个重要方面，因此，公平竞争审查制度的推行既符合放松政府管制、提高规制质量的国际化趋势，也能借鉴规制影响评估理论和实践中的有益经验，以扩展制度本身的张力和理论源流。再次，自2001年以来行政立法评估逐渐走入我国公众的视野，许多不同级别的行政机关对此进行了有益探索，其对于提升行政立法质量的作用也得以彰显。[3] 从2005年开始，行政立法评估更是得到了较快发展和实践积累，得到了较为广泛的认同，获得了有益经验。[4] 公平竞争审查制度实质上也是行政立法评估制度的一个组成部分，对于行政立法的有效性、合法性以及"成分—效益"分析均具有积极作用。行政立法评估丰富的本土实践资源乃至经验教训，是完善公平竞争审查制度的重要参考，甚至可以相互融合，共同促进制度的发展完善。最后，经济法是中国特色社会主义法律体系的重要组成部分，"现代经济法的基本价值在于维护市场主体的合法权益和有效制约行政权力对经济运行的不当干预"[5]，经济法治的基本要义在于通过经济法律有效控制和约束政府经济权力，确定政府干预市场的权力边界、规范政府管理经济的行为，进而保障市场主体的合法权益。关于如何实现经济法控权功能，公平竞争审查制度提供了一个具体的可行路径和明确的标准。

(二)公平竞争审查制度的权利保障之维

从这一制度功能看，公平竞争审查制度对于权利的保障至少体现在3

---

[1] 参见《河北几部门违反〈反垄断法〉发展改革委建议纠正》，载中国政府网，https://www.gov.cn/xinwen/2014-09/26/content_2756875.htm；《甘肃省发展和改革委员会关于建议纠正武威市道路运输管理局滥用行政权力排除、限制竞争有关行为的函》，载甘肃省发展和改革委员会网站2015年11月24日，https://fzgg.gansu.gov.cn/fzgg/c106095/201306/4ae10177bd024768819657c2ae0ab1ab.shtml。

[2] 参见郑宁：《行政立法评估制度研究》，中国政法大学出版社2013年版，第56~60页。

[3] 参见李瑰华、姬亚平：《行政立法评估制度论析》，载《江西社会科学》2013年第7期。

[4] 参见郑宁：《行政立法评估制度研究》，中国政法大学出版社2013年版，第2页。

[5] 秦国荣：《维权与控权：经济法的本质及功能定位——对"需要干预说"的理论评析》，载《中国法学》2006年第2期。

个方面。第一,在总体要求上,公平竞争审查制度是为了保障市场主体的平等参与权和公平竞争权,限制政府的干预行为。《建立公平竞争审查制度的意见》指出,要"保障各类市场主体平等使用生产要素、公平参与市场竞争、同等受到法律保护",这样有利于激发每一个市场因子的积极性和活力,大大提高资源配置效率,最终实现宏观经济持续健康发展。第二,公平竞争审查的目的在于防止出台排除、限制竞争的政策措施,逐步清理废除妨碍全国统一市场和公平竞争的规定和做法。《建立公平竞争审查制度的意见》明确提出4大类18项审查标准,使违反标准排除、限制竞争的政策措施不能出台,这实质上最大限度地减少了政府对微观经济的干预,由此,政府对市场主体的经济权利发挥的束缚也会减少,市场主体能够更自由地进入和退出市场,商品和要素能够更加自由流动,交易成本也大为降低,从根源上培育和增强市场主体自我实现经济权利的能力和可能性。第三,公平竞争审查制度设定了相应的程序,用来限制政府出台干预经济活动的政策措施,通过采取自我审查和外部监督相结合的方式,注重责任追究和公众参与,来保证政策措施的出台符合公平竞争审查标准,相关机关、利益相关人和公众能够更为便捷地参与监督和提出异议,最终保障市场主体的公平竞争和竞争秩序的构建,保障政府的干预市场行为符合社会公共利益。

具体来看,公平竞争审查制度至少能保障以下几个方面的权利:一是宪法框架下的经济权利,包括但不限于经济自由、经济平等、经济民主等。在我国经济转轨时期,个体的宪法经济权利的实现程度取决于政府在多大程度上让位于个体的经济自由、在多大程度上界定和限制政府对经济的干预。公平竞争审查制度实质上就是实现对政府干预的有效控制,进而实现保障宪法框架下的个体经济权利。在经济自由方面,公平竞争审查着力消除影响公平竞争、妨碍创新的各种制度束缚,禁止设置不合理和歧视性的市场进入和退出条件,破除地区封锁和行业壁垒,鼓励商品和各类要素在全国范围内自由流通;在经济平等方面,着力保证本地和外地企业、大企业和小企业、外资企业和内资企业、国有企业和私营企业平等参与竞争,杜绝不同性质市场主体间的歧视性价格和待遇、倾斜性补贴和优惠政策;在经济民主方面,市场主体和利益相关方可以监督政策措施的制定和公布是否经过公平竞争审查,以及评价审查后对竞争的具体效果。二是公平竞争权。侵害公平竞争权的重要一类就是政府对权利的侵害。[1]公平竞争审查制度的确立实质上就是对政府侵害公平竞争权的行为进行事先控制、减少乃至杜绝的一种制度探索,在政策措施的制定过程中以是否排除、限制竞争为标准进行筛查,对于保障市场主体的公平竞争权意义重大。三是消费者权。竞争法下消费者权的保护可着重细化为消费者福利权和消费者选择权两方面。[2] 公平竞争审查制度能够减少政府自身在市场中设置的各种障碍,推动全国统一市场的形成,促进不同地域、不同性质经营者之间的竞争,进而降低制度性交易成本,促进企业创新,刺激企业注重商品和服务质量的保障,最终可以提升消费者福利。同时,公平竞争审查制度对于扩大消费者选择范围也有显著作用,它能够减少政府对具体行业或市场进入和退出的壁垒限制、减少对企业商品流动的限制、减少对企业产品质量和价格的管制,这能够激励更多的市场主体提供更加多样化的产品,最终保障消费者的选择权。

三、公平竞争审查制度达到权力制约之目的的现实进路——以内部审查及其监督为中心

(一)竞争评估与审查的一般模式

从国际上看,竞争评估与审查一般有两种配置模式,即外部审查模式和内部审查模式。外部审查模式又大体可分为独立机关审查和竞争执法机关审查两类。所谓独立机关审查,就是单独设立一个专业性机构来负责和推进竞争审查事项,澳大利亚从20世纪90年代开始全面推行"国家竞争政策"(National Competition Policy,NCP)计划,为保障该计划顺利实施专门设立了国家竞争委员会(National Competition Council,NCC),独立运行并负责审查、评估和监督联邦和州不同层级的法律法规文件。[3] NCC作为一个独立的专业机构,在澳大利亚竞争政策推进过程中的作用举足轻重,监督模式的选择、评价标准是否得到严格遵循、如何提高监管效能等均包含在其职能之内,其独立性可以很大程度上保证其免受其他行政机关干扰,审查权威大大提升。由竞争执法机关进行审查的模式相对更为普遍,美国、韩国、日本

---

[1] 参见朱一飞:《论经营者的公平竞争权》,载《政法论丛》2005年第1期。
[2] 参见刘继峰:《竞争法中的消费者标准》,载《政法论坛》2009年第5期。
[3] 参见叶高芬:《澳大利亚行政性垄断规制经验及其启示——基于"国家竞争政策"的解读》,载《中国社会科学院研究生院学报》2015年第3期。

均采用此种模式。美国的反托拉斯执法模式为双机构制,联邦贸易委员会(Federal Trade Commission,FTC)和司法部(United States Department of Justice,DOJ)共享反托拉斯管辖执法权,基于此,美国进行竞争评估的机关也有两个,根据法律授权的不同权限进行评估,并且还制定了一套协调机制来化解二者评估过程中可能存在的职能冲突。具体而言,FTC 的相关权力源于《美国联邦贸易委员会法》,权力内容侧重于进行竞争倡导。DOJ 的管辖权的权源有二:一是美国联邦司法部的组织法中关于反托拉斯职能规定的条款;二是一些管制产业的制度规定。前者赋予 DOJ 在市场自由竞争机制下主动收集信息并给出评估性意见的权力;后者则表现为美国联邦司法部部长的建议是采取限制或管制行动的前提。此外,FTC 的行动大多指向美国立法机构、州和联邦对进入市场设置障碍的法律法规(包括现行的和新的法律及其草案、联邦政府发布的规范性文件及其草案、地方性法规及其草案、条例),其有权对这些法律法规提出意见;而 DOJ 的绝大部分行动则指向美国其他联邦机构和部门。韩国《规制垄断与公平交易法》第 63 条和《制定法律法规影响评估报告指南》(Guidelines for Preparation of Report on Regulatory Impact Analysis)赋予了公平交易委员会(Korea Fair Trade Commission,KFTC)对限制竞争的法令进行评估的权力,KFTC 是直接向国务院总理负责的中央行政机关、准司法机关,不受其他机关阻挠而独立负责竞争执法事务,其实施的竞争评估在连续几年中取得了良好的效果。从 2009 年到 2014 年 10 月,KFTC 一共对 1907 件法律法规进行了竞争影响评估,其中有 65 件被认为有潜在的限制市场竞争的效果,KFTC 建议相关部门采取替代性措施,以防范潜在的反竞争法规损害竞争。[1] 日本于 2010 年 4 月引入竞争影响评估制度,依据 2007 年的《竞争政策评估法案》,由日本公平交易委员会进行评估审查,主要从成分收益、竞争效果、可替代性等方面分析。[2]

实行内部审查模式的主要以新加坡法为代表,其政府及相应所属部门在制定与竞争有关的政策时,应当先对该政策可能对竞争产生的影响进行自我评估和预判,并形成详细的分析报告;新加坡竞争委员会(Competition

---

〔1〕 See KFTC, *Recent Activities in Competition Assessment in Korea*, Asia Competition law Forum, Shang Hai: Asia Competition Association, 2014, p.25-31.

〔2〕 参见应品广:《法治视角下的竞争政策》,法律出版社 2013 年版,第 197~198 页。

Commission of Singapore,CCS)则主要在评估过程中起到建议和指导作用,制定《竞争评估指南》,帮助政府其他机关提升竞争影响意识,同时对自我审查中出现的问题提出建议和参考性意见。[1]

(二)内部审查:基于我国现实的模式选择

从《建立公平竞争审查制度的意见》中可以看出我国公平竞争审查采用内部审查模式,即"政策制定机关在政策制定过程中,要严格对照审查标准进行自我审查"。与其说这是一种自我选择,不如说是对我国当前现实的一种折中。

对公共政策进行公平竞争审查最为理想的方式,[2]可能就是集中专业资源、整合多方力量设立一个兼具独立性和权威性的专门机构来负责公平竞争审查,不受其他机构干扰,独立行使审查权。然而制度的建立并非"空中楼阁",仍需根植于现实之上,考量多方面因素,包括人力和行政成本、行政效率、涉及主体等。

我国地域广阔、人口众多,政府干预事项多、行政事务繁杂,政府历年累计颁行实施的公共政策文件可谓浩如烟海,再加上表现为各种通知、办法、决定、规定等的"红头文件",体量更是巨大,[3]而且每年还在以较大的数量增加,单单依靠某一个独立机关或者竞争执法机关来逐一审查,既不合理,也难以满足经济高速发展的需要。从竞争执法机构人员编制和审查能力上来看,我国当前竞争执法人才在数量上和质量上都有所欠缺,[4]而且执法机关还须承担其他行政性事务和执法工作,更难以全力满足巨大的审查需求。由政策制定机关自我审查,一定程度上可以减小公平竞争审查推行的阻力,同时,政策制定机关对于具体领域事务相对更为了解,能够掌握更充分的信

---

[1] See CCS, *CCS Guidelines on Competition Impact Assessment for Government Agencies*, Version 1, CCCS(Oct. 14, 2008), https://regulatoryreform.com/wp-content/uploads/2015/02/Singapore-Guideline-On-Competition-Assessment-2008.pdf, p.2. 另外,在起草该份文件时,CCS尚未更改为CCCS,故应为CCS。

[2] 本文中笔者用公共政策指代可能排除限制竞争的法规、规章、规范性文件以及其他政策措施。

[3] 参见汪改丽:《对公平竞争审查"内部审查制"的思考》,载《广西政法管理干部学院学报》2016年第5期。

[4] 国家发展和改革委员会价格监督检查与反垄断局编制为32人,国家工商行政管理总局反垄断与反不正当竞争局编制也极少(本书出版时,我国负责竞争执法的机构已更改为国家市场监督管理总局反垄断执法一二司、价格监督检查与反不正当竞争局)。

息,更清楚政策制定的最初目的和背景,这使其可以选择更为合适的时机审查关于竞争效果的问题。自我审查还可以一定程度上调动政策制定机关的积极性,实际上起到竞争倡导的作用。[1]

尽管如此,自我审查模式存在的隐忧也不应被忽视。首先,从主观上说,有的政策制定机关可能会因"偏狭"或"故意",导致有意或无意地不对政策措施进行审查,甚至为了部门利益、地方利益乃至私益而罔顾竞争效果,实施反竞争的行为。其次,有的政策制定机关可能较为缺乏进行专业竞争审查所要具备的知识和素质,缺乏足够的识别能力,难免挂一漏万。[2] 最后,有的"'一线'政策制定者可能并不会很严肃地看待竞争评估"[3],其自身是政策制定者,又对政策有审查义务,这很有可能会使得评估流于形式。因此,问题的关键是在承认自我审查于现阶段存在合理性的基础上,通过有效的监督和制约措施弥补其不足,保障自我审查取得良好的效果。

(三)对自我审查的监督与完善

考虑到现实情况,当前要做的应当是加强对自我审查的监督和制约,关键在于正确发挥不同主体的监督和保障作用。我国对于自我审查的监督须借助行政系统内的多个不同主体形成合力,共同促成自我审查行之有效,这些主体包括政策制定机关、政策制定机关的上级机关、竞争执法机构、反垄断委员会等。

对政策制定机关来说,可从以下3个方面强化自我审查的实施功能:一是明确责任追究。真正能够保证公平竞争自我审查落地的核心是要抓住责任追究这个"牛鼻子",在政策制定机关怠于自我审查、审查出现问题时如何纠正以及如何追究责任是重中之重,通过责任倒逼其自身尽责履行审查义务;但在《建立公平竞争审查制度的意见》中,这种责任规定尚不明确。对此,可作如下规定:上级机关和竞争执法机构发现政策措施不符合公平竞争审查标准而出台的,可由上级机关责令纠正,若拒绝纠正、不及时和不按要求纠正的,可对政策制定机关通报批评;对负有直接责任的主管人员和其他

---

[1] 参见《国新办举行建立和实施公平竞争审查制度有关情况发布会》,载中国政府网,https://www.gov.cn/xinwen/2016-07/07/content_5089170.htm。

[2] 参见刘继峰:《论公平竞争审查制度中的问题与解决》,载《价格理论与实践》2016年第11期。

[3] OECD, *Competition Assessment Toolkit*: *Principles*. *Version* 2.0 (*Volume* 1), OECD (Mar. 10, 2010), https://doi.org/10.1787/9c0a92de-en.

责任人员依法给予处分,涉嫌渎职的,可由有关部门按照情节轻重给予相应行政处分或追究其他法律责任,并及时向社会公开。二是在领导干部政绩考核指标中纳入公平竞争审查效果。党的十八届四中全会决定将法治建设成效纳入领导干部的政绩考核指标体系,法治评估在部分地区已进行试点和推行,也有较多研究。可行方式是将公平竞争审查的成效纳入法治建设成效参考因子,将公平竞争审查作为法治评估的二级指标之一,比如考察是否限制了经营者的竞争能力、是否限制了供应商的数量和经营范围、是否影响了消费者的选择范围等指标。个别官员信奉"唯 GDP 论"的政绩观,为了地方经济的短期增长和可观的经济数据,甚至不惜实施地方封锁、地方保护、滥用税收优惠和财政补贴等反竞争行为。从长远和更广范围看,"唯 GDP 论"实质上破坏了竞争秩序,不利于全国统一大市场的形成和商品要素的自由流通,也损害了不同经营主体间的公平竞争权。将公平竞争审查也列入政绩考核,会调动领导干部积极性,使其转变政绩观,不会(至少不会轻易地)为了短期 GDP 增幅而实施损害竞争的政府行为,这实质上也促进竞争文化在全社会的传播。三是强化公平竞争审查过程中的透明度。若没有使公平竞争审查相关信息在不同行政机关、公众之间迅速、准确地互动交流,若没有形成足够的社会影响力和推动力,就难以在全国范围内造成足够大的影响和舆论压力,政策制定机关可能不会给予足够的重视。解决思路应当是打破不同机关与社会公众之间的信息壁垒,运用互联网技术,构建起全国统一、多方互动、公众参与的公平竞争审查信息处理平台,中央与地方、上级与下级、行政机关与公众均可通过平台联系在一起;各级政策制定机关强制接入该平台,定期公布审查情况并可就专业问题在平台上咨询竞争执法机构,公众也可在平台上进行举报和接收反馈处理情况。[1]

我国《反垄断法》第 61 条第 1 款有规定:"行政机关和法律、法规授权的具有管理公共事务职能的组织滥用行政权力,实施排除、限制竞争行为的,由上级机关责令改正;对直接负责的主管人员和其他直接责任人员依法给予处分。反垄断执法机构可以向有关上级机关提出依法处理的建议。"借鉴该规定,政策制定机关的上级机关可以进行行政系统内部的监督,以保障公

---

[1] 参见刘继峰:《论公平竞争审查制度中的问题与解决》,载《价格理论与实践》2016 年第 11 期。

平竞争审查得到切实履行。该条中规定反垄断执法机构对行政机关实施的排除、限制竞争行为仅有建议权,最终仍须由行政机关的上级机关责令改正。因此上级机关在公平竞争审查中仍然可以延续这种传统并发挥积极作用,可要求政策制定机关就公平竞争审查的开展部署、形成的审查报告、废除和调整政策措施、取得的成效等情况向上级机关汇报,上级机关对此进行核查和复核;上级机关也可根据公众举报和反映启动复核程序。对于其中未进行公平竞争审查而出台的政策措施,责令政策制定机关停止执行并进行公平竞争审查后重新发布;对于其中违反公平竞争审查标准出台的政策措施,责令纠正或直接予以撤销。

对于竞争执法机构来说,主要可以通过培训和督导、强化事后执法监督、落实联席会议制度等方式保障公平竞争审查制度实施。鉴于公平竞争审查制度刚开始实施,许多行政机关尚不知如何操作,竞争执法机构可邀请相关专家或具备专业知识的实务工作者,通过现场授课或新媒体等途径对政策制定机关及其工作人员进行系统性培训,以统一认识,提高其实践能力和工作水平;同时,执法机构还可定期组织专家赴地方进行调研和督导,解决审查过程中实际出现的问题。另外,仍须强化反垄断执法机构对行政性垄断行为的执法和事后监督。对于已经经过公平竞争审查的政策措施,若反垄断执法机构接到举报或自主发现仍存在排除、限制竞争效果的,反垄断执法机构可根据我国《反垄断法》第61条向有关上级机关发出执法建议函,由上级机关责令纠正。尽管这种执法建议权被认为权威性和威慑力不足,但是通过案件公开仍然可以对行政主体的声誉形成一定影响,而且实践证明该做法也取得了较好效果。[1] 所以,反垄断执法建议仍不失为一种有效的事后监督保障机制和"防火墙"。此外,国务院办公厅于2016年12月22日发布的《关于同意建立公平竞争审查工作部际联席会议制度的函》明确,竞争执法机构作为部级联席会议的召集人可全面协调、积极促成该制度落实,加强对全国公平竞争审查的监督指导,不定期进行督查,加强宣传,统筹协调公平竞争审查制度的平稳有效实施,并指导各地方联席会议制度的

---

〔1〕 参见万静:《国家发改委公布四起行政垄断案件》,载环球网2016年12月31日,https://m.huanqiu.com/article/9CaKrnJZu5K。

开展。[1]

我国《反垄断法》第12条规定了反垄断委员会的职责,其对公平竞争审查的推进可从两方面展开。一方面,应着力于公平竞争审查指南或条例的制定,《建立公平竞争审查制度的意见》只是确定了公平竞争审查的基本框架,尚缺乏更加详细的指南,须进一步通过指南确定审查的详细程序、权限等内容;另一方面,反垄断委员会组成人员均为经济学或法学领域的专家,可利用此优势将其发展为公平竞争审查意见咨询和建议机构,当政策制定机关由于能力所限,无法辨别和识别政策措施的竞争效果时,可以向其咨询,由其给出准确明晰的意见或建议。

四、以权利制约权力:公平竞争审查制度中的公众参与

如何真正让公平竞争审查制度落实并且发挥制约政府经济权力、约束政府干预市场的作用,除了如前所述通过行政体系内部的不同机关之间相互监督和制约,还须发动社会公众实现外部监督。通过保障公众知情权和参与权,自下而上地外在激励公平竞争审查制度不断完善,这既有效地保障了其他自我权利,如公平竞争权、经济自由权等,也可以反向以权利制约政府干预市场的经济权力。

(一)知情权的实现与公众外部监督

实现公众参与和监督的前提,在于保障公众知情权的落实,只有公众(尤其是与某政策措施是否实施密切相关的参与相关市场竞争的经营者、上下游经营者、消费者以及政策措施可能影响其公平竞争权的其他市场主体等利害关系人)知晓公平竞争审查情况,他们才能够有机会和动力去监督。

首先,政策制定机关、上级机关、竞争执法机构应当及时进行审查情况的信息公开。政策制定机关欲对某项或者某些政策措施(无论是新制定的还是存量)开展公平竞争审查时,应当先将其公开,广泛征求社会公众尤其是利害关系人的意见,并且将征求意见的结果及采纳反馈情况也作为审查结果的一部分一并形成书面审查报告。征求意见的方式可以多种多样并保证对象的全面性,及时在本部门网站发出征求意见的通知,并通过"两微一

---

[1] 参见《公平竞争审查工作部际联席会议召开第一次全体会议》,载中国政府网,https://www.gov.cn/xinwen/2017-05/10/content_5192719.htm。

端"平台进行宣传,书面征求意见、座谈会、论证会、听证会等传统方式也可采用。对于详细的审查结果,如是否违反公平竞争审查的相关标准、是否需要调整、是否准许出台等情况,也要在部门网站和"两微一端"平台向社会公布,尤其要在全国统一联网的公平竞争审查处理平台上公布。上级机关则要注重汇总本部门及下属行政机构的公平竞争审查结果,并予以公布,比如辖区或某系统内一定期限内总共的审查量,通过审查、调整后通过、不予通过各占多大比例等数据。竞争执法机构可代表部级联席会议汇总全国公平竞争审查结果数据,并通过大数据抓取和数据处理形成定期报告予以公布。

其次,在保障知情权的基础上,公众和利害关系人即可进行监督,在开始审查前,可通过意见征求发表对某项政策措施的意见。在审查之后,认为审查结果仍然会存在排除、限制竞争效果的,可通过书面或网络(公平竞争审查处理平台)向政策制定机关、上级机关和竞争执法机构反映和举报。接到举报的先由涉事机关向举报人和上级机关反馈处理结果及理由;若举报人不服此结果,可向上级机关申请复审或直接在平台上请求竞争执法机构复审,相关机关要及时反馈复审处理结果。对于已经实施的存量政策措施,因时间安排问题尚未来得及进行公平竞争审查的,公众或利害关系人可直接向竞争执法机构举报,要求根据我国《反垄断法》第 51 条进行调查和执法。

最后,发挥舆论监督的作用,新闻媒体和舆论监督也是公众监督的重要组成部分。公众和利害关系人在发现某政策制定机关没有按要求进行自我审查甚至"顶风"实施反竞争的政府行为时,也可向媒体举报,媒体曝光可对行政机关自身声誉造成巨大影响和刺激,迫使其自我纠正。

(二)推进第三方评估

《建立公平竞争审查制度的意见》中明确"鼓励委托第三方开展评估",但如何开展第三方评估尚付阙如。本质上来说,第三方评估也是公众参与和监督的一种表现形式,第三方具有独立性和中立性,独立于政策制定机关,不会或者较少会受到政策制定机关的影响,这样能够避免其掺杂部门利益和主观因素,使之独立客观地进行审查评估。第三方具备一定的专业性,由专家学者、法律顾问、专业机构等组成,具备审查评估的一般知识储备和必要素质,尤其是涉及特定行业时,能够保证审查的科学性。另外,第三方评估也承担了行政机关自我审查的一部分事务,可在一定程度上使行政机关从具体繁杂的微观事项中解脱出来,提升治理能力的现代化。第三方评估的目的在于进一步推进公平竞争审查制度的发展,科学有效地评估政府涉及市场经济活动的行政法规、地方性法规、规章、规范性文件及其他政策措施。设置评估应遵循公平、公正、独立、科学、高效原则,不受其他单位和个人干涉、影响。一般而言,第三方评估因接受行政机关委托而启动,这种委托既可以是一次性委托,也可以是一定时间内持续性委托。可以在中央和各地方(省、自治区、直辖市)分别设置专家库,专家库人员选取可设置一定的标准,比如专业素养限制、从业年龄限制、行业限制等,每次评估随机选取3名或5名专家组成评估小组进行评估;或者选取若干机构固定地作为第三方评估合作机构,每次评估随机选取一个机构进行。评估程序要规范,应当在全国范围内设定统一的评估程序,包括评估时间、评估标准、评估责任等问题。一般来说,在没有特别规定的情形下,第三方评估的结果对于委托行政机关仅具有参考作用,须经行政机关认可,方能对其自身和公众产生效力。

(三)竞争文化的培育和强化

竞争文化的培育是一种从文化观念和价值取向等深层意识入手来实现公众参与、促进公平竞争审查制度实施的基础性工具。然而,我国竞争文化培育不足、相对薄弱,[1]公众和经营者可能会不清楚公平竞争审查制度及其积极意义,遑论参与到制度构建中去,因此竞争文化的培育和强化实质上是发动公众参与和监督的基础。当前竞争文化的参考测度主要包含3个方面,即消费者和企业群体是否对市场竞争有积极意识、媒体是否对竞争问题足够敏感、政策制定者群体是否具备足够的竞争法意识,[2]后两者是为前者服务的。

媒体对竞争文化和竞争规则的宣传是培育和强化竞争文化的重要抓手。媒体可以采取多种形式宣传普及公平竞争审查的任务、目标和相关政策,并邀请专业人士进行分析解读,报道公平竞争审查的进展和典型例证,让更多的人了解制度的背景、作用和运行方式。对竞争执法机构而言,除了如前所述加强对政策制定机关有关人员的培训,对于一般公众则主要可以

---

[1] 参见王贵:《竞争政策优先:新形势下的多维考察与证成》,载《天府新论》2017年第1期。
[2] 参见王一平:《简析竞争推进的域外实践及对我国实施公平竞争审查制度的借鉴意义》,载《中国价格监管与反垄断》2017年第2期。

通过公布自身处理的典型案例并详细阐释,达到"处理一个案件,教育一批公众,纠正一种惯例"的效果,促进内生性竞争文化的成长;还可以设立"公平竞争审查制度宣传周(月)",有计划地展开宣传活动。

五、结语

在社会主义市场经济转型背景下,在深化改革的浪潮中,权力制约的重点是对政府经济权力的制约和控制。公平竞争审查制度应当是实现这种制约的"良药",这也能从行政立法的扩张与限缩、我国法治评估和行政立法评估的实践以及经济法控权理念的宣导等角度得以印证。在权利本位观念的映照下,公平竞争审查的根本目的是对权利的保障,包含但不限于宪法视野下的经济权利、公平竞争权、消费者权等。

考虑到现实条件,当前公平竞争审查主要依靠政策制定机关内部审查实现对政府经济权力的制约,而规范并完善此种内部审查模式,则须依靠政策制定机关、政策制定机关的上级机关、竞争执法机构及反垄断委员会等行政系统内的多个不同主体形成合力共同促成。同时,通过对利害关系人、消费者及社会公众知情权的保障和外部监督的实现,第三方评估的有序展开,竞争文化的培育和强化,自下而上地外在激励公平竞争审查制度不断完善,从而既为权利伸张提供现实路径,也达到以权利制约政府干预市场的经济权力的目的。

公平竞争审查制度的规范困境和优化路径

前　言

党的二十大指出,要"构建全国统一大市场,深化要素市场化改革,建设高标准市场体系",而要落实这一改革部署的核心,就在于通过构建全面的竞争评估体系,消除不合理阻碍竞争的制度壁垒,促使政府简政放权,以达到政府干预与自由竞争相结合的最优状态。在明确改革目标的基础上,国务院正式出台的《建立公平竞争审查制度的意见》要求国务院各部门、各省级人民政府及所属部门,以是否限制市场竞争为准则,对政府干预经济活动的政策措施进行实质审查,对不适当的法规及其他政策文件进行修改或废止,标志着公平竞争审查制度在我国正式建立。

行政性垄断行为一直是市场监管立法及执法需要解决的核心问题之一,公平竞争审查的实施能有效限制政府权力的滥用,防止政府过度干预市场主体行为。作为依法治国的重要理论成果及实践体现,[1]公平竞争审查制度有效地弥补了行政性垄断事后性规制的不足,其事前性预防的特征将规范政策措施制定的时间节点前移,[2]随着审查工作不断推广落实,扭曲市场竞争的政策措施、行政性滥用行为愈加频繁地被清理、纠正。但在实践过程中,公平竞争审查的具体实施受到一些制度顽疾的掣肘而无法充分发挥其作用,制度优化势在必行。[3] 总体而言,目前相关文献对公平竞争审查制度优化的建议大多局限在对自我审查制度的改良,[4]且部分研究提出的建

---

[1] 参见金善明:《公平竞争审查机制的制度检讨及路径优化》,载《法学》2019年第12期。

[2] 参见丁茂中:《论我国公平竞争审查制度的建立与健全》,载《竞争政策研究》2017年第2期。

[3] 参见苗沛霖:《论公平竞争审查的法制化建构及其优化方略》,载《河南社会科学》2020年第8期。

[4] 参见金善明:《公平竞争审查机制的制度检讨及路径优化》,载《法学》2019年第12期。

议与我国目前的国情不相符,实操性较弱,[1]尚无将制度优化路径与深化经济体制改革要求相结合的全面研究。鉴于此,本部分遵循公平竞争审查制度"行为—原则—手段—目的"的规范模式逻辑,以规制权力滥用、遵循竞争中立、完善自我审查和优化营商环境作为切入点,评估当前公平竞争审查的制度构建、审查机构设置等内容的具体运行效果,在此基础上,提出加强审查监督机制、大力推广竞争文化和扩大市场主体参与的优化路径,最终实现公平竞争制度法制化。

一、公平竞争审查制度的规范困境

依据国际现行实践经验,公平竞争审查模式差异较大,[2]但大致可分为政策制定机关自我审查、竞争执法机构审查、政策制定机关与竞争执法机构共同审查,以及外部专业机构审查等。[3]我国现阶段推行的公平竞争审查制度选用的是政策制定机关自我审查路径。[4]然而,自我审查模式在实践中遭遇了许多难以靠自身机制优化的问题,使制度实施效果不尽如人意,难以达到制度设计之目的。

(一)个别政策制定机关之"故意"困境

在一些地方,中央政策决定的落实会遇到个别当地政府"故意"的阻碍,[5]在地方,因为政绩考核与地方企业商业利益的纠葛,个别政策制定机关罔顾对市场竞争的扭曲与当地企业结成"共同利益联系体"。[6]由此,违法现象出现,催生了行政性垄断,[7]也直接导致了个别政策制定机关"故

---

[1] 参见殷继国:《我国公平竞争审查模式的反思及其重构》,载《政治与法律》2020年第7期。

[2] 参见冯辉:《竞争中立:国企改革、贸易投资新规则与国家间制度竞争》,载《环球法律评论》2016年第2期。

[3] 参见孙晋、阿力木江·阿布都克尤木:《公平竞争审查引入第三方评估的重要性及其实现》,载《江海学刊》2020年第2期。

[4]《公平竞争审查制度实施细则》第5条明确要求:政策制定机关应当建立健全公平竞争内部审查机制。

[5] 故意型的政策制定机关,是指在公平竞争的审查过程中对行为违反竞争的危害后果已有明确的认知,但主观恶意性较强,为了维护自身的违法利益,执意实行反竞争行为的一类行政机关。参见张玉洁、李毅:《公平竞争审查制度构建的价值维度与实践进路》,载《学习与实践》2018年第6期。

[6] See Lei Kuang, *Celebrating with A Damp Squib*: *China's Public Competition Enforcement*, Journal of Antitrust Enforcement, Vol.4, p.435(2016).

[7] 参见李俊峰:《公平竞争自我审查的困局及其破解》,载《华东政法大学学报》2017年第1期。

意"不开展或不认真开展审查工作的情形。[1] 实践中,个别故意型的政策制定机关对于公平竞争审查的抵触情绪较强,在部门利益受到影响的情况下自我审查对滥用行政权力行为的规制作用可能会微乎其微。"故意"困境出现的核心原因在于自我审查的公开性和透明度均不足,在有效的监督和激励机制缺位的情况下,部门自我审查很容易陷入监管不力的困境。而且,由于第三方评估在公平竞争审查制度的落实中仍处于初步阶段,各省市在具体落实第三方评估时的评估标准、评估内容等均存在不统一的情况,各部门对于第三方评估的配合程度也有明显差别。

(二)个别政策制定机关之"无知"困境

因个别政策制定机关缺乏足够用于公平竞争审查的人力和财力资源,而且反垄断执法激励机制缺位,个别政策制定机关对其文件中制定的限制竞争行为不具备认知能力,造成审查过程中的"无知"。[2] 实践中,在政策制定机关中实际负责公平竞争审查的部门大多为法规处,该单位编制少且常规工作多,特别是合法性审查已占用了大部分的行政资源,导致公平竞争审查难以成为单位的工作重点。另外,即使大部分参审人员具备一定的法律知识储备,由于自我审查工作开展得较晚,部分参审工作人员也缺乏公平竞争审查相关的知识与经验,对公平竞争审查制度的理解和把握不足,开展审查工作的专业能力不足。因此,即使政策制定机关对公平竞争审查的落实认真对待,仍会出现审查效果不理想的情况。目前,个别政策制定机关之"无知"困境最明显的表现为,对政策措施是否与市场主体经济活动相关把握不准,以及对适用例外条款的解读不准确,导致公平竞争审查豁免制度被滥用。

(三)个别政策制定机关之"分散"困境

目前的自我审查模式遵循"谁起草,谁审查"这一原则,因此全国各地各

---

[1] 参见张玉洁、李毅:《公平竞争审查制度构建的价值维度与实践进路》,载《学习与实践》2018年第6期。

[2] 无知型的政策制定机关,是指在公平竞争审查中并没有反对竞争的主观意识,仅是不知道其行为将会产生限制竞争危害后果的一类行政机关。参见张玉洁、李毅:《公平竞争审查制度构建的价值维度与实践进路》,载《学习与实践》2018年第6期。

级审查主体众多且"分散"。[1] 由于各地经济条件和执法资源参差不齐,相关的政策措施制定水平及审查制度的落实情况也会出现显著不同,导致各地的审查标准和审查质量难以统一。[2]"分散"式的公平竞争审查可能会对市场竞争造成更大的不公,不利于全国统一市场的建立。同时,在缺乏有效的激励机制的背景下,自我审查的"分散"导致了不同区域审查主体对公平竞争审查积极性的差异。审查落实情况好的公平竞争自我审查机关会担心在其严格执行公平竞争审查要求的同时其他自我审查机关却对审查尺度的把握比较宽松,这有可能会引发新的政策不公,从而打击前者的审查积极性。

个别政策制定机关的"故意""无知""分散"使宝贵的执法资源没有得到良好的使用,审查效果不尽如人意。[3] 其内部建立的自我审查流程以及公平竞争审查制度落实效果很可能会与《建立公平竞争审查制度的意见》的要求不相匹配,其出台的政策措施也存在非法限制竞争的风险。

二、我国公平竞争审查的规范模式

以构建"市场机制有效、微观主体有活力、宏观调控有度"的经济体制为逻辑出发点,公平竞争审查制度作为经济体制改革的重要政策工具和依法治国的具体体现,其规范模式可据此外化为4个层面,分别是规范行为、规范原则、规范手段和规范目的(见图1)。在实践中,自我审查作为规范手段,通过遵循竞争中立原则规制政府行政权力滥用,从而推进营商环境的优化,并最终助力深化经济体制改革。四者的关系可以通过图1清晰展现。为了依照深化经济体制改革的要求优化规范手段、弥补自我审查模式的短板,必须对规范行为、规范原则和规范目的的内容进行详尽解读。

---

[1] 分散型的政策制定机关,是指在公平竞争审查中对同类型行为出现了审查标准、例外规定适用标准等不一致的一类行政机关。参见殷继国:《我国公平竞争审查模式的反思及其重构》,载《政治与法律》2020年第7期。

[2] 参见殷继国:《我国公平竞争审查模式的反思及其重构》,载《政治与法律》2020年第7期;张守文:《公平竞争审查制度的经济法解析》,载《政治与法律》2017年第11期。

[3] See Yong Huang & Baiding Wu, *China's Fair Competition Review: Introduction, Imperfections and Solutions*, Competition Policy International, Vol. 3, p. 14 (2017).

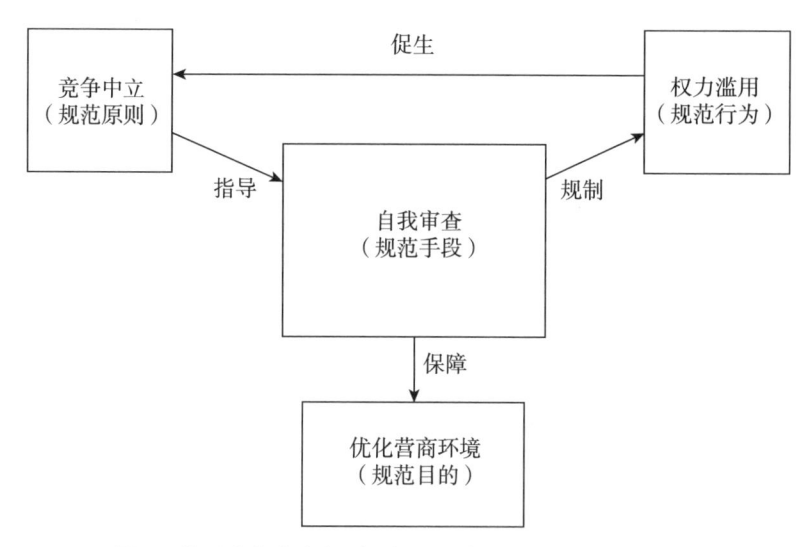

```
┌─────────┐      促生       ┌─────────┐
│ 竞争中立 │ ←──────────── │ 权力滥用 │
│(规范原则)│                │(规范行为)│
└─────────┘                └─────────┘
      │   指导    ┌─────────┐    规制  ↑
      └────────→ │ 自我审查 │ ────────┘
                  │(规范手段)│
                  └─────────┘
                       │ 保障
                       ↓
                  ┌─────────┐
                  │优化营商环境│
                  │(规范目的)│
                  └─────────┘
```

图1 公平竞争审查与"行为—原则—手段—目的"之关系

(一)规范行为:规制权力滥用

我国政府主导型经济自改革开放以来取得的成就有目共睹。经济发展上,政府通过财政资源激发市场活力、促进经济增长;市场监管上,政府通过政策措施调动配置资源、维护经济稳定。但也容易产生权力滥用。如果权力不受约束不仅会滋生腐败,也会严重影响社会经济的健康发展。因此,要建设现代化经济体系,先要正确处理政府与市场的关系,也就是充分发挥"市场在资源配置中的决定性作用"并"确立竞争政策基础地位",公平竞争审查制度作为"国家竞争政策体系基本确立的重要标志"也就应运而生。[1]作为一项规制行政性垄断行为的顶层设计,[2]该政策工具对政府干预行为的规范相较于传统的行政权力规制手段具有两方面特点。

第一,从规范的广度来看,公平竞争审查制度建立了"事前—事中"审查评估模式,令行政性垄断被更早规制。虽然《反垄断法》创新性地将行政机关滥用行政权力排除和限制竞争纳入其规制范围,但到目前为止,对行政性垄断事后救济的效果难以令人满意,究其根本,法律责任轻、执法权力小、激

---

[1] 参见徐士英:《国家竞争政策体系基本确立的重要标志——有感于〈公平竞争审查制度〉的实施》,载《中国价格监管与反垄断》2016年第7期。

[2] 参见时建中:《强化公平竞争审查制度的若干问题》,载《行政管理改革》2017年第1期。

励机制弱等原因尤为突出。[1] 此外，即使反垄断执法能及时介入，对政府不当干预进行纠正，其对市场竞争带来的损害也难以逆转。而公平竞争审查制度作为事前性预防措施，有效地弥补了反垄断执法的滞后性、降低了滥用行政权力干扰市场资源配置的可能性。[2] 质言之，该制度拓展了《反垄断法》中抽象行政垄断的范畴。[3] 而且，根据《公平竞争审查实施细则》，政策制定机关还应每年对公平竞争审查情况进行汇报总结并对经过审查后出台的政策措施进行定期评估，建成一个长期性的监管、评估机制。

第二，从规范的深度来看，公平竞争审查制度拓展了合法性审查的内容，纳入了合理性审查的内涵。[4] 行政性垄断与地方利益和行业利益的关系密切且复杂，尽管《反垄断法》明确禁止行政机关滥用权力排除、限制市场竞争，但行政法思维的固化易致行政机关为保护特定利益"借助程序合理性否定实质合理性"。即便事实上造成了排除、限制竞争的效果，行政机关也会以政策措施出台具有合法依据、符合制定程序而提出抗辩，严重影响了《反垄断法》对行政性垄断的规制效果。[5] 而《公平竞争审查实施细则》明确了对产生排除、限制竞争效果的文件进行审查，有效地避免了行政机关出台合法但不合理的政策措施，完全符合现代法治将国家权力纳入法律轨道、有效制约国家权力的要求。[6]

(二)规范原则：遵循竞争中立

政府主导的市场经济格局决定了产业政策在市场资源配置方面长期处于主导地位，导致了市场规则制定中竞争中立的缺位，给营商环境带来的负面影响。在传统产业政策的实施过程中，部分企业，由于政府的扶持在补贴、融资等与企业生存息息相关的环节获得了相较于其他企业更大的优惠

---

[1] 参见丁茂中：《论我国公平竞争审查制度的建立与健全》，载《竞争政策研究》2017年第2期。

[2] See Shuping Lyu, Caroline Buts & Marc Jegers, *Comparing China's Fair Competition Review System to EU State Aid Control*, European State Aid Law Quarterly, Vol.1, p.37(2019).

[3] 参见刘继峰：《论公平竞争审查制度中的问题与解决》，载《价格理论与实践》2016年第11期。

[4] 参见徐士英：《竞争政策视野下行政性垄断行为规制路径新探》，载《华东政法大学学报》2015年第4期。

[5] 参见丁茂中：《论我国公平竞争审查制度的建立与健全》，载《竞争政策研究》2017年第2期。

[6] 参见公丕祥：《法制现代化的挑战》，武汉大学出版社2006年版，第181页。

和便利,在市场竞争中拥有"非市场化的竞争优势"。[1] 作为"公权与私利的结合",行政性垄断的存在大大降低了市场资源配置效率。[2]

在《反垄断法》文本对行政性垄断行为规制的描述相对笼统、概括且执法相对滞后的背景下,国务院于2016年6月颁布了《建立公平竞争审查制度的意见》。《建立公平竞争审查制度的意见》对行政机关在制定与市场主体相关的行政法规、规章、规范性文件及其他政策的过程中落实公平竞争审查制度的具体规定无不体现着竞争中立的基本要求。[3] 竞争中立是"市场在资源配置中起决定性作用"和"竞争政策的基础地位"的最好制度体现,也是《"十三五"市场监管规划》的明确要求。该原则的实现厘清了政府与市场的界限,确保政府在干预市场的过程中保持中立的态度,抑制国有企业享有的不当优惠待遇,同时还包含了税收与信贷中立、监管中立、财务分离要求、商业回报中立、交叉补贴禁止、市场化定价要求和准入前竞争中立等多种情形。而公平竞争审查的核心在于规范政府干预行为,通过事前审查、事中公开、事后总结的方式,将政府通过产业政策扰乱市场竞争和秩序的可能性降至最低。[4]

竞争中立原则为公平竞争审查制度的建立和落实提供了重要的理论基础;同时,公平竞争审查制度确立的事前审查预防机制有效规范了无法用司法手段规制的政府抽象行政行为,为竞争中立的实现提供了重要的制度保障。[5] 公平竞争审查制度全面贯彻落实确保了所有主体的平等性,[6] 国有企业不再享有政府补贴或任何税收、土地、资本等资源方面的优惠待遇,在市场准入和监管方面也不再享有任何保护。如此,市场上的另外两类主

---

[1] 参见张占江:《政府行为竞争中立制度的构造——以反垄断法框架为基础》,载《法学》2018年第6期。

[2] 参见徐士英:《竞争政策视野下行政性垄断行为规制路径新探》,载《华东政法大学学报》2015年第4期。

[3] 参见刘笋、许皓:《竞争中立的规则及其引入》,载《政法论丛》2018年第5期;孙晋:《竞争性国企市场支配地位取得与滥用以及规制的特殊性》,载《法学评论》2016年第1期。

[4] 参见冯辉:《竞争中立:国企改革、贸易投资新规则与国家间制度竞争》,载《环球法律评论》2016年第2期。

[5] 参见张守文:《公平竞争审查制度的经济法解析》,载《政治与法律》2017年第11期;汪永福、毕金平:《竞争中立视域下政府补贴的公平竞争审查路径》,载《安徽大学学报(哲学社会科学版)》2020年第2期。

[6] 参见张晨颖、李兆阳:《竞争中性政策的逻辑、构建与本土化实施》,载《河北法学》2020年第6期。

体——民营企业和外商投资企业,将得以在平等使用资源要素、公开公平公正参与竞争、同等受到法律保护的营商环境中自由、公平地参与竞争,从而得到长期而有效的激励。[1]

(三)规范手段:完善自我审查

目前,作为公平竞争审查制度的自我审查模式仍处于初创阶段,实体和程序问题突出。[2] 但相较于美国和日本的竞争执法机构审查模式,以及澳大利亚的特设竞争评估机构审查模式,我国的自我审查模式,也就是"谁制定,谁审查",依然是当前最为现实的解决方案。[3] 我国的反垄断执法队伍组建尚处于起步阶段,执行人员配置不足、专业素养参差不齐,具体的反垄断执法职责已让其不堪重负,且还需承担部分非反垄断执法相关的任务,若再附加额外的审查工作量,将成为有限的执法资源不能承受之重。若学习澳大利亚设立专职评估机构,[4] 我国将会耗费大量的资源培养竞争评估专家,组建人才队伍,这与中央全面落实公平竞争审查制度的时间紧迫性要求显然是背道而驰的。[5] 同时,根据我国反垄断法体系反行政性垄断制度传统的"向上级机关建议"之设计,新设机构行政级别的设定问题也将决定审查模式改革的成败。此外,无论是采用竞争执法机构审查模式,还是新设专业评估机构,改革都有可能因为我国反垄断体系一直以来在借鉴、适用反垄断规则方面与其他竞争法法域的明显偏差而受到掣肘。[6]

尽管公平竞争审查制度采用自我审查的路径是相比之下比较契合我国国情发展的最优选择,但审查工作在具体执行时仍然会受到上述诸多因素的钳制,面临实施低效甚至失败的风险,所以其应被视为一个未完善的临时

---

[1] See Shuping Lyu, Caroline Buts & Marc Jegers, *Comparing China's Fair Competition Review System to EU State Aid Control*, European State Aid Law Quarterly, Vol.1, p.37(2019).

[2] 参见叶高芬、张广亚:《论国家竞争政策视角下我国的公平竞争审查制度》,载《经济法论丛》2019年第1期。

[3] 参见张玉洁、李毅:《公平竞争审查制度构建的价值维度与实践进路》,载《学习与实践》2018年第6期;丁茂中:《论我国公平竞争审查制度的建立与健全》,载《竞争政策研究》2017年第2期。

[4] 参见王健:《政府管制的竞争评估》,载《华东政法大学学报》2015年第4期;殷继国:《我国公平竞争审查模式的反思及其重构》,载《政治与法律》2020年第7期。

[5] 参见张玉洁、李毅:《公平竞争审查制度构建的价值维度与实践进路》,载《学习与实践》2018年第6期。

[6] 参见张占江:《政府行为竞争中立制度的构造——以反垄断法框架为基础》,载《法学》2018年第6期。

性、妥协性的阶段性制度安排。学者基于不同的视角对自我审查的不足这一问题进行了分析,如审查主体狭隘[1]、审查标准不严谨[2]及审查激励机制缺失等。[3] 其中对制度实施效率限制最为突出的就是自我审查的程序缺乏公开性和透明度。[4] 这种监督机制失位的现象在公平竞争审查制度中较为普遍,所引发的弊端显著,而自我审查模式的优化又不能仅靠模式本身的重构。[5] 正因如此,自我审查的优化必须以其规范模式中的各个维度作为逻辑出发点,并使之成为公平竞争审查制度规范模式运转中的核心部件。

(四)规范目的:优化营商环境

我国自改革开放以来便不断通过转变政府职能完善市场经济体系、营造良好营商环境。[6] 党的十八大以来,习近平总书记多次论述优化营商环境。[7] 从全面依法治国的战略布局可以明确,营商环境本质上也是法治化营商环境,其优化需要通过法治实现。公平竞争审查制度对政府干预的规范是在为营商环境"强化法制底蕴,勾勒法治轮廓,包含与凸显法治元素"。[8]

根据国务院要求[9]可知,在公平竞争审查制度中,公平竞争不仅是最基础的要求,也是该制度在发展建设过程中所寻求的一个目的。公平竞争审查具体适用的标准便是考虑到建设全国范围内统一的市场,并且营造公

---

[1] 参见丁茂中:《论我国公平竞争审查制度的建立与健全》,载《竞争政策研究》2017年第2期。

[2] 参见侯璐:《我国公平竞争审查机制的构建及其完善》,载《价格理论与实践》2016年第7期。

[3] 参见丁茂中:《公平竞争审查的激励机制研究》,载《法学杂志》2018年第6期。

[4] 参见时建中:《强化公平竞争审查制度的若干问题》,载《行政管理改革》2017年第1期;刘继峰:《论公平竞争审查制度中的问题与解决》,载《价格理论与实践》2016年第11期;金善明:《公平竞争审查机制的制度检讨及路径优化》,载《法学》2019年第12期;朱静洁:《我国行政性垄断的公平竞争审查规制研究》,载《价格理论与实践》2017年第6期。

[5] 参见殷继国:《我国公平竞争审查模式的反思及其重构》,载《政治与法律》2020年第7期。

[6] 参见金善明:《公平竞争审查机制的制度检讨及路径优化》,载《法学》2019年第12期。

[7] 2013年,党的十八届三中全会通过《中共中央关于全面深化改革若干重大问题的决定》,该决定要求"推进国内贸易流通体制改革,建设法治化营商环境";2014年,党的十八届四中全会通过《中共中央关于全面推进依法治国若干重大问题的决定》提出"社会主义市场经济本质上是法治经济"的经济体制改革基本思路;2019年,在中央全面依法治国委员会第二次会议上,习近平总书记指出"法治是最好的营商环境",并要求"依法平等保护各类市场主体产权和合法权益""用法治来规范政府和市场的边界"。

[8] 谢红星:《法治化营商环境的证成、评价与进路——从理论逻辑到制度展开》,载《学习与实践》2019年第11期。

[9] 参见《建立公平竞争审查制度的意见》。

平的竞争环境这一因素而确立的。由此可见,公平竞争审查和营商环境优化的目标、要求统一,相辅相成。国务院于 2019 年在 16 个省(自治区、直辖市)开展了关于优化营商环境政策的实地督查,发现的 7 个典型问题均同时违反公平竞争审查要求。[1] 这种由政策措施引发的市场环境不确定性降低了市场竞争水平,影响了经营者的投资信心。[2] 为了通过实施公平竞争审查制度保护营商环境的稳定性和可预期性,打造市场化、法治化、国际化营商环境,《中共中央、国务院关于新时代加快完善社会主义市场经济体制的意见》于 2020 年 5 月 11 日发布。在该意见中,"公平竞争"这一表述共出现 13 次之多,反映了公平竞争在完善社会主义市场经济体制中的重要地位。通过公平竞争审查制度所建立的负面清单制度,配置资源的权力重回市场手中,各类市场主体均可自由参与公平竞争,其创造活力得以激发。[3]

三、以规范模式为导向优化公平竞争审查制度

深化经济体制改革要求构建"市场机制有效、微观主体有活力、宏观调控有度"的经济体制,以此为逻辑出发点,公平竞争审查制度作为经济体制改革的重要政策工具和依法治国的具体体现,鉴于以上自我审查模式引发的规范困境,并结合深化经济体制改革的要求,公平竞争审查制度可从以下三个维度进行优化。

(一)加强审查监督机制防止"故意"

完善的政府权力监督体系是落实宏观调控有度之要求的重要一环,且可有效解决个别政策制定机关的"故意"之困境。其中,公平竞争审查制度的监督体系可分为内部和外部两个独立运作又相互协作的机制。[4]

第一,内部监督中,首先,可以借鉴韩国政策制定机关初审、公平交易委

---

[1] 参见《关于国务院第六次大督查发现部分地方和单位落实深化"放管服"改革优化营商环境政策要求不到位典型问题的通报》,载中国政府网,https://www.gov.cn/hudong/ducha/2019-11/12/content_5450989.htm。

[2] 参见张维迎:《市场与政府:中国改革的核心博弈》,西北大学出版社 2014 年版,第 42 页。

[3] 参见袁莉:《新时代营商环境法治化建设研究:现状评估与优化路径》,载《学习与探索》2018 年第 11 期。

[4] 参见陈国权、周鲁耀:《制约与监督:两种不同的权力逻辑》,载《浙江大学学报(人文社会科学版)》2013 年第 6 期。

员会复查的审查模式,[1]加强国家市场监管总局、省级市场监管局在公平竞争审查中的审查主动性与自由裁量权。[2] 同时,亦可以公平竞争审查联席会议为平台,形成由省级市场监管局收集整理存在较大争议或者部门意见难以协调一致的问题并上交总局(甚至反垄断委员会)集中回应的深入审查模式。[3] 此举有助于提高政策制定机关自我审查的效率及结果的严谨性、科学性,由国家市场监管总局统一进行问题的分析讲解避免了众多地市级市场监管局在法律机理、程序的理解和适用上存在的不公平性和明显偏差,维护了《公平竞争审查实施细则》评估标准适用的一致性。其次,建议省级人民政府将所在省公平竞争审查联席会议成员单位出台的、依法可以公开的所有政策文件(不管是否与市场主体经济活动关系密切)均上传至同一数据库进行保存。并在该数据库中设两个档案,其中一个储存所有成员单位自我审查过且认为涉及市场主体经济活动的政策措施,用于未来的第三方评估;另一个储存成员单位认为不涉及市场主体经济活动的政策措施,该档案由该省市场监管局不定时、不定量进行抽查,尤其要对与市场主体活动特别相关的部门加大抽查力度,若发现任何涉及市场主体经济活动的政策措施即予以公开,并督促相关部门及时对相关文件进行修改、清理。[4]

第二,外部监督中,大力推广引入第三方评估机制。[5] 依据《建立公平竞争审查制度的意见》及《公平竞争审查实施细则》的规定,政策制定机关可以征求专家学者、法律顾问的意见,并通过公平竞争审查联席会议对疑难问题加以论证并解决。这方面的规定看似为公平竞争审查制度落实的科学性提供了制度保障,然而,实际上无异于为专家学者们专门设计了一个空中楼阁。[6] 首先,政策制定机关掌握了第一手资料,而且对相应的产业拥有更深

---

[1] 参见张占江:《政府行为竞争中立制度的构造——以反垄断法框架为基础》,载《法学》2018年第6期。

[2] 参见刘继峰:《论公平竞争审查制度中的问题与解决》,载《价格理论与实践》2016年第11期。

[3] 参见王磊:《比例原则下公平竞争的深入审查》,载《西安交通大学学报(社会科学版)》2017年第6期。

[4] 参见李俊峰:《公平竞争自我审查的困局及其破解》,载《华东政法大学学报》2017年第1期。

[5] 参见叶高芬、张广亚:《论国家竞争政策视角下我国的公平竞争审查制度》,载《经济法论丛》2019年第1期。

[6] 参见张玉洁、李毅:《公平竞争审查制度构建的价值维度与实践进路》,载《学习与实践》2018年第6期。

厚的专业知识储备,在特定行业,数量并不多的受聘专家在调研过程中将可能遭遇信息不对称,缺乏对当地政府干预经济问题的宏观把握。其次,在税收和政府绩效考核等关键因素的影响下,个别地方政府对当地大型企业的"支持"与"保护"导致政策制定机关很难在没有有效激励机制实施的情况下主动向专家学者征询审查意见。因此,具有客观、中立、专业的专家学者在某政府开展公平竞争审查的过程中容易深陷当地政府与企业相互交织的机制囹圄。

而据国家市场监管总局发布的《公平竞争审查第三方评估实施指南》可知,由政府规范性文件逐步推进在全国范围内推广独立第三方机构进行公平竞争审查对制度改革和优化而言将是关键且必然之举。一方面,大部分第三方评估机构具有较强的审查能力和审查经验,且其专业性、中立性、客观性的特征在评估要素的确定与分析等审查节点都要比政策制定机关更明显,这将显著弥补政策制定机关自我审查能力不足的缺陷。[1] 另一方面,第三方评估的广泛建立与推行也有助于评估政策制定机关落实竞争中立的效果,相较于政策制定机关"闭门造车"式审查,第三方评估机构的审查手段、方法,尤其是广泛运用的问卷调查法,将在社会中大大增加与公平竞争审查制度和与市场主体相关的政策制定的曝光率,从而引导更多民众参与到国家、市场、社会"三位一体"的新型监督格局中来。[2] 例如,湖北省于2019年底率先落实并积极推进公平竞争审查第三方评估工作,[3] 评估报告于2020年8月被成功验收并已在湖北省公平竞争审查实际工作中得到运用,有力推动了制度优化的进程。[4] 最后,第三方评估机制还可优化为以打分(量化)机制为中心、奖惩结合的"标准化第三方评估模式"和公平竞争审查激励机制。通过设定公平的权重指数、统一的计分标准来量化各单位落实公平竞争审查制度配合第三方评估的表现,由评估机构对参与评估的单位就自

---

[1] 参见徐则林:《论第三方评估在公平竞争审查制度中的引入》,载《广西政法管理干部学院学报》2017年第6期。

[2] 参见孙晋、阿力木江·阿布都克尤木:《公平竞争审查引入第三方评估的重要性及其实现》,载《江海学刊》2020年第2期。

[3] 参见《湖北省部署开展公平竞争审查第三方评估》,载中国政府网,https://www.gov.cn/xinwen/2019-08/16/content_5421615.htm。

[4] 参见《湖北省召开公平竞争审查联席会议》,载湖北网络广播电视台官方网站2020年9月17日,https://news.hbtv.com.cn/p/1885539.html。

我审查、机构建设、存量清理和评估配合程度等类目进行打分并排序,并将分数纳入法治政府考核指标,通过提高违法、违规成本的方式来更有效地约束、激励和惩戒各相关责任主体。[1]

(二)大力推广竞争文化防止"无知"

行政机关通过抽象行政行为干预经营活动、歧视特定经营者现象在《反垄断法》实施后仍然十分普遍,"对公平竞争的含义与价值缺乏充分认识"[2]。经济绩效反映了企业的运行效率,分析企业经济绩效因政策调整影响市场竞争结构和企业行为的变化程度在这方面体现了竞争中立原则的落实情况。[3] 由于部分国有企业的公共服务性质以及与当地政府之间错综复杂的利益纠葛,竞争结构偏移以及市场绩效的不同加剧了国有企业和非国有企业之间的不平等竞争。[4] 行政性权力遭到滥用说明了竞争中立在行政机关的政策制定过程中还未成为市场竞争规制领域的一项重要政策工具,同时也恰恰说明了作为竞争中立原则的理论外延以及真正有效实施公平竞争审查制度的催化剂,竞争文化在政策制定机关内部以及整个社会的层面都仍未被有效培育、普及。[5]

大力推广竞争文化在建设有效的市场机制的过程中起到的作用是决定性的。国际竞争网络在 20 年前就已说明竞争倡导在维护市场竞争环境、优化反垄断执法上的积极作用。[6] 因此,在政府、企业甚至整个社会层面上的竞争文化培育也是竞争倡导制度的关键一环。[7] 竞争文化的塑造和传播受

---

[1] See Richard Posner, *Economic Analysis of Law*, 9th Edition, Wolters Kluwer Law & Business, 2014.

[2] 李俊峰:《公平竞争自我审查的困局及其破解》,载《华东政法大学学报》2017 年第 1 期。

[3] 参见丁茂中:《竞争中立政策研究》,法律出版社 2018 年版,第 99 页。

[4] 参见张晨颖、李兆阳:《竞争中性政策的逻辑、构建与本土化实施》,载《河北法学》2020 年第 6 期。

[5] See International Competition Network, *Competition Culture Project Report*, ICN (2015), https://www.internationalcompetitionnetwork.org/wp-content/uploads/2018/09/AWG_CompetitionCultureReport2015.pdf.

[6] See International Competition Network, *Advocacy and Competition Policy*, ICN (2002), https://www.internationalcompetitionnetwork.org/wp-content/uploads/2018/09/AWG_AdvocacyReport2002.pdf.

[7] 参见张占江:《竞争倡导研究》,载《法学研究》2010 年第 5 期。

到社会文化等因素的影响。[1]因此,要让市场机制有效,除了要通过机构执法的及时纠偏,也要多维度、多元化地培育起一个重视竞争、宣传竞争的文化氛围,可行的措施包括及时公开执法决定、发放相关的出版物、进行常规的市场调研与举办媒体通气会和公开演讲等。[2]市场决定论的成功实施除了需要市场监管机构审慎干预市场活动,还需要市场活动参与者认知、认同、认可竞争在经济发展中的核心作用,《反垄断法》在保护竞争中的核心作用。只有这样,消费者和经营者作为市场经济的关键主体才能够更好地了解和保护自己的合法权利,并配合竞争政策的实施。

践行竞争中立是实现市场机制有效以及正确厘清政府与市场关系的关键,[3]不但有助于加快推进国有企业改革的进程,还能"确保市场中的所有经营主体不存在不正当的竞争优势或者是竞争劣势"[4]。因此,要确保市场机制有效、破除一切形式的垄断,就要在落实公平竞争审查制度时大力推广并适用竞争中立原则。[5]而通过实施竞争中立原则培育出更浓厚的竞争文化之时,竞争文化的推广也将有助于进一步推进竞争中立原则的有效实施,也将有效解决个别政策制定机关"无知"之困境。自我审查或内、外部监督并不是最终目的,公平竞争审查制度持续深入实施的过程应是政策制定机关提高其合法、合理政策制定能力的过程。因此,在以竞争中立原则为代表的竞争文化的影响下,公平竞争审查制度全面落实的过程应是政策制定机关尊重市场竞争规律、遵循竞争中立原则常态化的过程,也应是所有市场主体充分理解、体会并宣扬竞争文化的过程。

(三)扩大市场主体参与防止"分散"

在大力推广竞争文化期间,政策制定机关需要不断更新对竞争中立原则基础理论和适用范围的正确理解,这要求其与各类市场主体建立更为流

---

[1] See Hayward, R., Kemmelmeier & Markus, *How Competition is Viewed Across Cultures: A Test of Four Theories*, Cross-Cultural Research: The Journal of Comparative Social Science, Vol. 41:4, p. 368(2007).

[2] 参见[德]鲁兹-克里斯汀·邬枫、徐颖蕾:《竞争倡导与竞争文化》,载《中德法学论坛》2017年第1期。

[3] 参见侯璐:《我国公平竞争审查机制的构建及其完善》,载《价格理论与实践》2016年第7期。

[4] 李剑、王茜:《论反垄断法在市场经济中的价值意蕴》,载《当代法学》2012年第5期。

[5] 参见徐士英:《国家竞争政策体系基本确立的重要标志——有感于〈公平竞争审查制度〉的实施》,载《中国价格监管与反垄断》2016年第7期。

畅的沟通交流通道,并在政策制定过程中平等对待相关利益方。与竞争中立原则在政策制定机关内的推广能够提高其政策制定水平相类似,良好的竞争文化对竞争政策及营商环境都会带来积极影响。但长久以来我国竞争文化的欠缺不仅严重阻碍了《反垄断法》的有效实施,使公平竞争审查制度的全面贯彻落实之路步履维艰,也影响了市场化、法治化和国际化营商环境的构建。《建立公平竞争审查制度的意见》指出,建立公平竞争审查制度是"释放市场主体活力的有效举措"。政府可在减税降费、市场准入和转变职能方面着手优化营商环境,公平竞争审查制度则可通过扩大市场主体参与来增强微观主体的活力。

首先,根据《公平竞争审查实施细则》,企业和消费者不仅是市场活动的参与者,也是公平竞争审查制度的监督人,在公平竞争审查制度的实施中应起到良好的外部监督作用,从而也激发自身参与并维护市场竞争的活力。各省执法机构就将更大范围的市场主体纳入监督体系中的问题作出了具体部署。例如,湖北省市场监督管理局建立了公平竞争审查制度举报平台,天津市建立了公平竞争审查投诉举报受理回应机制,[1]南京研究制定了《南京市涉公平竞争审查投诉举报处理办法》[2]等。以上决策都是通过建设一个统一、开放、互动的公平竞争审查信息处理机制将市场主体参与程度扩大,此举有助于突破当前公平竞争审查制度信息闭塞的桎梏。[3]

其次,《建立公平竞争审查制度的意见》明确要求"进一步推广重大决策事项公示和听证制度,拓宽公众参与政府决策的渠道"。更大的群众参与度将有效解决政策制定机关的"分散"困境,并推动全国统一市场的建立。因此,未来政策制定过程中应吸纳更多社会公众的参与,并与专业第三方机构、专家智库等进行更密切的交流合作。与市场主体活动密切相关的自然人都是政策措施制定过程中的利益相关者,他们对政府权力作用于市场经济的消极影响感受更深,尤其是曾受到反竞争政策措施直接影响的个人和

---

[1] 参见《我市建立公平竞争审查投诉举报受理回应机制》,载天津政务网2020年11月16日,https://www.tj.gov.cn/sy/zwdt/bmdt/202011/t20201116_4080423.html。

[2] 参见《关于印发〈南京市涉公平竞争审查投诉举报处理办法〉的通知》,载南京市市场监督管理局网站2020年5月28日,https://amr.nanjing.gov.cn/ztzl/gpjzsc/202304/t20230428_3900861.html。

[3] 参见李俊峰:《公平竞争自我审查的困局及其破解》,载《华东政法大学学报》2017年第1期。

企业。因此,在政策制定和公平竞争审查过程中,以问卷、访谈等形式征询相关主体(消费者协会或行业协会)对于特定政策措施的意见和建议,除了能够帮助完善政策措施的实用性与科学性,也将有助于树立其对于维护市场竞争秩序而言的主人翁意识,并有效激发其参与市场活动的创新活力。

四、公平竞争审查制度的法制化需求及实现

公平竞争审查制度是制约政府权力、实现竞争中立以及优化营商环境的核心机制,也是深化经济体制改革的重要制度工具。但目前,该制度还停留在规范性文件的形式,效力层级较低,缺少上位法依据。这种"软法"特质"无法作为法定依据在市场监管实践中予以直接援引和实施,不具有可诉性、不符合法定程序要求而且无直接对应的法律责任"[1],立法位阶的局限容易削弱该制度在实施中的合法性,从而导致该制度对竞争的保护作用在实践中被弱化。

然而部分学者认为,虽然公平竞争审查必须法制化,但其相关内涵和标准已被《反垄断法》囊括。[2] 以上论述忽视了公平竞争审查制度的实施目的与合宪合法合规审查有明显分野,即公平竞争审查关注的是政策措施是否会对市场竞争带来负面影响,而不考虑法定权限、法定程序等其他因素。因此政策措施制定的程序始于合宪合法合规审查,终于公平竞争审查。两条审查流程各司其职,前者审查拟出台的政策措施是否违反宪法、上位法等相关规定,后者审查拟出台的政策措施是否会扭曲市场竞争的自由性和公平性。另外,当前政策制定规范体系的规章制度组织散乱,各地理解适用难以统一。公平竞争审查制度法制化与上述制度优化之路径相辅相成,将有利于构建与市场主体经济活动相关的政策措施的规范体系,使审查评估机制运转更为高效。

作为反垄断体系的重要组成部分,公平竞争审查制度必须与反垄断法

---

〔1〕《深入推进公平竞争审查制度贯彻落实——访民建中央委员,对外经济贸易大学竞争法中心主任、法学院教授黄勇》,载中国民主建国会网 2018 年 1 月 26 日,http://www.cndca.org.cn/mjzy/xwzx/mtjj/1227207/index.html。

〔2〕 部分学者认为,《立法法》、《行政法规制定程序条例》和《规章制定程序条例》等业已构建出规范性文件指定程序的规范体系,因此公平竞争审查制度无须被《反垄断法》纳入。参见金善明:《公平竞争审查机制的制度检讨及路径优化》,载《法学》2019 年第 12 期。

的机理相融合才能落于实处。[1] 正因如此,在中央的顶层设计中,公平竞争审查及其制度法制化的重要性被频繁提及。2020 年 5 月 11 日公布的《中共中央、国务院关于新时代加快完善社会主义市场经济体制的意见》以实现"竞争公平有序"为其指导思想之一。在该意见中,仅提到两处"修订",均与竞争政策相关:"修订完善公平竞争审查实施细则"和"修订反垄断法"。从该表述不难看出,党中央决策层对 2020 年 1 月 2 日公布的《〈中华人民共和国反垄断法〉修订草案(公开征求意见稿)》首次拟将公平竞争审查制度写入法律规定的决定表示了认可。[2]

综上所述,借《反垄断法》修订的契机,将公平竞争审查制度适当纳入并作出恰切规定,[3]将使其上升为法律以提升效力层级,从"软性约束"上升为"刚性约束"。"将其定位为反垄断法对政府行为进行竞争审查的一种可操作性指引"并内化为反垄断法的一项基础性制度将有助于实现《反垄断法》与公平竞争审查制度两者间的相互优化,并为其价值目标提供更有力的制度保障,[4]最终实现营造市场化、法治化、国际化营商环境的目标。[5]

结　语

随着市场经济体制改革不断深化,全国统一开放的市场格局已基本形成,公平竞争的市场环境已初步建立。但也应看到,地方保护主义、人为分割市场、限制商品流通、设置行业壁垒、违法给予优惠政策等不符合建设全国性市场的现象依然存在。因此,为规范政府行为,公平竞争审查制度应时出台,旨在防止政府制定限制竞争的政策措施,逐步清理妨碍公平竞争的现行规定,为限制政府权力提供了有效的制度保障。在限权的同时,公平竞争

---

[1] 参见张占江:《政府行为竞争中立制度的构造——以反垄断法框架为基础》,载《法学》2018 年第 6 期。

[2] 随后,中国共产党第十九届中央委员会第五次全体会议于 2020 年 10 月 29 日审议通过的《中共中央关于制定国民经济和社会发展第十四个五年规划和二〇三五年远景目标的建议》也明确要求"健全公平竞争审查机制"。

[3] 参见张守文:《反垄断法的完善:定位、定向与定则》,载《华东政法大学学报》2020 年第 2 期。

[4] 参见孙晋:《新时代确立竞争政策基础性地位的现实意义及其法律实现——兼议〈反垄断法〉的修改》,载《政法论坛》2019 年第 2 期。

[5] 参见黄勇、吴白丁、张占江:《竞争政策视野下公平竞争审查制度的实施》,载《价格理论与实践》2016 年第 4 期。

审查制度也通过遵循竞争中立政策有效推进了营商环境的优化。但自我审查路径的局限性又使制度的推行存在不足。因此,基于审查制度的规范模式,可以探寻到完善公平竞争审查制度的方法:加强审查监督机制、大力推广竞争文化和扩大市场主体参与。三者既独立亦互补。同时,《反垄断法》的修改以及党中央决策层对于公平竞争的重视,均为公平竞争审查提供了良好的法制化以及制度优化的契机,从而为公平竞争审查的规范模式——规制权力滥用、遵循竞争中立、完善自我审查、优化营商环境——提供最核心的制度保障。

公平竞争审查主体制度探析

一、制度简介：公平竞争审查及其主体制度概述

（一）公平竞争审查制度及审查主体的界定

我国所推行的公平竞争审查制度即竞争评估制度，狭义上是指竞争主管机构或其他机构通过分析、评价拟定中（或现行）的法律和政策可能（或已经）产生的竞争影响，提出不妨碍法律和政策目标实现而对竞争损害最小的替代方案的制度。[1]广义上还包括对政府干预市场的具体举措进行竞争评估。本部分主要从狭义上使用这一概念。从我国相关文件出台的意图看，公平竞争审查主要针对政府干预经济的各项制度安排，广义上包括法律、法规、规章、规范性文件等，即政府公共政策，旨在从维护公平竞争的角度，对已出台或拟定中的政府公共政策进行审查，防止其不合理限制市场竞争，破坏市场机制正常运行。[2]

公平竞争审查主体制度即解决由谁负责审查已出台或拟定中的政府法规和政策的问题。目前有的国家规定由管制机关，即公共政策制定部门自我负责竞争评估工作，有的国家则规定由竞争主管机关负责竞争评估工作，还有的国家规定由管制机关和竞争主管机关共同负责。[3]

（二）公平竞争审查及其主体制度构建的必要性

OECD在《竞争评估工具书》中指出："经济政策和社会政策应相互支持。为提升公众利益而实施的限制竞争政策——如对市场进入、价格、产出或生产方式的限制措施往往是代价很大且无效的……同时可能存在成本较低的其他监管方式，如市场激励或对竞争没有影响的政策等，这些政策更适

---

[1] 参见吴汉洪、权金亮：《日本、韩国的竞争评估制度及对中国的启示》，载《中国物价》2016年第4期。

[2] 参见朱凯：《对我国建立公平竞争审查制度的框架性思考》，载《中国物价》2015年第8期。

[3] 参见王健：《政府管制的竞争评估》，载《华东政法大学学报》2015年第4期。

合在竞争市场给予实施。但无论实施哪种政策,都应对这些政策进行有效性评估。对健全的监管制度而言,在科学准则指导下,应用成本效益分析和风险评估方法,制定适用于所有厂商并能得以有效实施的合理标准是十分关键的。"[1]

1. 维护市场公平竞争

毫无疑问,一定条件下,政府对竞争的限制不可避免。为纠正外部性、信息不对称、公共物品短缺等市场失灵,禁止令人生厌的交易,寻求福利分配的公平,政府需要直接干预经济运行,但这随之可能导致对市场竞争形成一定阻碍。[2] 公平竞争审查机制可以更好地规制政府对市场配置资源的不当干预,开辟一条新的事前预防机制,维护市场的公平竞争,使企业竞争处于公平公开的状态之中,有利于加快形成统一开放、竞争有序的市场体制。[3]

2. 补充现有制度缺失

首先,政府出于制定、执行公共政策,保护公共健康、公共安全、文化等公共利益的目的,可能会导致行政行为的反竞争性。此时,反竞争行为具有正当性。但从本质上看,政府的反竞争行为影响了企业之间的公平竞争,对竞争机制造成了破坏。[4] 我国《反垄断法》所规制的是滥用行政权力的行政性垄断行为。公平竞争审查制度可以审查《反垄断法》没有涉及的行为类型,更彻底地规制政府反竞争行为。其次,从目前我国对影响竞争的政府管制所采取的措施来看,无论是反垄断执法、司法还是清理和废除"妨碍公平竞争的各种规定和做法",均是事后行动,指向的对象是现行的政府管制。[5] 这种做法无法起到相应的预防作用。损害行为即使得到遏制,也已经对市场竞争产生了一定程度的损害。最后,我国对行政复议和行政诉讼进行了详尽的规定,可以很好地解决限制竞争的垄断行为的个案,但无法从根源上遏制这种限制竞争的抽象行政行为。

3. 具体落实竞争政策

公平竞争审查制度的建立是推进竞争政策的重要手段。在我国经济发

---

[1] OECD, *Competition Assessment Toolkit: Guidance. Version* 4.0 (*Volume* 2), OECD (Jan. 15, 2019), https://doi.org/10.1787/b6b938e9-en.
[2] 参见张占江:《中国法律竞争评估制度的建构》,载《法学》2015年第4期。
[3] 参见朱凯:《对我国建立公平竞争审查制度的框架性思考》,载《中国物价》2015年第8期。
[4] 参见徐士英:《竞争政策研究——国际比较与中国选择》,法律出版社2013年版,第174页。
[5] 参见王健:《政府管制的竞争评估》,载《华东政法大学学报》2015年第4期。

展的一定时期内,强调大力发展产业政策是具有一定现实意义的。但就现阶段来说,竞争政策与产业政策之间不是此消彼长的关系,而是相互依存与相互补充的关系。竞争政策的实施需要在产业组织之间或产业组织内部这个大舞台上进行,产业政策的落实同样离不开竞争政策维护的公平市场机制。[1] 竞争政策是约束产业政策的有效制衡机制,对避免产业政策破坏市场经济的根基具有重要作用。在当下发展背景下,构建公平竞争审查制度可以确立竞争政策的基础性地位,更好地协调产业政策和竞争政策,在处理二者冲突时确立竞争政策的优先地位,以真正确立市场机制在资源配置中的决定性作用。[2]

(三)我国公平竞争审查及其主体制度的发展

2015年3月,《中共中央、国务院关于深化体制机制改革加快实施创新驱动发展战略的若干意见》提出"探索实施公平竞争审查制度",是政府首次以正式文件的形式提出建立公平竞争审查制度。2015年10月,《中共中央、国务院关于推进价格机制改革的若干意见》明确提出实施公平竞争审查制度,逐步确立竞争政策的基础性地位。2015年,党中央、国务院先后4次下发文件,对建立和实施公平竞争审查制度提出明确要求,体现了国家的高度重视。时任国家发改委价格监督检查与反垄断局李青副局长2016年2月19日在上海表示,2016年反垄断部门的一项重要工作就是建立公平竞争审查制度,加强对滥用行政权力排除限制竞争的反垄断执法。[3] 2016年4月18日,中共中央全面深化改革委员会审议通过了《建立公平竞争审查制度的意见》,强调建立公平竞争审查制度,从源头上防止排除和限制市场竞争的行为。2016年6月1日,国务院出台了《建立公平竞争审查制度的意见》,国务院各部门、各省级人民政府及所属部门均应在有关政策措施制定过程中进行公平竞争审查。这标志着我国公平竞争审查制度正式建立。

探索实施公平竞争审查制度,涉及审查主体的设置、审查对象的选择以

---

[1] 参见王先林、丁国峰:《反垄断法实施中对竞争政策与产业政策的协调》,载《法学》2010年第9期。
[2] 参见孙晋:《国际金融危机之应对与欧盟竞争政策——兼论后危机时代我国竞争政策和产业政策的冲突与协调》,载《法学评论》2011年第1期。
[3] 参见何欣荣:《我国将建公平竞争审查制度 剑指行政垄断》,载人民网2016年2月20日,https://politics.people.com.cn/n1/2016/0220/c1001-28136321.html。

及审查内容的确定3个核心组成部分。[1] 为建立有效的竞争倡导法律机制,必须首先明确竞争倡导的主导机构。[2]《建立公平竞争审查制度的意见》明确指出,地方保护、区域封锁、行业壁垒、企业垄断,违法给予优惠政策或减损市场主体利益等不符合建设全国统一市场和公平竞争的现象仍然存在。为规范政府有关行为,防止出台排除、限制竞争的政策措施,应实施公平竞争审查制度,逐步清理废除妨碍全国统一市场和公平竞争的规定和做法。这对于"更好地发挥政府作用"提供了最佳的实现路径。但是,如果缺乏明确的审查主体和程序,没有确定的审查评估标准,公平竞争审查只能是一时的举措。之后,反竞争行为还会"死灰复燃"。必须建立实体规范化与程序健全的公平竞争审查制度,真正做到可以覆盖政府监管和行政立法的全过程。[3] 其中,对公平竞争审查制度的完善和推行制约最大的莫过于主体制度。

二、主体制度域外经验

OECD根据各国竞争评估的实践,将竞争评估的主体分为如下3类:政策制定机构、竞争机构和独立的专责竞争评估机构。本部分主要介绍美国、欧盟、澳大利亚和韩国的竞争审查主体制度。

(一)美国:反垄断执法机构进行竞争评估

竞争倡导是落实竞争政策的主要方式之一。该制度源于美国,所使用的竞争倡导工具包括竞争评估、提倡发布真实信息、作为法庭之友提交法律意见书、发布竞争影响报告书等。竞争评估作为竞争倡导的重要工具之一,在美国竞争政策的推进、市场竞争机制的维护方面发挥着重要的作用。

美国进行竞争评估的机构有两个:FTC和DOJ。前文对FTC和DOJ的职能已有介绍。二者在竞争评估过程中肯定存在职能冲突,美国因而制定出一套完善的协调机制来化解冲突,提高效率。具体地说,二者先根据各自在特定领域所获得的经验来决定由一个机构负责管辖。调查开始前,任何一方都会获得另一方的许可。大多数情况下,另一方的授权都十分迅速。

---

[1] 参见王健:《政府管制的竞争评估》,载《华东政法大学学报》2015年第4期。

[2] See John Clark, *Competition Advocacy: Challenges for Developing Countries*, Oecd Journal Competition Law & Policy, Vol.6:4, p.69–80(2005).

[3] 参见徐士英:《竞争政策的内容体系》,载《中国价格监管与反垄断》2016年第4期。

若对管辖权发生异议,双方则需列出各自在该领域 5 年内的经验,在比较之后确定由哪个机构对案件进行管辖。竞争评估包括两个阶段:首先是初始评估。初始评估一般可以在合理的时间内完成对潜在竞争问题的估计,对相关法律法规作一个初步评估。其次是全面评估,在确定管理制度对竞争有潜在损害时,才会进一步实施全面评估。

(二)欧盟:欧盟委员会实施国家援助控制

历经半个多世纪的发展,欧盟国家援助控制制度已成为世界范围内最成熟和完备的公平竞争审查制度体系。

国家援助(state aid)是一国政府利用国家财源,通过财政、税收、金融等措施给予企业的补贴,因其可能改变某一地区、行业以及企业在市场中的竞争地位而成为竞争法规制的对象。欧盟国家援助控制制度旨在在共同体市场建立一个公平竞争的环境,制止成员国通过对本国企业给予国家补贴的方式而妨碍、限制或者歪曲共同体市场上的竞争。[1]

《欧洲联盟运行条约》第 108 条规定,构成国家援助且不为《集体豁免条例》所豁免的案件必须由成员国向欧盟委员会申报。在欧盟委员会依照相关程序作出决定之前,不得实施计划中的国家援助。未作批复的决定视为欧盟委员会许可援助。欧盟委员会可能会作出判定措施不构成援助、批准援助、附条件批准援助以及不予批准援助的决定。在附条件批准援助或者不予批准援助的决定作出之后,欧盟委员会将视情况要求成员国政府修改、停止实施或收回援助,并现场监督执行。受援企业需要将获得的违法援助及同期利息一并退还给政府。如果受援对象不复存在,或者援助尚未实施,则不存在执行问题。欧盟委员会对任何一项国家援助作出批准或不批准的决定时,都要依据《建立欧洲经济共同体条约》第 87 条第 3 款陈述理由。对于未经申报即实施或者虽已申报但是欧盟委员会尚未作出最后决定就实施的国家援助,欧盟委员会有权展开调查,要求成员国终止援助行为,并责令受援方返还救助金额和利息。[2] 欧盟委员会及其他成员国有权向欧盟法院起诉,成员国或其他利益相关人对欧盟委员会的处理不服,也可向欧盟法院起诉。

---

[1] 参见刘桂清:《反垄断法中的产业政策与竞争政策》,北京大学出版社 2010 年版,第 125 页。
[2] 参见朱凯:《对我国建立公平竞争审查制度的框架性思考》,载《中国物价》2015 年第 8 期。

《建立欧洲经济共同体条约》授权欧盟委员会对成员国现已存在的援助措施进行经常性检查。欧盟委员会的意见如被成员国接受,就具有约束力。如不被接受,则欧盟委员会应对成员国所实施的国家援助展开正式的调查程序。若发现该项国家援助与共同市场相抵触,则欧盟委员会应命令成员国在指定期限内停止或修改这项国家援助。欧盟委员会的决定并无溯及力,所以,在欧盟委员会关于现存的国家援助不再与共同市场相协调的决定作出之前,成员国已经给予的援助不能被要求返还。然而,当现存的援助被用于不可能被批准的目的时,欧盟委员会可通过正式的调查程序认定该援助已被滥用而予以撤销。[1]

(三)澳大利亚:新设独立专责审查机构进行竞争审查和竞争评估

通过 NCD 模式,澳大利亚已成功地培育出高度竞争的市场,建立起先进的竞争体制,使其在 OECD 的经济位次从 1990 年的第 15 位跃居至 2005 年的第 7 位。[2]

澳大利亚竞争审查制度的全面推行始于 20 世纪 90 年代。澳大利亚各级政府于 1992 年同意建立 NCP。1995 年 4 月,澳大利亚地各级政府签署了 3 项适用于 NCP 的协议,分别是《竞争原则协议》(the Competition Principles Agreement)、《行为规范协议》(the Conduct Code Agreement)和《执行全国竞争政策和相关改革协议》(the Agreement to Implement National Competition Policy and Related Reforms),并进行了一系列鼓励竞争的改革,其中就包括对所有限制竞争的法律法规进行竞争审查。[3]

立法审查和改革项目是根据《竞争原则协议》第 5 条实施的,其要求澳大利亚各地方政府在 2000 年之前(后由澳大利亚政府间理事会延至 2005 年)审查并根据需要改革所有限制竞争的法律。NCC 由此建立,并要求各州及地区为审查提供指导性原则。1996 年各级政府建立了审查时间表,对 1800 件法律进行审查。各级政府发布年度报告,公布所解决的问题。对大量法律进行审查的工作导致巨大的工作量。NCC 认为,为符合改革评估的

---

[1] 参见孔少飞:《欧盟的国家援助制度及其借鉴》,载《欧洲研究》2006 年第 3 期。
[2] 参见叶高芬:《澳大利亚行政性垄断规制经验及其启示——基于"国家竞争政策"的解读》,载《中国社会科学院研究生院学报》2015 年第 3 期。
[3] 参见叶高芬:《澳大利亚行政性垄断规制经验及其启示——基于"国家竞争政策"的解读》,载《中国社会科学院研究生院学报》2015 年第 3 期。

进程,对竞争有影响的立法应被优先制定,并于1999年发布"审查报告"来协助政府和其他评估者进行立法审查工作。

根据《竞争原则协议》第5条第8款的规定,对签署且未保留的政府决定必须进行国家审查。该政府须要求NCC进行审查,NCC要依照工作计划实施。《国家竞争政策立法审查指南》(Guidelines for NCP Legislation Reviews)要求各级政府设立一个独立的审查委员会进行审查工作。澳大利亚的竞争评估非常重视主导委员会的独立性,认为主导委员会在审查过程中扮演了至关重要的角色,承担着选择正确的评估模式、确保严格遵循评判标准和确保高质量的监管任务。

(四)韩国:政策制定机构和KFTC进行竞争评估

根据韩国《规制垄断与公平交易法》第63条的规定:欲制定限制竞争的法令,应事先与KFTC协商或者向KFTC进行通报;KFTC认为该制定或者修改的惯例规则、告示包含限制竞争事项的,可以向有关行政机关的长官提出纠正限制竞争事项的意见。[1] 韩国政府政策协调办公室(the Office for Government Policy Coordination)发行了《制定法律法规影响评估报告指南》,明确要求KFTC依据指导方针,对各级政府拟定的管制政策实施竞争评估,建立专门的竞争评估制度。KFTC是对国务总理负责的部级中央行政机关和准司法机关,属于竞争执法机构,不受任何外在机构的阻挠而独立地行使职权。

韩国以OECD 2007年颁布的《竞争评估指南》为蓝本,根据韩国实际着手制订竞争评估计划。评估由政策制定机构和KFTC共同完成。政策制定机构负责初步评估,若其认为政策可能对竞争机制产生不利影响,则将由KFTC直接进行深入评估。反之,若其经评估认为政策不会对竞争机制产生不利影响,则KFTC须复核初步评估结果,进而决定是否需要启动深入评估程序。承此,若KFTC的结论是"不需要",则政策得以通过或发布;反之,KFTC将会同政策制定机构共同对该政策进行深入评估。[2]

KFTC实施竞争评估卓有成效。2013年5月,KFTC委托韩国社会规章研究机构(the Korea Society for Regulatory Studies)检测自2008年以来制定

---

〔1〕 参见赵嵩、余音:《韩国规制垄断与公平交易法》,载漆多俊主编:《经济法论丛》第6卷,中国方正出版社2002年版,第388页。

〔2〕 参见张占江:《中国法律竞争评估制度的建构》,载《法学》2015年第4期。

或修正的约 98,000 项条例和规章是否包含限制竞争条款,共计 2134 项限制竞争的地方法律规章于 2013 年 10 月被查证属实,并根据相关机构的建议及时得到了修改。总理办公室的数据显示,KFTC 在 2013 年共对 580 项法律法规的执行和修改进行了竞争评估,查明其中 15 项存在限制竞争的可能性,并在深入评估后提出市场友好型替代方案。[1]

三、国内实践:主体制度规定及观点探讨

以上各国的公平竞争审查制度都对国家限制竞争行为起到了很好的遏制作用,但在具体的设计方面存在差别,并非都适用于我国规制政府反竞争行为的实践。

从审查主体一元化或多元化角度来看,鉴于我国长期推行多元化反垄断执法模式,现阶段宜采取多元化模式。最终实现一元化审查主体模式。

从审查主体处理结果的法律效力角度来看,我国应对审查结果赋予强制执行的法律效力,避免公平竞争审查制度流于形式。

从审查主体专业性角度来看,我国应不浪费多年积累的竞争执法经验,且保证审查结果的客观性、公平性、专业性。

《建立公平竞争审查制度的意见》关于审查方式的规定要求政策制定机关在政策制定过程中要严格对照公平竞争审查标准进行自我审查。经审查,认为不具有排除、限制竞争效果的,可以实施;具有排除、限制竞争效果的,应当不予出台,或调整至符合相关要求后出台。没有进行公平竞争审查的,不得出台。《建立公平竞争审查制度的意见》还规定,国家发改委、当时的国务院法制办公室、商务部、当时的国家工商行政管理总局要会同有关部门,指导公平竞争审查制度实施工作,在条件成熟时组织开展第三方评估。可以看出,我国公平竞争审查主体是政策制定机关自身;国家发改委、原国务院法制办公室等有权机关负责指导公平竞争审查工作;鼓励具备条件时开展第三方评估。这说明我国现阶段在审查主体上采取"自我审查为主、有关机关备案指导、鼓励社会监督"的多元复合模式。

公平竞争审查在我国刚起步,关于主体制度的研究不多,观点也未达成

---

[1] See KFTC, 2014 *Annual Report of KFTC*, KFTC(Jan. 22,2015), https://ftc. go. kr/solution/skin/doc. html? fn = b8544ca93d34750c0c5ab2cec1547f571bddf87e0de2369409e4e9b487dbf1c0&rs =/fileupload/data/result/BBSMSTR_000000002404/.

一致。有观点认为,应按照不同的评估对象确定不同的审查主体;对于现行的政府管制行为,可成立专门的竞争评估机构;对于新的政府管制行为,先由竞争主管机关制定评估手册和指南,管制机关进行初步评估,根据不同的结果再确定是否提交竞争主管机关进行深入评估。[1] 因为现行政府管制涉及面广、数量多、工作量巨大,采取集中式竞争评估方式有利于提高评估效率。针对新的政府管制行为采取的评估模式既可以发挥管制机关的专业特长,又可以充分利用竞争主管机关丰富的竞争评估能力和知识。但是,这种观点没有考虑到新设一个专门的竞争评估机构需要花费大量的时间、人力和物力,不能及时和很好地满足当下我国建立公平竞争审查制度的迫切需要。

有观点以权力与责任相统一原则为分析思路,根据产业政策的权力分布格局及其他涉及竞争的法律制度,认为我国产业政策竞争评估的责任主体在类型及数量上应当是多元化的,不仅包括政策制定部门,而且包括审批监督组织、竞争执法机构等。[2] 笔者认为该观点存在一定的合理性和可行性,但是过于片面。一方面,根据我国反垄断多元执法的现实情况,我国现阶段的公平竞争审查主体制度也应是多元化的。另一方面,长久推行多元化执法并非万全之策,美国并列设置两个执行反托拉斯法的联邦行政机构已有一百年,但美国人并不认为这是一个好经验。[3] 因此,一元化审查主体模式才是我国公平竞争审查主体制度的最终选择。

有观点认为,可建立以反垄断委员会为主、法律制定机构为辅的竞争评估机制:由法律和政策制定机构初步评估,如果认为可能产生不利影响,则由反垄断委员会进行深入评估;如果认为不会产生不利影响,则由反垄断委员会决定是否进行深入评估。[4] 还有观点认为,我国现阶段的情况是,各类公共政策种类繁杂、数量众多,但竞争执法机构的资源与经验有限。并且,竞争执法机构目前主要的资源都集中于查处垄断行为与审查经营者。因此,现阶段我国更适合先由法律和政策制定部门进行自我评估,后由竞争执

---

[1] 参见王健:《政府管制的竞争评估》,载《华东政法大学学报》2015年第4期。
[2] 参见丁茂中:《产业政策的竞争评估研究》,载《法学杂志》2016年第3期。
[3] 参见王晓晔:《关于我国反垄断执法机构的几个问题》,载王晓晔:《王晓晔论反垄断法》,社会科学文献出版社2010年版,第405页。
[4] 参见张占江:《中国法律竞争评估制度的建构》,载《法学》2015年第4期。

法机构加以审核的制度设计。[1] 以上两种观点都将制定机关作为先行审查机关,再由反垄断委员会或竞争执法机构进行审查。笔者认为,若赋予反垄断委员会相应的职权,则必定要颁布相关的法律,最快也要制定相关的法规条例,而这并不能解燃眉之急。因此,现阶段由法律政策制定机关先行自我审查,再由竞争执法机构实施公平竞争审查更具有现实可行性。制定机关更为熟悉政策内容,先行审查可以提高审查效率;而竞争执法机构的专业性可以保证审查质量。

四、制度引入:我国公平竞争审查主体制度的阶段性构建

在过去,我国规制私人反竞争行为的执法机关是商务部、国家发改委、国家工商行政管理总局和反垄断委员会。而对于政府反竞争行为,我国2022年《反垄断法》仅在第61条[2]进行了规定,对行政性垄断行为,由上级机关责令改正,并未作详细具体的规定。我国公平竞争审查制度处于初建阶段,现行的以自我审查为主的复合审查模式是否切实可行,设计是否科学合理,从长远看如何进一步完善,都有待我们进一步思考和探索。

(一)一元化模式和多元复合模式的抉择

反垄断行政执法存在两种选择:一种是一元的行政执法机构,另一种是几个行政机构共享执法权的多元模式。[3] 我国公平竞争审查制度的主体究竟采取一元化模式还是多元化模式,是当前关于公平竞争审查主体制度构建的主要争议。

根据《反垄断法》的规定,我国反垄断执法采取双层次、多元执法的模式,由反垄断委员会负责组织、协调、指导反垄断工作,国家发改委、商务部、原国家工商行政管理总局分头执法。反垄断执法多元化模式在我国实施已久,其弊端也日益显露。倘若公平竞争审查主体采取多元化模式,造成的不

---

[1] 参见吴汉洪、权金亮:《日本、韩国的竞争评估制度及对中国的启示》,载《中国物价》2016年第4期。

[2]《反垄断法》(2022年)第61条第1款规定:"行政机关和法律、法规授权的具有管理公共事务职能的组织滥用行政权力,实施排除、限制竞争行为的,由上级机关责令改正;对直接负责的主管人员和其他直接责任人员依法给予处分。反垄断执法机构可以向有关上级机关提出依法处理的建议。"

[3] 参见王晓晔:《关于我国反垄断执法机构的几个问题》,载王晓晔:《王晓晔论反垄断法》,社会科学文献出版社2010年版,第405页。

良影响显而易见:首先,多机构的内在目标存在偏差。公平竞争审查的主要目的是从源头遏止限制竞争的法律政策的产生和实施,但在多机构审查的情况下,各机构可能出于自身利益最大化的目的,采取一些措施进行权力争夺,甚至进行权力寻租。其次,同一功能的多个机构与单一机构相比,执法成本高而效率低。[1]对于存在冲突的管辖权,多个机构要么互相争夺要么互相推诿,处理管辖权争议的过程必然延迟整个审查程序。最后,对于同一项涉及多方面存在限制竞争因素的制度,由多个机构执法审查,即使不存在管辖权冲突,也是一种执法资源配置不当的做法。

尽管多元复合模式存在诸多弊端,但是依照我国当下的实际情况,立即摒弃多元化模式而推行一元化审查主体模式并非易事。第一,我国的反垄断执法机构不仅包括依据《反垄断法》行使职权的反垄断委员会、国务院反垄断执法机构,还包括根据其他法律法规规定对特定行业具有监管职能的部门与机构,如《证券法》(2019年)规定国务院证券监督管理机构依法对全国证券市场实行集中统一监督管理[2]并监督一些具体的垄断行为[3]。这就导致我国反垄断执法机构数量众多、体系庞大、职权分散。因此,在进行公平竞争审查的过程中,推行一元化审查主体模式势必遭受很大的阻力。第二,仅由某一特定机关进行审查在我国现阶段是不可行的。若由政策制定机关统一自我审查,其往往更侧重于指标性经济发展(如GDP)和追求短期效益、局部效益,对于重在长远和全局效益的竞争秩序的维持往往重视不够,经济政策和竞争政策存在价值冲突,就容易无法形成公正合理的评估结果,可能导致公平竞争审查流于形式。同时,个别政策制定机关缺乏专业的竞争法知识和反垄断执法经验,可能导致评估结果不够专业、准确。新设一

---

[1] 参见王晓晔:《关于我国反垄断执法机构的几个问题》,载王晓晔:《王晓晔论反垄断法》,社会科学文献出版社2010年版,第405页。

[2]《证券法》第7条第1款规定:"国务院证券监督管理机构依法对全国证券市场实行集中统一监督管理。"

[3]《证券法》第55条规定:"禁止任何人以下列手段操纵证券市场,影响或者意图影响证券交易价格或者证券交易量:(一)单独或者通过合谋,集中资金优势、持股优势或者利用信息优势联合或者连续买卖;(二)与他人串通,以事先约定的时间、价格和方式相互进行证券交易;(三)在自己实际控制的账户之间进行证券交易;(四)不以成交为目的,频繁或者大量申报并撤销申报;(五)利用虚假或者不确定的重大信息,诱导投资者进行证券交易;(六)对证券、发行人公开作出评价、预测或者投资建议,并进行反向证券交易;(七)利用在其他相关市场的活动操纵证券市场;(八)操纵证券市场的其他手段。操纵证券市场行为给投资者造成损失的,应当依法承担赔偿责任。"

个独立的评估机构也并非易事。新设机构要获取相应的职权,需要有法律法规授权,而出台一部完备的法律法规也不是一朝一夕就可以完成的事情。更何况不利用现有的资源马上开展评估,而是花费大量的成本新设机构,也是一种资源浪费。若由一家竞争执法机构,如国家发改委统一评估,必将面临公共政策种类繁杂、数量众多以及竞争执法机构的执法资源与审查经验有限的现实困局,且竞争执法机构目前主要的资源都集中在审查与处罚垄断行为上。很显然,一家之力难当如此大局。

(二)我国公平竞争审查主体制度的逐步完善

尽管多元化的复合审查主体模式弊端较多,但在我国当前情势之下,该模式不失为一种平衡各方利益冲突、减少公平竞争审查制度推行阻力的折中之举。但多元化审查主体模式可能会导致权力寻租、执法资源浪费、出现执法空白点和争夺点等多方面现象,阻碍市场竞争的进一步发展,因此,应遵循渐进式的改革原则,最终确立一元化审查主体模式。

1. 我国现阶段宜采取多元复合的公平竞争审查主体模式

根据我国现阶段的实际情况以及现行法律制度和《关于建立公平竞争审查制度的意见》的规定,我国现阶段宜采取多元复合的公平竞争审查主体模式。

(1)先行审查机构:政策制定机关

第一步,根据"谁制定,谁审查"的原则,政策制定机关对现有政策和拟定政策进行自我审查,提高审查效率。政策制定机关在政策制定的过程中,应确保相关政策不会对市场竞争造成严重影响,不允许未进行公平竞争审查或者违反公平竞争审查标准出台政策措施。

首先,我国经济管理部门众多,如果直接由竞争执法机构对拟定中的政策进行审查,那么巨大的工作量很有可能使行政机关工作效率低下,导致很多亟待解决的问题无法及时解决。其次,《反垄断法》(2022年)禁止行政机关实行行政性反垄断行为,[1]因此,行政机关依法有义务对其制定实施的行政行为进行公平竞争审查,以确保不会扭曲市场竞争。再次,政策制定机关对其制定的政策了解最为全面,由政策制定机关先行审查有利于节约审查

---

[1]《反垄断法》第10条规定:"行政机关和法律、法规授权的具有管理公共事务职能的组织不得滥用行政权力,排除、限制竞争。"

成本。最后,这是由我国经济改革顶层设计所决定的。经济改革逐步确立了市场在资源配置中的决定性作用,即要求政府减少对市场的不当干预。政策制定机关除应当全面对存量的政策进行竞争评估之外,更应当对拟定的政策进行更为严格的公平竞争审查。[1]

对于政策制定机关的内部审查应考虑一个问题:此类机关并无反垄断执法经验以及相关竞争法人才储备。在进行自我审查时,就需要设立相关专业部门,甚至需要借助外来力量,如反垄断执法机构甚至第三方评估机构实现公平竞争审查,以真正实现制度目的。

(2)审查终局机构:竞争执法机构

第二步,竞争执法机构应按照"保障公平竞争审查质量"的原则,通过备案对政府公共政策自我审查进行指导,防止公平竞争审查流于形式。

在对一项政府公共政策进行公平竞争审查时,先由实施或将要实施政策措施的机关进行自我初步评估,以确定是否会对市场竞争机制造成不良影响,如果该机关认为该政策措施损害了竞争,则再由国家发改委、原国务院法制办公室等公平竞争审查指导机关通过备案进行指导,在深入评估后提出修改意见,交由制定和实施机关改正。《建立公平竞争审查制度的意见》规定:对涉嫌违反公平竞争审查标准的政策措施,有关部门要及时予以处理;涉嫌违反《反垄断法》的,反垄断执法机构要依法调查核实,并向有关上级机关提出处理建议;政策制定机关要及时纠正排除和限制竞争的政策措施。这里有个疑问,对于没有违反《反垄断法》但涉嫌违反公平竞争审查标准的政策措施,要及时处理该问题的"有关部门"是单指原国务院法制办公室还是指"有关上级机关"?抑或也包括反垄断执法机构?笔者认为,"有关部门"应该包括原国务院法制办公室和反垄断执法机构。

这种职权设置具有一定的科学性和可行性。一方面,国务院是中央政府,对中央部委和地方政府都具有管理权,原国务院法制办公室是中央政府内设的面向全国的合法行政指导机构。由原国务院法制办公室及时处理涉嫌违反公平竞争审查标准的政策措施名正言顺。另一方面,由反垄断执法机构纠正政府实施的反竞争行为也具有合法性和正当性:其一,作为竞争机制的专职维护队伍,竞争执法机构原则上对所有行政机关的产业政策是否

---

[1] 参见丁茂中:《产业政策的竞争评估研究》,载《法学杂志》2016年第3期。

可能实质影响相关市场的竞争自然负有勘查矫正之责;[1]其二,多年的反垄断执法经验使得反垄断执法机构对初步评估进行备案和进一步指导评估都拥有极强的专业性和权威性;其三,政策措施制定与实施机关对于其行为的了解最为深入,先由其进行自查评估可以更好地运用其所掌握的信息和资源;其四,一定程度上考虑了制定与实施机关的意见,有利于使反垄断执法机构的意见得到接受和执行。

2. 我国最终应实现公平竞争审查主体模式的一元化

欲确保公平竞争审查主体的独立性,使其不受任何一家执法机构的制约,也不受任何其他机关的干扰,就应该成立统一、权威、专业的公平竞争审查主体,按照已制定的完善的竞争评估细则,对政府公共政策进行客观专业的评估。反观我国的《建立公平竞争审查制度的意见》和相关法律规定,政策制定与实施机关自我审查的局限性不言而喻,即使是反垄断执法机构和原国务院法制办公室,无论是从独立性还是职权性角度也难以长期胜任公平竞争审查主体之责。一方面,就机构的独立性角度而言,各审查主体都不具有绝对独立的审查职权。例如,附属于国家发改委的机构便很难执行国家的竞争政策,因为它的主管部门国家发改委不是一个专门维护市场竞争秩序的机构。其主要任务是制定国家的宏观经济政策,在更大程度上考虑的恰恰是国家的产业政策而非竞争政策。[2]另一方面,就机构的职权性角度而言,对于行政性垄断和《建立公平竞争审查制度的意见》规定的涉嫌违反《反垄断法》的政策措施,《反垄断法》仅仅赋予了执法审查机构在调查核实后向有关上级机关提出处理建议的权力,[3]对于行政机关实施的有违公平竞争的行为无法予以有效规制和及时纠正。

综上所述,对于公平审查竞争制度,我国应该建立一个统一、独立、权威的公平审查竞争主体,最终实现主体模式的一元化。一方面,对反垄断执法机构进行改造,设置单一的反垄断执法机构。单一是指改变我国目前这种分散执法、多元执法和地方政府干预执法的状态,由一个行政机构或部门单

---

〔1〕 参见丁茂中:《产业政策的竞争评估研究》,载《法学杂志》2016年第3期。
〔2〕 参见王晓晔:《关于我国反垄断执法机构的几个问题》,载王晓晔《王晓晔论反垄断法》,社会科学文献出版社2010年版,第413页。
〔3〕 《反垄断法》第61条第1款规定:"行政机关和法律、法规授权的具有管理公共事务职能的组织滥用行政权力,实施排除、限制竞争行为的,由上级机关责令改正;对直接负责的主管人员和其他直接责任人员依法给予处分。反垄断执法机构可以向有关上级机关提出依法处理的建议。"

独行使法律赋予的反垄断职权,以改变目前反垄断执法政出多门的状况。重新对我国各职能部门的权限进行分割,将各部门的反垄断执法权集中授予一个专门的反垄断执法机构,直属于中央政府,独立行使反垄断执法权。另一方面,将公平竞争审查的职权赋予反垄断委员会统一实施。《反垄断法》(2022 年)赋予了反垄断委员会拟定竞争政策、评估市场总体竞争状况和负责组织、协调、指导反垄断工作的职权,[1]由其实施公平竞争审查合理合法。将其改造后由其实施公平竞争审查不仅合理合法,而且制度成本最低。对于将要颁布实施的部门规章和政策,由反垄断委员会统一审查,只有通过审查的政策才能颁布实施。待条件成熟和必要时,反垄断委员会可以引入独立第三方机制帮助其开展评估和进行审查。

探索实施公平竞争审查制度,涉及审查对象的选择、审查内容的确定以及审查主体的设置三个核心部分。公平竞争审查主体制度是公平竞争审查制度的主干,四通八达,承前启后,主要解决由谁负责审查已出台或拟定中的政府法规和政策的问题,其对维护市场公平竞争、维护现有制度缺失、具体落实竞争政策均有重要意义。通观世界,公平竞争审查主体制度可划分为一元模式和二元模式:一元模式由管制机关或竞争主管机关负责;二元模式则由管制机关和竞争主管机关共同负责。其中,美国由反垄断执法机构负责进行竞争评估;欧盟由欧盟委员会控制国家援助实施;韩国的 KFTC 可主动开展竞争评估。除澳大利亚新设独立的审查机构进行公平竞争审查,其他国家或地区皆由国内或境内具有丰富的竞争执法经验的机构实施公平竞争审查。一方面,根据我国反垄断多元执法的现实情况,亦基于审查效率和审查质量的考量,我国现阶段的公平竞争审查主体制度宜采取多元模式,即交由法律政策制定机关先行自我审查,再由竞争执法机构实施公平竞争审查;另一方面,长久推行多元化执法并非万全之策。质言之,一元化审查主体模式才是我国公平竞争审查主体制度的最终选择,我国应以逐步实现主体模式的一元化为最终目标。

---

[1]《反垄断法》第 12 条第 1 款规定:"国务院设立反垄断委员会,负责组织、协调、指导反垄断工作,履行下列职责:(一)研究拟订有关竞争政策;(二)组织调查、评估市场总体竞争状况,发布评估报告;(三)制定、发布反垄断指南;(四)协调反垄断行政执法工作;(五)国务院规定的其他职责。"

审查内容篇

地方政府奖补政策公平竞争审查制度的适用

一、问题的提出

地方政府奖补政策,作为产业政策[1]的重要表现形式,是政府或公权力授权的公共机构,基于实现产业布局规划、促进社会经济发展、保障社会经济公平等目的,通过财政奖励、财政补贴等形式,对企业和个人提供无偿的财政支出,使其获得直接或间接经济利益的一种政府干预行为,是政府用于扶持和促进产业发展的常用政策工具。地方政府奖补政策具有调整产业结构,降低企业生产经营成本,实现本地经济增长等积极作用,但选择性、差异化地给予特定经营者奖励或补贴,会变相增加未获得奖补经营者的生产经营成本,产生明显的负面作用,从而阻碍全国统一大市场的建立,不利于市场公平竞争。我国作为社会主义市场经济体制国家,"市场经济的本质即是竞争经济"[2],2022年8月1日,新修订的《反垄断法》以法律的形式正式确立竞争政策的基础地位,那么如何在强化竞争政策基础地位的同时发挥产业政策的优势,协调好市场与政府的关系,做到有效市场与有为政府之共同作用?公平竞争审查制度的实施恰好与该目标契合。

2016年,国务院正式出台《建立公平竞争审查制度的意见》,要求政策制定机关以竞争影响为准则,对涉及市场主体经济活动的政策措施进行公平竞争审查,对具有排除限制竞争效果的政策文件进行修改或废止,这代表着我国公平竞争审查制度的正式建立。新修订的《反垄断法》也将公平竞争审查制度正式入法。该制度是顺应市场经济发展、促使政府这只"看不见的手"走向法治化与合理化的推进器,能有效地弥补行政性垄断事后性规制的

---

[1] 本部分中的产业政策指狭义的产业政策,指的是国家针对产业结构状况而制定的政策,表现为政府为改变产业之间的资源分配或特定目的而制定的政策。参见徐士英:《反垄断法实施面临功能性挑战 兼论竞争政策与产业政策的协调》,载《竞争政策研究》2015年第1期。

[2] 徐士英:《竞争政策研究——国际比较与中国选择》,法律出版社2013年版,第9页。

不足。其事前性预防的特征将规范政策措施制定的时间节点前移,[1]使政府能充分考虑政策对市场竞争的影响,修改或废止影响市场竞争的政策措施。考虑到地方政府奖补政策是政府频繁使用的用于扶持和促进产业发展的政策工具,加之《加快建设全国统一大市场的意见》也指出"全面清理歧视外资企业和外地企业、实行地方保护的各类优惠政策,对新出台政策严格开展公平竞争审查",因此本部分以地方政府奖补政策为切入点,通过理论与实践维度分析竞争政策与以地方政府奖补政策为代表的产业政策需要公平竞争审查制度进行协调,并分析面对地方政府奖补政策,我国公平竞争审查制度在审查过程中所存在的不足,以及如何对其进行完善与优化。

二、地方政府奖补政策与竞争政策协调之制度需求

地方政府奖补政策作为产业政策的手段之一,有效的地方政府奖补政策有助于防止市场失灵、促进产业结构和方向的调整以及地区间经济的协调发展,[2]对地方经济发展具有积极的意义。但同时也要认识到地方政府奖补政策在地方经济发展中可能造成的消极影响,透明度低、差异化奖补较大、地方保护主义等大量不规范的情形,[3]往往会造成部分市场竞争扭曲和效率低下,不利于市场经济的有序发展。因此该部分剖析地方政府奖补政策所带来的经济效果和实践影响,以期通过公平竞争审查制度对地方政府奖补政策的利弊影响予以协调解决。

(一)理论维度:经济效应的两面性

1.地方政府奖补政策的正外部性

(1)调整产业结构

地方政府奖补政策是引导产业结构的一种手段,企业顺应政府引导的方向进行经营,将会得到奖励补贴,从而可以降低自身经营成本,推动企业

---

[1] 参见丁茂中:《论我国公平竞争审查制度的建立与健全》,载《竞争政策研究》2017年第2期。

[2] 参见刘伟:《财政补贴的竞争法审查及其改进——兼论〈公平竞争审查制度实施细则(暂行)〉》,载《财经理论与实践》2018年第5期。

[3] 参见杨丹辉、李晓华、渠慎宁:《当前产业补贴存在的主要问题与完善措施》,载中华人民共和国商务部WTO/FTA咨询网,http://chinawto.mofcom.gov.cn/article/ap/tansuosikao/201410/20141000773042.shtml。

的迅速发展。[1] 另外,由于市场机制的唯利性,有些公共事业、新技术和新产品开发的行业,投资者往往不愿投资,[2] 导致市场资源配置效率降低。此时政府可以通过奖补的形式对公共产业、新兴产业予以支持以及对落后产业进行调整,使之融入市场,能提升市场运行的效率,达到弥补市场失灵的效果。比如某市《市政府印发关于进一步鼓励企事业单位聚才用才推进科技创新引领高质量发展若干政策的通知》[3]。财政奖补的引导还可以实现产业的规模效应,将产业聚集,实现产业规模化生产。

(2) 促进本地经济发展

地方政府为了促进本地经济发展,通常会基于提高企业效率或社会效益的目的向本地企业提供财政奖补等一些优惠政策,企业效率包括鼓励企业技术创新和推动企业经济增长等,社会效益包括通过推进企业的迅速发展来提供更多的就业岗位和创造税收等。[4] 另外,地方政府奖补政策具有一定向地方企业倾斜保护的特征,通过各种形式的奖补政策减轻本地企业的压力,给予企业无偿的财政奖补从而减少其生产经营成本,企业进而盈利并扩大自身规模,以此实现本地经济增长以及公共收入的提高。

2. 地方政府奖补政策的负外部性

除上述积极效应外,地方政府奖补政策产生的消极影响也不容忽视,地方政府奖补政策相比于中央政府奖补政策更关注本地产业的发展和地区生产总值的实现,因此可能造成政策目标上的错位。[5] 另外地方政府奖补政策可能会妨害商品或生产要素的自由流动,影响企业生产经营成本,产生扭曲竞争的效果,阻碍全国统一大市场的竞争公平。具体分析如下。

(1) 地方政府奖补政策的竞争扭曲性

地方政府通过行政奖补的形式促进地区的发展,具体是为了促进某一

---

[1] 《某市关于扶持建筑业高质量发挥的意见》对当年经济贡献首次超过1000万元、3000万元、5000万元、8000万元、1亿元、1.2亿元的企业(以此类推),分别给予10万元、30万元、50万元、80万元、100万元、120万元奖励。

[2] 参见漆多俊:《经济法基础理论》(第5版),法律出版社2017年版,第16页。

[3] 该政策内容包括对科技型中小企业单个项目最高资助50万元,大力培育科技型"瞪羚"企业,每年全市遴选10家左右成长速度快、经济效益好、创新能力强、发展潜力大的科技型"瞪羚"企业,每家给予20万元奖励等。

[4] 参见余明桂、回雅甫、潘红波:《政治联系、寻租与地方政府财政补贴有效性》,载《经济研究》2010年第3期。

[5] 参见叶卫平:《财政补贴、产业促进与公平竞争审查》,载《交大法学》2021年第4期。

产业、特定主体或特定区域的发展,[1]但同时也可能导致市场公平竞争的扭曲。我国实践中地方政府对市场主体的奖补政策包括很多形式,根据奖补发生的环节,涉嫌影响市场公平竞争的奖补政策主要分为以下几类。

一是在投资环节进行的奖补政策,这种奖补政策经常出现在政府的招商引资和产业规划的政策中,比如"对在本地投资达到一定金额的企业给予一定金额的奖补"[2]"对新设立或迁入本地的企业,注册资金达到一定比例予以奖励"[3]等,该类政策是希望通过奖补的形式来吸引企业在本地投资或是将外地的企业引入本地,但以在本地投资或注册等为内容作为享受补贴和优惠政策的必要条件会妨碍商品要素的自由流动,影响全国统一大市场的公平竞争;二是在生产经营环节进行的奖补政策,这种政策往往是针对特定行业和特定情形,通过奖补的实施来推动特定领域企业的发展,比如"对特定领域的企业,根据取得的成果给予一定的奖励"[4];三是在交易环节进行的奖补政策,这类政策往往是政府为了培育企业,通过对一定规模的企业进行奖补来提高企业的竞争力,以达到促进地方经济快速发展的目的,比如"对一定规模的企业,根据其营业额、销售额或纳税金额等予以奖补"[5]。上

---

[1] 参见汪永福、毕金平:《竞争中立视域下政府补贴的公平竞争审查路径》,载《安徽大学学报(哲学社会科学版)》2020年第2期。

[2] 如《某市服务业发展引导资金考核奖励办法》:"投资1亿元以上的大型新兴服务业项目且由投资企业自营的,按项目对我市的贡献和影响,给予'一事一议'的扶持政策。投资1000万元以上的创客中心、线上线下综合体、智慧城市、综合呼叫中心项目,按投资额的5%给予最高200万元的奖励。此项奖励由市财政单独列支。"

[3] 如《某市招商引资奖励办法》:"(一)引荐市外的企业或个人来我市兴办独资项目的,投资额在500万美元或4000万元人民币以下的,按外方实际投入额(不含我市项目承办方对外担保的项目对外借款,下同)的1%给予奖励;投资额在500万美元或4000万元人民币以上(含500万美元和4000万元人民币)的,按外方实际投入额的1.5%给予奖励。以实物、知识产权和技术等投入的,依法作价计算投入金额。"

[4] 如《某市政府印发关于推进高新技术企业高质量发展若干政策》:"对纳入市高新技术企业培育库的企业,首次达标申报高新技术企业的给予8万元奖励。首次认定为高新技术企业的给予40万元奖励。对第二次及以上认定为高新技术企业的给予15万元奖励。"《某政府关于推进建筑业高质量发展的意见》:"对承建工程获'鲁班奖'的建筑总承包企业奖励100万元;对承建工程获'国家优质工程奖'的建筑总承包企业奖励30万元;对承建工程获'省级优质工程奖'的建筑业企业奖励10万元。"

[5] 如《市政府关于印发某市工业经济、开放型经济奖励实施办法的通知》:"该政策鼓励规模以上工业企业纳税规模上台阶。对当年入库税金首次达到1亿元、5000万元、3000万元和1000万元的企业,分别给予企业经营层一次性奖励100万元、50万元、30万元和20万元等。"如《市政府办公室印发关于促进某市区电子商务高质量发展若干政策的通知》,该政策内容包括培育专业电子商务服务企业,对年主营业务收入达500万元、800万元、1000万元的电子商务服务企业,分别给予5万元、10万元、15万元的奖励等。

述三类政策都涉及对特定企业或特定类型的企业进行奖补,这样会使受到奖补的经营者获得不正当的竞争优势,从而获得定价上的优势,增加未受到奖补企业的经营成本,有违公平竞争原则。另外,上述三类政策也存在差异化奖补的情形,此形式会加剧企业之间的竞争差距,可能造成优势企业竞争力量不断增强,进而使弱势企业被迫退出市场,扭曲市场竞争。

(2)地方政府奖补政策的市场误导性

虽然政府奖补能短时间内实现政府对特定产业附加的经济与社会目标,给企业带来积极的信号,但长时间下来,过度的政府奖补也会大大增加市场主体逆向选择的风险和寻租的行为。

由于政府大额奖补的存在,企业考虑更多的不是通过改善生产经营来降低生产成本从而达到利润增加的效果,而是会选择谋求一切机会最大限度地获取政府奖补。[1] 同时政府机关的政策导向可能会引发市场盲目跟风投资的现象,企业会盲目选择政府奖补力度大的项目,一定程度上削弱了企业的自主创新能力,长久以往也会造成产能过剩。另外,政府奖补的权限掌握在政府部门手中,与地方政府联系密切的企业会更容易获得地方政府的奖补,进而诱发寻租的行为。而研究表明,通过寻租行为获得政府奖补会扭曲整个社会资源的有效配置,降低市场竞争,损害整个社会的福利水平。[2]

(3)地方政府奖补政策的实质隐蔽性

政府以出台规范性文件的形式制定政府奖补政策,具有一定的隐蔽性。另外,针对特定市场主体的扶持政策在形式上具有合法性,并不被法律法规所禁止,并且在目的上具有正当性,能获得法律法规的合法性授权。但实质上,出于地方竞争考虑,地方政府出台财政奖补政策,多为正负面兼具的公权干预行为,[3] 政策实际对市场竞争的影响需要更深入地去判断。

最稳妥的方法是通过基于竞争效果的评估来判断政府奖补措施是否存在限制、扭曲市场竞争的实质可能,对该项措施促进经济发展的积极经济效应和损害竞争的消极经济效应进行综合分析。但妨害市场公平竞争的政府

---

〔1〕 参见刘伟:《财政补贴的竞争法审查及其改进——兼论〈公平竞争审查制度实施细则(暂行)〉》,载《财经理论与实践》2018年第5期。

〔2〕 参见余明桂、回雅甫、潘红波:《政治联系、寻租与地方政府财政补贴有效性》,载《经济研究》2010年第3期。

〔3〕 参见叶卫平:《财政补贴、产业促进与公平竞争审查》,载《交大法学》2021年第4期。

奖补行为尚未被法律明确禁止,形式上不具有违法性,且实质损害效果难以判断,奖补行为和损害结果之间的因果关系也不明显,因此其竞争损害性难以被充分认识和察觉。抑或是针对中小微企业的奖补政策,看似具有反竞争性,但实质上具有促进竞争的效果,奖补政策影响竞争效果的隐蔽性不言而喻,后文也将针对此问题尝试提供可行的解决路径。

(二)实践维度:政府职能存在冲突

1.市场机制与地方政府奖补政策干预的关系

在市场经济中,竞争机制起着决定性的作用,只有通过无数次竞争的过程才能筛选出能优化资源配置的赢家。[1] 由于地方政府奖补政策往往设定了相关的前提条件,参与者只有达成政策所规定的指标后,即达到政府的预期目标后,才会获得相应的奖补,这样看来,政府在短期内能推动地方经济的发展,但从长远的角度来看,地方政府出于地方竞争考虑而出台的财政奖补政策措施,发挥政府的主导作用,以通过奖补的形式代替市场竞争的自发作用,不仅欠缺生产经营成本、消费者偏好、技术创新这些在竞争过程中才能逐渐显示的决策信息,而且会导致受奖补主体对政府产生依赖性,并使竞争带来的创新激励机制荡然无存。[2] 但基于地方经济发展的考量,地方政府针对性的奖补政策不同于其他反竞争效果严重的政策措施,可能兼具促进产业发展和反竞争两方面的经济效果。毫无疑问,代表市场的竞争政策与代表政府的产业政策都是我国经济发展不可或缺的经济政策,如何协调两者至关重要。

2.竞争中立与地方政府奖补政策介入的矛盾

现阶段我国产业政策的制定现状是,政府产业部门还无法重点考虑产业政策与竞争政策的协调,无法完全避免制定和实施指向性或偏好性很强的产业规划,甚至可能无法完全避免按所有制性质、按规模大小和按地区等非市场化原则进行调控和影响。[3] 我国现阶段的政府补贴偏向性就比较严重,可以看出国有企业类的中大型企业类获得补贴的机会更多,2020年4068

---

〔1〕 参见王廷惠:《竞争与垄断:过程竞争理论视角的分析》,经济科学出版社2007年版,第45页。

〔2〕 参见刘桂清:《产业政策失效法律治理的优先路径——"产业政策内容法律化"路径的反思》,载《法商研究》2015年第2期。

〔3〕 参见孟雁北:《产业政策公平竞争审查论》,载《法学家》2018年第2期。

家上市公司获得政府补贴,占 A 股上市公司总数的 98.45%,数量和比例均达到空前水平,[1]长久以往会加剧市场主体之间的不平衡,破坏公平竞争环境。因此地方政府奖补政策在制定和实施的过程中应当尽可能遵循公平竞争原则,实现奖补政策的竞争中立,防止地方政府奖补政策对地方经济发展产生不必要的阻碍,避免扭曲市场资源配置功能的问题出现。但同时也需要把握竞争中立的适用范围,在考虑到我国特殊国情、产业政策现实、经济和法治发展阶段等因素下,理应排除关涉国家安全、掌握国家经济命脉的公共性(公益类)国有企业以及承担部分公益职能的竞争性(商业类)国有企业。[2]

综合上述,地方政府奖补政策能为经营者直接或间接带来经济利益,并作为政府解决市场失灵的一种常用手段,具有促进经济发展、加快产业升级等积极作用,但不合理的政府奖补同样会产生扭曲市场竞争、损害市场结构、抑制创新等消极影响。与此同时,地方政府也不能很好地把握竞争政策与地方政府奖补政策的关系,因此需要公平竞争审查制度对该类政策进行审查,其作为竞争政策的一部分,从"竞争影响合理性"这一维度规范政府行为,本质上是将反垄断法的原理运用于对政府干预行为的评价中,[3]使政府能充分考虑政策对市场竞争的影响,修改或废止影响市场竞争的政策措施。地方政府奖补政策作为选择性产业政策[4]的一种,强调以政府为主导,通过政府制定各种奖补措施对市场进行干预,一般认为其与竞争政策相冲突。[5]但两者并非绝对对立,不可调和,二者同为经济法的组成部分,最终价值都是为了整体社会的利益。因此通过运用公平竞争审查对地方政府奖

---

[1] 参见《A 股政府补助榜:力度空前,覆盖98%上市公司!冠亚军排名雷打不动,11 家公司靠补助连续三年扭亏》,载新浪财经网 2021 年 5 月 6 日,https://baijiahao.baidu.com/s?id=1698985773663592804&wfr=spider&for=pc;《A 股政府补助排行榜:政府补助榜冠亚军稳如泰山,中国中车首次跻身前三甲》,载雪球网 2021 年 5 月 6 日,https://xueqiu.com/8150711211/179056945。

[2] 参见孙晋:《公平竞争原则与政府规制变革》,载《中国法学》2021 年第 3 期。

[3] 参见黄勇、吴白丁、张占江:《竞争政策视野下公平竞争审查制度的实施》,载《价格理论与实践》2016 年第 4 期。

[4] 选择性产业政策是以"赶超理论"为基础,后发展中国家根据发达国家的经验教训确定优先发展的产业和制定产业发展的扶持政策,其政策功能是主动扶持战略产业和新兴产业,缩短产业结构的演进过程,以实现经济赶超目标。参见叶卫平:《产业政策对反垄断法实施的影响》,载《法商研究》2007 年第 4 期。

[5] 参见徐士英:《竞争政策研究——国际比较与中国选择》,法律出版社 2013 年版,第 21～22 页。

补政策进行协调,不仅为地方财政奖补政策的发展提供了空间,也为其规范性发展提供了有效的路径。于公平竞争审查制度而言,在地方政府奖补领域的适用丰富了其规则的多种可能性构建,为制度进一步完善提供了空间。但在对地方政府奖补政策进行公平竞争审查的过程中仍会出现一些系统性的问题,需要我们进一步审视。

三、地方政府奖补政策公平竞争审查之困境

对地方政府奖补政策进行公平竞争审查的目的是评估奖补政策对市场竞争的实质影响,甄别出具有排除、限制竞争效果的地方政府奖补政策,并予以禁止,保留促进市场竞争的奖补政策,进而协调政府与市场之间的关系,使竞争政策与产业政策同时良性发展。但目前对地方政府奖补政策进行审查的模式需要完善,自我审查的方式存在许多不足;另外,我国公平竞争审查标准虽比较具体,但实践中审查更多只进行合法性审查,缺乏一定的合理性审查,适用地方政府奖补政策的具体标准还需更加细化。地方政府奖补政策作为产业政策的一种,对其进行审查需处理好产业政策与竞争政策之间的平衡,但由于政府缺乏竞争基因,且缺少奖补政策的替代工具,两者间产生的问题冲突也有待解决。

(一)自我审查模式存在不足:奖补政策审查流于形式

我国现阶段公平竞争审查制度选用的是政策制定机关自我审查的模式,即"谁制定,谁审查",该原则的政策考量是因为政策制定机关对经济政策的背景、目的、措施更为了解,对地方产业的现状和发展趋势有更准确的判断。另外,我国经济政策使用广泛,政策文件数量众多,自我审查的模式有利于节约审查成本,提高审查效率。但自我审查模式在实践中也暴露出许多难以靠自身机制优化的问题,使制度实施大打折扣,具体到地方政府奖补政策的审查有如下不足。

第一,审查主体动力不足。首先,由于政策制定机关自己审查自己,缺乏足够的动力进行审查,自我纠错的效果微乎其微。[1] 其次,实践中对地方政府奖补政策进行公平竞争审查时,往往一定程度上会受到地方保护主义的干扰。地方政策制定机关的公平竞争意识不浓厚,对"竞争中立""公平竞

---

[1] 参见焦海涛:《公平竞争审查制度的实施激励》,载《河北法学》2019 年第 10 期。

争"等理念不够重视,[1]其更加愿意制定立足本地企业的奖补政策,很难要求他们站在建立全国统一大市场的角度进行思考,加之政策制定机关为了保护和促进本地经济的发展、追求自身政绩等自利因素,[2]导致地方政府习惯运用"有形之手"制定地方政府奖补政策来干预市场正常运行,进而扭曲市场公平竞争。

第二,审查主体分散。自我审查模式导致"全国各地各级审查主体众多且分散",[3]并且各地经济条件和执法资源参差不齐,加之奖补政策审查具有一定的难度,导致各地公平竞争审查所适用的审查标准不能统一理解,适用方面存在分歧。[4]另外,缺乏有效的考核机制以及不同地区政策制定机关竞争意识的差异、自我审查的分散也会导致不同地区审查主体积极性的差异,尤其是经济欠发达的地区,在地方政府奖补政策加快地方经济发展的认识下,不对奖补政策进行审查或者是消极审查。

第三,审查主体能力不够。根据上述分析,地方政府奖补政策不仅类型和手段形式多样,而且多为正负面兼具的公权干预行为,进而要求审查者不仅仅只能对奖补政策简单地按照审查标准进行合法性审查,更重要的工作应放在合理性审查上,去识别奖补政策的实质竞争影响,从而判断该政策是否具有排除、限制竞争的效果。就笔者参加公平竞争审查第三方评估的经验来说,部分审查机关审查方式单一,仅以合法性审查来代替公平竞争审查,使公平竞争审查偏离了正常的轨道。另外,审查机关在审查过程中需要复合型性的专业知识进行支撑,这些都对地方机关审查人员的专业知识和审查能力提出了较高的要求。[5]

(二)审查标准缺少实质性:奖补政策审查大打折扣

审查标准是判断政府奖补政策是否违反公平竞争的重要依据,也是公平竞争审查工作的中心环节。《建立公平竞争审查制度的意见》《公平竞

---

[1] 参见焦海涛:《公平竞争审查制度的实施激励》,载《河北法学》2019年第10期。

[2] 参见李俊峰:《公平竞争自我审查的困局及其破解》,载《华东政法大学学报》2017年第1期。

[3] 殷继国:《我国公平竞争审查模式的反思及其重构》,载《政治与法律》2020年第7期。

[4] 参见向立力:《中国公平竞争审查制度的理论梳理、制度基础与机制完善》,载《法治研究》2017年第3期。

[5] 参见刘继峰:《论公平竞争审查制度中的问题与解决》,载《价格理论与实践》2016年第11期。

审查实施细则》将审查标准规定为 4 大类、18 小项，即列出了一个负面清单，对政府行为作出了详细的禁止性规定，具有较强的可操作性。[1] 地方政府奖补作为一种直接或间接获得经济利益的政府干预行为，从对市场经济活动的作用来看，根本上是影响了竞争主体的生产经营成本，其表现出来的效果除了生产成本的影响，还可能反映为市场准入和退出问题，以及商品和要素流通问题，比如以设置门槛方能获取奖补的方式，使部分经营者不能获取奖补从而退出市场；通过设置专项商品的奖补限制商品的流动，为特定的企业提供竞争优势。另外，一些奖补方式以调整价格为目标，也可以适用第 4 项标准进行判断。总的来说，地方政府奖补政策的竞争影响分析涵盖在《建立公平竞争审查制度的意见》的审查体系当中。

但依照上述标准对地方政府奖补政策进行公平竞争审查仍然有模糊之处。首先，《建立公平竞争审查制度的意见》和《公平竞争审查实施细则》在影响经营者成本条款中多次提到"特定经营者"，在没有上位法依据的情况下，对特定化的经营者进行奖补属于违反公平竞争审查的情形，但其皆未对"特定经营者"作出明确的解释，导致各地在认定过程中出现模糊适用的情况，既可以作出狭义的理解即单一经营者，也可以作出广义的理解即某一类经营者，比如，在本地注册企业、龙头企业、中国各类企业 500 强等。或是在解释"特定经营者"时认为政策所指向的企业是全国范围内的企业，就认为不属于针对"特定经营者"进行政策奖补，但并未考虑最后获得奖补的那一类企业是否属于"特定经营者"。实践中，各地判断的标准尺度不一，导致有的地方政府奖补政策公平竞争审查工作无法有效落实。其次，如何判断地方政府奖补设置的准入门槛是否合理，奖补政策的影响是否会使相关市场中的市场数量增加或减少，或是否会导致有关市场主体丧失竞争优势，退出市场。如何判断特定化、差异化的奖补是否会导致经营者竞争能力增强或者削弱，影响市场的公平竞争。在面对损害竞争但有利于其他公共利益的情况下，如何适用例外规定进行利益权衡。这些都是公平竞争审查标准需要细化的地方。

实践中由于地方政府奖补政策能调整地方产业结构，促进地方经济增

---

[1] 参见王健：《我国公平竞争审查制度的特点及优化建议》，载《竞争法律与政策评论》2016 年第 00 期。

长,政策审查部门在审查有关政府奖补的政策文件时,即使该政策对特定企业给予了优惠,政策制定机关仍然不会认为该政策违反了公平竞争审查,而只是对其合法性进行判断,进而作出通过公平竞争审查的认定。[1] 另外,公平竞争审查制度例外规定的范围广泛,而且定义笼统,在社会公共利益部分加入"等"一字似乎使其成为开放式的规定,"法律、行政法规规定的其他情形"则更具开放性,这会允许涉及政府奖补的政策文件免于审查,从而削弱公平竞争审查制度的效力。

因此面对这些情形时,只有通过进行有效的竞争影响评估才能暴露出地方政府奖补政策潜在的排除、限制竞争效果。为了能够更好地运用公平竞争审查制度对地方财政奖补政策进行全面的清理与完善,应当对审查标准进行相应的细化与完善,并在原有审查基础上加强合理性的竞争效果分析。

(三)地方政府缺乏竞争基因:奖补政策审查推动缓慢

中央对地方政府的考核往往以 GDP 为指标,重视短期内的经济增长,而对长期经济效应未能充分考量,从而加剧了有的地方政府发展以经济发展指标为出发点,以产业政策为发展手段,在一定程度上违背了市场公平竞争的过程。[2] 究其原因是有的地方政府对市场竞争优化资源配置的作用重视不够,对经济效益的重视程度高于公平竞争审查工作。映射到地方政府奖补政策上,缺乏公平竞争基因表现为地方政府基于对奖补政策产生经济增长效应的需求,难以放弃制定奖补政策,加之缺少竞争性的替代工具,进而直接以单一的合法性审查或者绕过审查的方式出台违反公平竞争审查标准的奖补政策,导致奖补政策与竞争政策存在冲突,公平竞争审查工作难以开展。

但并不是所有地方政府奖补政策都无法通过公平竞争审查,而且在国家大力提倡竞争政策基础性地位的背景下,公平竞争审查也并不意味着排除、压制地方政府奖补政策的实施。对于初创和成长期的新兴产业,其生产模式和产业技术并不确定,需要通过企业间频繁的试错性研发和产品竞争,

---

[1] 参见金竹:《地方财政部门公平竞争审查实务问题探讨》,载《北京社会科学》2020 年第 2 期。

[2] 参见孙晋:《规制变革理论视阈下公平竞争审查制度法治化进阶》,载《清华法学》2022 年第 4 期。

才能最终由市场决定出该行业的优胜者,如果通过实施竞争兼容型的奖补政策,[1]提高奖补的竞争兼容性,通过更广更均匀的奖补覆盖,弥补企业进入新兴产业需要付出的试错风险,就会诱导更多潜在企业进入行业从而促进竞争和创新。另外,实施适度型的奖补,即针对竞争程度不足的行业实施适中强度的奖补政策,可以在一定程度上通过竞争激励效应对冲奖补对创新的消极影响,从而达到理想的政策效果,但如果奖补强度过大,市场的资源配置作用将会逐渐减弱,企业转向通过获得政府奖补的形式谋求发展,从而出现产能过剩的情况。

因此,政府应更需具有公平竞争的意识,通过有效发挥公平竞争审查的作用来过滤掉排除、限制竞争的奖补政策,并制定更具有竞争性的地方奖补政策,进而解决政策上的矛盾。但目前地方落实公平竞争审查工作的重视程度不够、审查质量不高,导致公平竞争审查制度不能体现现代市场体系对公平竞争的内在要求。如何让政府植入公平竞争基因,与市场发挥各自的作用,更好地维护社会公共利益,减少公平竞争审查和地方政府奖补政策之间的冲突是一项亟须解决的问题。

四、地方政府奖补政策公平竞争审查之出路

如前所述,目前有的地方公平竞争审查制度的实施欠缺规范,有的地方政府奖补政策审查存在审查模式、审查标准与政策协调等方面的问题,为优化地方政府奖补政策公平竞争审查制度,首先应当以规范模式为导向,完善自我审查模式。其次针对地方政府奖补政策的特点,结合实际情况,运用竞争审查工具,提出实质性的奖补审查标准和审查方法。最后,助力政府提高公平竞争审查的刚性,以此推动地方政府优化奖补政策,解决政策冲突问题,从而完善我国地方政府奖补政策公平竞争审查工作。

(一)完善自我审查模式,提高奖补政策审查质量

鉴于上述对我国地方政府奖补政策公平竞争审查模式的分析,第一,需要解决地方政策制定机关审查动力不足的问题。虽然地方政府奖补政策公

---

[1] 竞争兼容型补贴是指在行业补贴总额不变的情况下,补贴政策可以通过降低单个企业补贴量、允许更多企业获得补贴从而激励潜在进入者进入市场,实现提高行业竞争和企业研发水平的效果。参见黄先海、宋学印、诸竹君:《中国产业政策的最优实施空间界定——补贴效应、竞争兼容与过剩破解》,载《中国工业经济》2015年第4期。

平竞争审查能够通过创造公平的市场竞争环境给经营者带来长远的发展，但有的地方政府容易因此牺牲因地方保护而获得的短期好处，本地公共财政、人口就业等地方公共利益会给当地政府带来不少压力。地方经济发展中 GDP 在现行考核中地位颇高，公平竞争审查工作带来的未来收益并不能纳入经济指标中，使因积极开展公平竞争审查工作而获得的经济增长远不能媲美没有积极开展公平竞争审查工作而获得的财政收入。[1] 因此，当某种行为不能得到正向反馈时，行为主体就容易消极对待。为此，应在《公平竞争审查实施细则》第 29 条的要求下，[2] 建立更加完善的考核机制，在对政策制定机关的绩效考核中增设公平竞争审查制度实施效果的有关指标，[3] 以应对审查动力的不足。为提高政策制定机关开展地方政府奖补政策审查的主动性和积极性，考核机制应包含两方面的内容。首先，设立具体的正向激励性指标，我国可以针对政策制定机关建立灵活的内部激励机制，通过由国务院设立公平竞争审查的专项奖励办法，对完成公平竞争审查任务的地方政府予以财政激励，[4] 以确保地方政府主动对包括涉及地方政府奖补在内的政策文件进行实质性的审查。其次，设立细化的惩罚性指标，形成约束与问责机制，对违反《公平竞争审查实施细则》的规定出台政策措施或者不及时纠正相关政策措施的政策制定机关及主要负责人，给予严格惩罚并依法公开。[5]

第二，解决审查主体的分散问题。分散式的公平竞争审查模式可能导致各地审查标准和审查质量不统一，不利于全国统一市场的建立，同时，地方之间的竞争也造成了不同地区间审查积极性的差异，而在此过程中地方政府比较容易出现"逐底竞争"的现象，[6] 比如地方政府通过奖补的形式投

---

[1] 参见丁茂中：《公平竞争审查的激励机制研究》，载《法学杂志》2018 年第 6 期。
[2] 《公平竞争审查实施细则》第 29 条规定："县级以上地方各级人民政府建立健全公平竞争审查考核制度，对落实公平竞争审查制度成效显著的单位予以表扬激励，对工作推进不力的进行督促整改，对工作中出现问题并造成不良后果的依法依规严肃处理。"
[3] 参见郑和园：《公平竞争审查制度中自我审查的理论逻辑及实践路径》，载《价格理论与实践》2017 年第 12 期。
[4] 大致可以从公平竞争审查激励机制的资金期限与规模、资金支付条件与调整规则以及评估机构和评估标准 3 个方面予以建设。
[5] 参见朱静洁：《我国行政性垄断的公平竞争审查规制研究》，载《价格理论与实践》2017 年第 6 期。
[6] 参见丁茂中：《公平竞争审查的激励机制研究》，载《法学杂志》2018 年第 6 期。转引自李江：《财政分权、地方政府竞争和区域经济增长》，载《财经问题研究》2012 年第 2 期。

入基础建设和大型经济项目,这样的确能推动地方经济增长,地方政府为留住这些经济资源会变相消极对待或者放宽公平竞争审查的实施,但这种支出竞争仅会给地方经济带来较小的乘数效应却会伴随地方保护主义,这不仅不利于地区之间的协调发展,而且会扩大地方政府竞争的消极影响。为从根本上改变这种格局使之走向"逐顶竞争",除了上述建议的奖惩并行措施,还要积极倡导公平竞争的理念,在审查过程中大力推广竞争文化,让地方政府和审查部门还有其他市场活动参与者认识、认同、认可市场机制和公平竞争在经济发展中的核心作用,通过及时公开执法决定、发布相关出版物、市场调研等方式,多维度地建立起一个重视竞争、宣传竞争的文化氛围。[1] 另外,建议建立一个有助于协调、互动的全国公平竞争审查交流平台,在该平台上建立政府审查经验分享、重要信息披露等机制,同时增加公众投诉、举报以及听证等参与途径,拓宽公众参与政府决策的渠道,这将有助于地方公平竞争审查制度的统一实施,有助于公平地对各地地方政府奖补政策进行审查,并能协调各地的经济政策,增强地区经济发展的互补性。

第三,可以通过强化引入第三方评估机制的方式解决审查主体能力不足的问题,根据《建立公平竞争审查制度的意见》、《公平竞争审查实施细则》以及《公平竞争审查第三方评估实施指南》的规定可知,在全国范围内推广第三方机构进行公平竞争审查是制度优化和改革的关键且必然之举。面对地方政府奖补政策审查工作的复杂性与技术性,通过第三方评估机构的引入,一方面,其具有较强的审查能力和审查经验,通过利用问卷调查、指标评估、数据收集分析等评估方法对政策进行定性和定量分析,并能在审查的过程中保持客观性、独立性和公开性,这将显著弥补政策制定机关自我审查能力不足的缺陷。[2] 另一方面,第三方评估具有互补性、矫正性和再审查性,是对自我审查内部监督机制的有效补充,在完善政策制定机关自我审查的同时,也有助于其自身专业能力的增强。与此同时,第三方评估是衡量包括地方政府奖补政策在内的各级政府产业政策竞争中立性的重要工具,是打造国家、市场、社会"三位一体"尊重竞争、倡导竞争、推动竞争氛围的重要

---

[1] 参见[德]鲁兹·克里斯汀·邬枫:《竞争倡导与竞争文化》,徐颖蕾译,载《中德法学论坛》2017 年第 1 期。

[2] 参见徐则林:《论第三方评估在公平竞争审查制度中的引入》,载《广西政法管理干部学院学报》2017 年第 6 期。

力量。[1]

(二)运用竞争效果分析,确立实质性奖补政策审查标准和方法

地方政府奖补政策公平竞争审查的难点在于实现整体利益与局部利益的平衡,OECD发布的《竞争、国家援助和补贴报告》也提出:平衡国家援助措施的正面和负面效应的最大困难是,平衡分析不确定性极大,需要具备前瞻性的视角。[2] 根据上述分析,我国地方政府奖补政策公平竞争审查标准的问题在于难以对"特定经营者"进行统一的认定并发现隐蔽于地方财政奖补政策实质内容当中的对市场主体的不公平待遇,不能有效实现对地方政府奖补政策正面效应和负面效应的平衡,缺少对地方政府奖补政策实质内容的竞争效果分析。基于我国公平竞争审查实践情况,笔者以竞争为出发点,以合理审查的理念提出如下建议完善地方政府奖补政策公平竞争审查的标准和方法。

1. 表面审查

地方政府奖补政策的种类繁杂且在审查的过程中需具备一定的专业水平,如果对所有的地方政府奖补政策都进行全面、细致的竞争效果评估可能会导致审查效率低下。因此先对地方政府奖补政策进行初步分析,如果表面上就能发现被审查的奖补政策明显具有排除、限制竞争的效果,那么该政策就应被认为无法通过公平竞争审查,直接不予出台或进行调整后出台,但如果一项奖补政策促进地方经济增长的效果同样十分明显,无法直接判断该政策的竞争效果,那就需要对其进行较为深入、全面的竞争效果评估。

针对地方政府奖补政策的特点,审查部门应该从奖补中性化程度和去地方化程度两方面进行基础评估,地方政府奖补政策的中性化程度主要考虑政策制定是否具有一定的指向性,主要标准为:(1)企业性质的要求,即奖补政策是否对实施对象有不同性质的要求,比如奖补主体需是国有企业、民营企业或上市公司等企业性质的规定。(2)企业规模的要求,即奖补政策是否对企业的大小规模、营业利润或是经营商品种类有规定,如要求企业为独角兽企业、净利润达到一定指标等。(3)企业地域的要求,即对申请奖补的

---

[1] 参见孙晋、阿力木江·阿布都克尤木:《公平竞争审查引入第三方评估的重要性及其实现》,载《江海学刊》2020年第2期。

[2] OECD, *Competition, State Aids and Subsidies: Key findings, Summary and Notes*, OECD Publishing, 2011, p.11.

企业有特定地域的限制,比如只对本地注册的企业进行奖补。对于上述3项标准如果奖补政策有相应的规定,则说明奖补政策有影响竞争中性的因素存在,站在建设全国统一大市场的角度,上述接受奖补的这类企业相对于未接受奖补的企业会获得不正当的竞争优势,因此应判定为"消极",如没有则判定为"积极"。地方政府奖补政策的去地方化程度主要从与中央政策的契合度来进行判断。如果奖补政策是依据法律、行政法规或是国务院规定制定,则说明地方政府奖补政策具有上位法的依据,与中央相关政策规定相契合,应判定为"积极"。如果地方政府奖补政策与中央政策没有一定的契合度或没有相关的上位政策与之匹配,则应判定为"消极"。

如果在奖补中性化程度和去地方化程度两项评估中同时出现"消极"的认定,则说明该奖补政策存在特定性,即该政策针对的是"特定经营者",可能会出现扭曲竞争的影响,大多数审查到这一步,即可判定该奖补政策是否违反公平竞争审查。但当被审查的奖补政策同样具有明显的正向经济效应,不能通过表面审查进行判断时,公平竞争审查制度作为《反垄断法》的特殊制度,在进行审查的过程中也要保有《反垄断法》的立法精神,即在审查的过程要确定政策文件是否实质排除、限制了竞争,而不是形式上有可能损害竞争就予以禁止。因此从竞争分析的角度来看,应进一步对上述政策进行"实质上"的竞争效果评估,来确定该政策是否通过公平竞争审查。[1]

2. 效果评估

效果评估要求对政策内容进行实质性的全面分析,评估者应该采用特定的经济分析工具、模型和数据来支持最后的结论。地方政府奖补政策的本质是影响了竞争主体的生产经营成本,所以在竞争效果分析中,可以通过市场经济中同质的指标进行展示。PSCP 范式[2],是将公共政策作为内生变量引入 SCP 范式[3]中,是对新产业组织理论的进一步演化与更新。首

---

[1] 如果补贴政策具有上位法的依据,说明该政策是针对全国统一大市场环境制定地方政府补贴,则可以直接通过公平竞争审查。另外,补贴中性化指标中,若3项中的任何一项被判定为"消极"则说明该项政策存在非中性化的因素,可能产生排除、限制竞争的影响。因此,如果两项评估中同时出现"消极"的认定,则应进行深入评估环节。

[2] PSCP 范式,即"公共政策"(policy)——"市场结构"(structure)——"市场行为"(conduct)——"市场绩效"(performance)范式。

[3] SCP 范式是一个互动的循环过程,形成一种双向的因果关系,3项变量之间互相作用、相互影响。参见[美]F. M. 谢勒:《产业结构、战略与公共政策》,张东辉等译,经济科学出版社2010年版,第2~4页。

先,市场结构是企业市场关系的表现形式,反映企业之间、企业与消费者之间基本的商品交易地位和关系。决定市场结构的主要因素有市场集中度、产品的差别化、市场进入退出壁垒等。其次,市场行为是企业为抢占市场资源、获取利润而采取竞争行为或垄断行为,通过价格行为、非价格行为和组织调整行为在市场中进行竞争。再次,市场绩效是以市场结构为基础,由企业市场行为形成的资源配置和利益分配状态,它通常由利润率的大小和分布、技术进步和生产效率、管理价格和价格弹性等来加以说明。[1] 最后,将地方政府奖补政策作为一种公共政策纳入 PSCP 的分析框架中,[2]通过 4 项因素的联动模型进行分析,判断在地方政府奖补政策的作用下:是否可能促进规模企业走向更为集中的分布,还是会培育更多的新兴产业和中小型企业(市场结构);是否会直接或间接提高或降低市场价格,或是提高科技发展水平还是阻碍技术的进步(市场行为);是否会对生产率、竞争力、消费者利益等产生积极或消极的影响(市场绩效)。通过 4 个因素的相互作用模式(见图 2),分析竞争效果,判断地方政府奖补政策对市场的竞争影响,同时可以量化比较该影响可能带来的实质性利弊,进而对其作出相应的纠正。

如果奖补政策具有排除限制竞争的效果但制定目的是出于公益性质,比如涉及社会公平、保护环境或是保护弱势企业的发展等目的,则需要通过例外规定对政策进行豁免。由于公共利益参与竞争效果分析时存在异质利益之间的衡量,公共利益不能很好地转化为经济效率进行比较,可以通过比例原则的运用对地方政府奖补政策进行公平竞争审查。首先,审查机关应综合分析奖补目的是否与社会现阶段的现实需求和社会整体的公共利益相匹配,以此来判断奖补目的是否具有正当性与公益性。其次,要遵循相当性原则,如果政策在保障公益目的的同时,不存在限制竞争的效果,那么该政策当然能通过公平竞争审查,但当奖补政策不可避免地发生对全国统一市场建设和市场公平竞争的损害时,则需要衡量该政策带来的公益收益与竞

---

[1] 参见钟瑛嫦:《地方财政补贴公平竞争审查研究》,武汉大学 2017 年博士学位论文,第 64 页。

[2] 公共政策和反馈效果的纳入能使该框架进一步关联。See Deepti Sahool & Pulak Mishra, *Structure, Conduct and Performance of Indian Banking Sector*, Review of Economic Perspective, Vol. 12:4, p. 235 – 264 (2021).

```
                    ┌─────────────────────────────┐
                    │         基本环境              │
                    │  需求：         供给：         │
                    │  可替代性       供给的交叉弹性  │
                    │  需求的交叉弹性  供给的价格弹性  │
                    │  需求的价格弹性  工艺技术状态    │
                    │  增长率         原材料         │
                    └─────────────────────────────┘
```

┌──────────┐   ┌──────────┐   ┌──────────┐
│ 市场结构： │ ───> │ 市场行为： │ ───> │ 市场绩效： │
│ 集中度   │   │ 价格与质量 │   │ 资源配置效率│
│ 产品差别 │   │ 竞争   │   │ 技术进步   │
│ 进入壁垒 │   │ 广告和销售 │   │ 技术组织效率│
│ 成本（费用）│   │ 研究和开发 │   │ 资源利用效率│
│   │   │ 创新   │   │   │
└──────────┘   └──────────┘   └──────────┘

┌───┐
│ 公共政策（地方政府奖补政策）   │
│ 竞争政策（公平竞争审查制度）   │
└───┘

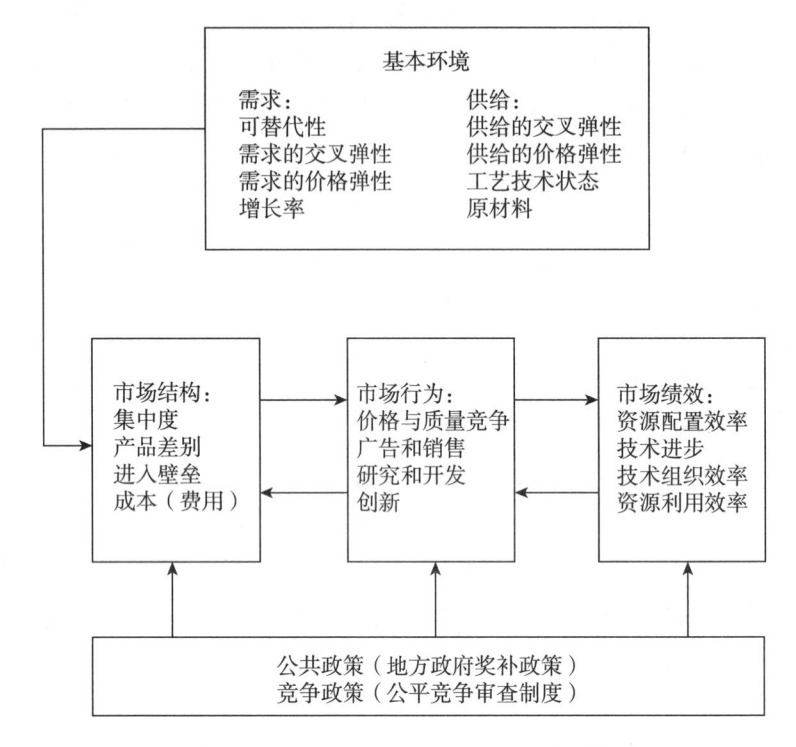

图 2　PSCP 范式模型

争损害之间的大小,判断两者是否成比例。此时可以借鉴"成本与收益分析"[1]以及"平衡测试"[2]。如果地方政府奖补政策所带来的公益积极效应能弥补其扭曲竞争带来的消极损失,那么就能通过相当性审查。在此过程中应强调定量分析与定性分析的综合运用,[3]尽量将奖补政策的正负效应予以量化,但由于公共利益存在难以量化的情形,也许更多地需要通过定性

---

〔1〕　澳大利亚《国家竞争政策立法审查指南》在竞争审查中规定:立法不应当限制竞争,除非该限制竞争对整个社会带来的整体利益超过成本,且限制竞争是实现立法目的的唯一方式。NCP, *Guidelines for NCP Legislation Reviews*, The Centre for International Economics, 1999, p. 9.

〔2〕　欧盟国家援助控制制度中的"平衡测试"是指在评估一项援助措施是否与欧盟共同市场相一致时,欧盟委员会对其带来的正面影响(实现共同利益目标)与它可能导致的负面影响(扭曲竞争)加以权衡。[意]马月·克劳迪奥·科拉迪:《欧洲国家援助法发展历程》,载[美]威廉·科瓦西奇、[英]林至人、[英]德里克·莫里斯编著:《以竞争促增长:国际视角》,中信出版集团股份有限公司2017年版,第115页。

〔3〕　参见黄军:《比例原则在公平竞争审查例外制度运行中的适用》,载《财经法学》2021年第1期。

的分析予以判断。[1] 最后,在兼顾两种重要利益下,实现手段必须是一种最佳的选择,即在重视结果质量和更好规则的情况下,选择衡量后损害最小的方案。

此外,对于小微企业的小额奖补应进行豁免。国际上严格禁止政府补贴的欧盟也设置了3年不超过20万欧元的小额补贴豁免制度。[2] 对小微企业进行小额奖补对促进其发展有着重大意义,且对市场竞争的影响极小。小微企业主要集中于零散产业和未来产业中,和大型企业在经营管理模式、技术支持等方面差距较大,导致其在市场竞争中处于下风,但面对小微企业所提供的高就业率以及抗击打能力,我国应当对小微企业设置针对性的小额奖补政策。对于小微企业的奖补可以根据行业的具体情况,以奖补时长与奖补额度为标准作出上限性的豁免规定。

综上所述,对地方政府奖补政策公平竞争审查的方法和标准可以通过表面审查与效果评估的方式逐步推进,但效果评估的环节涉及复杂的经济分析,且方法过于灵活,地方政府可以在自身完成表面审查的基础上,咨询上级机关或委托第三方评估单位进行更为实质的效果评估环节,以此来达到清理具有排除、限制竞争效果的奖补政策的目的。

(三)植入公平竞争基因,优化奖补政策工具

从前,公平竞争审查制度主要局限于法律效力位阶较低,公平竞争审查制度是国务院发布的规范性文件,属于"软法",在地方政府力求经济增长的压力下往往"力不从心"。2022年《反垄断法》将"竞争政策基础地位"和"公平竞争审查制度"纳入其中,由此公平竞争审查制度上升到法律层面,大大增强了其制度刚性和强制力。[3] 通过此契机需要让地方政府认识到,公平竞争原则以及公平竞争审查制度的重要性,以及偏好性的奖补政策在一定程度上虽然能加速企业与本地的经济发展,但同时也容易加大企业之间的规模差距,造成"马太效应"。这种违反公平竞争审查的奖补政策缺少普惠性,很多时候可能并不能达到奖补政策的预期效果,同样也不符合政府规制

---

[1] 参见李乐:《发达国家的"监管影响评价"及其评析》,载《理论探索》2019年第5期。

[2] See Commission Regulation (EU) No 1407/2013 on the Application of Articles 107 and 108 of the Treaty on the Functioning of the European Unionto de minimis Aid, OJ L 352/1, December 24, 2013, Article 3.

[3] 参见孙晋:《规制变革理论视阈下公平竞争审查制度法治化进阶》,载《清华法学》2022年第4期。

的初衷。

政府规制应尊重市场竞争机制和维护市场竞争秩序,通过革新转向竞争友好型规制,最大限度弥除产业政策与竞争政策的冲突,针对市场竞争所不能,助力公平竞争。由此在强调通过公平竞争审查清理排除限制竞争的奖补政策的同时,同样需要找到优化奖补政策的工具,为此可以通过制定普惠性的奖补政策,以搭建科研平台、产业孵化园区等方式,对具体行业的所有企业提供技术、资金、服务等方面的普遍性支持,[1]从而避免特定单一企业或某一类企业获得不正当竞争优势的情形,能在一定程度上减少因政府奖补而给企业造成的不公平待遇,相对有效地确保它们在相关市场上的公平竞争。

在此经验上,地方政府可以参考以政府投资基金的形式来替代具有排除限制竞争效果的地方政府奖补政策。政府投资基金与地方政府奖补政策在政策目标上具有一定的相似性,[2]但与地方政府奖补政策相比,政府投资基金能在一定程度上弱化地方政府的偏好,在特定行业和领域中更易实现普惠性,是更具市场化的政策工具。因此,当奖励补贴政策违反公平竞争审查标准时,制定类似政府投资引导基金等市场化的方法,不失为地方政府推动地方经济建设的一种工具和方法。最后,可以考虑由国务院作为出台奖补政策的主要主体,制定面向全国并且相对统一的奖补规定,通过更加普适性的奖补政策来刺激全国各地区的经济发展,符合竞争中立的原则。

五、结语

地方政府奖补政策兼有正外部性和负外部性双重属性,适度的地方政府奖补政策可以实现政策的预期目标,但不当的奖补政策不仅无法弥补市场配置资源的缺陷,还会导致排除、限制市场竞争的结果。因此,需进一步完善落实对地方政府奖补政策的公平竞争审查。实践中,地方政府奖补政策公平竞争审查仍然存在审查流于形式、审查缺乏实质性、审查推动缓慢等

---

[1] 参见丁茂中:《竞争中立政策视野下的政府补贴中立研究》,载《中国矿业大学学报(社会科学版)》2015年第5期。

[2] 财政部印发的《政府投资基金暂行管理办法》第2条指出:"本办法所称政府投资基金,是指由各级政府通过预算安排,以单独出资或与社会资本共同出资设立,采用股权投资等市场化方式,引导社会各类资本投资经济社会发展的重点领域和薄弱环节,支持相关产业和领域发展的资金。"

困境,亟待提供具有可行性的优化路径。

公平竞争审查制度作为我国强化竞争政策基础地位的重要工具,尚处于起步阶段,面对长期以来形成的体量和惯性巨大的地方财政奖补政策,制度本身仍然存在许多亟待完善的地方。通过公平竞争审查制度不断完善,推动该制度在地方奖补领域的有效适用,能够极大地提高地方财政奖补政策的公平性、民主性和效率性,从而推动实现地方财政奖补政策法治化,发挥好地方财政奖补政策在社会管理、经济发展、民生改善等方面的积极作用。

政府采购领域公平竞争审查制度的适用

政府采购制度的初衷，本在于强调政府出于公共需要作为消费者参与市场交易从中取得商品或者服务，节约财政资金，维护市场公平竞争。然而，现代社会政府采购数量急剧增长，政府成为市场中最大的消费者，政府采购领域成为供应商之间展开竞争的场所。由于缺乏和《政府采购法》相适应的完善政策环境，法律的可操作性较差，对政府采购行为约束力不强以及监督机制不健全，政府权力寻租便有了得以滋生的土壤。随之而来的，是政府采购实践中存在的排除、限制供应商参与竞争或公平参与竞争的限制竞争行为。只有在公平的竞争环境中才能保证政府采购人将合同授予最具有竞争力的供应商或者中小企业供应商，从而达到公共利益的最大化。[1] 政府采购制度的有效实施亟待建设公平有序的市场竞争环境。

2016年6月1日，国务院出台《建立公平竞争审查制度的意见》并开始实施，这标志着我国公平竞争审查制度正式建立。《建立公平竞争审查制度的意见》明确提出，政策制定机关在政府采购领域的规章、规范性文件和其他政策措施，应当进行公平竞争审查。[2] 2021年6月29日，国家市场监管总局等五部门发布《公平竞争审查实施细则》，2022年修改的《反垄断法》新增第5条公平竞争审查制度，2024年5月11日国务院通过《公平竞争审查条例》，推动公平竞争审查制度不断健全完善。公平竞争审查制度能够规范政府采购中政府的行为，使政府对政府采购领域竞争的限制降到最低。

---

[1] 参见任超：《论我国政府采购竞争规则的完善》，载《商场现代化》2008年第28期。

[2] 《建立公平竞争审查制度的意见》指出："行政机关和法律、法规授权的具有管理公共事务职能的组织（以下统称政策制定机关）制定市场准入、产业发展、招商引资、招标投标、政府采购、经营行为规范、资质标准等涉及市场主体经济活动的规章、规范性文件和其他政策措施，应当进行公平竞争审查。"

一、我国政府采购领域政府限制竞争行为分析

(一)政府采购中的政府限制竞争行为

政府采购中的政府限制竞争行为,主要有两个表现:一是在同等条件下不愿意或者不积极采购中小企业的产品和服务,二是在政府采购过程中存在的行政性垄断行为。其中,第二种行为即行政性垄断行为,是市场经营者依赖或借用行政机关或公共组织滥用行政权力,限制市场竞争的行为。[1] 行政性垄断行为对市场竞争的危害最为明显,本部分主要针对该行为展开。在我国政府采购实践中,常见的行政性垄断行为主要有以下几类:

第一,地区封锁。此种行为一般表现为一些地方政府出于地方保护或者是自身利益的偏狭考量,利用行政权力直接排除、限制外地供应商参与到本地政府采购中,无论是限制本地供应商参与外地政府采购活动,还是在非招标性政府采购环节中直接指定供应商。

第二,区别对待供应商。为鼓励公平竞争,《政府采购法》规定,对供应商的审查,限于供应商履行法定义务如依法缴纳税金和社会保障资金、履行采购合同所必需的条件等情形,不能借审查之名行排挤供应商之实。[2] 而实践中,采购人往往除了审查以上两个方面还会综合考量供应商的财力、行业身份、地域等情况,进而发布含有不合理条件或要求的资格预审文件,使一部分潜在供应商不能公平地参与到政府采购招投标中。

第三,指定交易对象。实践中,一些地方政府在供应商中标后,要求中标者与其指定的经营者进行交易,例如强制中标供应商必须购买其指定经营者的某类商品或服务,为中标供应商指定原材料及其他商品或服务的生产厂家、销售厂家等。该类行为虽然没有直接破坏本政府采购市场的竞争秩序,但对政府采购市场的上游或是下游市场的竞争秩序造成了极大的破坏,限制了其他经营者在相关市场公平参与竞争的权利。

第四,信息壁垒。该行为主要是指采购人在招投标信息发布时,设置各种障碍,使政府机关"理想"的供应商顺利中标。[3] 如故意延迟发布招投标

---

[1] 参见孙晋:《现代经济法学》,武汉大学出版社 2014 年版,第 164 页。
[2] 参见吉淑英:《政府采购中损害公平竞争行为的认定》,载《华北工学院学报(社科版)》2003 年第 4 期。
[3] 参见杨仕兵:《政府采购中行政垄断的规制》,载《甘肃政法学院学报》2005 年第 4 期。

信息或以不易获取的方式发布信息，使其他供应商不能按时提交初审文件参加招投标。在采取非招投标形式进行的政府采购中，一些地方政府则不发布政府采购信息而只通知采购方已确定的供应商，从而直接排除其他供应商参与政府采购竞争的权利。

（二）政府采购中政府限制竞争行为的负效应

首先，使政府采购市场难以健康发展。政府采购制度在我国运行时间较短，开放统一的采购市场尚未形成，市场的作用也没有得到充分发挥。政府采购实践中存在的政府限制竞争行为，使一些具备资质的优质供应商难以进入政府采购市场公平地参与竞争，阻碍了政府采购领域市场经济的健康发展，致使政府采购的功能无法充分发挥。此外，一旦供应商与政府采购人或是供应商之间的联合行为为其带来稳定、确定的收益，而现有的法律制度无法使其承担相应的法律责任，就会对整个市场造成极其恶劣的示范影响，其他供应商、政府采购人可能会基于利益考量纷纷效仿，使得在政府采购领域形成不良风气，严重制约政府采购市场的健康发展。

其次，造成社会资源的极大浪费。由于政府采购人在政府采购活动中能够利用政府限制竞争行为自主选择供应商，为了成为被政府采购人"青睐"的对象，供应商容易会在政府采购活动前向政府采购人进行利益输送。从社会资源合理分配的角度考虑，这笔资金本可以被供应商用来提升自身生产力、革新生产技术以提高自身竞争力，但供应商却利用这笔资金用来换取本可以通过公平竞争取得的采购合同，使这笔成本消耗未产生新的社会价值，是对资源的一种浪费。这些政府采购员在获得利益后，国家又需要消耗一笔不必要的社会资源对其进行追惩，而由于缺乏完善的追责监督机制，这种供应商与采购人之间的利益交换会层出不穷，使社会资源的不必要浪费进入一种恶性循环。而且，政府采购是我国进行宏观调控的重要手段之一，国家通过政府采购活动对社会资源进行再分配。政府采购限制竞争行为使政府采购原定的政策目标难以实现，政府调节社会资源分配的作用难以发挥，宏观调控目的难以实现，对国民经济的健康发展起到反作用。

最后，降低政府采购商品或服务质量。如前所述，由于供应商为了获取政府采购合同对政府采购人进行利益输送，这笔成本需要在获取政府采购合同之后收回以使供应商在本次政府采购中获取最大利益。为了收回成本,供应商往往会选择降低其商品或服务的质量。"这样的情况在政府采购工程中最为明显,采取降低政府采购工程的材料质量来收回成本,如浙江省杭州的堤坝垮塌事件。"[1]而本应对供应商提供的商品或服务质量进行审核的政府采购方接受了供应商的利益输送,则会在此次审核过程中降低审核标准或是忽略政府采购商品或服务存在的质量问题,由此直接导致政府采购商品或服务的质量低下甚至不能达到基本标准。

二、政府采购领域适用公平竞争审查的现实意义

公平竞争审查,即竞争评估,[2]是指竞争主管机构或其他机构通过分析、评价拟订中(或现行)的法律法规和政策可能(或已经)产生的竞争影响,提出不妨碍法律法规和政策目标实现而对竞争损害最小的替代方案的制度。[3] 评估旨在使政府干预对竞争的影响恢复到政府干预与自由竞争的最优组合状态。一般而言,竞争评估包含两个阶段:初步评估,即通过比对竞争影响核对清单,快速识别出那些具有限制竞争效果的法律和政策;深入评估,通过反垄断分析,判断法律法规和政策对竞争限制的合理性。如果法律和政策对竞争的限制是不合理的,则提出改进方案,建议修改或废止原来的法律和政策规定;反之,则予以保留。[4] 在政府采购领域适用公平竞争审查制度,其制度功能主要表现在以下几个方面。

(一)有效规制政府采购中的行政性垄断行为

我国目前难以有效规制行政性垄断行为的原因主要在于,一方面,反垄断执法机构执法力度不足。我国的《反垄断法》出台历时 16 年有余,反垄断执法机构查处的行政性垄断案件显然难以让人满意。根据有关资料显示,在这 16 年间,反垄断执法部门处理的行政性垄断案件数量有限。

另一方面,对行政性垄断行为的法律规制力度有所不足。我国 2014 年新修订的《行政诉讼法》虽将滥用行政权力排除、限制竞争的行为纳入受案

---

[1] 陈勃:《论政府采购中的寻租及其法律控制》,载《学术探索》2004 年第 2 期。
[2] 我国的公平竞争审查制度起源于 OECD、欧盟、澳大利亚、韩国、日本等国实施的竞争(competition assessment),竞争法学界普遍认为二者同义,本文亦持此观点。参见王健:《政府管制的竞争评估》,载《华东政法大学学报》2015 年第 4 期。
[3] 参见张占江:《中国法律竞争评估制度的建构》,载《法学》2015 年第 4 期。
[4] 参见张占江:《政府反竞争行为的反垄断法规制路径研究——基于路径适用的逻辑展开》,载《上海财经大学学报》2014 年第 5 期。

范围,但同时规定人民法院只能审查与具体行政行为有关的、法律效力在规章以下(不含规章)的规范性文件,并且无法作出纠正或是废除该规范性文件的裁判。而根据 2022 年《反垄断法》的规定,反垄断执法机构对行政性垄断行为仅具有向有关上级机关提出依法处理的建议权,反垄断执法机构对行政性垄断行为直接执法权限的缺位大大制约了其反行政垄断执法的进程。[1]

在韩国,仅 2012 年这一年,KFTC 依托竞争评估制度就审查了 407 项现行法律规定,发现了 26 项存在反竞争问题并提出了修改方案;审查了 1593 项法律规则草案,发现了 22 项存在反竞争问题并提出了修改方案。[2] 由此可以镜鉴,公平竞争审查制度的建立将有助于加大对行政性垄断行为的查处力度。其不仅将对拟定中的规范性文件进行全方位的竞争审查,及时发现并制止出台具有排除、限制竞争效果的规范性文件;同时,也对正在实施中的部分规范性文件进行审查,如发现其中存在反竞争问题,则对其进行及时地修正,从而使行政性垄断问题在根源上得到解决。

(二)完善政府采购监督机制

公平竞争审查具有事前防御和事后纠正的功能,能够有效地监督、约束政府采购中作为采购方的政府机构的行为,促进市场在资源配置中决定性作用的发挥,对我国处理好"市场机制"与"政府管制"的关系有重大意义。依据我国《政府采购法》的规定,政府采购监督管理部门是各级人民政府财政部门。[3] 此外,该法明确规定我国的政府采购监督与政府采购执行机构应当是不同机构,且不得有牵连关系存在。[4] 然而,"财政部门承担了管理国家财政收支的重要职能,全面管理一个巨大的政府采购市场可能会使其不堪重负,难以给予特别重视。更何况财政部门与采购人政府机关行政层级平行,缺乏行政管理的权威性,难以有效统筹协调平行机关采购工作进行

---

[1] 参见严小庆:《行政立法控权模式探析——兼论"行政立法"引入司法审查制度》,载《云南行政学院学报》2003 年第 1 期。

[2] Kang S.,*KFTC's Competition Advocacy and It's Implications*, In China Competition Policy Forum: Competition Policy in Transition, p. 7 - 9(2013).

[3] 《政府采购法》第 13 条第 1 款规定:"各级人民政府财政部门是负责政府采购监督管理的部门,依法履行对政府采购活动的监督管理职责。"

[4] 《政府采购法》第 60 条规定:"政府采购监督管理部门不得设置集中采购机构,不得参与政府采购项目的采购活动。采购代理机构与行政机关不得存在隶属关系或者其他利益关系。"

综合监管"[1]。因此，各级政府财政部门这个"监管者"可以说分身乏术，自然难以实现《政府采购法》中的多项监管职能，这充分说明，我国《政府采购法》设置的监管制度难以对我国政府采购进行有效监管。而在政府采购领域适用公平竞争审查，能够对政府采购过程中将要制定的政策进行事前审查，对正在实施的政策进行事后审查，以实现对政府采购领域政府行为的全覆盖监管，进而实现政府采购领域的公平竞争。

(三)促进竞争政策与产业政策的协调

产业政策是政府为实现一定的经济和社会目标对产业的形成和发展进行干预的各种政策的总和，主要包括产业结构政策、产业组织政策、产业技术政策和产业布局政策以及其他对产业发展有重大影响的法规和政策[2]。现实中我国产业政策的侧重点在于政府有形之手对产业结构的调节。竞争政策是政府为维持和发展竞争性市场机制所采取的各种公共措施，它应当包含一切有利于促进竞争的政策。政府的竞争政策一般通过立法并以竞争法(反垄断法)的形式来规范市场秩序、监督企业市场行为。政府的政策一旦形成法律，政府也要受到其约束，政府干预市场的行为也要被纳入法律的规范和监督之中。[3]

从市场经济角度来看，竞争政策与产业政策存在一定的冲突。首先，产业政策的关注重点之一在于培养规模经济以增强国家在国际上的影响力及竞争力，这与竞争政策中对经营者合并进行控制的法律制度存在冲突；其次，产业政策强调对特定行业和特定地区进行重点扶持，往往是通过以政府行政权力取代市场对社会资源进行配置，而竞争政策则强调政府对市场进行适应性干预，特别关注政府在竞争方面的决策及程序，倡导政府公平对待参与市场资源配置的所有经营者，主张由市场对社会资源进行优化配置。在这个问题上，欧盟经验可以参考：在基本理念上，对待竞争政策和产业政策的关系问题，欧盟在最初确立的标准即是竞争政策优先的原则。[4]

---

[1] 杨灿明、李景友：《政府采购问题研究》，经济科学出版社2004年版，第96页。
[2] 参见石俊华：《日本产业政策与竞争政策的关系及其对中国的启示》，载《日本研究》2008年第3期。
[3] 参见孙晋、钟瑛嫦：《竞争政策的理论解构及其实施机制》，载《竞争政策研究》2015年第3期。
[4] 参见孙晋：《国际金融危机之应对与欧盟竞争政策——兼论后危机时代我国竞争政策和产业政策的冲突与协调》，载《法学评论》2011年第1期。

我国为全面实现依法治国,深入推进经济体制改革以及释放市场活力,营造公平、开放、透明的市场环境,产业政策与竞争政策的关系应当由原来的产业政策为强势政策,调整为以竞争政策优先、产业政策与竞争政策兼容互补的公共政策体系。[1]公平竞争审查制度通过审查政府在经济领域的公共政策对竞争的影响,不仅将对化解产能过剩、激励创业创新起到积极的推进作用,而且将从根本上化解竞争政策和产业政策的矛盾与冲突。公平竞争审查是竞争推进的主要方法,也是营造竞争文化的有力措施,有利于进一步落实"逐步确立竞争政策的基础性地位"的政策导向,也有利于充分发挥产业政策对经济的长期的积极作用。

三、探索我国政府采购公平竞争审查的实施

(一)审查对象

OECD将竞争评估对象统一用"lawsand regulations"来界定,但在实践中各个国家的竞争评估对象不尽相同。例如韩国已经从最初的全国立法拓展到了地方立法,[2]日本也在2010年正式引入竞争评估制度,而且仅针对全国立法之下的次级立法。[3]依据《建立公平竞争审查制度的意见》的规定,我国公平竞争审查的审查对象应当是"规章、规范性文件和其他政策措施"。《公平竞争审查条例》在《公平竞争审查实施细则》仅将行政法规、地方性法规、自治条例、单行条例、规范性文件和其他政策措施作为审查对象的基础上进一步将法律纳入了公平竞争审查的范围,弥补了《公平竞争审查实施细则》审查范围不够明确的缺陷。[4]

政府采购中,中央或地方政府主要通过行政法规、规章或是各类政策、

---

[1] 参见于良春、张伟:《产业政策与竞争政策的关系与协调问题研究》,载《中国物价》2013年第9期。

[2] See KFTC, *Annual Report* 2010, Korea Fair Trade Commission(Oct. 29,2010), https://ftc.go. kr/solution/skin/doc. html? fn = b2c2acb811e5e02b335d668516d1af45d16185bc55721c20edd8beabcbafdb7a&rs =/fileupload/data/result/BBSMSTR_000000002404/.

[3] See Japan Fair Trade Commission, *Controlling Anticompetitive Action by the State*:*The Role of Competition Advocacy/Competition Assessment-Japan's Experience*, Japan Fair Trade Commission, https://www. jftc. go. jp/en/policy _ enforcement/speeches/2011/110318 _ files/110318ControllingAnticompetitiveActionbytheStatePresentation. pdf.

[4] 参见《〈公平竞争审查制度实施细则〉解读》,载《中国市场监管报》2021年7月9日,第1版。

文件、规定和做法影响政府采购市场的竞争,且这种影响处于较高的水平。而我国目前针对政府采购领域政府限制竞争行为的措施均是事后救济措施,缺乏事前防御机制。要充分发挥市场在资源配置中的决定性作用,让竞争政策成为基础性政策,对现行和拟定中的政府采购领域的政府行为进行全面、系统地审查无疑是十分必要的,这也是当前我国公平竞争审查工作的重点。

但是,由于现行政府采购数目繁多,在短期内对所有政府采购领域的政府行为进行评估进而作出是否限制了该领域竞争的判断是不切实际的,我们可以对政府采购领域严重影响竞争的行为先行评估,如前文所述的行政性垄断行为。对政府采购领域涉嫌行政垄断的规章、规范性文件和其他政策措施先行评估,意味着政府将有效集中资源去促进有着重大意义的政府采购制度改革。

(二)审查依据

我国于2016年6月1日起正式实施公平竞争审查制度,而目前政府采购领域开展公平竞争审查的主要依据是2016年6月1日出台的《建立公平竞争审查制度的意见》、2021年6月29日发布的《公平竞争审查实施细则》、2022年《反垄断法》以及2024年5月11日通过的《公平竞争审查条例》。从法律效力上看,《建立公平竞争审查制度的意见》《公平竞争审查实施细则》效力层级较低,仅属于国务院或部委出台的规范性文件,不足以支撑承载着构建全国统一大市场、维护公平竞争秩序如此重要职能的公平竞争审查制度。从具体内容上看,《建立公平竞争审查制度的意见》虽然在审查对象、审查标准、审查方式、例外规定等方面作出规定,但如审查程序、第三方评估的引入、审查的原则性标准等均尚未确立,缺乏可操作性。效力层级更高的《公平竞争审查条例》的出台对公平竞争审查制度作出了更加权威而明确的规定,为以后制度建设提供了正确面向。

OECD近年来不遗余力在全世界推动和倡导竞争评估制度的建立,于2007年颁布了《竞争评估工具书》,2010年又相继出台了《竞争评估指南》《竞争评估原则》《竞争评估步骤》[1]等文件以指导竞争评估制度的建立和有效实施。欧盟、澳大利亚、韩国、新加坡和日本等法域也都出台了相应的

---

[1] 参见张占江:《反垄断机构规制政府反竞争行为能力建设研究》,载《竞争政策研究》2016年第1期。

法律法规以保障竞争评估制度的实施。在当下,我国在推动公平竞争审查制度实施方面也取得了长足的进步。《公平竞争审查实施细则》和《公平竞争审查条例》在审查内容的选择、审查程序、审查标准、豁免制度等方面作出了统一详细的规定,为公平竞争审查工作的有效开展提供了法律依据和明确指引。根据《反垄断法》之规定,反垄断委员会负责研究拟订竞争政策并制定发布相关反垄断指南。[1] 公平竞争审查制度作为竞争政策中竞争推进的重要组成部分,应当由反垄断委员会牵头组织国家市场监管总局会同有关行业监管机构研究制定,并充分发挥反垄断委员会专家咨询组"为竞争政策、反垄断指南和规章、市场竞争状况评估报告、反垄断重大议题和重大事项、国内外反垄断重点热点问题等提供咨询意见"的功能。

(三)审查主体

根据 OECD 出具的《竞争评估原则》,竞争评估机构的选择大抵分为 3 种不同方案,主要包括由政策制定者进行评估的模式、由竞争机构进行评估的模式以及建立第三方竞争评估机构进行评估的模式。[2]

其中,政策制定机构对其相关领域的具体情况更为了解,也更容易获得竞争评估所需要的信息,因此由政策制定机构对其自身制定的政策进行评估的模式更有助于其在政策制定初期就考虑到竞争影响问题。在美国、欧盟等法域,竞争评估制度被整合到管制影响评估制度(Regulatory Impact Analysis, RIA)之中,[3]任何政策制定机构在制定政策草案时都必须提供包括竞争影响分析在内的管制影响分析报告。[4] 由于美国、欧盟等地区有着深厚的竞争文化和极强的法律意识,其政策制定机构能够在制定政策时严肃认真地进行竞争影响评估。但如果缺乏浓厚的竞争文化,则由政策制定者自身进行评估很难起到实质性作用。同时,与专业竞争评估机构相比,政

---

〔1〕《反垄断法》第 12 条第 1 款规定,反垄断委员会负责组织、协调、指导反垄断工作,并履行研究拟订有关竞争政策和制定、发布反垄断指南的职责。

〔2〕 参见吴汉洪、权金亮:《日本、韩国的竞争评估制度及对中国的启示》,载《中国物价》2016 年第 4 期。

〔3〕 See KFTC, *Annual Report* 2015, Korea Fair Trade Commission(Mar. 14, 2016), https://ftc. go. kr/solution/skin/doc. html? fn = d09464bbf108afb7eeb4febab1516ca847f80af0fb51aab10a2b98f091c0 c901&rs =/fileupload/data/result/BBSMSTR_000000002404/.

〔4〕 U. S. Department of Justice, 28 *CFR Part 0—Organization of the Department of Justice*: *Subpart H—Antitrust Division*, Legal information institute(Jul. 1, 2020), https://www. law. cornell. edu/cfr/text/28.

策制定机构缺乏相应的评估知识与技能,尤其是竞争法领域极其复杂的相关市场界定及其他相关专业知识和方法,无法保障评估工作的专业性与结果的权威性。此外,政策制定机构带有更为强烈的公权力色彩,极易使评估工作受到上级部门的影响。

虽然由竞争评估机构进行评估的模式能保障评估结果的专业性与权威性,但是因为竞争评估机构还承担着更为重要的竞争执法职能,可能没有精力完全投入所有的政策评估工作中。为此,韩国将政策制定机构评估和竞争机构评估两种模式结合起来,前文对此已有介绍,不再赘述。

政策制定机构评估与竞争执法机构评估相结合的模式能够将两种模式的优势结合在一起,确保评估结果的专业性、权威性,但实际操作中也会存在政策制定机构与竞争执法机构之间接洽困难的问题。政策制定机构与竞争执法机构本就承担着不同的行政职能,而评估工作又会涉及相关领域信息的传递、反馈,评估效率自然会下降,况且这一模式给竞争执法机构带来了额外的竞争评估工作,其评估工作势必会受到繁重竞争执法工作的影响。由专门竞争评估机构进行评估,可以解决上述问题,确保竞争评估工作高效完成。

根据《建立公平竞争审查制度的意见》和《公平竞争审查实施细则》等的规定,我国目前公平竞争审查的模式是由政策制定机关进行自我审查为主。[1] 在政府采购领域,则是由政府采购机构根据审查标准对即将出台的政策进行审查,经审查认为不具有排除、限制竞争效果的,可以实施;具有排除、限制竞争效果的,则不予出台。这种审查模式虽然能够发挥政府采购机构在政府采购领域的专业性,但是得出的审查结果、审查效果也将大打折扣。为此,应当由第三方机构或是竞争执法机构进行第二层审查,以实现对政府采购机构自我审查的监督。如认为政府采购机构的审查结果没有问题,则出台相关文件;如发现政府采购机构的审查结果有待进一步评估,则连同政府采购机构一起对即将出台或是存量政策进行深入评估,从而决定是否出台或是修改废止相关规范性文件。

---

[1]《建立公平竞争审查制度的意见》指出:政策制定机关在政策制定过程中,要严格对照审查标准进行自我审查。经审查认为不具有排除、限制竞争效果的,可以实施;具有排除、限制竞争效果的,应当不予出台,或调整至符合相关要求后出台。没有进行公平竞争审查的,不得出台。

(四)审查标准

根据《建立公平竞争审查制度的意见》和《公平竞争审查实施细则》,公平竞争审查制度的审查标准主要是为行政权力划定的18个"不得"。这18个"不得"全面系统地为公平竞争审查提供了标准指引,实际上也为政府行为列出了负面清单。这18条标准,包括市场准入和退出标准、商品和要素自由流动标准、影响生产经营成本标准、影响生产经营行为标准4个方面。概括起来,可以称为竞争性标准,即政策制定机关不得制定实施具有排除、限制竞争效果的规范性文件。在此基础上,《公平竞争审查条例》进一步细化和完善了具体的审查标准,明确列出了19项政策中不得包含的内容,使审查标准更具精准性和指向性,是对公平竞争审查标准语义模糊问题的一次回应。笔者认为,审查规范性文件是否危害竞争固然是公平竞争审查的题中应有之义,但不应是公平竞争审查的唯一标准,还应当结合合理性标准对规范性文件进行审查。学理上,审查、评估法律的标准可谓多元,[1]包括合法性、合理性、合道德性等,不同的标准之间还可能存在一定的交叉,但合理性无疑是一项重要的标准。实践中,这一标准也常被用以评估各类法律。

公平竞争审查制度的合理性标准应当是对政策的实质合理性进行审查。它关注的是目的与手段是否允当,而不仅停留于对法律目的本身的疑问,是一种目的与手段之间的权衡,因而是一个价值选择的过程。公平竞争审查的本质就是对法律在促进竞争上的实质合理性的恢复。具体而言,对被纳入公平竞争审查范围内的规范性文件的合理性审查应当从目的是否合理以及手段是否合理两个角度进行。由于自身专业知识的局限,更主要的是受部门利益的驱动,政策制定机关常常认为某一类利益比其他利益更具"一般性"和"公共性",[2]公共利益此时有退化为"部门私益"之虞,为保证公共利益"公"的属性,由审查主体对限制竞争行为的目的进行评估是十分必要的。[3] 只有限制竞争行为的目的是维护公共利益时,它才可能具有合

---

[1] 参见江必新:《论形式合理性与实质合理性的关系》,载《法治研究》2013年第4期。

[2] 参见[英]迈克·费恩塔克:《规制中的公共利益》,戴昕译,中国人民大学出版社2014年版,第199页。

[3] 参见国家发展改革委价监局竞争政策处:《竞争政策与行政性垄断 导言》,载《华东政法大学学报》2015年第4期。

理性。然而即便目的是合理的,手段的选择也未必一定合理。因为,手段与目的之间存在一定的紧张关系。故而,审查主体除了对限制竞争行为的目的进行审查,还应当对行为的手段是否妥当、是否必要、是否符合比例等进行评估。

因此,在审查主体对我国政府采购领域的规范性文件进行公平竞争审查时,应当先依据《公平竞争审查实施细则》和《公平竞争审查条例》中的竞争性标准对规范性文件是否危害竞争作出快速识别。如果没有违反《公平竞争审查实施细则》中的18个"不得",则予以保留或是颁布施行;如果确实违反《公平竞争审查实施细则》中的标准,则进一步进行合理性标准审查。从目的层面,如果其目的是实现公共利益,则进一步审查其手段是否妥当、是否必要及是否符合比例,以寻求替代方案;如果其目的不符合公共利益的实现,则予以废止或修改。

(五)审查程序

笔者认为,审查制度的运行程序,应当至少包含启动、审查、救济3个层面。

就政府采购领域而言,公平竞争审查的启动应当至少包含3种方式:一是政府采购机构根据《公平竞争审查实施细则》和《公平竞争审查条例》主动对其即将出台施行的规范性文件及存量政策进行审查;二是其他法人、组织和个人认为法律政策具有排除、限制竞争的效果,通过投诉该法律政策制定机关的上级机关或是竞争主管机构而申请对该政策文件发动公平竞争审查;三是由竞争主管机构或是第三方评估机构提起对政府采购领域某一规范性文件进行公平竞争审查。

进入审查层面后,政府采购机构应当严格按照《公平竞争审查实施细则》和《公平竞争审查条例》的规定对政策文件进行审查。如果政府采购机构得出的审查结果是"不通过",则由其根据审查结果修改后颁布施行;如果政府采购机构得出的审查结果是"通过",则在必要情况下或是经政府采购机构申请,由第三方评估机构或是竞争主管机构对其中可能涉及重大疑难问题的法律政策会同政府采购机构进行深入审查,必要时采取听证会或者专家论证会等形式广泛听取公众意见。听证会或是论证会应当按照《规章制定程序条例》第15条的规定科学组织,以充分发挥其社会监督功能。

在救济层面,对准予修订的具有轻微排除、限制公平竞争的法律政策,修订方案应当再次提交竞争主管机构或是第三方评估机构,经过审查确实消除排除、限制竞争效果后方可实施。在政策实施过程中,政府采购机构还应当定期向第三方评估机构或是竞争主管机构提交实施评估报告,不能达到预期目的的,应当立即停止实施或是再修订。

四、结语

现有对我国政府采购行为的法律制度和监督机制并不完善,完全有必要适用公平竞争审查对其进行制度补足和加强规制。公平竞争审查作为竞争倡导重要的实现途径之一,对于落实竞争政策意义重大。然而,虽然我国已经出台了《建立公平竞争审查制度的意见》《公平竞争审查实施细则》等文件,推动公平竞争审查制度的建立、健全和完善,但审查内容的选择、审查对象的确定规则有待进一步明确,审查程序、审查标准也尚处于亟待完善的状态。要使公平竞争审查制度落到实处,必须增加其可操作性,[1]而缺乏审查主体、程序和标准的公平竞争审查制度只能是"一次性的"。[2] 为此,本部分意在抛砖引玉,对政府采购领域公平竞争审查的适用进行一些初步思考,主张在政府采购领域制定《公平竞争审查指南》,将合理性标准加入审查标准中,由政府采购机构对政府采购过程中现行(或拟定)的政策进行评估,以期实现政府采购领域的公平竞争,达到资源最优配置。

---

[1] 参见张占江:《竞争倡导研究》,载《法学研究》2010年第5期。
[2] 参见徐士英:《竞争政策视野下行政性垄断行为规制路径新探》,载《华东政法大学学报》2015年第4期。

国有资本投资政策公平竞争审查的法治保障

我国《企业国有资本保值增值结果确认暂行办法》明确了国有资本的内涵："对于国有独资企业,其国有资本是指该企业的所有者权益,以及依法认定为国家所有的其他权益;对于国有控股及参股企业,其国有资本是指该企业所有者权益中国家应当享有的份额。"而国有资本投资政策,即一定时期内一国政府及国有资产监管机构针对国有资本从事投资活动制定出台的政策性文件。这一政策性文件是政策和措施的统称,既可以是颁布的普遍性、抽象性的政策性规定,也可以是出台的具体性、特定性的方案或措施。

从历史维度来看,对国有资本投资运营体制的探索,自我国国有资本产生以来就从未停止过。国有资本肩负着"公益性"和"营利性"的双重性质。国有资本作为政府的重要投资载体,首先要为国家和地方经济、社会发展服务,同时作为一个市场竞争要素;其次要兼顾投资效益。国有资本投资具有政府调控和市场配置的双重属性,构成了政府和市场两个资源体系的交叉集合。权衡好政府意志和市场盈利的关系,是决定国有资本投资在市场经济体制内合规发展的根本因素。[1]

但是,在实然层面,在建成法治政府和法治社会的改革中,各级政府干预市场竞争的手段具有从具体垄断行政行为转化为更加隐蔽的抽象垄断行政行为的趋势,抽象垄断行政行为具有从宏观干预市场秩序转化为微观干预经济、限制市场主体和公民权利的趋势。有的地方政府及部门在制定国有资本投资政策时,一方面未充分认识到国有资本的功能定位,使之大量进入竞争性领域,或者对本应退出市场的国有"僵尸企业"进行补贴,破坏市场竞争机制;另一方面在自然垄断行业政府兼具规则制定者与竞争参与者的

---

[1] 参见张景、董继刚、傅伟:《浅谈国有投资公司的内涵与发展定位》,载《管理科学文摘》2006年第1期。

双重身份,利用制定国有资本投资政策的行政权力,导致具有竞争特性的特许经营制度流于形式,实质上使国有企业在相关行业从事垄断经营,排除了其他市场主体参与竞争。这些滥用制定国有资本投资政策权力的行为,危害日甚。

与国有资本投资的热火朝天相比,理论界对国有资本投资政策公平竞争审查的关注却相对薄弱。《企业国有资产监督管理暂行条例》出台前后曾对国有资本投资政策形成了一次研究高潮。这些理论研究多为剖析中央和地方关系的经济学研究,法学方面的研究较少。因此,在实践中滥用政策制定权的抽象垄断行政行为屡禁不止、愈演愈烈的情形下,行政机关自我纠错难以有效防控和根治行政性垄断顽疾,本部分将重点回应如何发挥出公平竞争审查制度在规制与调整政府滥用国有资本投资政策制定权排除限制竞争行为中的重要作用。

一、国有资本投资政策的现实问题和迫切需求

(一)国有资本投资政策可能造成的反竞争表现

在我国,国有资本体量庞大,针对国有资本投资活动制定出台的政策性文件不胜枚举。纷繁复杂的国有资本投资政策在调配社会资源要素的过程中,若未能遵循市场规律和商业规则,则可能会造成诸多反竞争损害。

第一,武断投资亏损破产类国企限制市场竞争。"僵尸企业"的产生、维持与地方国有资本武断投资密不可分。一方面,有的政府官员想有所政绩成就,致使"面子工程""政绩工程"出现。另一方面,对于基于各种原因产生的"僵尸企业",[1]出于金融维稳、稳定就业、利益输送等本位利益,有的地方政府难以真正做好供给侧结构性改革工作,反倒硬着头皮持续向"僵尸企业"投入资金。[2]

第二,单方投资垄断行业国企排除市场竞争。我国自改革开放以来,社会主义市场化经济不断得到改进和调整,国有资本的投资政策也随着国情

---

[1] 参见白重恩、杜颖娟等:《地方保护主义及产业地区集中度的决定因素和变动趋势》,载《经济研究》2004年第4期;吴安波、孙林岩等:《中国制造业聚集度决定因素的理论构建与实证研究》,载《经济问题探索》2012年第2期。

[2] 参见王立国、高越青:《建立和完善市场退出机制 有效化解产能过剩》,载《宏观经济研究》2014年第10期。

逐步改革、完善,国有资本投资政策的优化使我国在经济发展方面取得了显著的成绩。但成绩背后一些顽固的垄断难题仍然是我们市场化改革路上的绊脚石。有的政府通过投资限制与国有资本投资政策在部分行业塑造了寡头垄断的竞争格局,限制着市场在资源配置中起决定性作用的深度与广度。在垄断行业的部分竞争性环节或业务领域,仍实行严格的投资准入限制政策。这种特性让政府可以利用资源有效地规避市场缺陷或获得不对等的竞争优势,排除了其他市场主体的竞争。[1]

第三,经济危机时期盲目投资国企干预市场竞争。国有资本在调节经济周期、应对金融危机方面发挥了积极的作用,但不受限制的国有资本投资政策也蕴含隐忧。不科学的国有资本投资政策忽视被投资企业的行业前景、行业地位、经营状况及竞争损害等因素考量,缺乏对市场规律的敬畏。

第四,过度投资竞争性领域国有企业忽视市场竞争。为顺应时代需求,国有资本的战略布局、国有企业的做强做优是必然要求。我国自 20 世纪 90 年代中后期开始推动国有经济布局和结构优化改革,取得了明显成效。但是,当下无论是从宏观层面还是从微观层面看,深入推进国有资本战略性调整仍然有很强的必要性。我国国有资本在实际投资运作中暴露出了一些共性的问题:国有资本在传统竞争性产业领域规模庞大,发展空间日渐缩小,对于关系国家安全、国民经济命脉的重要行业和关键领域仍投入不够。国有资本投资政策推进战略性调整的重要任务之一,是要实现国有资本从传统的、社会经济效益水平低的行业领域退出以及向 5 类重要行业和关键领域整合集聚。

(二)国有资本投资政策迫切需要公平竞争审查

没有竞争就没有市场经济,公平而充分的竞争是市场经济的本质特征。市场只承认竞争的权威,不承认任何别的权威。竞争政策是顺应时代的一项基本经济政策,有利于建设有效市场、促进市场竞争,其核心是市场开放和公平竞争。[2] 贯彻落实竞争政策应有的基础性地位,要求强化竞争政策的基础地位,把维护公平竞争作为加强产业政策与竞争政策协同的首要原则,需要以竞争政策为政策统领,通过协同联动、优化完善产业政策,调整改

---

[1] 参见孙晋、钟瑛嫦:《我国政府投资决策制度的反思及补正》,载《学术论坛》2017 年第 1 期。
[2] 参见汪永福、毕金平:《竞争中立视域下政府补贴的公平竞争审查路径》,载《安徽大学学报(哲学社会科学版)》2020 年第 2 期。

进其他相关政策,约束政府和企业等市场参与者的经济行为,通过贯彻"竞争优先"理念,培育市场竞争文化,完善反垄断和不正当竞争立法、加强执法、落实监督机制,实现各类社会主体之间的公平竞争。其中,公平竞争审查制度的推进有利于国内统一市场的构建和完善,也有利于培育市场公平竞争机制和文化。该制度在我国具有较大的制度活力和适用机制,也将成为规范政府行为、维护市场公平竞争机制的重要方式。该制度的推进有利于落实竞争政策的基础性地位,也有利于进一步夯实制度的完善。[1]

国有资本投资政策的目标不同于一般意义上的社会资本。社会资本投资追求的是股东利益最大化,即利润最大化。而国有资本投资政策具有多元的价值目标,即追求企业利润、管理者利益等方面综合利益的最大化。[2]当下,国有资本投资政策一般来说需要经过严谨科学的评估机制作出决策,往往考虑技术、工程、自然环境和经济等方面的可行性,进行细致的投入产出数量分析等,[3]但是关注面过于狭小。我国《企业国有资产法》第 36 条虽要求国有资本投资应注重与国家产业政策保持一致,并事先开展可行性研究,但这一微观经济可行性研究片面注重被投资项目自身的经济收益,未对投资政策的外部效益作出评估,使投资项目的决策科学化和民主化不足。

2014 年,深圳市人大在审查政府一系列财政开支的过程中,发现其中有一项是政府财政无偿地向深圳国际信托投资公司注资 25 亿元,随后部分深圳市人大常委高度关注这个问题并对政府的做法提出尖锐批评,最终深圳市人大主任会议对上述注资计划亮出了红牌。这个案例体现出,在公平竞争审查制度正式实施之前,我国就已有对国有资产投资政策进行合理性审查的做法,在审查的过程中,需要着重考量该政策是否损害了市场竞争。在这个意义上,公平竞争审查就是完善国有资本投资政策的内在需求。

因此,从宏观角度来看,需要在国有资本投资政策的决策程序中引入公平竞争审查制度,充分、全面地分析投资项目对市场竞争造成的成本和预期收获的总效益,将其纳入更为全面的社会评价指标,加强国有资本投资政策

---

[1] 参见孙晋:《新时代确立竞争政策基础性地位的现实意义及其法律实现——兼议〈反垄断法〉的修改》,载《政法论坛》2019 年第 2 期。

[2] 参见唐清利:《合约安排与第三种强制——高校管理个案的法经济学解释》,西南财经大学出版社 2006 年版,第 85 页。

[3] 参见何加明:《国有资本营运新论》,西南财经大学出版社 2006 年版,第 236 页。

的科学性和实效性。对于一些能够获得较多经济利润的投资项目,如果国有资本投资这些项目可能偏离其保障社会民生、推动产业升级等战略任务,甚至与产业政策自身相违背时,国有资本应当按照其所属分类聚焦主责主业,注重社会效益,完成自身使命。只有通过嵌入公平竞争审查制度,国有资本投资政策才能对多元的价值目标进行整合,平衡好经济收益与社会效益的关系,更好地实现国有资本增值保值追求、产业政策精准化与普适化要求和贯彻竞争政策基础性地位准则的动态协调。

二、二维视角下国有资本投资政策公平竞争审查的双重原则

(一)国有资本投资政策面临固有的价值冲突

第一,政府职能的中立性和地方政绩考核的偏向性。作为现代行政体制改革的出发点,政府职能转变的目标又等于行政管理体制改革的落脚点。[1] 在国有资本投资政策中,政府职能及国有企业职能转变的目标定位随着改革的推进而不断变化。党的十八大提出,政府职能转变的目标在于"创造良好发展环境、提供优质公共服务、维护社会公平正义",进而"建设职能科学、结构优化、廉洁高效、人民满意的服务型政府"。[2] 党和政府对于政府职能转变的目标进行了深入阐述,包括"法治政府""服务型政府""效能政府""责任政府""现代政府""竞争中立"等,都是对政府职能转变的目标在应然维度和价值取向上的强调。然而,在现实经济运行中,仍然存在地方政府的短视行为,其主要体现在政企尚未有效分离、政策偏向性强、区域间的保护主义和监管失位4个方面。

第二,国有资本的公益性和资本的天然逐利性。国有资本是国家意志的延伸,对调节国民经济运行过程中的特殊情况具有重要的作用。[3] 多年来,我国国有资本在发展经济、稳定社会及提高人民生活水平方面的大规模投入就是其社会责任的证明。即使在商业性领域,国有资本投资与民间社会投资的目标也可能存在差异,主要体现为国有资本在国家的产业布局、经

---

[1] 参见王浦劬:《论转变政府职能的若干理论问题》,载《国家行政学院学报》2015年第1期。
[2] 参见胡锦涛:《坚定不移沿着中国特色社会主义道路前进 为全面建成小康社会而奋斗——在中国共产党第十八次全国代表大会上的报告》,载《人民日报》2012年11月8日,第1版。
[3] 参见顾功耘:《论国资国企深化改革的政策目标与法治走向》,载《政治与法律》2014年第11期。

济结构调整中能起到重要作用,并在我国的经济结构优化及风险承压方面作出过重大贡献。国有资本在竞争性领域也可能承担着艰巨的国家使命和科研任务,通过早期投入在高端技术领域培育市场,保障国家经济安全。国有资本因所有制性质而承担较为繁重的公益性成本,致使国有资本存在盈利乏力、公益不足的双重难题。[1]

(二)原则审查:基于国有资本营利性的竞争中立原则

竞争中立原则起源于20世纪90年代澳大利亚的国内竞争法改革,并在美国、欧盟等的推动下,经历了从一国国内制度拓展到通过签订多边贸易协定的方式走向国际化的过程。竞争中立原则在很大程度上填补了国有企业在国际规范上的空白。然而,在竞争中立原则推向国际化的过程中,由于各个国家国内情况存在较多不同,新规则的确立带给各国的难度和挑战也有很大不同。[2]

从我国经济政策体系上看,我国的经济政策体系已经从以产业政策为主导转向以竞争政策为基础,这种转变使国有资本从过去作为产业政策的市场工具变成了现在平等市场环境中的市场要素,每个企业均需遵守市场要求。基于《加快建设全国统一大市场的意见》所坚持的新发展理念,基于既有的反垄断理论研究、执法经验和实证调查,原则上任一国有资本投资政策作为影响市场要素配置的因素,均应接受市场至高准则——公平公正公开地被审视。市场经济是一种有效的竞争机制,结合各国自身情形和发展背景,保证市场公平竞争是市场经济的必要条件。将竞争中立原则合理地融入我国竞争政策中,有利于更好地处理政府与市场的关系,[3]"为资本设置红绿灯,防止资本无序扩张"。政府的干预应当遵循谦抑理念,竞争中立则是谦抑理念的最佳载体和实现路径。[4] 竞争中立旨在推动市场经济的发展,并反哺公平竞争机制的完善。

---

[1] 参见钱珍琳:《盈利性国有企业与公益性国有企业分类改革研究》,载《中国集体经济》2018年第33期。

[2] 参见刘雪红:《国有企业的商业化塑造——由欧美新区域贸易协定竞争中立规则引发的思考》,载《法商研究》2019年第2期。

[3] 参见曹胜亮:《我国地方税收优惠政策的检视与法律治理——以竞争中立原则为指引》,载《法商研究》2020年第5期。

[4] 参见孙晋、阿力木江·阿布都克尤木:《公平竞争审查引入第三方评估的重要性及其实现》,载《江海学刊》2020年第2期。

从历史发展、内在属性和法律定位上看,国有资本与生俱来就在经济与政治两种范畴之中进行磨合。[1] 这种特性源于两点:一是国有资本具有资本的根本属性,进行市场化运作;二是国有资本具有国有产权的属性,在保值增值的功能属性中具有稳定市场经济的作用。为国有资本投资划定边界,要坚持整体激励与部分退出、主导地位和市场化并存的原则。一方面,要坚持整体激励与部分退出原则。国有资本调整与重组的方式方法、政策路线的划定与实行,必须要践行整体激励原则。国有资本要基于市场需求,符合产业政策方向,优先实现存量资产的调整,将调整国有资产的宏观布局以及企业内部的微观划分,同优化投资结构相统一、相一致,从而在整体上激发国有经济的活力。立足于国有资本存量优化,在行业范畴对国有资本进行精简,在竞争激烈的行业领域,要逐步将国有企业,尤其是中小国有企业优化为混合所有制企业,或直接淘汰退出。另一方面,要坚持主导地位和市场化并存的原则。国有资本的主导地位是我国作为社会主义国家的基本经济属性之一,绝对不能放弃和改变。国有资本的规模是其功能的保障,这就要求我们瞄准市场,加快国有资本融入市场的进度,保障投资企业的质量和口碑,并使之逐步实现集团化,加强国有资本的影响力和扩张力。

(三)例外豁免:基于国有资本公益性的公共利益原则

就主体角度而言,我国国有资本投资政策的制定主体为各级政府及各级国有资产监督管理部门。而国有资本具有双重属性,即"公益性"和"营利性"。对一项国有资本投资政策进行公平竞争审查时,竞争中立原则必须得到坚守,但是法律不仅要重申和强调一般性,而且需要考虑特殊性。基于国有资本的"公益性"特征,有必要在审查过程中考虑公共利益原则,给予特殊社会目标一定的抗辩事由和实现路径。

在直接实现反垄断法社会目标的层面,公共利益原则直观地指向反垄断法的适用除外与豁免制度。适用除外与豁免制度本质上是反垄断法的目标与其他经济社会目标相协调的结果,是法律权衡利弊后的理性选择。[2] 反垄断法不可以成为一种走极端的立法,正如反垄断执法既要避免过于主动、造成积极损失,也要防止过于被动、造成消极损失;在对待产业政策的问

---

[1] 参见顾功耘、胡改蓉:《国企改革的政府定位及制度重构》,载《现代法学》2014 年第 3 期。

[2] 参见吴宏伟、金善明:《论〈反垄断法〉的社会公共目标——以〈反垄断法〉的实施为契机》,载《首都师范大学学报(社会科学版)》2009 年第 3 期。

题上,反垄断法也不是要"一棍子打死",以市场竞争为唯一追求绝对性否定具有重大经济利益和社会公共利益的产业政策的价值。在一定程度上,应当追求二者的统一,综合实现反垄断法所要实现的社会目标。因此,反垄断法对垄断协议采取了特定的豁免、对滥用市场支配地位的行为允许进行"合理理由"的抗辩。在 2007 年通过的《反垄断法》第 15、28 条以及第 56 条等条文中引入了除外和豁免制度,使公共利益原则成为反垄断法实现社会目标的重要指引和工具。

国有资本投资政策在较大程度上就是为了使公共利益得到更好满足,其产权属性、目标和着力点在于社会公众普遍受惠,而非只追求特定个人或政府自身的利润最大化。近些年来,党中央和各级政府一直在推行国有企业分类制改革,将国有企业分为竞争性(商业类)国有企业和公共性(公益类)国有企业。其中,公共性(公益类)国有企业存在的主要价值就是服务社会大众,公共性(公益类)国有企业有必要提高公共服务的效率和能力,那么与之相关的国有资本投资政策必然也将带有强烈的公共利益色彩。对国有资本投资政策适用例外豁免制度,正与国有资本的公益性特征相符。在判断豁免条件是否符合的过程中,公共利益原则将发挥巨大的作用。审查机关有必要从政府行为是否有利于公共利益的实现、在具有相同效果时是否存在对市场竞争造成更小影响的行为、与公共利益相比这一行为可能造成的竞争损害是否值得等诸多方面进行考察。

三、国有资本投资政策公平竞争审查的对象校准

(一)将国有资本投资政策全面纳入公平竞争审查范围

目前公平竞争审查制度的关注重点主要在于对外公布的政策文件,这些政策文件既包括存量政策,也包括增量政策。公平竞争审查制度的审查机制设定主要是着眼于增量政策,但存量政策也并不因为其在公平竞争审查制度确立前就已颁布实施而免于审查。[1] 为了消除国有资本投资政策中的反竞争性影响,将规章、规范性文件、其他政策文件、行政决策等按照规范领域和内容的不同进行划分,其中有关规范国有资本投资相关方面的文件、

---

[1] 参见金竹:《地方财政部门公平竞争审查实务问题探讨》,载《北京社会科学》2020 年第 2 期。

决策等,如果有涉及市场主体经济活动,包括但不限于涉及投资对象、方式等以及出台的具体、特定的方案措施,也应该将其纳入公平竞争审查制度的审查对象。

在国有资本投资政策层面,特别是就各级政府及国有资产监督管理机构发布的政策性文件来看,内部会议纪要等行政机关内部文件的占比较高,审查迫切性也更大。一般而言,规范性文件中的内容大多是对国有资本管理性质或程序性质的要求,真正干涉国有资本投资流向的规范性文件寥寥无几,原因主要在于通过规范性文件来划定国有资本投资方向和范围的方式成本过于高昂,且规范性文件一般都有较长的有效期,投资的动向却是无时无刻不在变化的。因此,规范性文件的稳定性与投资行为本身的时效性之间存在严重的矛盾,而通过具体会议纪要等方式进行具体决策决定,出台相关措施更为高效。目前而言,有关国有资本投资的政府内部会议纪要由于不对外公布,没有正式的对外法律效力,但这些内部会议纪要又通过行政机关内部的行政属性、国有企业和行政机关之间的行政体制而产生行政效力,指导国有资产监督管理部门开展行动,指令具体国有企业贯彻落实。这使众多具体的国有资本投资行为通过内部请示、会议纪要等方式得以通过,却没有进行公平竞争审查而得到良好的竞争约束。但随着公平竞争审查制度在我国的不断推进、落实和发展,相关公权力主体所实施的行为只要在客观上直接或者间接影响市场公平竞争,就应逐步被纳入公平竞争审查制度的目标对象,不宜将目标对象严格地限定为对外发布的规范性文件。当下的这一做法无疑限制了公平竞争审查的范围,导致具体的国有资本投资方案、措施等成为漏网之鱼,并不利于预防行政主体滥用权力干涉市场自由竞争秩序这一制度目标的实现。

因此,国有资本投资政策领域公平竞争审查的对象,不应局限于对外发布的规范性文件这一最低限度。其他对市场竞争秩序、市场主体的行为和选择有影响的计划、措施或行为等也应被纳入公平竞争审查的范围。

(二)豁免部分国有资本投资政策的公平竞争责任

相对于单纯逐利的私人资本来说,国有资本投资带有更多的公益属性。国有资本投资必定会承担着国家、政府、社会更多的公益任务和职能。也正是因为其公权力背景,国有资本投资往往更易造成反竞争损害、作出破坏竞争秩序的行为。国有资本参与市场竞争,相对于其他资本成分,需要严格限制,也需要适当保护。所以,在对待国有资本投资政策进行公平竞争审查时,更需要仔细甄别,谨慎对待。这便要求了对于国有资本投资政策的公平竞争审查,需要更为谨慎地贯彻和重视豁免制度,从而降低国有资本投资政策可能出现的危害行为。

根据公共产品理论,公共产品的供给并不是永远充沛的,有时会出现公共产品时间性、地区性供给不足的情况,在这种情况发生时,社会就无法单纯依靠市场来获得充足的公共产品。公共产品供给受限通常出现在以下情形,"在私营经济条件下,企业从事社会公共产品(服务)全面供给业务所获收益无法抵消成本"[1]。基于这种情况,在我国,除了政府出面对公共产品的供给进行干预和调控,以确保公共产品供给受限于供给能力或市场机制,国有资本投资也是我国干预市场的重要手段之一。由此,市场主体作出经营行为的价值取向和社会公益价值并不是重合的,有时会与社会公益价值产生冲突。从公平竞争审查制度供给与需求相平衡的视角分析,国务院设立公平竞争审查制度的终极目标应是实现全面性与终局性的具有经济属性的公共利益。因此,设立豁免制度,对国有资本投资中的冲突进行事前控制,做到一开始便从根本层面上选择公共利益,是解决冲突的有效方式。[2]在特定领域,如国家安全、基础资源供给、环保政策等方面,适当减损竞争秩序,舍弃一时的市场利益,作出更符合国家长远利益和人民根本利益的选择,也是公平竞争审查豁免制度设立的应有之义。

从目的、意义和实施方式上看,政府限制竞争行为的举措,内部构成往往是复杂多样的。当政府作出的抽象行政行为与其他经济政策、社会政策出现冲突的时候,可能会对竞争秩序产生严重的破坏,但是从宏观来说却可能是有利于社会整体发展的。因此,在一些例外情况下,有些国有资本投资政策虽然具有破坏竞争秩序之外观,但将其简单归入破坏竞争秩序之列,未免有些武断。另外,基于自身的职能,政府对市场竞争行为进行适当的限制,也是不得不为之事。例如,在自然垄断行业、金融市场、环境以及药品等领域进行的政府管制,就是政府的职责所在和现实需要。基于上述考量,制

---

[1] 翟巍:《行政性垄断豁免机制的本土建构路径——基于欧盟与德国模式镜鉴的视角》,载《中德法学论坛》2018年第1期。

[2] 参见翟巍:《公共利益豁免标准的解释与重构——以公平竞争审查为视角》,载《法律方法》2018年第2期。

度的制定者自然有必要在制定制度时留有一定灵活余地,以应对抽象行政行为的复杂,兼顾普遍性和特殊性,更全面地满足法律调整的需要。在应对一些特殊状况时,如果仅着眼于防止破坏市场秩序,那么反垄断的一般目的很有可能并不符合这一制度的立法初衷,可能还会矫枉过正、适得其反,还有可能不符合合理原则的要求,为片面保护单一法益而侵犯到其他更重要的法益类型。基于此,豁免制度便是平衡这些冲突、灵活对待特殊情况的手段。

四、国有资本投资政策公平竞争审查的方法调试

(一)宏观层面:国有资本投资政策的合目的性审查

合目的性原本是指行政机关行使行政自由裁量权而作出的具体措施应当符合法律目的。这一原则随着行政权力的扩张而不断介入私法领域,呈现出私法领域认可适用的趋势。经济法作为行政权力在经济领域的特殊调节手段,应当注重这一原则在国有资本投资领域的审查适用。

合目的性包含价值正当性的要求。"每个立法者制定每项法律的目的是获得最大的善。"[1]价值目的的正当应作为先导要求融入具体立法目的中。因此,一种正当性要求会作为不可违背的高阶价值被预设于立法目的之上。[2]公平竞争审查制度中豁免制度的目的在于处理协调好不同法律价值和目标的博弈,给予法的特殊目的特别的实现路径。但豁免制度是有限的、个别的,应仅限于特殊利益目的的实现,主要限定在国家安全、社会保障、保护社会公共利益3个方面,否则应排除豁免制度的适用而寻求正常审查程序。这说明法律作为上层建筑应体现出平衡艺术,实现现有的竞争政策和其他类型政策之间的博弈与妥协。

在大多数情况下,国有资本投资政策会明确自身出台的背景和投资目的,这为公平竞争审查的合目的性审查提供了宏观审查的基础。一项国有资本投资政策措施的实施如果仅出于经济目的,如获取超额投资收益、扶持地方支柱产业,与豁免制度所限定的国家安全、社会保障、保护社会公共利

---

[1] [古希腊]柏拉图:《世界法学名著译丛:法律篇》,张智仁、何勤华译,上海人民出版社2001年版,第6页。

[2] 参见周宇骏:《合目的性的审查分层:我国地方性法规审查基准的实践及其逻辑》,载《政治与法律》2021年第3期。

益相去甚远,那么自然将被排除在豁免适用之外,而需要经历严格完整的公平竞争审查流程,接受竞争中立原则的审视。但如果一项国有资本投资政策措施的实施是为了维持特定阶段下国家政治、经济安全或实现脱贫攻坚等社会福祉,那么应尊重政策制定机关基于行政权力而享有的专业自治。当然,有时国有资本投资政策的目的可能比较含混,这些情况就需要审查机关根据立法背景、政策的整体精神、条文间的关系、规定含义等因素作出综合判断,识别其是否合乎豁免目的。

(二)中观层面:国有资本投资政策的行业竞争评估法

除了需要在宏观层面审视国有资本投资政策的目的,《加快建设全国统一大市场的意见》在维护统一的公平竞争制度部分还专门提到,"研究重点领域和行业性审查规则,健全审查机制……"我国国有资本投资政策公平竞争审查应当据此关注中观的投资领域和行业,判断国有资本投资的领域和行业是否与其政策目的相匹配。审视国有资本投资的主要领域以及评估行业竞争的结果对审视我国国有资本投资政策有较强的指引评价作用。

2019年10月党的十九届四中全会继续贯彻做大做强做优国有资本的指导思想,提出加快构建以管资本为主的国有资产监管体制,利用国有企业改革三年计划初步形成国有资本优化布局,有效发挥国有资本投资、运营公司的功能作用。[1] 党中央、国务院为推进国家治理体系和治理能力现代化,特别强调科技创新体制机制的重要作用。在国际分工体系加快调整、国际贸易争端日趋多发的时代背景下,集中国家有限优质资源,建立健全鼓励支持基础研究、原始创新的体制机制,加快构建社会主义市场经济条件下关键核心技术攻关新型举国体制,成为破局的有力推手。例如,在"双碳"目标任务下,传统的能源领域应是国有资本重点转型的领域。对比美国的世界500强企业榜单可以发现,我国的能源型企业数量是美国的两倍,但其中的科技创新型能源企业仍然落后于美国,在科技创新领域的国有资本投资更是寥寥无几。在今后出台国有资本投资政策发展高精尖科技的浪潮下,传统的能源型企业如何布局向绿色低碳能源型企业转型,是国有资本投资政策审查时需要重点考虑的问题。

---

[1] 参见《中共中央关于坚持和完善中国特色社会主义制度 推进国家治理体系和治理能力现代化若干重大问题的决定》(2019年10月31日中国共产党第十九届中央委员会第四次全体会议通过)。

一是结合国有企业主责主业清单,明确其应参与投资的领域,在主责主业清单外的行业领域原则上不应制定出台相应国有资本投资政策措施,从而"为资本设置红绿灯,防止资本无序扩张"。这为国有资本设定了使命职责,也为公平竞争审查提供了审查的投资领域和行业清单。对于国有企业主责主业清单外的国有资本投资,应严格审慎评估其必要性和合理性;对于清单内的国有资本投资,则可宽松审查其对市场可能产生的影响。

二是在公平竞争审查制度中建立事前事中事后全生命周期的行业竞争评估机制,量化的审查结果应当指引国有资本投资的动态调整。在国有资本投资过程中引入行业评估,一方面可以通过外部监督强化目前内部监督的效果,进一步促进公平竞争审查制度的完善。另一方面,通过行业评估的专业性和客观性,可以很好地对国有资本涉及的某一企业、某一行业进行定向审核,提示国有资本投资的效率,修正其投资偏差,促进市场主体的公平竞争。行业竞争评估的反馈指引作用主要体现在如下方面:第一,验证通过事前评估而获得许可的国有资本投资政策的假设条件;第二,评估国有资本投资政策是否达到了其本要达到的目的和效果;第三,考虑那些国有资本投资政策在事先审查中无法预测的消极效果,特别是大规模国有资本投资计划潜在的整体效果,以此改进事前审查模型。欧盟委员会目前也在对国家援助控制制度的事后评估机制进行相应的完善,以弥补原有的行业评估方法的缺漏。欧盟原有的国家援助控制制度并不聚焦于国家援助方案通过之后带来的实际效果,这些方案在事前审查批准通过后的相当长一段时间内缺少适当的实施中评估跟进与履行完毕后的效果回顾,即使在个案中存在事后评估工作也仅是临时性的机制,导致大量的国家援助措施超过了原本的政策目标、期限和尺度。[1] 行业竞争评估可以对国有资本投资政策的实然效果进行跟踪、分析和反馈,以此吸取经验教训,完善事前评估方法,并优化调整国有资本布局,及时终止相关国有资本投资政策措施。

现阶段广泛应用的行业评估方法主要有两种:第一种是运用经济学建模量化出行业竞争指数,通过行业竞争指数判断行业竞争情况;第二种是根据国家统计局统计的行业企业数量和行业规模并结合行业研究报告综合分

---

[1] See European Commission, DG Competition, *Evaluation in the Field of State Aid: Issues Paper*, europa. eu (Apr. 12, 2013), https://competition-policy. ec. europa. eu/system/files/2021 – 04/modernisation_evaluation_issues_paper_en. pdf.

析行业竞争情况。以上两种方法是从宏观层面分析行业评估情况,同时还要在微观层面结合条文评估方法,形成一个系统化、综合化的行业评估体系。

行业研究报告及国家统计局针对行业规模的一些数据涉密,因此没有完整的数据库,构建的经济学模型不够准确,现阶段更宜采用条文评估法。在上述国有资本投资较为集中的领域,如能源、电信、建设等传统行业,比较容易发生不公平竞争的现象,从而导致相关市场垄断,使市场失去应有的活力。在反垄断执法方面,对于行业竞争评估也探索出不少经验和可供借鉴的简单方法,在合适的情形下可以具体择用。

(三)微观层面:国有资本投资政策的相称性审查

国有资本投资政策除满足合目的性、合乎行业评估结果外,还应注重其政策措施与其所达到的目的之间必须合比例或相称,在个案中寻找各投资要素"质"与"量"的平衡点。这就要求我们借助反垄断法中基础的竞争评估步骤。

以科学的方法界定出相关市场是进行审查评估的第一步。针对国有资本投资政策的竞争评估,假定垄断者测试法需要有所调整。例如,在界定相关商品市场时,需要根据实际情况确定临时目标市场。[1] 对比商业行为,行政干预往往不易直观体现目标商品,所以就要根据实际情况加以分析。地方政府若在投资政策中承诺给予本地国有企业专项税收优惠,那么此时影响的相关市场需要考虑该企业实际投资的市场领域。确定这一临时目标市场应遵循最窄原则,从目标商品逐步向外扩展寻求替代性边界;如果存在多边市场情形,则还要考虑多边市场理论的指引。此外,在使用假定垄断者测试法界定相关市场时,选取的基准价格应为充分竞争的当前市场价格。如果政府干预市场的行为已经导致当前价格明显偏离竞争价格,那么就不能继续选择当前价格作为基准价格进行测试。在此情况下,应该对当前价格进行必要的调整,使用更具有竞争性的价格,这一点亦被《关于相关市场界定的指南》认可。在界定相关地域市场时,行政干预所影响的地域范围一般可直接限定在特定的行政区划范围之内,除非该行为亦会对其他地区产生较大影响,这与企业的市场经济活动有所不同。

---

〔1〕 参见丁茂中:《行政行为的竞争合规制度研究》,载《现代法学》2017 年第 2 期。

国有资本投资政策审查的第二步则要考察国有资本投资政策是否给予了特定企业不受市场竞争约束的竞争优势,从而抑制或者排除了市场公平竞争。企业是市场的有机组成部分,企业也像人体组织一样不断进行"新陈代谢",不能适应市场需求的企业将被淘汰,之后便会有新的企业如雨后春笋般继续诞生,故市场上的企业都面临落后就要被市场淘汰的压力以及如何把企业发展壮大、应对新企业竞争的局面。良好的市场环境将给企业一个公平竞争的机会,这会激励企业的创新与进步,而政府不当的限制竞争行为则扰乱了市场竞争秩序。对国有资本投资政策进行竞争评估,应当在界定相关市场的基础上,继续考察政府的投资行为是否给特定企业带来了竞争优势,对市场产生了实质的影响。

第三步,对国有资本投资政策进行公平竞争审查,亦要分析政策本身的合理程度。国有资本投资的领域、持续时间、方式、金额等因素都可以间接反映国家干预市场的合理程度。国有资本投资政策的相称性审查主要关注:是否是一个适当的政策工具,是否对被投资者有激励作用,是否仅限于激励额外投资或活动所需的最低限度,是不是积极的和透明的。国有资本投资政策只有同时满足这些积极条件并且负面效果有限,才被认为符合市场竞争规则。

五、实现国有资本投资政策公平竞争审查的制度构建

2022年6月24日,《反垄断法》正式修正,在"总则"章增设了关于公平竞争审查的规定,成为公平竞争审查制度的重要立法保障。将公平竞争审查制度写入《反垄断法》是双赢的选择,使《反垄断法》在结构和内容上更加完善,同时提高了公平竞争审查制度的法律强制力,使其更有力地规制行政性垄断行为。但与此同时,由于《反垄断法》的规定相对较为抽象,仍然需要以激励执法和强化责任的方式进一步促进公平竞争审查制度,特别是在国有资本投资政策领域的体系化构建。

(一)增强公平竞争审查的执法激励和第三方监督

公平竞争审查政策立足于保障市场竞争。目前尚未将市场环境的有效改善作为政绩考核的重要事项,进行公平竞争审查对于地方机关和行政领导而言,很多时候会牺牲政绩。因此,持续科学的激励尤为重要。对我国而言,可以从政治激励入手,将公平竞争审查制度的执行成效纳入政府的政绩考核指标。这样可以改变我国当前地方发展仅仅依靠 GDP 来衡量的现状，丰富考核标准，提升考核的科学性，也可以遏制有的地方一味追逐 GDP 的施政风气，实现经济可持续发展。此外，可以根据各地存量政策的清理情况和增量政策的审查情况，对执行状况较好的地方直接给予经济激励。这能够弥补政策制定机关以为的积极执行公平竞争审查制度给经济发展造成的潜在损失，为施行者消除顾虑。[1] 还有，在荣誉激励方面，对一线的审查人员和对决策、推进有功的人员，可以给予相应的荣誉奖励。比如颁发奖项，树立模范，来形成一种积极执行公平竞争审查制度的工作氛围、社会氛围，也能间接地宣传公平竞争审查制度，从而激励相关人员，尤其是一线工作者更好地投入进去。此外，还可以由国务院设立公平竞争审查的专项奖励资金，通过财政转移支付的方式对积极实施公平竞争审查制度的地区进行奖励。

除科学的激励外，还可以增加第三方评估机构的监督权限。第三方评估机构作为国有资本投资政策的审查主体，有义务完成对国有资本投资政策的审查。第三方评估一般由具有较强专业性的独立第三方完成，组成人员一般包含高校、智库、专业性的社会组织等，这类组织具有较强的专业性，能够保持独立、公正。涉及市场主体行为的政策措施等的颁布实施关涉颇多，而国有投资立法主体往往难以对多方利益诉求与市场状态进行全面考量，第三方则可以弥补这些天然缺陷，进行有效监督。在具体机制上，可以通过立法形式直接规定第三方评估机构对本地区或某一行业内的国有资本投资政策具有监督审查功能，除履行公平竞争审查义务外，对于其职责范围外的相关文件，可通过普查或者抽查等方式进行监督。同时，第三方评估机构的监督属于全流程的监督，包含法律法规及政策的出台涉及的交叉审核和制度文件实施过程中的效果评估。第三方评估机构也可以开展社会化的咨询意见，向相关利益主体征求意见，以此完善其监督职责。

(二)完善公平竞争审查的法律责任

第一，提升法律责任主体的覆盖面，增加对相关责任主体的制约和责任追究。首先，增加法律责任承担的主体。从产生排除、限制竞争效果的政策措施的制定来源看，政策制定机关并非唯一对政策措施的出台起到决定性

---

〔1〕 参见丁茂中：《公平竞争审查制度研究》，法律出版社 2019 年版，第 176～177 页。

作用的国家机关。例如,在产业政策中,除国务院外,其他行政部门制定的产业政策原则上都应当报送上级机关批准。因此有必要要求上级机关以及各级权力机关在批准程序中对政策制定机关所作的书面审查意见进行实质性审查,并应就政策措施所产生的反竞争效果承担相应的法律责任。[1] 其次,增加对责任追究和制裁主体的制约。根据权力与责任相统一原则,凡是能影响市场公平竞争的权力部门,无论是在理论上还是在实践中都应当成为公平竞争审查的责任主体,这对于行政体系而言尤为重要。因此,有必要增加对责任追究主体或者制裁主体履职的监督和制约,并建立相应的责任机制。最后,增加对政策措施受益经营者的责任追究。现实中政策制定机关出台反竞争的政策措施往往是出于保护本地区或本行业内特定的市场主体,从而使其获利或者取得市场竞争优势的目的。对于掩饰型受益经营者和协作型受益经营者,应坚决予以相应的责任追究;对于间接关联型受益经营者,无须进行制裁;而对于服从型受益经营者,可适用没收违法所得及责令停止违法行为等行政制裁手段,不宜适用行政罚款制裁,并应给予其一定的责任制裁抗辩权。

第二,扩充责任形式,完善救济机制,增强责任威慑力。政策制定机关的抽象性行政行为具有普遍性、不特定性和复杂性的特点,其涉及的主体也呈现多样性特征,因而单一的责任类型无法有效实现对市场竞争秩序和社会公共利益的维护。与此同时,以"责令改正""行政处分"等为代表的单一化行政责任往往力度不够,难以遏制现实生活中具有较大危害的行政性垄断行为;责任方式的单一也使追究的责任无大小轻重之分,难以使法律责任的追究效果与形态多样的行政性垄断行为所造成的不同危害相对应,起不到真正的公正制裁作用。鉴于公平竞争审查制度运行过程中可能存在民事侵害、行政违规和刑事犯罪等问题,可以尝试构建以民事责任、行政责任和刑事责任为主要内容的多元法律责任体系,增强法律责任威慑力,进而依托责任设置推动制度的有效运行。

在民事责任上,因政策制定机关已出台的政策措施可能会对相关的市场主体产生一定的利益损害,即使其及时在事后停止执行或者进行一定调

---

[1] 参见孙晋、孙凯茜:《我国公平竞争审查主体制度探析》,载《湖北警官学院学报》2016年第4期。

整,也可能无法对市场主体已遭受的不当损失作出合理补偿。对此,可以以所造成的利益损害为基准,尝试建立政策制定机关的民事赔偿制度,如国家竞争损害赔偿机制等,以弥补市场主体遭受的损失。在行政责任上,应在责令改正、行政处分之外,扩充法律责任的形式。上级机关对政策制定机关的制裁方式不应仅停留在"责令改正"的层面,还可以直接予以改变或者撤销;而反垄断执法机构的制裁方式也不应仅停留在"停止执行或调整政策措施的建议权"上,还可以赋予其对政策制定机关的责令改正权力以及对行政处分的建议权力;对受益经营者而言,可以根据受益经营者的类型及其在政策措施出台过程中的参与和过错程度给予一定的没收违法所得、罚款等行政处罚。[1] 在刑事责任上,要坚持审慎的适用原则。对上级机关的"改正"建议拒不听从或不及时改正且造成严重损害后果的直接主管人员以及其他直接负责人员,对严重渎职失职、受贿、泄露商业秘密并造成巨大经济损失、情节严重的工作人员,可以尝试予以刑事追责。

六、结语

推进国家治理体系和治理能力现代化离不开国有资本监管制度创新。坚持国有资本投资政策问题导向和顶层设计相辅相成,以公平竞争审查制度构建起法治化的审查制度,既有利于提升国有资本的资源配置效率,优化国有资本布局,完善中国特色社会主义市场经济体系,打造市场化、法治化、国际化的营商环境,又可以有力回应欧美国家对我国国有资本投资政策的质疑,为世界各国国有资本治理规则提供中国样本,发出中国倡议。在国有资本投资政策中引入公平竞争审查制度,不仅要克服目前公平竞争审查制度自身存在的一些不足,更要针对国有资本的价值目标、功能属性等相应调整、设计与之兼容的审查原则、审查机制、审查方法等,通过构建国有资本投资政策公平竞争审查的立法保障、执法激励和法律责任,推动全面落实国有资本投资政策公平竞争审查制度。

---

[1] 参见丁茂中:《论垄断行为法律责任的立法完善》,载《竞争政策研究》2020年第1期。

公平竞争审查豁免制度研究

一、问题的提出：公平竞争审查豁免制度的现行规定

2016年6月国务院出台《建立公平竞争审查制度的意见》，我国公平竞争审查制度正式建立。与《反垄断法》立法例相类似，《建立公平竞争审查制度的意见》在设置了4大类18项禁止性规定即审查标准之后，也对4类排除、限制竞争的文件进行了豁免规定。[1] 除第三(四)4条的兜底性条款外，国家安全、社会保障以及社会公共利益被确定为豁免的实体标准，之后还分别对政策制定机关的说明义务与定期评估进行了规定。[2]

豁免制度的存在意义在于协调公平竞争审查制度中竞争政策与其他经济政策、社会政策的冲突。但从现有的文本分析来看，《建立公平竞争审查制度的意见》中有关豁免制度的规定至少在以下3个方面尚需补充和完善：

第一，依据第1款的规定，国家利益、社会保障以及社会公共利益被确定为公平竞争审查的实体豁免标准。但社会保障相对于国家利益、社会公

---

[1]《建立公平竞争审查制度的意见》原文使用的是"例外规定"一词，但结合《反垄断法》及其他竞争政策的学理表述，本部分倾向于将此处的"例外规定"表述为豁免。就豁免和适用除外的名词选择上，本部分也将统一采用"豁免"一词进行表述。因为豁免与适用除外的区别在学界尚存一定的争议。有认为二者一致，只是翻译存在不同。参见孔祥俊：《反垄断法原理》，中国法制出版社2001年版。也有认为豁免是指行为本身违反了《反垄断法》的规定，但由于满足了一定的条件而不受禁止。适用除外则是指某些特定经济领域，排除在适用范围之外的。参见许光耀：《欧共体竞争法通论》，武汉大学出版社2006年版。而在各国和地区的司法实践中也有不同的理解。如欧盟对二者有区分，但美国便没有"适用除外"的规定。所以本部分将用"豁免"一词来概括公平竞争审查制度对特定类型的行为不予适用的制度安排。

[2]《建立公平竞争审查制度的意见》第三(四)条："例外规定。属于下列情形的政策措施，如果具有排除和限制竞争的效果，在符合规定的情况下可以实施：1. 维护国家经济安全、文化安全或者涉及国防建设的；2. 为实现扶贫开发、救灾救助等社会保障目的的；3. 为实现节约能源资源、保护生态环境等社会公共利益的；4. 法律、行政法规规定的其他情形。政策制定机关应当说明相关政策措施对实现政策目的不可或缺，且不会严重排除和限制市场竞争，并明确实施期限。政策制定机关要逐年评估相关政策措施的实施效果。实施期限到期或未达到预期效果的政策措施，应当及时停止执行或者进行调整。"

共利益显然不是同一位阶的概念。从更深层的理论分析来看,为何要将这三者作为豁免的实体标准?其是否能维护豁免制度的价值目标?这些问题也是该条款应引起我们思考的地方。

第二,《建立公平竞争审查制度的意见》虽然确定了豁免制度的 3 项实体标准以及政策制定机关的说明义务,但在程序构建方面却没有与之相对应的制度安排。换句话说,豁免制度应依何种模式适用?是采取《反垄断法》事先申请和事后控制相结合的模式,还是在竞争审查开始之前由有关机关启动?是对第 1 款中的 3 项标准全部、直接予以排除适用,还是针对具体个案由豁免机关进行判定?《建立公平竞争审查制度的意见》都没有予以规定,而这涉及豁免制度在程序方面的宏观架构问题。

第三,同样,《建立公平竞争审查制度的意见》对豁免制度在微观层面的具体运行也缺乏明确规定。类似豁免制度应在什么样的条件下启动?由谁启动?这些程序方面的问题并没有得到解答,而程序设计的缺位将导致豁免制度无法实际运行。

当然,客观来说,公平竞争审查制度最终得以"千呼万唤始出来",这本身就是我国经济建设和深化改革的巨大进步。但鉴于法治化是公平竞争审查制度的必然发展轨迹,[1]完整的法学理论证成正是其法治化基础所在。同时,作为规制政府反竞争行为的重要制度,公平竞争审查制度也将和《反垄断法》一道成为竞争政策最为重要的组成部分。因此本部分拟从竞争政策的视角对公平竞争审查豁免制度的构建进行理论探讨。

二、公平竞争审查豁免制度应然建构的研究思路

一般来说,一项制度至少需要对价值目标、制度构建以及程序运行 3 个层面的问题进行回应。其中,价值目标类似于地基,明确的价值目标是制度存在的基础。相应地,制度构建类似于框架结构,它决定了豁免制度在程序方面的宏观构造,并从静态的角度确定了豁免制度各要素之间应实现怎样的协调和运转。最后的程序运行则是建筑材料的填充,它决定了豁免制度在微观运行层面的适用,并且从动态的角度明确了其在现实中应如何具体

---

[1] 参见黄勇、吴白丁、张占江:《竞争政策视野下公平竞争审查制度的实施》,载《价格理论与实践》2016 年第 4 期。

操作。

(一)价值目标层面

任何制度首先涉及的便是社会需求问题,这应包括政治、经济、法律等多方面的目标选择和考察判断,但究其实质,社会需求必然取决于该制度特定的价值取向,具体到豁免制度而言同样如此。

正如法的价值体现了其可以满足主体需要的功能和属性[1]一样,公平竞争审查豁免制度的价值取向也决定了它存在的必要性。换句话说,价值取向所要解决的是豁免制度"为什么存在"的问题。更进一步来说,它还应探析在法律范围内该制度应维护哪种价值?众多价值选择面前,应以何种价值为先?

(二)制度构建层面

公平竞争审查豁免制度在制度构建层面则更多涉及模式选择和豁免类型两个方面的问题。

第一,模式选择。豁免制度的模式通常有事先控制和事后规制两种形式,而模式选择涉及豁免制度的整体运行。因此,在竞争政策的框架内选择何种模式是制度构建首先应予明确的。

第二,豁免类型。豁免的基本类型分为法定豁免与个案豁免两种。通过对当前《建立公平竞争审查制度的意见》例外规定的分析,我国似采取了个案豁免方式。但从竞争政策的视角出发,这样的选择或偏好是否合适?如何与竞争政策的发展相适应?这些问题仍需要进行深入探讨。

(三)程序运行层面

豁免的程序运行包括启动、审查、批准和监督等各个阶段的考量,并且需与制度构建的讨论相结合。

一方面,如果豁免制度在模式选择上以事先控制为主,则相应的豁免程序一般会以主动申请的方式启动。但如果是事后规制,则程序启动通常为被动的方式。

另一方面,与模式选择相同,豁免类型的选择也有其对应的程序运行规则。如果以法定豁免为主,那么豁免程序必然以直接适用为主要方式,不存在谁来豁免的问题。但如果以个案豁免为主,那么豁免权的授予,以及依照

---

[1] 参见张文显:《法学基本范畴研究》,中国政法大学出版社1993年版,第192页。

何种程序作出决定都将是不能回避的问题。

三、公平竞争审查豁免制度的价值目标

(一)公平竞争审查制度的基本价值

作为公平竞争审查的重要组成部分,豁免制度的价值定位无疑应与其整体保持一致。因此,对公平竞争审查的价值判定,成为豁免制度价值定位的首要考量因素。

1.竞争秩序是竞争政策的主要价值目标

竞争政策以维护竞争秩序作为其主要价值目标,但何为竞争秩序,学界却尚无哪一学说能被奉为圭臬。客观而言,竞争秩序本身也确实是一个内涵十分丰富的概念,并且随着经济发展阶段的不同而有所变化,也正因如此,有学者认为其应属于"历史范畴"的概念。[1] 但综合多方学说和观念,学界对竞争秩序的理解,至少在以下几个方面达成了共识。

(1)竞争秩序意味着这样一种经济秩序,即在市场经济活动中,各市场主体以竞争作为获取有限资源的最主要方式。而有关竞争秩序的一切讨论也正是建立在这一基本前提之上。社会资源是有限的,不能生产人们希望拥有的所有物品与劳务,即社会资源具有稀缺性。[2] 正是因为资源的稀缺性,资源分配方式成为各类经济制度最为基础的问题,后者在理论与实践上的不同划分,逐步形成了市场经济与计划经济两大制度类型。由于市场经济在调动市场主体积极性、提高经济效率、优化资源配置等方面的巨大优势,现今无论是发达国家还是发展中国家,均强调市场在资源配置中起决定性作用。而这一切正是根源于市场经济中竞争机制的作用。所以从根本上说,竞争才是市场经济的基本构成要素,是市场经济活力的源泉。也正是在这层意义上,竞争秩序成为市场经济秩序的核心所在。[3]

(2)竞争秩序在当今语境中是一种受限制的秩序。这种限制主要来源于政府政策或者相关的竞争法规。有关这一特征的理解应先从政府职能的

---

[1] 参见叶卫平:《竞争立法与竞争秩序建构——以行政垄断规制必要性为中心》,载《深圳大学学报(人文社会科学版)》2007年第1期。

[2] 参见[美]曼昆:《经济学原理(微观经济学分册)》,梁小民、梁砾译,北京大学出版社2012年版,第3页。

[3] 参见金碚主编:《竞争秩序与竞争政策》,社会科学文献出版社2005年版,第4页。

转变谈起。有关政府职能问题,理论界长期存在两种截然相反的观点,一种是以亚当·斯密为代表的"自由放任"模式,另一种则是由卡尔·马克思为代表的"中央经济体制"或者是"指令经济"模式。[1] 与之相应的,是政府与竞争的关系问题。在前一种模式下政府对于市场主体之间的竞争持自由、放任的态度,在后一种模式下政府则对竞争予以严格的约束和控制,甚至是完全消除竞争以实现政府替代市场。历史证明,无论处于何种模式下,都会造成以竞争不足或者竞争无序为主要表现形式的竞争失范。[2] 所以,竞争政策发展至今,对于竞争秩序的维护,我们所要讨论的并不是完全适用或者偏废任何一种模式,而是综合来看,政府乃至其他具有公权力性质的主体应该在何种程度上维护和保护竞争,以及确定其干预的边界。

(3)竞争秩序本身包含自由、公平、效率、秩序等价值,[3] 统一开放、竞争有序的市场体系是其具体要求。竞争政策在维护竞争秩序的过程中必然面临多种价值的冲突与考量,这其中包含了自由、效率以及秩序等一般法意义上的基本价值。自由和公平价值是竞争政策产生之初所重点维护的价值,如反垄断法便是在资本主义发展至垄断资本主义阶段后,市场障碍的出现致使多数市场主体无法自由进出市场而逐渐确立的。效率价值是竞争政策发展至今所日益重视和维护的基本价值,尤其在反垄断法领域,有学者甚至认为经济效率的实现是后者唯一价值。[4] 秩序价值则更多地体现在竞争政策协调个体自由竞争与政府公权力介入经济行为的过程中。实现以上价值必然要求统一开放、竞争有序的市场体系,后者也多次在《建立公平竞争审查制度的意见》中被提及。

2. 公平竞争审查制度产生于对竞争秩序的维护

(1)国外公平竞争审查产生原因简析

对制度的价值研究应先从其产生的历史原因进行分析。从世界范围来看,美国、欧盟、韩国、新加坡等国都建立了公平竞争审查或者类似的竞争评估制度,各国建立的原因也普遍与行政垄断和竞争秩序的维护有重要关系。

---

[1] 参见[美]维托·坦茨:《政府与市场——变革中的政府职能》,王宇等译,商务印书馆2014年版。
[2] 参见孙晋、李胜利:《竞争法原论》,武汉大学出版社2011年版,第5页。
[3] 参见游钰:《反垄断法价值论》,载《法制与社会发展》1998年第6期。
[4] 参见[美]理查德·A.波斯纳:《反托拉斯法》,孙秋宁译,中国政法大学出版社2003年版,第47~48页。

如美国竞争倡导制度(竞争评估是美国竞争倡导制度的重要组成部分)的出现便是因为政府烦琐的产业管制制度导致经济增长缓慢,需要以新的竞争政策方法来代替。[1] 韩国和日本也为防止政府对竞争秩序的破坏而于2009年、2010年分别建立了竞争评估制度。欧盟的国家援助控制制度则最为明显地反映了其对于市场竞争秩序的维护。事实上,欧盟国家援助控制制度的产生就是源于对欧洲统一市场的维护。其最先发端于《欧洲煤钢共同体条约》中,该条约第4条规定国家的补贴和援助行为都是对欧洲煤钢共同体市场的破坏,因而被绝对禁止。尽管在《里斯本条约》签订之后,由于欧洲各国对欧盟这样一个超国家组织干预各国政治、经济存在担忧,之前一直存在于《欧共体条约》中的保护市场竞争条款被删除,但作为欧盟竞争法重要内容的国家援助控制制度并没有因此被弱化。这是因为无论是之前的欧洲共同体还是当今的欧盟,都始终建立在形成并维护欧洲内部统一市场的基础之上。换句话说,今天所说的欧洲一体化首先是欧洲市场的一体化,因为"统一市场的目标是新欧洲唯一的中心动力"[2]。而国家援助已经成为实现共同市场目标的重要障碍。[3]正是在这一背景下,欧盟的国家援助控制制度才逐渐发挥重要作用,并成为欧盟竞争法中独立且重要的章节。

(2)我国公平竞争审查产生原因剖析

我国公平竞争审查制度的产生同样是基于对市场竞争秩序的维护。公平竞争审查从本质上看是对政府行为的规制,它也因此与《反垄断法》中禁止滥用行政权力的法规一道,成为规制政府反竞争行为的两翼。[4] 两者既有诸多的共同之处,也存在许多差异。

政府出于社会公共利益的考虑必须要介入经济生活中去,这也是政府经济职能所在。但事实上,政府管制的实质又是政府命令对竞争的取代,因

---

〔1〕 See James C. Cooper, Paul A. Pautier & Todd J. Zywicki, *Theory and Practice of Competition Advocacy at the FTC*, 7 Antitrust Law Journal 1091(2005).

〔2〕 Barry E. Hawk, *Antitrust in the EEC: the first Decade*, 41 FordhamL. rev 229(1972).

〔3〕 Luengo Hernández de Madrid, Gustavo E., *Regulation of Subsidies and State Aids in WTO and EC Law: Conflicts in International Trade Law/Gustavo E. Luengo Hernández de Madrid.*, Alphen aan den Rijn: Kluwer Law International, 2007, p. 1 – 586.

〔4〕 参见徐士英:《国家竞争政策体系基本确立的重要标志——有感于〈公平竞争审查制度〉的实施》,载《中国价格监管与反垄断》2016年第7期。

此管制通常有限制竞争的效果。[1]

但是,当我们在面临竞争秩序建构的时候,政府又似乎成了唯一的选择。[2] 因为没有竞争以及无序的竞争都不是有效的竞争,也不是竞争政策的设立初衷,如果没有政府的干预措施,那么竞争很有可能滑向另一个极端,所以如何对政府的反竞争行为进行有效规制便成了一个难题。现行《反垄断法》中对于行政垄断采取的是事后救济方式,并且更侧重于对具体行政行为的处罚。但在实际生活中,经过政府"立法"之后从而具有"正当性"来源的抽象行政行为具有了对于竞争的破坏力,《反垄断法》第41~43条所规制的反竞争行为也更多地通过此类方式实施。而对抽象行政垄断的规制依现有的《反垄断法》第45条以及其他竞争政策无法从源头上予以遏制。

正是在这样的条件和背景下,公平竞争审查作为规制行政垄断的创新之举得以正式确立。它直接以各类排除、限制竞争的规范性文件作为审查对象,以事前审查的方式对抽象垄断行为进行规制,《建立公平竞争审查制度的意见》中明确规定,在政策制定的过程中必须对照4大类共18项标准进行自我审查,如果具有排除、限制竞争效果的不能予以出台,或者需修订至符合相关要求才能正式颁行。由此可见,公平竞争审查制度正是因现有竞争政策无法完全抑制政府对竞争秩序的破坏,作为一种专门针对抽象行政垄断的规制性措施而建立的,《建立公平竞争审查制度的意见》中多次提及的,对"统一开放、竞争有序"的市场秩序的维护也正说明了这点。

(二)豁免制度的价值选择

豁免制度的重要作用是协调竞争政策与其他政策的冲突。究其实质,是当公平竞争审查制度的价值目标与其他政策的价值目标产生冲突之时,豁免制度的价值选择问题。

1.豁免制度价值选择的第一层次:竞争秩序

笔者认为,在众多的价值冲突与协调过程之中,公平竞争审查豁免制度应以竞争秩序为优先的价值选择。

一方面,这是公平竞争审查制度基本价值的要求。如前文所述,竞争秩

---

[1] 参见[美]丹尼尔·F.史普博:《管制与市场》,余晖等译,格致出版社、上海三联书店、上海人民出版社2008年版,第28页。
[2] 参见叶卫平:《反垄断法价值问题研究》,北京大学出版社2012年版,第123页。

序是竞争政策的主要价值目标,更是公平竞争审查制度所维护的基本价值,现行的《建立公平竞争审查制度的意见》也多次强调了制度构建应按照统一开放、竞争有序市场体系的要求进行。豁免制度作为公平竞争审查制度的重要组成部分无疑应与整体保持一致。而由于历史原因,我国在社会主义市场经济的建设过程中尚存在破坏市场竞争的因素。因此对于竞争秩序的维护应是我国市场经济发展到现阶段所必须优先考虑的。

另一方面,其他国家和地区在进行相同规定时也是以竞争秩序作为优先价值选择。例如,欧盟国家援助的豁免制度中,便有如果地区援助导致某一产业竞争无法有序展开,出现诸如产能过剩、闲置等状况时,那么该项援助不被许可。这体现了欧盟在对国家援助豁免进行批准的同时仍然注重对于竞争秩序的维护。又如,欧盟国家援助的豁免制度无论是第 107 条第 2 款的"与共同市场相协调的援助",还是第 3 款的"可视为与共同市场相协调的援助"都不能与欧盟的货物、人员、服务、资本等基本流通自由(四大自由)相冲突。

2. 豁免制度价值选择的第二层次:社会公共利益

在竞争秩序价值之下,公平竞争审查豁免制度应首先注重社会公共利益的维护。过度的竞争有可能造成社会资源的分配不公,进而造成社会不公平现象的产生,甚至在某些领域也有可能造成资源浪费或者公共事业的损害。因此出于社会公共利益的考虑,在特定的历史时期以及特定的领域内竞争政策将予以排除适用。例如,较为典型的环保政策与竞争政策的冲突与协调。在当今环境污染日益严重的情况下,国家不断发布新的政策法规,以增加对相关企业的环保补贴,并通过产权制度的调整来优先配置环保资源,[1]这些都与竞争政策的精神相悖,但出于社会公共利益的考量应予以豁免。又如,自然灾害发生后的救灾救助时期也应有特殊应对,欧盟国家援助的豁免制度便将因"自然灾害或者特殊情况"发生的国家援助直接视为与共同体市场相协调的行为,从而予以法定豁免。[2]

(三)现行规定的改进

事实上,《建立公平竞争审查制度的意见》中对于豁免标准的规定正反

---

[1] 参见徐士英:《竞争政策研究——国际比较与中国选择》,法律出版社 2013 年版,第 54 页。

[2] 参见《欧洲联盟运行条约》第 107 条第 2 款第(2)项。

映了竞争秩序与国家利益、社会公共利益的冲突,但其具体规定尚有待完善。第三(四)1条是国家利益豁免自然无疑,但第三(四)2条与第三(四)3条将豁免标准分别界定为社会保障与社会公共利益,似有不妥之处。首先,法理上尽管庞德曾经将"国家利益"划入其提出的"公共利益"范围之内,[1]但在随后的研究中,学术界逐渐将两者区分开来,并将国家利益和社会公共利益视为与个人利益并列的概念范畴。[2] 而无论是何种划分方式,社会保障作为一项具体的制度安排都不应与国家利益和社会公共利益并列。其次,在我国立法和法律适用中,也同样是将国家利益与社会公共利益对应,并未有社会保障单独列出的情形,比如我国《民事诉讼法》第219条的规定。[3] 最后,在《建立公平竞争审查制度的意见》主要参考的2007年《反垄断法》中,有关垄断协议的豁免规定也是将社会保障纳入了社会公共利益的范畴之内。[4] 因此,本部分认为豁免制度在日后的立法过程中应将后两者进行整合,以避免法律条文的烦琐与重复。

四、公平竞争审查豁免的制度构建

(一)事先控制——豁免制度的模式选择

1. 事先控制的必要性考量:规制对象的特殊性

公平竞争审查及其豁免制度规制的主要对象是抽象行政行为。总体来说,抽象行政行为对于竞争秩序的破坏程度要高于具体行政行为。这主要体现在以下几个方面。

(1)影响范围更广,时间更长

抽象行政行为以其普遍适用性与具体行政行为区别开来,它针对的并不是单一或者特定的行政相对人,而是直接指向了适用范围内不特定的多数人。并且与具体行政行为不同,它还具有反复适用的特性,因此在影响时间上也更为持久。

---

[1] 参见[美]罗斯科·庞德:《通过法律的社会控制》,沈宗灵译,商务印书馆1984年版,第37页。

[2] 参见冯宪芬:《社会公共利益的经济法保障研究》,西安交通大学出版社2011年版,第29页。

[3] 《民事诉讼法》第219条:"……或者发现调解书损害国家利益、社会公共利益的……"

[4] 《反垄断法》第20条第1款第4项规定:"为实现节约能源、保护环境、救灾救助等社会公共利益的。"

(2)司法救济手段缺位

尽管目前我国《行政诉讼法》第 12 条将行政垄断行为纳入了诉讼受理范围之类,但对于抽象行政垄断的救济手段十分有限,当前只能由当事人在提起具体性行政行为诉讼时附带提起。同时,我国现有的法律规定并没有授予法院撤销相关规范性文件的权力,而只是赋予其建议权。

(3)从根本上确认了行政垄断的合法性

抽象行政行为通常需要经过合法的程序颁行。也正因如此,使一些行政机关的具体行为虽然反竞争,但有合法性依据,如 2013 年 10 月,河北省交通运输厅、物价局和财政厅联合下达的通行费优惠政策。该政策只对本省客运班车实行通行费半价优惠,外省车辆则不享有,这无疑是对公平竞争的破坏,国家发改委最终以滥用行政权力排除、限制相关市场竞争为由向河北省人民政府办公厅发出了执法建议函。[1] 在经过省内各主管部门的联合发文下,本质上属于地方保护主义的通行费优惠政策,"摇身一变"成为依合法程序颁布的规范性文件,有关执行部门依此文件所为的反竞争行为不仅不会遭受惩处,反而是一种合法的行政行为。抽象行政垄断的危害性由此可见一斑。

正因为抽象行政垄断行为的危害程度较大,笔者认为公平竞争审查豁免制度在构建过程中宜以事先控制为主要豁免模式。对于一项经济政策或者措施是否破坏了竞争秩序、是否符合社会公共利益标准、是否应当予以豁免等问题的考量均应在该抽象行政行为正式实施之前予以作出。这样方可将该项政策法规以及豁免制度本身的风险控制在最低程度。

2.事先控制的可行性考量:竞争政策的行政管制模式

(1)竞争政策的不同模式

竞争政策在实行过程中存在行政管制与司法控制两种不同的模式。前者意味着竞争政策在实行和维护的过程中行政官员起主导作用,如竞争法在欧洲的实行。行政管制模式在行为规范建构上倾向于用较为原则性的表述,如包括比利时等国在内适用的欧洲竞争法很大程度上只依靠"滥用经济

---

〔1〕 参见《向省政府发出执法建议函》,载中国财经网,http://finance.china.com.cn/roll/20140917/2678617.shtml。

权力"的概念进行竞争法的执法。[1] 司法控制模式则以美国为主要代表,该模式更多地鼓励私人对垄断及其他排除、限制竞争的行为提起诉讼,并主要依靠司法力量实行包括竞争法在内的竞争政策。值得一提的是,尽管行政管制模式伴随欧洲竞争法的产生与发展,但在德国弗莱堡学派的主张日益得到重视之后,司法因素也开始变得越来越重要,并且近年来这样的司法化趋势日益明显。

(2)我国竞争政策为行政管制模式

我国竞争政策目前仍以行政管制为主要模式。这是多种因素共同造成的。一方面,我国经济发展长期以来以政府为主导力量,采取的是一种自上而下的经济推动模式,政府投资是拉动我国经济发展的最重要动力,作为基本经济政策的一种,竞争政策无疑也是首先依靠行政力量的推动。另一方面,我国法治建设水平仍需进一步提高。如之前所说的对于抽象行政垄断行为,市场主体很难通过有效的司法渠道进行救济。

(3)行政管制模式为事先控制创造了可行性条件

行政管制模式为公平竞争审查豁免制度采用事先控制模式创造了可行性条件,具体表现在以下几个方面:

首先,豁免程序更有效率。竞争政策行政管制模式带来的一个直接效果便是行政机关权威地位的树立,这尤其体现在行政机关执法过程中。一个权威的执行机构将在很大程度上提高豁免程序的运行效率,这与事先控制更注重效率的价值目标相契合。

其次,豁免风险更小。如前文所述,抽象行政垄断行为具有较大的危害性,如果采取事先控制的手段能更有效地减少和防范风险。而与司法机关采取事后救济的方式不同,行政管制模式为事先控制创造了可行性条件,这在一定程度上也使豁免制度的风险更小。

最后,豁免结果更准确。行政机关的事先控制相较于司法救济手段更强调效率,但以事先控制方式启动的豁免结果能否做到公正、准确似尚有疑问之处。行政管制模式下各主要行政机关长期接触并处理竞争事务,具有丰富的执法和实践经验,并且在行政力量为主的现实情况下,行政执法机关

---

[1] 参见[美]戴维·J.格伯尔:《二十世纪欧洲的法律与竞争》,冯克利、魏志梅译,中国社会科学出版社2004年版,第214页。

对于信息的采集、专业人才队伍的建设都具有优势。这些都为豁免结果的正确和公正创造了有利条件。

3. 事先控制的现实因素考量：与公平竞争审查的制度衔接

在对事先控制模式的必要性和可行性进行探讨之后，仍需对其实践选择层面的内容进行分析。而实践选择更多的并不是"应该"怎样的问题，而是"可以"怎样的问题。

依现行规定来看，我国公平竞争审查制度采取的是事先规制的方式，即要求政府机关在各类规范性文件出台之前对其是否违背了竞争规则予以自我审查。豁免制度采取事先控制模式与现行的自查模式能进行制度上的衔接，一方面减少了对行政机关的程序要求，有利于公平竞争审查制度的最终落实，另一方面也从整体上降低了制度运行的成本，提高了运转效率。

(二)个案豁免——豁免制度的类型选择

1. 豁免类型及我国现行规定

(1) 豁免类型划分

豁免分为法定豁免以及个案豁免两类。前者也可理解为反垄断法以及一般意义上的"适用除外"，是指法律通过确定性条款或者强制性条款的规定，对特定主体的特定行为排除适用的豁免类型。[1] 例如，我国《反垄断法》第68条和第69条对知识产权和农业领域的豁免规定。后者是指法律对某些行为只作了原则性的规定，需要在具体司法或者执法实践中由特定主体进行个案的分析。典型的如我国《反垄断法》对于垄断协议豁免制度的规定。

(2) 我国现行规定

《建立公平竞争审查制度的意见》中对豁免类型并没有明确的规定。从第三(四)条"例外规定"前部分的内容看，《建立公平竞争审查制度的意见》对国家利益与社会公共利益(文件表述为社会保障与社会公共利益两类，但实则为一，前文已有论述)两类标准的政策文件予以排除适用，但在之后的内容中，又要求政策制定机关必须说明政策的不可或缺性，并且对政策有时效规定，要求逐年进行评估。这说明，我国公平竞争审查并没有将涉及国家

---

[1] 参见钟刚:《我国反垄断法豁免的程序控制模式研究——事先控制，抑或事后控制?》,载《经济法论丛》2010年第1期。

利益和社会公共利益的政策文件完全排除在适用范围之外,而仍需根据个案情况,由政策机关进行解释和说明,再进一步作出是否豁免的决定。因此,从这一角度看,我国公平竞争审查似已确立了个案豁免类型,并且没有规定法定豁免。但如果确立的是个案豁免类型,哪一主体有权对豁免的申请进行审查和批准？以何种程序进行审批？这些随之而来的程序性问题《建立公平竞争审查制度的意见》并没有予以规定。

2. 个案豁免为主:竞争政策基础性地位所决定

(1)竞争政策的基础性地位正逐步确定

从党的十八届三中全会报告首次提出"市场在资源配置中起决定性作用"新论断,到2015年《中共中央、国务院关于推进价格机制改革的若干意见》中第一次明确要"逐步确立竞争政策的基础性地位",再到2016年国务院出台公平竞争审查制度使其成为实现竞争政策基础性地位的关键一步,[1] 竞争政策成为我国基础经济政策已是不可逆的发展趋势。事实上,我国经济建设之所以能在改革开放以来取得举世瞩目的伟大成就,也正是因为自1980年国务院颁布"竞争十条",40多年来逐步正视并践行竞争政策。这尤其体现在社会主义市场经济制度正式确立之后,党中央及人民政府通过政府职能转变、正视市场在资源配置中的地位等一系列变革,为今天市场经济的持续发展和稳定运行奠定了基础,也进一步验证了竞争政策的实施可以有效推动国家长远发展的结论。[2] 而市场经济就是竞争经济,市场经济的发展不光体现在市场逐步成为资源配置的决定性力量,更体现在竞争理念的深入人心以及竞争机制的成功践行。可以预见到的是,我国在社会主义市场经济的发展中将进一步重视竞争的重要作用,并最终实现竞争政策的基础性地位。

(2)竞争政策适用范围扩大决定了以个案豁免为主

竞争政策基础性地位的重要体现便是其适用范围的逐步扩大。以往作为竞争政策排除适用领域的自然垄断、政策性垄断等行业领域也纷纷开始引入市场竞争机制。

---

[1] 参见吴敬琏:《确立竞争政策基础性地位的关键一步》,载《中国价格监管与反垄断》2016年第7期。

[2] See Paolo Buccirossi et al., *Compitition Policy and Productivity Growth: An Empirical Assessment*, 95 Dice Discussion Papers 1(2013).

以公用企业逐渐引入竞争的过程为例,基于规模经济效益、沉没成本等经济学理论,20世纪70年代之前,各国和地区对于公用企业普遍采取垄断经营的模式,不同的只是具体经营方式的差别,欧盟国家普遍采用的是国家垄断经营模式,而以美国为代表的少数发达国家则采取私人垄断经营但接受政府监管的模式。随着经济学及竞争法相关理论的演进,人们发现以往对于某些公用企业自然垄断的分析往往建立在一种静态分析的基础之上,并不能完全反映这些企业的实际情况,而且随着科学技术的进步,公用企业的固定成本大幅下降,其本身的规模经济特征也有了很大程度的改变,甚至以往需要大规模生产的供热供电企业,现在即使是家庭生产规模也是经济的。[1] 同时,公用企业某些环节的自然垄断性也随着实践发展逐步减弱,或者完全不存在了。[2] 以上两方面的原因使竞争的引入有了可能性。在随后的80年代,撒切尔夫人领导的英国在欧洲首先掀起了私有化浪潮,将以往属于公用企业的多个部门进行了彻底的市场化改革,仅以黄金股等特殊产权制度保证国家对于涉及国家安全、社会公共利益等重大事项的决策权。竞争政策在自然垄断领域的引入,一方面扩大了竞争政策的适用范围,另一方面更是巩固了竞争政策的基础性地位。时至今日,美国、欧盟等发达国家和地区仍然坚持以竞争政策作为本国和地区的基本经济政策,最为典型的例证便是2008年的国际金融危机。尽管此次危机的破坏程度与20世纪"大萧条"相当,但各国和地区的应对不同于以往历次金融危机,无论是欧盟还是美国都坚持竞争政策的作用,并注重运用竞争政策与产业政策的协调以应对本次危机。[3]

同样,我国在近年来也出现了竞争政策扩大适用范围的发展趋势。2011年国家发改委启动对中国电信、中国联通的反垄断调查,"十二五"以来对铁路、电力等多个垄断行业的竞争化改造等都反映了这一趋势,在这些

---

〔1〕 See Rolf W. Kunneke, *Electricity Networks: How Naturalis the Monopoly?*, Utilities Policy, Vol. 2, p. 8 (1999).

〔2〕 See W. J. Baumol & J. C. Panzar, *Contestable Markets and the Theory of Industry Structure*, Harcourt Brace Jovanovich, Vol. 6, p. 21 (1982).

〔3〕 参见孙晋:《国际金融危机之应对与欧盟竞争政策——兼论后危机时代我国竞争政策和产业政策的冲突与协调》,载《法学评论》2011年第1期。

领域实现公平竞争日益成为最具有经济效率的运作方式。[1] 而竞争政策适用范围的扩大必然导致排除适用的行业逐步限缩,当然地、完全地排除适用竞争政策的领域也将进一步减少。因此,在竞争政策基础性地位日渐确立的今天,在放松规制已成为我国垄断行业改革大方向的情况下,[2] 法定豁免不应成为公平竞争审查豁免制度的类型选择,或者至少不应成为主要的豁免类型。

五、公平竞争审查豁免制度的程序运行

程序是法治的核心,也是法的基本特征所在。[3] 在我国公平竞争审查豁免制度法治化的过程中,除了价值目标和实体制度的构建,程序运行同样具有十分重要的意义,甚至程序的合理与否直接关系到该制度能否实际运行。

(一)防止滥用——豁免制度程序运行的总体要求

豁免制度作为一种不同价值的平衡协调机制,带来的直接后果便是允许某项破坏市场竞争秩序的经济政策发布实施。而如前文所述,竞争秩序的维护是豁免制度乃至整个公平竞争审查制度的价值目标,因此,如何防止行为主体将豁免制度当作自身反竞争行为的"保护伞",成为豁免制度程序运行中最为重要的问题。

1.豁免制度滥用的形成原因

(1)内部原因:现有规定的不完善

我国公平竞争审查已经确立了自我审查模式,并辅之以外部监督机制。客观来说,这一模式设定是符合我国现阶段国情的。但也可能造成各级行政机关在公平竞争审查领域的权限扩大。在这样一种情况下,有的政策制定者很有可能会寻求竞争的规避,从而再一次引发政府失灵的现象。[4] 也正是有此类的担忧,学界纷纷认为应将公平竞争审查的权限赋予反垄断委

---

[1] 参见孙晋、涂汉文:《自然垄断的规制改革与反垄断法适用除外的科学构建》,载《武汉大学学报(社会科学版)》2003年第5期。
[2] 参见孟雁北等:《垄断行业改革法律问题研究:以石油天然气产业为例证》,法律出版社2016年版,第24页。
[3] 参见李龙主编:《法理学》,武汉大学出版社2011年版,第401页。
[4] 参见侯璐:《我国公平竞争审查机制的构建及其完善》,载《价格理论与实践》2016年第7期。

员会,[1]或者设立独立的竞争政策机构来主持公平竞争审查工作。因此,在现有自我审查模式扩大行政机关权限的情况下,豁免制度滥用将成为一大隐患。

(2)外部原因:竞争机制的不健全

就我国现阶段而言,竞争机制的不健全是可能造成豁免制度滥用的外部原因。本部分所说的竞争机制不健全包括多方面。首先是竞争法治方面。竞争法治的不完善使我国竞争机制没有完整的保护制度,这其中政府干预经济的法律责任机制不健全是原因之一。[2]也正因如此,如果相关行政机关滥用豁免制度破坏了竞争体系,那么可能无法形成有力的法律救济。其次是经济体制方面。我国建立和实行社会主义市场经济体制已有数10年,但有的行政机关通过破坏竞争的行为来管控经济、实行产业政策仍然具有"惯性"。最后是竞争文化方面,公平、自由的竞争思想尚未深入人心,这有赖于竞争倡导和竞争理念的进一步传播。

2.防止滥用的现实路径:严格的程序控制

可能导致豁免制度滥用的因素中,竞争机制的改进无疑是一个长期的过程,而作为内部原因的自我审查模式在现阶段无法得到根本性的转变。这与我国数量庞大的政策文件有关,仅2016年国务院的立法工作就有4大类230项之多,如果算上全国各省市县的规范性文件则更是无法计数。如此庞大的政策增量,我国尚无哪一独立的机构能从人员配置上满足公平竞争审查的要求。因此,自我审查模式是综合多方实际情况考量后制定的、符合我国现阶段国情的措施。并且从世界范围来看,也存在采取自我审查模式的先例,如新加坡的竞争评估制度。[3]

在现行状况无法得到根本性改变的情况下,对豁免程序进行严格控制成为防止滥用最为现实的途径。这要求我们在豁免制度程序运行中,对可能涉及滥用的环节予以严格限制,并且赋予更多机构或者利益相关方监督的权力。具体说来,一般意义上的豁免程序(不涉及简易程序等特殊程序)

---

[1] 参见孙晋、孙凯茜:《我国公平竞争审查主体制度探析》,载《湖北警官学院学报》2016年第4期。

[2] 参见李长友、吴文平:《政府干预经济行为法治化之探究》,载《吉首大学学报(社会科学版)》2014年第4期。

[3] 参见朱凯:《对我国建立公平竞争审查制度的框架性思考》,载《中国物价》2015年第8期。

应至少包含以下几个环节:启动程序、审查程序、批准程序以及监督程序。而防止滥用的要求应具体体现在各个环节之中。本部分接下来就将讨论如何在启动、审查、批准以及监督4个环节中防止豁免制度的滥用。

(二)启动程序:严格限定申请主体

如果以事先控制为主要模式,行为者通常需主动申请启动豁免程序。[1] 因此,为防止豁免制度的滥用,在进行启动程序的设计时需首先尽可能限制申请主体的资格。

与诉讼程序相同,豁免制度的申请主体也应强调当事人的适格,而当事人适格中最为重要的条件便是"具有利害关系"。[2] 具体说来,就一份规范性文件是否应予豁免,政策的制定机关无疑是最具有利害关系的,因此政策制定机关可以依法申请启动豁免程序。接下来,政策制定机关的上级机关是否可以依职权启动豁免程序便成为应探讨的问题。本部分对这一问题持否定态度。首先,是因为豁免制度的事先控制模式,确定一项政策能否予以豁免应置于该项政策颁布发行之前决定,而上级机关如果依职权启动则与该模式相悖。其次,出于防止豁免制度滥用的考虑,严格限定申请主体的资格可从源头上减少豁免制度的运用。

启动程序的另一个重要问题是受理主体。依现有规定来看,我国公平竞争审查制度中司法因素鲜有出现,在此情况下,本部分认为受理主体的确定可以有如下几个思路:

第一,上级机关。上级机关成为受理主体的优势在于其对相关政策的信息掌握全面,行政机关内部之间的申请与受理也更具效率。但因为是上下级关系,豁免的结果可能不够全面客观。

第二,反垄断委员会。依《反垄断法》,反垄断委员会是我国的反垄断执法机构,负责研究拟订竞争政策,由其作为豁免的受理主体可以保证结果的权威性和客观公正。但相对于上级机关受理,此种路径制度成本更大,决策效率和人员配置均无法保证。

第三,单独设立主管机构。在各级政府另设单独的主管机构也是解决受理主体问题的一个思路,但制度成本、机构权威性等问题也有待考量。

---

[1] 参见钟刚:《反垄断法豁免制度研究》,北京大学出版社2010年版,第163页。
[2] 参见李龙:《民事诉讼当事人适格刍论》,载《现代法学》2000年第4期。

以上3种思路各有利弊,最终究竟如何抉择尚需进一步的讨论论证。

(三)审查程序:确保利益各方的参与权

审查程序主要指主管机构对豁免的申请事项进行判断处理的过程。行政权的行使关乎国家的稳定以及相对人权益的保障,[1]因此在这一过程中保证相对人的参与权成为关键。主管机构应根据不同的情况要求豁免申请人提供相应的评估报告、情况说明等文件与资料,并充分听取政策涉及或可能涉及的市场主体、行政相对人的意见,通过审查会议、听证会等方式保证他们的参与权,使整个审查程序的运行建立在多方意见充分交流和完整表达之上。

(四)批准程序:保证结果的公开透明

主管机构在经过审查后将对特定政策是否予以豁免作出决定。豁免的决定既可以是批准或者不批准豁免,也可以是附条件或者附期限的豁免。在《建立公平竞争审查制度的意见》中已经有期限方面的规定,要求政策制定机关逐年评估相关的政策措施,当政策申请的豁免时限已过或者评估的效果没有达到预期时,应当及时停止该项政策或者予以调整。但无论是哪种结果,都要求主管机构将豁免的结果予以公示,如有必要也可以举行公开的听证会,如此方可保证利益相关方能及时了解决策内容,并保证其实现提出异议的权利。

(五)监督程序:完善程序约束机制

豁免的监督程序是防止滥用的关键环节。在监督主体上应尽可能广泛,不仅要包括上级机关和主管部门,政策涉及的利益相关方如各类市场主体,也可以成为豁免监督的主体。在监督程序的设计上,首先应坚持现有的政策制定机关定期评估制度,其次也可以考虑设计上级机关或者相关主管机构、竞争执法机构的定期检查制度,对豁免的条件是否发生重大变化、豁免的依据是否正当等内容进行定期的考察。这既有及时纠错的意义,也能对政策制定机关起到一定的威慑作用。

六、结语

"竞争功能的发挥……首先取决于适当的法律制度的存在,这种法律制

---

[1] 参见朱长娥:《我国行政授权的程序性规制研究》,载《吉首大学学报(社会科学版)》2015年S2期。

度既能维护竞争,又能使其以最有益的方式运行。"[1]我国社会主义市场经济发展到今天,竞争政策基础性地位的确立已成为必然的、不可逆的发展趋势,公平竞争审查制度的最终创立很好地印证了这一点。但不可否认,竞争政策推行过程中必然面临多种经济政策、多种价值目标的冲突,因此完善豁免制度以平衡、协调此类冲突成了竞争政策体系构建的应有之义。

诚然,从现实角度来看,我国公平竞争审查及其豁免制度都尚处初创阶段,我们似应更注重它对于"竞争的维护"的作用,而不应对其能否使竞争"以最有益的方式运行"作过多苛求。但从应然建构分析,豁免制度必然需要承担更多经济、政治以及社会目标的需求和考量。所以本部分从价值目标、制度构建和程序运行3个角度对豁免制度的完善进行了学理上的初探,并尝试对竞争秩序、事先控制、个案豁免以及防止滥用等实体和程序上的关键问题予以分析和论证,以期为之后相关问题的深入讨论提供一个可行的思路,也为公平竞争审查制度乃至整个竞争政策的发展与完善尽绵薄之力。

---

[1] [英]弗里德里希·奥古斯特·冯·哈耶克:《通往奴役之路》,王明毅等译,中国社会科学出版社1997年版,第122页。

特定行业篇

公平竞争审查视角下共享经济的政府监管路径选择

随着信息技术和互联网产业的发展,由普通消费者而不是生产者和经营者,直接从事生产、交换、租赁、借贷为特征的共享经济(sharing economy)迅速崛起。2016年,共享经济首次被写入国务院《政府工作报告》。其后,一系列支持、鼓励共享经济发展的国家政策相继出台,使共享经济成为最为活跃的经济创新领域之一。高速发展的新兴经济模式在增进消费者福利、提高社会闲置资源使用率方面的作用不容置喙。然而,共享经济是基于市场机制自发形成,存在无法通过自身克服的市场缺陷。[1]"当市场机制无法克服这种市场缺陷时,就需要一种力量对市场失灵进行克服。政府干预是克服市场失灵的基本选择。"[2]在共享经济中,政府应当选择怎样的监管模式?是否应当直接以立法形式进行监管?政府干预共享经济的权力边界何在?本部分以公平竞争审查制度为分析视角尝试对上述问题进行探讨。

一、共享经济下政府监管的选择

共享经济使闲置资源为社会大众所分享成为可能,在互联网的催化下,一切闲置事物在未来都可能被分享,深刻地转变人们的工作、生活方式。值得注意的是,在享受共享经济所带来的便捷、实惠生活时,社会同样面临共享经济所带来的冲击,由此引发的一系列问题使有效的政府监管必不可少。但问题在于,对于发展潜力巨大但又易引发社会问题的共享经济,政府既不能放任其粗放式发展,又不可采用传统约束性规制手段进行打压,政府监管陷入两难境地。

---

[1] 参见蔡朝林:《共享经济的兴起与政府监管创新》,载《南方经济》2017年第3期。
[2] 漆多俊:《经济法基础理论》,法律出版社2017年版,第78页。

(一)共享经济政府监管之必要性

迄今为止,共享经济的发展轨迹可以用"横冲直撞"来形容。在其为人们带来生活、工作便利的同时,如野马般闯入局中的新从业者往往无须遵守现有游戏规则。相较于传统从业者所承担的各种行业负担,新兴力量在政策红利的影响下享有特惠待遇。也正因如此,我们应当关注共享经济所带来的两面性,即"创造性毁灭"。熊彼特认为,创造性毁灭是经济内部的突变和革命,它是不断破坏旧结构与建立新结构的过程。[1] 质言之,如硬币之两面。在为市场注入活力的同时,共享经济同样打破了原有的市场秩序,对原有市场造成了破坏。此种"创造性毁灭"主要体现在其对行业形态、市场结构及劳动关系的影响上。

行业形态上,大规模创新使生产体系重新建构,旧的生产技术及生产体系亦因此土崩瓦解。传统行业的旧有势力因为共享经济的逐步渗透而与之展开激烈竞争。这种源于产品、技术、供应来源的新旧竞争实质上为市场中的供给方提供了新的市场和更多的选择,行业发展无疑因此得到极大推动,社会整体福利也因此大幅提高。但新入局者进一步压缩原有从业者的利润空间,传统企业因为新兴经济的冲击面临极大生存威胁和转型压力,这便是共享经济为原生行业所带来的"致命的破坏"。住宅共享市场的发展印证了这一观点,联结旅游者和家有空房出租的房主的新兴服务商Airbnb(爱彼迎)的诞生重塑了传统酒店行业,不少原有酒店企业因此面临极大冲击。有关数据证明,每当美国得克萨斯州Airbnb的客房数量增加1%,当地酒店的季度收入会相应地下降0.05%。分享社会闲置资源这一理念基本使Airbnb人工成本为零,低端酒店因受到Airbnb的挤压加速消亡,社会整体失业率也因而提高。[2]

市场结构上,市场力量重新洗牌,新兴垄断势力可能就此诞生。在平台形成初期,平台往往需要投入大量资金以形成群居效应。例如,滴滴打车在平台发展初期每年投入的乘客及司机补贴高达33.6亿美元。优胜劣汰的市场竞争机制下,当共享经济平台用户积累工作完成,其规模经济效应便会凸显,市场份额最终将被少数大型企业瓜分,极易造成"赢者通吃"的局面。

---

[1] 参见[美]约瑟夫·熊彼特:《经济发展理论》,郭武军、吕阳译,华夏出版社2015年版,第98页。

[2] 参见宋逸群、王玉海:《共享经济的缘起、界定与影响》,载《教学与研究》2016年第9期。

凭借着早期的用户积累,这些大型企业对用户资源、交易数据等核心竞争要素具有绝对掌控力,极易利用垄断优势攫取高额利润。[1] 2016 年 8 月"滴滴"收购"优步"从而使"滴滴"公司在网约车市场的市场占有率超过 90%,便是这一市场新生垄断力量形成的最好证明。相应地,已经适应网约车出行模式的乘客和司机面临补贴的大幅削减及支付费用的大幅提高却无可奈何。

劳动关系上,共享经济的介入使原有劳资关系面临重塑。在新型劳资关系下,劳动者与公司的雇佣关系也正悄然改变,组织及管理结构变得松散,员工不再受人格化老板直接监督,工作种类及工作时长选择性大大增强,劳动呈现出很大灵活性。相应地,劳资双方的责任承诺制度因传统雇佣关系的改变不复存在。在交通出行领域,司机的意外伤害险、医疗保险、养老保险、失业险、车辆维护及其他费用将不再由公司提供,这种社会保障的缺失极有可能使自由职业者暴露在风险之下。[2]

可见,作为市场经济发展中的新兴经济模式,共享经济虽然凭借着诸多优势大有不可阻挡之发展趋势,但是其因市场失灵给社会带来的负面影响亦不容小觑。政府监管因此成为必然,适当的政府监管模式可以发挥共享经济的优势,促进市场健康、有序发展,亦可以控制新兴经济模式发展所带来的负面影响。

(二)共享经济政府监管之选择

新兴事物的发展与旧有制度模式发生冲突是技术和经济形态创新的必然结果。以网约车为例,Uber 作为网约车市场最早的出租车服务商之一,已经收到了法国、西班牙、泰国、印度、美国(爱达荷州、阿拉斯加州、德克萨斯州等州)等国家的禁令。柏林地方法院直接判决 Uber 违反《德国客运法》。[3] 法兰克福地方法院则认为,由于 Uber 未取得客运服务营运资质(购买保险、取得牌照),其与当地出租车的竞争因而是不公平竞争。同样地,以传统客运服务的监管模式应对网约车市场在伦敦也充满争议,理论界与实

---

[1] 参见叶军:《经营者集中反垄断审查之皇冠宝石规则研究》,载《中外法学》2016 年第 4 期。
[2] 参见唐清利:《"专车"类共享经济的规制路径》,载《中国法学》2015 年第 4 期。
[3] 这是因为,根据《德国客运法》,出租汽车完成一项业务后需回到营业所在地。参见王静:《中国网约车的监管困境及解决》,载《行政法学研究》2016 年第 2 期。

务界对有关法律概念和法律条款的解释各持己见。[1] 在我国,上海、广州、大连、沈阳等地均对 Uber 等提供网约车服务的经营者发布禁令。政府监管部门认为,由于"专车"缺乏相应营运资质和相应保障,极易扰乱市场、引发安全事故。[2]

作为创新商业模式,共享经济成功的关键在于其为消费者带来多样化选择和生活便利。法律制度理应为创新营造良好氛围。然而,创新与监管的关系实难处理。如若不了解创新出现的原因及其两面性,则难以处理其内在的不确定性,继而难以制定出健全的法律规则。一些人主张,法律监管是对创新的桎梏。事实上,法律监管需要确定事物的边界及标准程序,创新则源于思想的自由和对传统的颠覆。过度监管极易扼杀创新,适度监管才有助于创新,这对监管者来说是相对简单的选择。但政府监管本就是市场失灵的选择,政府监管承载着解决创新带来的社会问题和其他风险的使命,由此,必须为政府监管划定权力边界,在创新与监管之间找寻平衡。

二、公平竞争审查——政府干预经济的权力边界

无政府主义理念下的自我监管由于过度关注私人利益、缺乏国家保障、监管套利等问题为人们所诟病。实践证明,即使是新兴经济模式也应当受到政府监管,否则市场一旦失灵,任何经济活动都无法正常运行。相反,大包大揽、事无巨细式的政府监管则会扼杀共享经济的生命力。政府监管有效的前提应当是行政权力的适度性或有限性。换言之,只有明确政府干预经济的权力边界,才能找到合适的共享经济政府监管模式。通过公平竞争审查制度,能够为政府划定权力边界,继而为快速发展的共享经济确立适度监管机制。

(一)公平竞争审查的理念及制度价值

2016 年 6 月 1 日,国务院发布《建立公平竞争审查制度的意见》,标志着我国公平竞争审查制度的正式建立。

公平竞争审查,是指竞争主管机构或其他机构通过分析、评价拟订中

---

[1] 例如,Uber 的智能手机应用在法律上是否可以被视为出租车计价器。参见张衡:《共享经济时代政府监管的困境与变革》,载《信息安全与通信保密》2016 年第 1 期。

[2] 参见王首杰:《激励性规制:市场准入的策略?——对"专车"规制的一种理论回应》,载《法学评论》2017 年第 3 期。

(或现行)的法律法规和政策可能(或已经)产生的竞争影响,提出不妨碍法律法规和政策目标实现而对竞争损害最小的替代方案的制度。[1]《建立公平竞争审查制度的意见》就公平竞争审查制度的建立与实施作出了明确说明,并对审查对象、方式、标准、程序、保障措施以及竞争政策与产业政策的关系等问题作出了明确规定。毋庸置疑,公平竞争审查制度能够极大限制政府权力,规范政府干预市场行为,能够最大限度上防止政府出台排除、限制竞争的政策措施,是进行新时代中国特色社会主义市场经济法治建设过程中的一项重要制度。

由政策制定机关或行政机构进行自我审查是公平竞争审查制度的核心机制,即行政机关和法律、法规授权的具有管理公共事务职能的组织在出台涉及市场主体经济活动的规范性文件和其他政策措施时,根据审查标准对其中具有排除、限制竞争效果的内容进行自查自纠。[2] 根据《建立公平竞争审查制度的意见》,已经或将要出台的与市场经济活动有关的规范性文件及政策措施均是公平竞争审查制度的审查对象。审查措施主要包括存量清理、增量审查、发挥联席会议作用、加强宣传并形成公平有序的社会竞争氛围、促进《反垄断法》与公平竞争审查制度联动形成合力等方面。与作用于市场主体的传统经济管理政策不同,公平竞争审查制度直接规制政策制定者,旨在解决和预防政府不当、不合理的干预造成的排除或限制市场竞争问题,从源头上预防和制止由行政权力限制竞争而产生的行政垄断,为市场运行营造公平竞争的良好氛围。可以说,公平竞争审查制度的有效实施,能够使政府更加合理、有效地行使公共权力,一定程度上使政府在共享经济监管中处于"中立"地位。

(二)公平竞争审查作为政府干预经济权力边界的理论检证

如何实现对于政府经济权力的制约并划定边界,核心当然是实现法治基础上的"规则之治",加强相关实体法对政府经济权力的约束,在政府行使经济权力时要充分考量并维护公共利益和相关主体的利益,及时对政府经

---

[1] 参见孙晋、袁野:《论公平竞争审查在我国政府采购领域的适用》,载《湖北行政学院学报》2016年第5期。
[2] 参见李俊峰:《公平竞争自我审查的困局及其破解》,载《华东政法大学学报》2017年第1期。

济权力进行审查、矫正和救济。[1] 在全面深化改革和全面推进依法治国背景下制定实施的公平竞争审查制度,是对政府经济权力运行进行审查和矫正、制约政府经济权力的有力保证。因此本部分拟从不同角度和更高层次寻找公平竞争审查制度的现实资源和理论正当性,既为制度提供更为丰富的素材和依托,也为制度的实践减少障碍。

1. 行政立法控制视阈下之理论考察

在现代行政的臃肿化和复杂化背景下,仅由立法机关立法难以满足灵活性和地方多样性的需要。[2] 于是,功能主义和实用主义视阈下,行政机关立法的正当性得以证成。"问题的关键在于行政立法在实践中是不可缺少的,而不在于理论上难以使其合理化"[3],行政立法得以向传统立法权渗透并扩张。事物皆有两面性,行政立法为现代社会所必要已达成普遍共识,"真正的问题在于如何使此种立法与民主协商过程、严格审查过程和控制过程保持协调一致"[4]。从一定程度上来说,公平竞争审查制度就是顶层设计对行政立法的一种规则控制,以是否排除、限制竞争为标准,审查行政机关的法规规章、政策等行政立法,对不利于公平竞争的进行纠正乃至废止,这在很大力度上就遏制了行政立法干预市场经济的随意性和对权力的滥用。

2. 规制影响评估视阈下之域外考察

规制影响评估是国外行政法治实践和政府行政管理改革实践中的一项重要制度,尤其对于规制政策制定和规制治理改革意义重大。[5] 规制影响评估,即对已经或拟定发布的政府规制政策和方案将要产生的影响进行评估和分析的政府决策工具。[6] 法律法规、规章、政策措施等具有普遍约束力的政府行为及准则均是政府规制影响评估的分析对象,其过程贯穿于政策

---

[1] 参见孙晋:《经济法视角下政府经济权力边界的审读——以政府职能转变为考察中心》,载《武汉大学学报(哲学社会科学版)》2014 年第 2 期。

[2] 参见[日]平冈久:《行政立法与行政基准》,宇芳译,中国政法大学出版社 2014 年版,第 5~6 页。

[3] [英]威廉·韦德:《行政法》,徐炳等译,中国大百科全书出版社 1997 年版,第 558 页。

[4] [美]理查德·B.斯图尔特:《美国行政法的重构》,沈岿译,商务印书馆 2002 年版,第 1 页。

[5] 参见郑宁:《我国行政立法评估制度的背景与价值探析》,载《行政法学研究》2010 年第 4 期。

[6] 参见吴浩、李向东编写:《国外规制影响分析制度》,中国法制出版社 2010 年版,第 4~5 页。

和方案酝酿、形成及实施后的全部过程之中。[1] 实践中,规制影响评估能够通过不同规制方案成本和效益的比较分析,帮助确定在该规制领域里有关规制方案的优先顺序,将有限的资源配置给高效率规制方案,进而改善规制效果、有效提升规制的质量;能够为决策者提供综合而理性的信息,以协调不同利益、整合多元政策目标,促进决策科学化;强调评估过程中的透明、公开和公众协商,有利于促进行政民主、改善立法和政策制定过程;强调高层次的政治参与,注重质量控制和监督,强化了行政首长对于决策的行政责任。[2]

例如,加拿大财政委员会发布的《规制成本效益分析指南》专门分析并评估规制对商业竞争、消费者所造成的影响,[3] 欧盟《影响评估准则》与英国《影响评估准则》均考虑规制对市场竞争和市场主体竞争力所造成的影响。[4] 作为规制影响评估制度的重要助推者,OECD 在 1995 年通过的《提高政府规制质量建议书》中明确指出,鼓励成员国建立规制影响评估制度。其后,OECD 专门制定《竞争评估工具书》以强化规制影响评估中对于竞争这一要素的考量。由此可知,公平竞争审查制度(亦称竞争评估)本质上是规制影响评估制度的一个重要方面。因此,规制影响评估理论及实践中的有益经验可供公平竞争审查制度借鉴,以拓展制度本身的张力和理论源流。

3. 法治评估视阈下之国内考察

近 10 年来,法治评估这一理念和制度被引入我国,并在我国许多地区得到良好发展,出现了部分探索法治评估的地方实践,[5] 法治评估的价值和作用也逐渐得到认同。[6] 2013 年,《中共中央关于全面深化改革若干重大问题的决定》指出,建立科学的法治建设指标体系和考核标准,并将法治建

---

[1] 参见吴浩、李向东编写:《国外规制影响分析制度》,中国法制出版社 2010 年版,第 4 页。
[2] 参见吴浩、李向东编写:《国外规制影响分析制度》,中国法制出版社 2010 年版,第 4~5 页。
[3] 参见汪全胜:《加拿大立法的成本效益分析制度探讨》,载《法治研究》2014 年第 8 期。
[4] See Better Regulation Framework, Gov. UK(May,2023), https://assets.publishing.service.gov.uk/government/uploads/system/uploads/attachment_data/file/916918/better-regulation-guidance.pdf.
[5] 比如法治江苏、法治湖南、法治浙江等进行的地方实践,还有香港法治指数、余杭法治指数、浙江湖州法治建设评估,以及"法治城市、法治县(市、区)"创建考核评估。参见朱景文:《论法治评估的类型化》,载《中国社会科学》2015 年第 7 期;孟涛:《论法治评估的三种类型——法治评估的一个比较视角》,载《法学家》2015 年第 3 期。
[6] 参见张德淼、李朝:《中国法治评估进路之选择》,载《法商研究》2014 年第 4 期。

设成效纳入政绩考核,从顶层设计上明确了法治评估作为实现国家治理现代化的有效机制之一。以此为分界线,法治评估地位发生重大变化,兼具治理工具功能、民主参与和监督功能。[1] 其实在专项评估领域,行政立法评估已然走在了前列,自2001年以来行政立法评估逐渐走入公众的视野,许多不同级别的行政机关对其进行了有益探索。[2] 从2005年开始,在享有规章制定权的80个省市中,开展规章评估的已从2007年的12个上升到2012年的47个,比率也从15%上升到58.75%。[3]

可见,公平竞争审查制度是为政府监管共享经济划定权力边界的一条可行路径。在我国现阶段的国家经济调节中,行政手段对市场的强力干预仍然突出。[4] 所以,防止政府过度干预共享经济发展的核心也就在于防止政府的"泛干预主义",使政府的经济权力运行秉持始终维护市场竞争的原则,并且"是否促进竞争而不妨碍市场竞争应成为评判国家干预正当与否、优劣与否的一个基本标准"[5]。公平竞争审查制度为政府监管共享经济提供了一个具体的路径和明确的标准,对政府管理经济、干预市场过程中出台的法规规章、规范性文件和政策措施进行审查,符合公平竞争要求的予以通过,否则进行纠正或杜绝,这实质上从源头上减少了政府行为对市场、竞争的不利干预,在动态中划定了政府与市场的边界。

三、既有政府监管的实证分析——以网约车、共享单车市场为例

由共享经济逐渐兴起而引发的社会问题显然引起了全国各地政府机关的重视,一系列监管政策相继出台。然而,共享经济环境下,设立行政审批、提高市场门槛等传统监管模式不仅事倍功半,而且还极易使新兴经济模式失去活力。以公平竞争审查制度为中心的政府监管模式能够将政府权力对市场竞争的影响降到最低,本部分拟从上述角度以网约车、共享单车市场既有监管模式为例进行说明。

(一)网约车市场政府监管状况分析

随着2015年1月7日滴滴打车软件司机陈某不服济南市客管中心非法

---

[1] 参见钱弘道、王朝霞:《论中国法治评估的转型》,载《中国社会科学》2015年第5期。
[2] 参见李瑰华、姬亚平:《行政立法评估制度论析》,载《江西社会科学》2013年第7期。
[3] 参见郑宁:《行政立法评估制度研究》,中国政法大学出版社2013年版,第2页。
[4] 参见陈婉玲:《经济法调整:从"权力干预"到"法律治理"》,载《政法论坛》2014年第1期。
[5] 邱本:《经济法专论》,法律出版社2015年版,第141页。

运营认定而提起诉讼,网约车司机的营运是否合法这一问题逐步走入人们的视野。四度延期过后,案件以车主胜诉而告终,网约车走向合法化。[1] 随之而来的,是政府对网约车市场的法律监管问题,一系列网约车市场的规范性文件相继出台。2016年7月27日,交通运输部、工业和信息化部、公安部、商务部、国家工商行政管理总局、国家质量监督检验检疫总局、国家互联网信息办公室颁布《网络预约出租汽车经营服务管理暂行办法》;随后,广州市人民政府、北京市交通委员会、上海市人民政府、深圳市人民政府相继出台了相关办法,对车辆指标、司机户籍作出不同程度限制。[2] 因而,大多数网约车司机由于主体和车辆条件限制失去网约车客运服务资格,网约车行业原有汽车租赁模式近乎难以为继。[3]

诚然,政府监管是市场失灵的有效选择,但不能因只考虑政府需要对经济进行特别干预而忽略了竞争性市场机制的功能。[4] 部分城市的网约车市场因为政府过度监管而褪去了共享经济调动闲散社会资源的本质属性,专车与专职司机成为行业常态。[5] 由于政府通过政策文件为网约车市场设置准入门槛和行政审批,社会闲置资源的高效共享转化为专职经营,网约车的共享经济属性逐渐消弭,成为传统出租车服务的衍生品。[6] 长此以往,过度的政府监管及异化的营运模式将在网约车市场被固化,共享经济将失去发展的空间,而新的利益藩篱也将因此高筑。

实际上,我国建立公平竞争审查制度的初衷正是防止政府对竞争秩序的不当干预,旨在通过对政府颁布的关于市场准入、产业发展、资质标准等涉及市场主体经济活动的规章、规范性文件和其他措施进行审查和评估,以使市场在资源配置中发挥决定性作用。《建立公平竞争审查制度的意见》明

---

〔1〕 参见《我国"专车第一案"二审维持原判"专车"司机胜诉》,载央视网,https://news.cctv.com/2017/02/21/ARTITc4z6VGQtCeB0f7zomN8170221.shtml。

〔2〕 参见《北京市网络预约出租汽车经营服务管理实施细则》第8条、第9条。

〔3〕 参见《汽车租赁公司老板:网约车"新政"让我们遭灭顶之灾》,载中国新闻网,https://www.chinanews.com/cj/2016/10-25/8042204.shtml。

〔4〕 参见[英]詹姆士·E.米德:《明智的激进派经济政策指南:混合经济》,欧晓理、罗青译,三联书店上海分店1989年版,第187页。

〔5〕 参见《订单暴跌、司机退车　滴滴租赁公司:我们要死了》,载网易新闻,https://m.163.com/tech/article/C3S32KAG00097U7R.html。

〔6〕 《国务院办公厅关于深化改革推进出租汽车行业健康发展的指导意见》(国办发〔2016〕58号)中已明确规定网约车是出租车行业的组成部分。

确要求在政策制定和实施过程中,要根据审查标准(4大类、18小项)对即将出台的政策和规范性文件进行审查,违反上述标准、具有排除限制竞争效果的政策和规范性文件应当不予出台,或经过调整符合相关要求后出台。反观网约车市场的既有政策,北京、上海、广州等地的网约车监管立法均未通过公平竞争审查,而其备受争议的关于过度限制车辆轴距、排量与驾驶员户籍的相关内容不出意料地违反了审查标准中的"不得设置不合理和歧视性的准入和退出条件"与"不得限制外地和进口商品、服务进入本地市场或者阻碍本地商品运出、服务输出"。尽管《建立公平竞争审查制度的意见》也规定了公平竞争审查的例外情况,但显然上述规定不属于例外情况。[1]尽管公平竞争审查制度的具体建构与地方实施不在此文的讨论范围,但上述分析证明了公平竞争审查制度在共享经济下政府监管中所起到的作用,即对政府的"建制立规"行为实施相应审查,以免其排除或限制公平竞争,厘清政府与市场关系,使两者在资源配置方面各司其职,并推动政府和市场主体各自承担维护市场机制健康运行、保障公平竞争的职责和义务。

(二)共享单车市场政府监管状况分析

互联网技术的普及下,摩拜、ofo等私人企业提供的共享单车大行其道,这两家独角兽公司还不断在优化平台、做实产品质量上发力,快速迭代并寻找各自的细分市场,无论是降低成本还是提高效率方面,都远胜于政府运营的公共自行车系统。它一方面已经或正在改变着城市居民的出行方式,另一方面极大地释放了潜在的消费需求,为传统自行车行业的转型升级注入了活力。

自2016年4月以来,共享单车平台公司不断出现,大量共享单车投放于市场,由于其采用移动互联网运营模式,无桩停放、随借随还、区域互通等技术措施极大地简化了使用者的租赁和使用,共享单车短时间内风靡全国。与此同时,其迅速发展亦产生了一系列社会问题,道路交通、随处停放侵占公共空间、使用者人身安全、单车"押金"潜在的资金风险等监管问题亟待解决。面对这些问题,国务院交通主管部门和许多地方政府均积极表态,表示正在制定单车平台公司市场准入、交通秩序及停放秩序等方面的监管规制。

---

[1]《建立公平竞争审查制度的意见》规定的例外情况主要包括:维护国家经济安全、文化安全或者涉及国防建设;为实现扶贫开发、救灾救助等社会保障目的;为实现节约能源资源、保护生态环境等社会公共利益;法律、行政法规规定的其他情形。

如何适应瞬息万变的 e 时代经济社会发展的要求,是行政监管面临的迫切问题。

从北京、上海两地区发布的《北京市鼓励规范发展共享自行车的指导意见(试行)(征求意见稿)》和《上海市规范发展共享自行车指导意见(试行)(征求意见稿)》来看,其对企业除符合国家相关法律规定外,还应当在本市设立服务机构,配备与车辆投放规模相适应的服务网点和管维人员等规定过于严苛。作为借助互联网技术实施的商业创新模式,单车共享商业模式存在的基础是市场经济,因此在市场准入和退出以及经营者行为等方面的监管,应当更多地通过利益传导规则引导共享经济模式朝着有利于经营者与消费者福利最大化和社会公共利益最大化的方向发展。

四、公平竞争审查语境下我国共享经济的政府监管路径选择

我国全面深化改革提出了目标:市场在资源配置中起决定作用,更好发挥政府作用。政府在新时代中国特色社会主义市场经济建设中的角色与定位,直接决定着政府对市场的监管模式。当市场由于自身缺陷而不能正常发挥其机制作用,市场失灵显现,政府干预就成为必要,但纯粹依靠自生自发秩序和纯粹依靠政府至少具有同等的荒谬性。[1] 政府干预并非低成本的选择,必须受到法经济学的评估和检验。公平竞争审查制度正是考察政府干预效果的有效工具之一。在共享经济的政府监管路径选择上,一方面,如果政府过度干预,则容易出现网约车市场上的过度监管,既不利于行业发展,也为地方保护主义大开方便之门。另一方面,如果政府迟迟不敢作为,导致滞后监管,则又容易出现类似于共享单车市场的严重滞后、被动且低效的政府监管。因此,政府对共享经济的监管应当在公平竞争审查制度下进行,回到监管中立的角色中,在监管过程中公平对待共享经济各个市场经营者,以促进公平竞争,激发市场活力。在此思路下,本部分提出以下几点建议。

(一)明确政府干预经济"底线",处理好发展与监管之关系

法治经济理念下,不能机械地将传统行业的监管方式适用于共享经济

---

[1] 参见[英]弗里德里希·奥古斯特·哈耶克:《自由宪章》,杨玉生、冯兴元、陈茅等译,中国社会科学出版社 2012 年版,第 367 页。

这一新兴经济模式。由于共享经济模式所带来的两面性效果,新旧经济模式交替过程中将不可避免地引发行业调整、垄断势力、劳动保障等问题。为此,政府应当通过一系列政策调整减缓经济转型带来的冲击,做好相应基础性配套工作,而非通过提高准入门槛、新设行政授权等方式限制共享经济的发展。为此,应当明确政府干预经济权力之"底线",创新政府监管模式,对共享经济进行适度监管。所谓适度,主要是看政府监管是否符合社会经济发展的需要。一方面,政府对经济的干预应当严格依照法律的规定,不得在法律尚未授权的情况下擅自干预或是与之相违背;另一方面,政府干预经济应当符合市场机制的自身规律,不能干预市场的自由公平竞争环境,限制市场主体的必要经济自由,更不能影响经济主体发挥其主观创造性。在此基础上,审视已有制度框架和即将出台的政策法规的合理性及其对市场竞争的影响能够为共享经济的发展创造宽松的制度环境,营造公平、自由、有序的市场竞争氛围。

公平竞争审查制度的政策负面清单(审查标准)很好地为政府权力划定了边界,依托公平竞争审查制度为中心出台政府监管政策法规,既能"放得开",促进创新经济模式发展,又能"管得住",一旦共享经济平台危及公众利益,能及时采取行动,控制创新所带来的法律风险。应当说明的是,目前我国公平竞争审查制度尚处于起步阶段,在审查实质性、审查标准的可操作性、审查对象的广泛性等方面仍待完善。随着制度落地后开展具体工作所得的实践经验,加之竞争法学界对该制度的不断探讨为其提供理论支持,相信逐步健全的公平竞争审查制度将深化经济体制改革,落实市场在资源配置中的决定性作用,从而为我国建立统一开放、竞争有序的市场体系提供制度保障。

(二)结合行业发展态势设立监管

作为新兴经济理念,共享经济在不同行业的发展呈现出不同特征,发展程度各不相同,也极易因为其两面性引发各类社会问题。无论是公众出行,还是金融领域,共享经济的发展都带有鲜明的行业特点。以滴滴打车平台为例,其行业发展表明,实际上不需要政府部门设置特殊的行政审批式监管,其自身完全能够通过平台自身的规章制度约束进行网约车服务的司机及车辆,交管部门在这方面的严苛监管实质上完全可以为该市场的自我监管所取代。[1] 只有对各行业共享经济的发展进行准确分类和精细化管理，研究并深入分析各行业因共享经济发生的变化及发展趋势，才能通过制度层面的积极调整对共享经济进行因势利导。

我国的共享经济发展至今大致经历了3个阶段：2008年之前属于萌芽阶段，一些共享经济平台已经开始出现，但一直不温不火；从2009年开始，我国共享经济开始出现实质性大幅增长，国内共享经济平台如雨后春笋般涌现；2014年以后，随着互联网技术运用和商业模式的成熟，共享经济进入高速增长阶段。[2] 由此可见，不同阶段的共享经济发展模式也有着不同的特点，相应地，政府监管部门亦应当根据其发展的不同阶段秉持不同的监管态度。当某些行业共享经济平台作为初入局者，正处于初期萌芽阶段之时，政府应当设立兜底性、保障性、原则性制度规范，尽可能鼓励创新，建立适应新兴经济模式发展的政府监管体系。创新是新时代中国特色社会主义市场经济建设的关键词之一，所谓鼓励创新，并非指通过政策直接对创新进行专项财政补贴，而是通过营造公平有序的竞争环境，以市场竞争激发创新活力。当共享经济在行业中的初期探索阶段完成，进入发展较为快速的成熟阶段之后，再以公平竞争审查制度为基础为政府设置干预经济权力边界，进一步完善相关法律法规和市场规制政策。

(三)探索合作监管模式

行政机关事先许可是传统政府监管模式最常用的监管方式之一，虽然其具有减轻事中、事后监管负担的优点，但其缺点也极其明显，即监管机构的设立和法律规范的制定均需要烦琐的程序和大量的时间，使政府监管与社会的变化很难同步。最坏的情况下，政府监管可能严重影响市场自身机制作用的发挥、抑制经济创新并导致行政垄断的发生。除此之外，政府监管的实施本身成本高昂，尤其是共享经济领域的监管需要新兴技术和大量的数据资源。而如今，现代企业所掌握的信息网络技术为事中、事后监管提供了有力保障，只要合理运用，完全能够解决共享经济发展过程中的主要问题。因此，结合国家监管和自我监管的优点，让公共和私人主体在监管过程

---

[1] 参见张效羽：《通过政府监管改革为互联网经济拓展空间——以网络约租车监管为例》，载《行政管理改革》2016年第2期。

[2] 参见张孝荣、俞点：《共享经济在我国发展的趋势研究》，载《新疆师范大学学报(哲学社会科学版)》2018年第2期。

中合作,逐步形成合作监管手段,共享经济企业与政府开展合作监管,行政目标的确立和实施更易达成,监管成本将大大降低,监管弹性也将大大增强。[1]

共享经济的合作监管模式基于对大数据的有效运用。大数据在我国政府治理、国家治理体系中的作用愈加重要,我国政府行政管理及政府公共服务过程中均运用到了大数据处理。共享经济平台的特点决定了其发展离不开海量数据的建立与收集。例如,Uber利用其网约车客运服务过程中的数据信息,能够分析城市人群移动趋向,也能分析出城市热点地区,市民消费习惯等情况,甚至可以基于Uber后台的庞大数据信息监控城市空气质量和污染情况。目前,纽约政府与Uber已经达成合作,通过Uber收集的交通信息进行城市道路交通研究。[2] 面对如此海量的大数据,政府显然无力通过"单中心"对共享经济进行强制性监管,与掌握原始数据信息的共享经济平台合作监管成为治理共享经济的最优选择。可见,公共部门探索与共享经济平台经营者之间的合作监管模式,利用共享经济平台经营者对数据的收集和处理能力,能够大大加强政府处理问题的效率,也能够更好地实现城市管理与服务。值得注意的是,合作监管的前提应当是政府充分尊重共享经济平台的自我监管,发挥共享经济平台的自治能力,而这也往往能带来比传统政府监管更好的效果,网约车领域的平台自我监管就充分说明了这一点。网约车营运平台通过记录平台司机的身份信息与车辆信息、记录车辆行驶路线、设立服务通道与投诉机制等方式对网约车司机的营运行为进行全方位监督,这样的自我监管远比传统出租车行业更能保障服务质量和乘客安全。因此,在共享经济合作模式下,不需要政府介入时,政府应当及时放手,还权于共享经济平台;而对于需要政府与共享经济平台共同治理的领域,政府应当放下姿态,与共享经济平台平等协商共同治理。

总之,共享经济这一新兴经济模式给政府监管带来挑战,要实现发展与规制的有机结合,就有必要创新政府监管思维,使政府在市场经济发展中回归"中立"角色。公平竞争审查制度的建立及实施,能够为政府干预市场经济划清权力边界。政府出台政策、法规之时,均应经过公平竞争审查,以评

---

〔1〕 参见朱宝丽:《合作监管的兴起与法律挑战》,载《政法论丛》2015年第4期。
〔2〕 参见张力:《共享经济:特征、规制困境与出路》,载《财经法学》2016年第5期。

估相关规范性文件对市场竞争的影响。如此既能保证共享经济的发展不被政府过度监管所掣肘,又能避免共享经济经营者扰乱市场经济秩序,甚至危及社会经济安全及国家稳定。诚然,共享经济的政府监管模式建构是一个非常宏大的系统工程,本部分尝试对网约车、共享单车这类共享经济市场正面临的既有政府监管模式进行分析,试图提出一些预判性的见解,尽管有些认识正被当下发生的"监管困局"印证,但仍需要更多的经验和理论论证,因此,权当抛砖引玉。

竞争政策视角下我国光伏产业持续发展的政策转型

一、我国光伏产业的发展现状

在全球环境污染、能源危机日益严重的背景下,光伏产业因太阳能资源的可再生性以及使用清洁、转换直接等特点,成为新能源领域最具有发展前途的产业。目前我国光伏产业的发展已经颇具规模,2017年产业链各环节生产规模的全球占比均超过50%,继续保持全球首位,其中多晶硅产量24.2万吨,同比增长24%,[1]产业集中度逐步提升,成本显著下降,技术同等发展,在全球市场分布方面,我国光伏市场继续推进。

2010年,我国新增太阳能电池生产线达到400条标准生产线,按照每条产能25MW计算,新增产能达到10GW,加上原有的6~7GW太阳能电池产能,2010年年底我国太阳能电池产能达到16~17GW,[2]对此,有人认为以光伏产业为代表的新能源会引发新的产业组织革命。是故,可将光伏产业作为卡萝塔·佩蕾丝等提出的机会窗口理论中的第二个机会窗口,[3]从而借此实现中国光伏产业的突破。

实际上,我国光伏产业崛起速度如此之快,与政府的太阳能屋顶计划、金太阳示范工程和电价补贴等政策是分不开的,同时,这些政策也使光伏产业的增长速度与范式不同于一般的新兴产业。有的地方政府为追求经济增长和政府绩效,在光伏产业的发展上缺乏明确规划,以致行业内出现严重的过度竞争以及重复建设问题。一般而言,战略性新兴产业正处于发展的萌芽期或成长期,不会出现大规模、长时间的产能过剩,即使出现也是一种周

---

[1] 参见《2017年我国光伏产业运行情况》,载中华人民共和国中央人民政府网,https://www.gov.cn/xinwen/2018-01/24/content_5259990.htm。

[2] 参见王文静:《光伏企业亟待转变经营模式》,载中国能源网,2019年3月18日,http://www.china-nengyuan.com/tech/17149.html。

[3] 参见[意]G.多西等编:《技术进步与经济理论》,钟学义、沈利生、陈平等译,经济科学出版社1992年版,第104页。

期性的短时间供大于求现象,[1]但是我国光伏产业属于结构性的长期产能过剩。

市场中的投资协调难度大,容易出现产能过剩。[2] 市场难免会出现供需失衡、市场不完备性、信息不对称和外部性溢出等失灵现象,市场失灵是政府干预的逻辑起点,为政府干预提供了理论依据。[3] 当市场失灵时,政府可以干预并予以治理。行业的早期发展基本上都是依靠政府支持的,而针对新行业,也需要政府的因势利导。但是,也有观点认为政策性补贴竞争引发了企业产能过剩。基于此,笔者立足于产业政策与竞争政策的关系,说明当前产业政策应向竞争政策转型的合理性,并结合行业发展提出相关建议。

二、产业政策与竞争政策的功能定位与行业选择

（一）产业政策有助于合理竞争结构的形成

图 3 为国家层面政策文本数量分布,经过对近年来光伏产业政策 130 个文件[4]以年为单位进行分类,体现了不同年度政策的分布情况(见图 3)。在 2005 年之前,光伏产业文件仅有 2 部。自 2005 年开始,相关政策的数量呈现逐步上升趋势,在 2009 年、2012 年以及 2014 年这 3 年呈现爆发式增长。从政策的发布部门来看,主要集中在 16 个部门,其中以财政部、国家发改委和国家能源局为主,对此,笔者认为,政策的发布与社会环境息息相关。

---

[1] 参见王立国、鞠蕾:《地方政府干预、企业过度投资与产能过剩:26 个行业样本》,载《改革》2012 年第 12 期。

[2] 参见林毅夫:《潮涌现象与发展中国家宏观经济理论的重新构建》,载《经济研究》2007 年第 1 期。

[3] 参见余东华、吕逸楠:《政府不当干预与战略性新兴产业产能过剩——以中国光伏产业为例》,载《中国工业经济》2015 年第 10 期。

[4] 为了综合分析现有问题,笔者检索了国务院 16 个部门的官方网站,最后检索时间为 2016 年 12 月 22 日,收集到与光伏产业相关的政策文件共 130 件,并以此为样本进行分析。

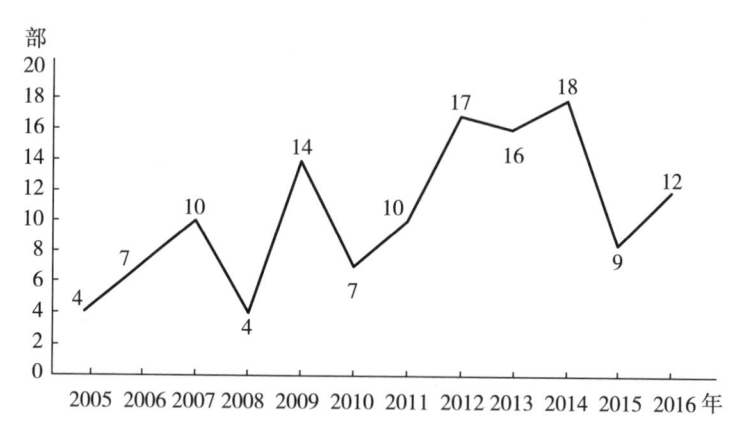

图 3　国家层面政策文本数量分布

从国内的经济环境来看，由于我国的城镇化发展水平逐步提高，工业化速度加快，与此同时，对电量的需求不断增长，在此情况下，能源产量日益吃紧，而太阳能光伏产品作为新能源，不但可以充分利用我国的太阳能辐射资源与土地空间资源，而且可以起到保护环境的作用，所以得以迅速发展，但其高昂的价格，也使不少企业对引入新能源望而却步。在国际市场上，2008年经济危机开始加剧，为了缓解经济危机带来的负面影响，中央政府与地方政府均采取了推进光伏产业发展的措施，包括税收、价格、外汇和市场准入等手段。

作为战略性新兴产业，在行业发展之初，基于市场失灵以及研发费用不足等原因，政府对新兴产业的投资是十分必要的。通常情况下，市场在绝对自由时是无力支持存在正外部性的行业发展的，因此，通过政府的补贴和税收优惠等措施来刺激产业的早期发展并不是我国之独有。以德国的光伏产业发展为例，从2000年开始，德国通过实施《可再生能源法》等法律来促进太阳能等可再生能源的发展，再辅之以固定上网电价制度的推进，在德国的发电量中，可再生能源所占比率从2000年的6%上升到2013年的25%。[1]我国从1958年开始对太阳能电池展开研究与开发，至2006年，其已经在国内得到比较快速的发展，产业链逐步完备，产量也开始增长。早期的国内光伏市场需求尚未成熟，市场需求无法成为光伏产业发展的主要动力，在政策

---

[1] 参见李山:《可再生能源不再多多益善——德国彻底改革可再生能源政策》，载《科技日报》2014年3月24日，第2版。

的推动下,光伏产业才逐渐汇集了大量的民间资本和劳动力资源,逐渐形成了成熟的市场,其中,以2009年为高峰期的一系列财政补贴措施促进了中国太阳能光伏产业的迅速发展。与集中式光伏项目相比,分布式项目的扶持政策更加有吸引力。一则不受指标限制,二则补贴能够及时到位。既可以选择"全额上网"而享受标杆电价,也可以选择"自发自用,余电上网"享受0.42元/kWh的补贴,补贴直接由财政部拨资金垫付,一般不超过两个月。[1] 因此,对于行业的整体经济布局以及协调发展而言,产业政策往往更具有全局性和宏观性。纵观一般的产业发展路径,产业在发展之初,往往呈现一种小散乱的状态,后经过在竞争中的优化重组,才得以形成较高集中度的合理竞争结构,[2]但是这个过程往往比较漫长。光伏产业作为我国在应对经济危机中崛起的新兴产业,仅仅通过自由竞争无法在短期内开展规模较大的建设,因此,通过政府的有力引导,可以实现资源的优化配置,提高光伏产业的集中度,缩短产业形成合理结构的时间,避免资源浪费,从而更大规模地规避从自由竞争到合理竞争状态的不必要代价。

(二)确立竞争政策的优先性地位是产业持续发展之必需

在现代市场经济国家中,竞争政策和产业政策均是政府规制经济的手段。追本溯源,竞争政策与产业政策的关系,就是市场和政府的关系。一方面,在行业发展之初,国家层面的目标规划是必不可少的,产业政策起到了快速形成市场结构的作用,有助于实现经济的赶超;另一方面,随着行业的不断发展,政策制定机关也应当加强与行业内经营实体的联系,产业政策应随着行业需求而不断变化,增强适用性。以政府补贴为例,现阶段对光伏产业的补贴基本上还是以直接补贴为主,规模庞大的创新扶持资金基本上直接补贴给了企业,这视同于对企业进入光伏产业的奖励,但是,并未将技术创新与研发成果纳入考虑的范围之内,那么对于企业是否真的将资金运用到技术方面,监管部门不得而知。虽然政府干预经济有一定的合法性,但也应明确把握住政府干预的边界,如果完全以政府调节来代替市场机制的自

---

[1] 参见《光伏电站项目补贴资金短期内无法到位企业要有心理预期》,载企业网2017年7月21日,https://mp.weixin.qq.com/s/liXU1UadFa8uDcS5HlNE-Q。

[2] 参见史际春、徐瑞阳:《产业政策视野下的垄断与竞争问题——以银行卡清算产业的法律规制为例》,载《政治与法律》2016年第4期。

我调节,那么必然会扭曲市场的信号,从而损害市场的运行效率。[1] 从光伏产业的发展模式来看,产业政策并未随着市场经济的发展而及时调整,这也是造成光伏产业出现产能过剩的主要原因。

光伏产业作为一个面向全球发展的行业,政府可以运用行政权力对社会资源进行配置,通过调节国内经济资源、设定市场准入标准加大企业规模建设,通过财税政策、金融手段等促进其发展,但是,在面向全球市场时,纯粹的政府扶持政策并不能使企业拥有国际竞争力。在国际市场上,我国光伏产品通常价格较低引发欧美国家的反倾销调查,2012年,传统欧美市场及新兴印度市场的多方围堵,使当时负债增加严重、行业濒临生存困境的中国光伏业阴云笼罩。[2]

在一个新兴产业的发展过程中,产业政策与竞争政策均是必不可少的。在行业发展逐渐步入正轨之时,竞争政策应当处于优先地位,这更有利于市场机制对政府失灵的修补,此时,产业政策应居于从属地位。首先,对于市场经济国家来说,确定竞争政策的基础性作用是对市场经济运行规律的尊重。通过市场在资源配置中的决定性作用,可以提升其他经济政策配置资源的效率,也可以最大程度纠正其他经济政策在实施中的偏差。正是因为减少了政府的直接干预,产业政策的实施手段将更加多样化,同时也有利于产业政策进行实时调整,更加有效地发挥作用。伴随着良性配合机制的建立,市场机制得以顺利运转,促进了市场的可持续发展。其次,对于产业发展而言,通过确立竞争政策在经济政策体系中的基础性地位,有利于构建公平的竞争秩序,在激烈的市场竞争过程中,刺激企业依靠技术、管理等创新因素来提升综合竞争力与市场地位,强化企业的竞争意识。最后,树立竞争政策的基础性作用,通过制定竞争规则,依靠市场竞争提高企业的综合竞争力,也有利于营造良好的外部竞争环境。

笔者认为,行业内的产业政策未能随着市场的发展而及时调整,同时,随着行业的迅猛发展,在光伏产业已经与国际接轨时,我国政府还保留着早期的经济政策,采取各种干预手段推进光伏企业的经营与发展,将企业的经

---

〔1〕 参见孙晋:《经济法视角下政府经济权力边界的审读——以政府职能转变为考察中心》,载《武汉大学学报(哲学社会科学版)》2014年第2期。

〔2〕 参见《中国光伏产业或遭欧美印三方双反》,载新浪财经网,http://finance.sina.com.cn/chanjing/b/20120824/092812943957.shtml。

营发展与地方政府的政绩考核挂钩,另外,在环境保护政策的引导下,光伏企业不断增多,这种持续不变的干预渐渐不利于市场的发展。以上因素的综合作用,导致了产业政策未能发挥出实际效用,出现产能过剩,另外,根据国家发改委能源研究所不完全统计,2017年各光伏企业被拖欠的补贴资金为几亿元至几十亿元不等,[1]财政补贴资金缺口的扩大也在推动光伏产业的转型。2016年12月26日国家发改委发布《关于调整光伏发电陆上风电标杆上网电价的通知》,此次调价幅度很大,这对于光伏产业的产业转型来说正是一个契机。因此,笔者主张,当前应及时在光伏产业内引入市场竞争机制,实现由产业政策为主导逐步向竞争政策优先转换。如果顺利实现政策转型,从长远来看,对政府与企业均是有利的。一方面,减轻了政府的财政压力;另一方面,也会推动企业改进技术,提高发电效率,降低光伏发电成本,引进国际一流的制造技术,实现先进技术的大规模量产。

三、光伏产业应重塑经济政策布局

为了保障我国光伏产业的良性发展,笔者认为应从以下两个方面着手:一方面,在产业政策与竞争政策的关系上,应当明确政府行为边界,引入公平竞争审查制度和竞争中立制度,实现产业政策的竞争化;另一方面,就经济政策的具体内容而言,应当根据我国光伏行业内的具体问题,合理调整光伏产业的经济政策布局,从光伏产业研发、补贴和要素市场建设等方面入手。

(一)合理规范政府行为,促进产业政策转型

在我国经济进入新常态以及供给侧结构性改革深入推进的大背景下,我国产业政策也必须进行相应的变革。供给侧结构性改革对产业政策的内在要求之一是致力于维护公平的市场竞争和激发市场活力,[2]因此,需要对产业政策的目标取向予以调整,不能再以产业扶持为主。针对目前的产业政策布局,笔者通过对130个政策文件的样本进行分析,提出了我国光伏产业企业竞争力不足、补贴方向存在差异化等问题,并提出如下解决方式。

---

[1] 参见江帆:《"十三五"光伏装机上限目标150GW 三部委拟调整补贴政策》,载页面新闻,2017年7月20日,https://www.jiemian.com/article/1486050.html。
[2] 参见章寿荣、王树华:《积极推动产业政策由传统范式向新型范式转型》,载中国江苏网,http://jsnews.jschina.com.cn/zt2017/docs/201802/t20180214_1419484.shtml。

第一,加大光伏产业研发投入力度,促进产业技术进步。光伏产业在我国属于战略性新兴产业,是典型的创新性产业,以资本密集与技术密集为特点,目前尚不能实现完全的市场化,因此,光伏产业仍需要利用国家产业政策来协调。政府应着力构建完整的太阳能产业链体系,在自主创新与研发方面加大投入,积极发挥研发政策的作用,以此来降低光伏企业的研发成本,促进光伏技术的进步,改变我国光伏行业技术研发等环节掌握在欧美国家的现状。

结合我国光伏产业的发展,笔者认为仍然需要加大对研发层面的支持。首先,在财税政策方面,在研究开发的初期,可以将研发风险的准备金予以税前扣除,具体比例以该光伏企业的上一年营业收入为考量。在纳税申报阶段,可以考虑对其进行延期缴纳,以此解决光伏企业资金回笼慢的问题,减轻资金压力。针对太阳能发电系统,可以予以税收抵免或者退税。针对研发人员,可以对其实施免税与减税政策。其次,由于光伏产业在多晶硅生产或者光伏装机项目阶段常需要使用高端仪器与大型设备,除了国家财政对其进行初始投资补贴,同样亟须民间资本在产业的研发方面进行投资,因此,可以对民间资本投资予以鼓励,提高对民间资本投资的补贴力度,激励其参与光伏产业的创新活动。最后,由国家财政予以支持,构建全国性的光伏技术研发中心,培养太阳能光伏产业人才体系,建立全国企业间的技术交流平台,开展全国性的合作开发,不断进行新型太阳能技术研发。

第二,转移补贴方向,逐步拓宽国内消费市场。在完整的太阳能产业链体系中,消费链往往十分关键,我国光伏产业政策主要集中在上中游环节,对下游环节的产业政策关注较少,因此,传统的政府补贴都是对制造环节的激励,部分导致国内光伏产业的市场需求很少,主要依靠国外市场。光伏市场的健康发展离不开国内市场的构建,因此,政府可以予以引导:一方面,在上中游产业已经出现产能过剩的情况下,应当逐步削弱原有的对上中游环节的刺激,转而刺激对下游使用终端的需求,加大消费补贴力度,对此,可以参照新能源汽车补贴政策,直接补贴到光伏发电系统或产品的销售环节,[1]

---

〔1〕 参见于立宏、郁义鸿:《光伏产业政策体系评估:多层次抑或多元化》,载《改革》2012年第8期。

从而实现产业链的健康发展;另一方面,设立试点城市,鼓励居民进行光伏产品的安装与运用,光伏产业早期以扶持大中型光伏企业为主,而在光伏行业逐步发展成熟之时,应当着重发展居民应用光伏设备,并对其进行一定比例的补贴,同样,行政机关在政府采购中应向光伏制品倾斜,在公共建筑中也逐步予以应用,这样既可以培养公众形成支持环保的意识,也有助于光伏市场的开拓。

第三,加强要素市场监管,突出光伏产业知识产权保护。首先,推动利率市场化改革,减少政府利率管制等干预方式,由金融机构自主选择投资企业,以金融手段来淘汰落后产能,使产业发展更加符合市场规律。其次,针对"光伏发电项目骗补"问题,应建立专项追踪机制,对政府的专项资金进行严格监控,对违规使用的企业严厉惩治,对违法发放补贴的政府予以处罚,在路径上保证中央政府的补贴均能落到实处。最后,要加强光伏产业的知识产权保护,我国光伏产业正处于技术转轨时期,完善的知识产权保护也是企业积极研发技术、推进创新发展的法制环境保障。

(二)引入公平竞争审查制度,实现产业政策的竞争化

纵观我国各个行业的经济政策,行业内部发展与产业结构升级对公平开放的市场要求越来越高。在宏观经济制度层面已经进行了一定程度改革的背景下,2015年,国务院通过颁布一系列的文件确定了市场在资源配置中的决定作用以及竞争机制和价格机制在市场机制中的核心作用。近年来,政府也提出要加快形成统一开放、竞争有序的市场体系,建立公平竞争保障机制,健全竞争政策,完善市场竞争规则,实施公平竞争审查制度,形成统一规范、权责明确、公正高效、法治保障的市场监管和反垄断执法体系。在此背景下,制度与市场均要求我国光伏产业结构实现转型,逐步推进竞争政策与产业政策并重的经济政策方针,政府在光伏行业发展中的地位也要逐步实现转型,但是仅仅在制度上的规定是不够的,笔者将针对如何具体落实进行深入分析。

第一,明确政府行为边界。目前的光伏产业主要是通过政府的行政行为来引导发展,但比较我国部分新兴行业的发展历程,产业政策并未能及时随着市场的变化而调整,从而导致产能过剩,因此,在调节产业政策与落实竞争政策的过程中,应该认识到政府主导下的深化经济改革必须要解决的一对矛盾,就是如何在政府运用权力合理干预市场和政府反竞争行为之间

取得平衡。[1] 地方政府要明确权力的边界,合理划定政府调节和市场自治的边界,避免政府大包大揽。政府应当着眼于建立良好的投资经营环境、保证企业享有公平竞争的市场环境以及落实企业自主经营权,通过简政放权来改变光伏产业的困境,在经济发展中避免出现角色越位和错位等不当干预行为。政策要以市场需求为导向,通过发挥市场资源配置功能,决定产业的调整方向。地方政府之间应加强区域合作,避免区域间的企业产能过剩,优化区域产业结构升级。

第二,落实产业政策的竞争评估,完善公平竞争审查制度。对于光伏产业来说,清理不合理的产业政策,形成公平健康的竞争环境十分重要。通过落实竞争评估制度,完善对光伏产业政策的公平竞争审查,有利于更好处理政府与市场的关系,促进市场资源配置决定性作用的发挥,缓解光伏产业现阶段的产能过剩现象,同时,对光伏产业的未来发展而言,建立公平竞争审查制度是对现有规制体系的有效补充。[2] 一方面,公平竞争审查制度可以很大程度上规避严重限制市场竞争的政策文件;另一方面,事前对光伏产业内的产业政策进行公平竞争审查,不仅可以弥补现有制度的不足,构建适宜产业健康发展的政策环境,而且可以对光伏产业的发展起到预防作用,及时纠正,在早期就可以防止市场受到损害。

因此,在合理划分政府权力边界的基础上,对产业政策作用于市场竞争产生的积极影响和消极影响进行预测和评估至关重要,同时,应当充分发挥市场机制对产业结构优化升级的决定性作用,通过市场竞争机制来落实产业政策。产业政策的具体制定与运用应当在符合竞争政策的前提下进行,在最大限度上减少对竞争的损害,这意味着政府应当大幅度减少对资源的直接配置,依照市场规则、市场价格和市场竞争实现资源配置的效益最大化和效益最优化。[3]

笔者认为,在光伏产业内应当以公平竞争审查制度和相关反垄断法律法规为依据,将中央部委以及地方政府制定的相关政策文件纳入重点审查

---

[1] 参见孙晋、王贵:《依法全面规制反竞争行为》,载《光明日报》2015 年 9 月 14 日,第 10 版。

[2] 参见周智高、朱凯:《对我国建立公平竞争审查制度的框架性思考》,载《中国价格监管与反垄断》2016 年 S1 期。

[3] 参见时建中:《论竞争政策在经济政策体系中的地位——兼论反垄断法在管制型产业的适用》,载《价格理论与实践》2014 年第 7 期。

范围,并确立以政策制定部门、审批监督组织和竞争执法机构为主的三方评估机构,对光伏产业内的产业政策进行竞争评估,并且根据相应的情况予以法律建议以及相应的行政裁决。评估实施者可以根据各个环节的对应要求,选择合适的定性分析法或者定量分析法来具体操作。[1]同时,对政策制定机关应当强化责任追究制度,对于在实施中存在严重瑕疵的公共政策,应当追究主要责任人的法律责任。光伏产业作为战略性新兴产业,政策制定机关更应当及时全面地将相关信息予以公示,接受社会监督,并实时关注光伏产业发展的实时现状,接受社会反馈,制定出更契合产业发展的政策文件。

第三,引入竞争中立政策,规范市场环境。首先,提供平等的交易机会。在市场准入方面,地方政府应当与中央政府对光伏项目的审批以及经营者的资质保持一致。对符合条件的经营者,赋予其相等的权利,不设置经营壁垒。对光伏项目审查透明化,限制指定交易等行政性垄断,禁止区别对待大企业与小企业,实现投资自由化。在光伏产品采购市场上,建立全国统一的政府采购管理平台,统一发布信息,实现信息分享、公开与中立,同等对待各级供应商。在评选机制上,要综合多种评选方法,严格遵守职业操守和竞选方式,合理运用回避制度。

其次,确保经营负担中立。所谓的经营负担,既包括政府方面单边施加的诸如税收、监管和社会责任等强制性负担与市场方面合意施加的诸如贷款融资、违约责任和侵权责任等协商性负担。[2] 在税收方面,我们要确保税率的统一化,中央与地方、本地企业与外地企业、大企业与小企业应享有同等的税收优惠。在协商性负担上,主要体现为政府在企业的商业贷款上不得提供担保或是采取措施强制银行提供担保,要确保违约责任和侵权责任中立,在一般情形下不得介入企业的侵权纠纷案件中。

最后,关注市场透明度,保持投资回报中立。投资回报,是指企业通过商业化运作而返回的价值,因此,投资回报率的高低反映企业的综合盈利水平,从而直接影响企业未来的发展,但投资回报率的影响因素是多样的,政府的干预行为是一个重要的外部因素。政府在干预市场过程中要公平影响

---

[1] 参见丁茂中:《产业政策的竞争评估研究》,载《法学杂志》2016年第3期。
[2] 参见丁茂中:《我国竞争中立政策的引入及实施》,载《法学》2015年第9期。

所有参与市场资源配置的企业的投资回报率,政府可以通过确定统一的标准规范市场环境,保证投资者的利益。在当前市场经济体制下,市场机制的运行需要政府行为的透明化来予以辅助。一方面,政府在针对资质审查、政府采购和政府补贴方面要实现统一的标准,比如,在政府补贴方面,中央与地方政府要保持政府补贴的对象、方式和标准统一,类别化统一采用财政拨款、财政贴息和税收返还等补贴方式,从而保证光伏企业不因企业规模等要素而享有不同的市场利润与政府补贴,规范光伏产业的市场环境;另一方面,通过严格规范信息披露的途径与程序,构建一套全面的信息披露机制,对有效利用配置资源和建立公开透明的市场环境都大有裨益。

四、结语

纵观我国太阳能光伏产业的发展,产业政策在其中发挥了重要的促进作用。虽然光伏产业取得了卓越的成就,但是光伏产业结构逐步失衡,主要原因是产业政策未能根据市场的发展及时调整,导致上中游产能严重过剩,下游国内需求市场尚未打开,在消费市场依赖出口的情况下,美欧的"双反"政策让国内的光伏产业发展雪上加霜。为促进光伏产业的可持续发展,现阶段应当逐步实现产业政策转型,工作重心应逐步向研发阶段倾斜,构建全国性的光伏技术研发中心,培养光伏技术人才,同时加大消费补贴力度。在光伏市场渐趋成熟的环境下,逐步实现产业政策与竞争政策的协调,在光伏产业中逐步夯实竞争政策的基础性地位,立足于光伏产业的历史发展规律,立足于我国推进竞争中立以及公平竞争审查的时代背景,合理划分政府权力边界,认清行业特性,根据光伏产业发展状况及时调整竞争政策,实现我国光伏产业长期、健康和可持续发展。

实施保障篇

公平竞争审查制度地方实施激励机制研究

引 言

近两年来,多个省份已发布[1]或拟出台[2]落实公平竞争审查制度的实施办法,旨在促进公平竞争审查制度的地方实施成效。公平竞争审查制度对于消除区域壁垒具有关键意义,然而当前公平竞争审查制度地方实施成效欠佳,原因在于激励机制的不完善。2022年4月发布的《加快建设全国统一大市场的意见》强调要"健全反垄断法律规则体系""完善公平竞争审查制度",也提出"完善激励约束机制""对积极推动落实全国统一大市场建设、取得突出成效的地区可按国家有关规定予以奖励"。这些规定既强调了公平竞争审查制度的重要性,又提出要对积极推动全国统一大市场建设的地方给予奖励,对建立健全公平竞争审查制度地方实施激励机制极具指导意义。2024年6月发布的《公平竞争审查条例》第5条规定"审查工作经费纳入本级政府预算"、第7条规定"审查工作情况纳入法治政府建设、优化营商环境等考核评价内容",进一步明确了具体的激励机制。公平竞争审查制度从政府治理的角度出发,顺应了市场的发展需求,旨在建设深得市场主体信赖的政府,推动市场经济的健康、良性发展,为厘清全国统一大市场建设中的障碍作出了突出贡献。公平竞争审查制度的实施包括中央和地方两个层面,其中地方之间更容易设置区域壁垒,阻碍全国统一大市场的建设。因此,公平竞争审查制度地方实施是制度的核心与灵魂。但是,当前的公平竞

---

[1] 例如《江苏省公平竞争审查抽查工作办法》《江苏省公平竞争审查举报处理办法》,载江苏省市场监督管理局官网2022年2月10日,http://scjgj.jiangsu.gov.cn/art/2022/2/10/art_87938_10707843.html? eqid=b178fa5600007bce0000000464547ad7。

[2] 例如《〈浙江省公平竞争审查办法(草案征求意见稿)〉公开征求意见》,载微信公众号"浙江法治"2023年9月8日,https://mp.weixin.qq.com/s?__biz=MjM5MDkxNzIwNw==&mid=2649527700&idx=1&sn=14d5f36250f391b4e2bc018db8835038&chksm=bea542ac89d2cbba26ac729ac54f977f3c4dd189711508c906f586e63ff42c836ad537ab52da&scene=27。

争审查制度在现实中存在一定困境:一方面,碍于中央立法的强制性要求,以及对全国公平竞争规则的现实需求,对于一些地方政府而言,其不得不落实公平竞争审查制度;另一方面,因为地方政府对该项制度的落实拥有较大的自主权,加之有的地方政府急于完成本地经济发展目标,可能偏离中央规定,出现形式审查等工作懈怠问题。

对于公平竞争审查制度地方实施的效能不佳及其如何完善等问题,已经引发学术界和实务界的重点关注。有学者提出缺少必要的专项财政激励致使公平竞争审查制度的地方实施整体进展缓慢,[1]也有学者提出有效的激励机制对于落实公平竞争审查制度的实施成效非常重要,[2]需调动公平竞争审查制度中地方政府的积极性,[3]更有学者提出要积极推进公平竞争合宪性审查,[4]普遍引入第三方评估团队。[5] 实务界也已有不少的地方政府积极采取聘请第三方评估单位、举办公平竞争审查知识竞赛、宣传本区域落实公平竞争审查制度先进案例等措施,以此推进公平竞争审查制度的有效落实。以上措施虽然具有重要意义,也在一定程度上推动了地方政府对于公平竞争审查的落实工作。但整体来看,地方对于公平竞争审查制度的落实成效参差不齐,政策制定机关的工作积极性仍然较为欠缺。

当前已有的大部分文献更侧重于公平竞争审查机制与程序本身的研究,保障措施也多聚焦于惩罚措施,而没有充分关注激励机制对公平竞争审查制度地方实施的促进功能。鉴于公平竞争审查制度地方实施成效不佳的普遍化现状,本部分以激励机制作为研究视角,探究公平竞争审查制度地方实施的不足与原因。将激励机制引入公平竞争审查制度的地方实施,以期为促进公平竞争审查制度地方实施提供系统性的解决路径,以便更好优化政府职能,激发政策制定机关的内在动力,最终助力于全国统一大市场的建设。

---

[1] 参见丁茂中:《公平竞争审查的激励机制研究》,载《法学杂志》2018 年第 6 期。
[2] 参见焦海涛:《公平竞争审查制度的实施激励》,载《河北法学》2019 年第 10 期。
[3] 参见郑鹏程、黎林:《澳大利亚公平竞争审查中的竞争支付制度及其启示》,载《价格理论与实践》2017 年第 11 期。
[4] 参见王炳:《公平竞争审查的合宪性审查进路》,载《法学评论》2021 年第 2 期。
[5] 参见孙晋:《规制变革理论视阈下公平竞争审查制度法治化进阶》,载《清华法学》2022 年第 4 期。

一、公平竞争审查制度地方实施激励机制的内涵

(一)公平竞争审查制度地方实施激励机制的基本解读

1. 公平竞争审查制度地方实施激励机制的意涵

激励通常是指某个组织建构适当的外部奖励和工作环境,采取相应的行为规范和鼓励措施,并通过信息沟通的方式促进、引导、维持和预估成员的行为,意图以系统性的活动实现该组织及其成员个人目标的有效性。[1]法律激励意指在法律关系主体实施某种正外部性行为之后,能够从中获取的某些肯定性评价或者由此带来的某种利益,其功能体现在鼓励、引导法律关系主体对于实施正外部行为的积极性与主动性。换言之,在法律已然把握了被激励对象的心理需求之情况下,通过引入激励因素、设计激励方法,以促使被激励对象更加充分地发挥主观能动性,积极提供正外部性。[2] 公平竞争审查制度地方实施激励机制是指,国家构建适当的奖励机制,并设置相应的奖励措施和落实办法,将奖励机制的内容形成正式文本,由中央和地方政府分别以制定法律法规的方式予以发布,目的是激励地方落实公平竞争审查制度的积极性,提升公平竞争审查制度地方实施之成效。

激励模式能够树立优秀榜样,帮助法律关系主体加深对自我定位的理解与认识,并且完善的法律激励措施还可以纠偏法律关系主体在自我评价中产生的偏离,进而引导法律关系主体进行自我激励。在国家治理中要做到"有功必赏,有过必罚""才能使人人守法,而维持公平",[3]而对于公平竞争审查制度地方实施来说,违反审查规定的单位和个人应当施以处罚自是不言而喻,与此同时,对于取得优异成效的政策制定机关,应当允许其得到奖赏,才能够促使各级地方政策制定机关积极遵守国家对于公平竞争审查制度的相关规定。为了保证激励效果,公平竞争审查制度地方实施激励机制应当由央地共建,通过中央做好顶层设计、地方发布及落实相关措施的方式,共同完成激励目标。在具体激励方式上,应当设置物质性激励和非物质性激励两种模式,充分考虑激励对象之间存在的差异性,发挥激励机制在公

---

〔1〕 参见汪习根、滕锐:《论区域发展权法律激励机制的构建》,载《中南民族大学学报(人文社会科学版)》2011年第2期。

〔2〕 参见胡元聪:《正外部性的经济法激励机制研究》,人民出版社2021年版,第15页。

〔3〕 参见瞿同祖:《中国法律与中国社会》,商务印书馆2022年版,第322~323页。

平竞争审查制度地方实施中的优势。

2.公平竞争审查制度地方实施激励机制的基本功能

激励机制的功能,是指国家或者组织通过设置激励措施,对社会发展可能发挥正向作用的行为进行奖励,以达到调动激励对象积极性和主动性的目的。然而公平竞争审查地方实施激励机制的功能则是指国家通过设计相应的奖励措施,对积极落实公平竞争审查制度或者发挥正向作用的地方政策制定机关予以奖励,旨在促进地方政策制定机关的工作积极性,达到建设全国统一大市场的目标。公平竞争审查制度地方实施中需要激励机制发挥引导和促进的作用,主要包括以下3个方面:

其一,激励机制具有维护公平正义的功能。公平竞争审查制度地方实施极有可能造成地方利益受损,这种"损己利人"的行为需要激励机制予以调整。通过对取得公平竞争审查显著成效的地方政策制定机关赋予回报,"如界定、分配或赋予更多的权利,减少其承担的义务,从而激励正外部性以实现实质公平"。[1]

其二,激励机制能够促进社会经济效益的整体提升。激励机制在规范公平竞争审查制度地方实施时符合公正价值,有利于建设全国统一大市场,能够实现社会整体的互惠互利,提升社会整体经济效益,[2]由此平衡地方利益和全国发展的权利义务。

其三,激励机制有益于公平竞争审查制度地方实施中的人权保护。虽然每个人都具有趋利避害的本能,公平竞争审查制度的地方实施过程中可能会出现某些对个人不利但对社会有益的情况。社会的进步需要促进并平衡这些情况,确保个人权利的同时推动公共利益。此时,国家需要对做出这类行为的公务员和社会公众进行激励,有效补偿个人的付出,有利于人权保护。

总之,法律兼具了惩戒与激励的双重功能,与采取惩戒机制抑制负外部性的行为相对比,激励机制更能使被激励对象产生共鸣。引入激励机制也会消解公平竞争审查制度地方实施中面临的阻力,因而也更利于公平竞争审查制度的功能实现。

---

〔1〕参见胡元聪:《正外部性的经济法激励机制研究》,人民出版社2021年版,第139页。

〔2〕参见王方玉:《利他性道德行为的法律激励——基于富勒的两种道德观念》,载《河北法学》2013年第5期。

(二)公平竞争审查制度地方实施视角下的两种激励方式

1.物质性激励的重要作用

物质激励,是指对参与者给予具有金钱价值的奖励,或者易于转化为具有货币价值的奖励。其中包括工资和薪金、减少需纳税额、提升所获财产价值和其他有形"附带"利益的增加。[1] 政府管理者无法从国家"收益"中获取等值的经济收益。并且,政府管理者在履职行为中承担着更多的风险,其履职懈怠行为不仅可能面临降薪停职等经济损失,也要面临监察机关的惩处,甚至可能导致刑事处罚。因此,经济奖励对于政府管理来说有重要作用,配套的物质性激励才能更好激发政府部门与公务员的积极性。

若要激励地方政府充分落实公平竞争审查制度,首先需要重视物质性激励,即给予政策制定机关资金支持。在地方政府的经济发展中,其能够获取的未来成本与收益容易被忽略,而短期内的支出成本与收益获取却容易被夸大。只有地方政府有足够强大的动力去落实这项制度时,政策制定机关才能在执行中遏制失职的行为动机,才能够在执行制度时发挥其主观能动性,协调一切可利用的执行资源,并克服制度实施中遇到的困难。[2] 对于努力执行上级政府工作要求的地方政府来说,如果没有有效的激励机制鼓励它们积极落实公平竞争审查工作,则意味着落实公平竞争审查工作只会增加地方政府的工作量,并没有机会增加本单位的经济收入,将挫伤地方政府的工作积极性。

2.非物质性激励的重要作用

非物质性激励是指在物质性激励之外,对于参与者没有直接货币价值的无形回报,不需要从现实组织中获得直接的个人利益。其激励内容包括来自群体成员的身份和认同感、地位和威望以及与他人社交的乐趣和欢乐,也包括组织为了更好地取得运行目标而采取激励措施达到的预

---

[1] See Peter Clark and James Q. Wilson, *Incentive System: A Theory of Organizations*, Administrative Science Quarterly, 1961(2): 129-166.

[2] 参见潘博、王立峰:《党内法规执行的动力机制研究——基于嵌入性理论的分析视角》,载《河南社会科学》2021年第1期。

期成果。[1] 授予被激励对象崇高的荣誉能够为其带来信用,而信用则被经济学理论视为最重要的资本,甚至能够产生意想不到的物质性成果。[2] 对于个人和集体组织来说,除了追求经济利益,也对自我价值的实现、周围人的尊重和社会的好评等非物质性内容有着极高的需求。个人始终是组织中的重要因素,其工作意愿是行政管理部门履行职责成效的关键要素。对工作人员的精神嘉奖能够提升其自我认同感,而对行政管理部门授予集体荣誉则能够提升员工对单位的归属感与集体荣誉感。

物质性激励对于行政主体的激励固然重要,但是物质性激励也会存在一定的局限性,故而非物质性奖励也应当占据重要地位。严格遵守国家规定,认真履行公平竞争审查职责的行政单位和个人也应当有机会获得更多的非物质性收益。例如,集体或个人荣誉、精神嘉奖等,以此增强地方政府的自我认同感、提升地方主政官员的职业发展前景。不同的主体有着不同的追求,只有针对不同的主体需求给予不同的奖励,满足地方政府对物质性和非物质性奖励不同的追求目标,才能让它们从激励机制中感受到法律对其公平竞争审查工作进行的肯定性评价。"与外部性理论一样,竞争不仅存在经营者之间,而且存在于政府。"[3] 设计适当的激励机制能够有效地鼓励竞争,[4] 不仅体现于市场竞争中,也适用于地方政府之间的竞争。对地方政府和主政官员进行荣誉奖励,并通过适当的宣传渠道使地方政府之间、社会公众等所知悉,能够无形中激发政府之间的良性竞争。

---

[1] 彼得·克拉克(Peter Clark)和詹姆斯·Q. 威尔逊(James Q. Wilson)将激励机制分为物质性激励(Material incentives)、集体激励(Solidary incentives)和目的性激励(Purposive incentives)3 大类。罗恩·舒马基(Ron Shumaky)将二者对激励的分类作为其论证依据,分析得出物质性激励是对参与者关于金钱价值的奖励;集体激励是基于对参与者没有直接货币价值的无形回报;目的性激励本质上来自组织的实际目的和目标,而非交往行为。其中,集体激励和目的性激励具有相似性,都是无形的激励措施,不能以货币价值来定义。笔者根据罗恩·舒马基的论述,认为集体激励与目的性激励可以共同作为非物质性激励。See Ron Shumaky, *Incentive Systems In Union Organizing*, Environmental Lawyer, Vol. 1, p. 25 – 42(1980).

[2] 参见倪正茂:《激励法学要言》,载《东方法学》2009 年第 1 期。

[3] 参见丁茂中:《公平竞争审查的激励机制研究》,载《法学杂志》2018 年第 6 期。

[4] See Sumit K. Majumdar, *Does Incentive Compatible Mechanism design Induce Competitive Entery?*, Journal of Competition Law & Economics, Vol. 2, p. 427 – 454(2011).

二、公平竞争审查制度地方实施激励机制的正当性

(一)引入激励机制的理论依据

1. 平衡论视角下引入激励机制的正当性

平衡论作为现代行政法存在的理论基础,其核心观点是:维持行政权力和公民权利之间的平衡。随着平衡论的发展壮大,学者对行政法关系的关注突破了对上述二者的研究范畴,提出除了"行政权力"和"公民权利"这对关系之间的平衡,还会因监督权产生监督行政法律关系。[1] 平衡论认为,从行政权力的层面来看,行政机关必须拥有一定的权力以维护社会公共利益,并且需要保障行政权力的正确行使;从公民权利的层面来看,国家必须保护公民的合法权益不受侵害,监督行政权力的使用,通过行政公开等方式保障公民享有参与权,并能够为公民提供权利救济途径。[2] 在行政管理活动中,平衡论追求经济效益和社会效益的最大化,强调必要性应当是判断行政权力行使的边界。若非必须保留,则应当广泛采取行政奖励等非强制性的措施。因此,平衡论认为,为了充分发挥行政主体与行政相对方的能动性,需要运用制约机制与激励机制并行的举措,激励行政主体和相对方采取积极作为,并制约二者的消极影响。[3]

对于行政主体来说,行政法应当兼具限制行政主体滥用行政权力和激励行政主体积极行政的双重功能。因此,"行政法机制缺失激励公务人员积极行政的功能"也被视为行政法结构失衡的重要表现之一。[4] 公平竞争审查制度作为一项自上而下推行的制度,无疑是平衡行政权力和公民权利的重要制度工具。一方面,公平竞争审查制度的设计初衷就是为了控制行政权力行使的边界,保护市场经济主体的公平竞争权,与平衡论的核心要求相契合。另一方面,公平竞争审查制度地方实施激励机制是为了更好地保障该项制度在地方实施,通过构建完善的激励机制设计,促进政策制定机关和领导干部的工作积极性,属于行政权力内部的平衡。

---

[1] 参见成协中:《行政法平衡理论:功能、挑战与超越》,载《清华法学》2015年第1期。
[2] 参见罗豪才:《行政法之语义与意义分析》,载《法制与社会发展》1995年第4期。
[3] 参见沈岿:《行政法理论基础:传统与革新》,清华大学出版社2022年版,第62页。
[4] 参见罗豪才、宋功德:《行政法的失衡与平衡》,载《中国法学》2001年第2期。

2. 外部性理论下引入激励机制的正当性

经济学界对于外部性的讨论由来已久,尽管学界尚无法就外部性的定义达成一致看法,但基本同意外部性可以适用于市场失灵以及市场行为与政府行为的选择问题。福利经济学的创始人阿瑟·塞斯尔·庇古(Arthur Cecil Pigou)基于经济活动中的不公平现象损害了社会总福利而提出外部性理论,[1]并最早提出将政府和外部性联系起来,认为外部性的存在可能造成市场失灵,需要国家干预。[2] 而后经过多年的发展,美国经济学家罗兰·麦肯恩(Roland N. McKean)和瑞士学者杰奎琳·布朗宁(Jacquelene M. Browning)率先明确提出政府行为外部性的概念,认为政府和非营利组织同样存在外部性,"失灵现象"在公共部门和市场部门都会存在。[3] 为解决市场失灵而提出的政治解决方案同样会造成外部效应,因此外部性已广泛存在于政府治理行为及政策活动领域。政府行为外部性理论认为,政府的公共决策行为将使其他市场主体获益或者受损,不仅市场主体的私人活动具有外部性,政府的决策和干预行为也具有外部性。一般来说,政府的各个决策主体在决定社会稀缺资源的专有权时,彼此之间将会具有较为紧密的依赖性,而在决策主体进行公共选择的过程中即会产生政府行为外部性。

公平竞争审查制度作用于政府干预市场的行为,其设计初衷在于预防政策制定机关不当地干预稀缺资源的市场配置,减少外部效应造成的损害结果。落实公平竞争审查制度固然有利于全国经济的整体发展,也符合当地经济发展的长远利益。然而,就当前大多数地方政府和主政官员来说,落实公平竞争审查产生的经济成本(经济发展速度或将减缓以及政府的税收减少等)可能会超过该项制度当下带来的收益。在这种负外部性普遍存在的情况下,如果公平竞争审查不予制度变迁或者重新安排,可能会导致有的地方政府或在任官员缺少动力去从事公平竞争审查工作。[4] 几个世纪以来

---

[1] 参见罗士俐:《外部性理论的困境及其出路》,载《当代经济研究》2009年第10期。

[2] 参见卫欢:《解读传统知识法律保护的正当性——以经济学外部性理论为视角》,载《贵州师范大学学报(社会科学版)》2009年第2期。

[3] See Roland N. Mckean, Jacquelene M. Browning, *Externalities from Government and Non-profit Sectors*, The Canadian Journal of Economics, Vol. 4, p. 579 – 590(1975)。

[4] 参见刘云龙、刘放鸣:《"诺斯外部性"理论的扩展及应用》,载《中南财经大学学报》1995年第4期。

的治理经验告诉我们,国家治理过程会产生负外部性——没收财产、奴役、酷刑、未经审判的监禁等严重的惩戒后果。然而,现代治理体系已经通过制定宪法规则等手段避免了这种程度的负外部性,这彰显了现代法治文明,也反映出长久依赖惩戒措施无法为现代法治提供充分保障,仅靠惩戒机制难以促使地方政府高效地建设公平竞争审查制度。

(二) 引入激励机制的现实依据

1. 既有法律制度为激励机制提供适用基础

我国《宪法》规定国家机构要在中央和地方进行职权分配,在党中央集中统一领导下发挥地方工作的主动性;也规定了应当通过相应的培训和考核保证国家机关的工作质量。[1] 由此可知,国家通过相关的制度建设,充分发挥地方的主观能动性,促进地方政府机关和公务员的工作积极性具有宪法依据。除此之外,对于在公平竞争审查制度地方实施中引入激励机制,《公务员法》也提供了重要依据。《公务员法》明确规定应当对公务员采取监督约束与激励保障的双重管理原则,第八章设置了"奖励"专章,章节内包含了 6 条内容,专门强调工作成绩显著的公务员和公务员集体需要给予奖励。[2] 2018 年《公务员法》的修订,在第 1 条的立法目的中,增加了"促进公务员正确履职尽责"。"正确"一词对公务员履行职责提出了更高要求,即"合法"已不再作为公务员履职的唯一追求,而是需要公务员在履职合法的基础上,基于其判断作出正确的履职行为。

公平竞争审查制度的地方实施工作对于制约行政性垄断行为具有关键意义,而激励机制能够极大程度地保障制度的实施成效。不可否认,随着我国公平竞争审查制度的产生与推进,关于激励的内容正在逐步增多。从以往"鼓励委托第三方开展评估"的单一激励,扩增到对工作成效显著的单位进行表扬与激励,对于公平竞争审查制度的地方实施呈现出物质激励到精神褒奖。尽管《公平竞争审查实施细则》对于激励措施的规定仍限于"做好第三方评估经费保障"和"对落实公平竞争审查制度成效显著的单位予以表扬激励"。但仍然可以明显看出,国家对公平竞争审查工作的激励机制有所重视。《公平竞争审查条例》进一步将激励措施明确为"审查工作经费纳入

---

[1] 参见《宪法》第 3 条第 4 款、第 27 条第 1 款。
[2] 参见《公务员法》第 6 条、第 51 条。

本级政府预算"和"审查工作情况纳入法治政府建设、优化营商环境等考核评价内容"。显而易见,在地方实施公平竞争审查制度中,引入激励机制符合制度发展要求、符合制度设计的期待。因此,无论是从我国现有的法律体系,还是公平竞争审查制度的成文规定,都为公平竞争审查制度地方实施的激励机制提供了制度支撑,为完善审查激励机制奠定了牢固的适用基础。

2. 引入激励机制符合地方发展的现实需求

目前,有的地方政府不愿意开展公平竞争审查工作,很大程度上基于审查收益由审查主体所属地区与未支付审查成本的其他地区共同享有,[1]在缺乏激励机制的情况下,这导致了审查主体的积极性普遍不高。地方主政官员对布置公平竞争审查工作的动机不足,造成地方实施中存在拖延执行、选择性执行、运动式执行、变相不执行甚至违规执行等现象。传统的惩戒机制通过提前预设严苛的违法后果,威慑民众不敢违法,是借用外部制约致使适用对象不敢违反法律,从而达到立法目的;而激励机制是通过设置奖励,诱导民众从内心深处接受法律规定,从而达到自觉遵守法律的效果。对于公平竞争审查制度的地方实施,不仅需要采取惩罚措施对政策制定机关的行为进行外部制约,而且需要以激励获取地方政府的认同感,如此方能保证行政效率。

加之,公平竞争审查制度设置也存在诸多不确定性造成审查效果弱化,甚至掣肘公平竞争审查的进一步落实。有的地方政府为了本地的经济利益,很有可能置中央政策的要求于不顾。通过设置不合理的差别化待遇,地方政府阻止要素流出本地或外地商品、经营者进入本地市场,分割全国统一市场,阻碍自由竞争。目前,地方政策制定机关发布政策措施,造成排除、限制竞争效果的现象时有发生,而全国统一大市场建设要求地方政府坚守公平竞争,由此加剧了公平竞争审查制度地方实施的复杂性与困难度。一个健全的激励机制应当包括对低于绩效标准的工作实施惩罚,并对取得优异成效的进行奖励。惩罚和奖励都要限定在可接受的程度范围内,以使地方政府与公务员均信服制定的激励措施实际上会得到遵守。[2] 如果公务员无

---

[1] 参见朱静洁:《公平竞争审查制度实施的障碍及其破解》,载《经济法论丛》2019年第1期。

[2] See Paul L. Joskow, Richard Schmalensee, *Incentive Regulation For Electric Utilities*, Yale Journal on Regulation, Vol. 4, p. 1 – 50(1986).

法相信优异的公平竞争审查业绩能够使其获得相应收益,那么奖励机制的设计不会为推进公平竞争审查制度地方实施提供任何激励作用。因此,在公平竞争审查制度内驱力不足的情况下,选择完善激励机制就是保证实施成效的唯一途径。

三、公平竞争审查制度地方实施激励机制的不足及原因

(一)公平竞争审查制度地方实施激励机制存在不足

1. 文本问题:地方制度设计中的激励措施不完善

"以公平竞争审查制度为中心的政府监管模式能够将政府权力对市场竞争的影响降到最低。"[1]然而,目前在《反垄断法》"总则"部分对公平竞争审查制度作出的规定,更多的是对公平竞争审查制度的法律地位与重要性予以肯定。在该项制度的具体落实中,政策制定机关如何开展相关工作则主要依据于中央颁布的几份文件。其中对于落实公平竞争审查的激励措施正在逐步增加,2021年颁布的《公平竞争审查实施细则》中已出现激励实施的相关条款,从以往单一的经费保障增加了一定的精神褒奖。2024年颁布的《公平竞争审查条例》对褒奖进行了进一步的明确。目前,地方政府落实该项工作的依据除了来自中央的统一规定,各省级人民政府也颁布了不少规范性文件落实公平竞争审查制度。将是否能对公平竞争审查工作起到激励作用作为统计标准,对各省的公平竞争审查制度实施依据进行分析与解读(见表1),可知地方政府对该项制度的落实始终秉持着鼓励支持的态度。然而,通过对相关规定的解读与研究可明显得知,在当前公平竞争审查制度的顶层设计中,激励措施尚不完善。政策制定机关积极落实公平竞争审查工作能够获取的物质性激励不充分,取得显著工作成绩时能够获得的益处也缺乏具体明确性,对公平竞争审查制度地方实施起到的激励作用非常有限。

---

[1] 参见孙晋、袁野:《共享经济的政府监管路径选择——以公平竞争审查为分析视角》,载《法律适用》2018年第7期。

表1　省级地方政府公平竞争审查制度设计关于激励机制的规定

省级地方政府发布公平竞争审查文件的情况	省份	具体内容	简要解读
转发中央文件,对激励机制原文转发或者表述略有改动的省份	山西省、河北省、辽宁省、吉林省、黑龙江省、江苏省、浙江省、安徽省、福建省、江西省、河南省、湖南省、广东省、四川省、云南省、甘肃省、北京市、天津市、上海市、重庆市、内蒙古自治区、广西壮族自治区、宁夏回族自治区、新疆维吾尔自治区	"鼓励委托第三方开展评估"或"鼓励委托开展第三方评估,评估结果应向社会公开"或"鼓励按照有关规定委托第三方评估机构进行评估"	在公平竞争审查制度确立之初,要求全国范围内实施。各省级人民政府根据《关于在市场体系建设中建立公平竞争审查制度的意见》开展具体工作但大多数省级人民政府只是转发中央规定。要求政策制定机关在对规章和规范性文件进行定期评估时,"鼓励"委托第三方评估机构。整体来看,尚且没有切实可行的激励措施可以推动该项制度的地方落实
转发中央文件,对激励机制内容有所深化的省份	山东省	"鼓励通过政府购买服务的方式,委托第三方开展评估"	鼓励委托第三方机构开展公平竞争审查工作,并鼓励通过政府购买服务的方式选定第三方机构。但实际上并未补充具体的激励措施

续表

省级地方政府发布公平竞争审查文件的情况	省份	具体内容	简要解读
转发中央文件，对激励机制内容有所深化的省份	湖北省	"建立省公平竞争审查专家咨询论证机制，鼓励有条件的市(州)、县(市、区)参照建立"	在省一级建立专家咨询论证机制的前提下，鼓励辖区内各级地方政府建立专家咨询论证机制。但对于建立该项制度提供怎样的支持，并未言明
	海南省	"鼓励委托第三方机构对经公平竞争审查出台的政策措施进行定期评估"	在推行公平竞争审查制度的工作中，鼓励采取第三方评估方式，同时强调要进行定期评估
	贵州省	"条件成熟时鼓励委托第三方开展评估"	对于鼓励开展第三方评估增加了"条件成熟时"的限定词。对于条件成熟的判断不明，激励效果不佳
	陕西省	"鼓励市场主体创新"	鼓励市场主体开展创新活动，但并未言明市场主体的创新活动能够得到什么支持，也不是就公平竞争审查制度实施提出的激励
	青海省	"在条件成熟时鼓励采用购买服务的方式委托第三方评估机构开展评估"	对于鼓励开展第三方评估增加了"条件成熟时"和"购买服务"的限定词。增加了开展第三方评估的难度，激励效果不佳

续表

省级地方政府发布公平竞争审查文件的情况	省份	具体内容	简要解读
转发中央文件,对激励机制内容有所深化的省份	西藏自治区	"各地、各部门要落实工作经费和人员保障,确保公平竞争审查制度顺利实施"	强调公平竞争审查落实工作中,要为第三方评估提供经费和人手的保障。能够在一定程度上激励政策制定机关引入第三方评估机制。凸显了第三方评估机制对于落实公平竞争审查工作的重要性。能够在一定程度上激励本地政策制定机关落实相关工作,但对于激励效果仍不明显

注:信息资料来源于各省级人民政府官方网站,查找范围限于以"公平竞争审查"为关键词进行搜索的结果,发布文件的适用范围为本省行政区域内。

2. 实施不足:地方实施中的低效现象普遍化

近两年来,尽管地方政府对于公平竞争审查工作的重视程度已显著提高,但整体来看,公平竞争审查制度地方实施工作的低效问题较普遍。在公平竞争审查的地方实施中,各省级人民政府大多是采取直接转发或者稍微改动上级文件的形式,以此作为落实本省辖区内公平竞争审查工作的实施办法,对于如何在本省推进审查工作并未作出进一步的细化规定。以省级行政区域为单位,探查公平竞争审查制度的地方实施情况,可知大多省份并没有丰富或补充落实公平竞争审查制度的激励措施。例如,海南省率先出台《海南自由贸易港公平竞争审查制度实施办法(暂行)》,从组织保障、机制建设、强化刚性约束等方面优化公平竞争审查的地方实施,但没有出现具体的物质支持或非物质性褒奖等具有实质激励性的措施。[1] 大多数省份已经意识到需要激发政策制定机关开展工作的积极性,部分省份也已采取举

---

[1] 参见《海南自由贸易港公平竞争审查制度实施办法(暂行)》,载海南省人民政府官网 2022 年 3 月 18 日,https://www.hainan.gov.cn/hainan/tingju/202203/64aaae9d237e426187d14a8226ec54ef.shtml。

办公平竞争审查业务技能竞赛等激励形式。[1]

然而,从公平竞争审查地方实施的整体成效来看,各省份采取的激励措施较少,并且激励效果不明显,涉嫌违反公平竞争审查的政策文件屡禁不止。公平竞争审查制度地方实施激励机制不足不仅致使地方政府的落实成效不佳,也造成了有的政策制定机关的主政官员对于开展审查工作缺乏动力。一些地方政策制定机关落实公平竞争审查工作仍是基于中央和上级机关的强制性要求,自发开展、自主推动实施的积极性不足。从实践经验来看,无论是在政策措施发布的自我审查程序中,还是对既有文件展开存量清理的情况,政策制定机关的审查成效都不甚明显。尤其是违反公平竞争审查标准较为明显的案例,更鲜少耳闻政策制定机关经由自我审查发现违规案例,基本是依靠市场监管总局的定期抽查、第三方评估机构的外部复审、利害关系人提出异议或者公众的举报等外部监督方式发现。地方政府落实公平竞争审查的动力不足、自觉性欠缺等问题较为明显,造成该项制度实施的成效不佳。

(二)公平竞争审查制度地方实施激励机制不足的原因

1.自我审查模式的局限性难以避免

以自我审查为主要方式的公平竞争审查制度,审查主体呈现分散化,难以保证审查质量,切实保障公平竞争。[2] 尽管中央要求所有政策制定机关出台政策措施必须经过公平竞争审查,未经"一事一议"则不予出台。但归根结底,是否进行审查以及审查模式如何都由政策制定机关自主决定。结合我国的公平竞争审查实践经验,政策制定机关开展自我审查时往往会选定本单位内部的固定部门负责该项工作,不外乎由起草政策文件的部门审查、法规部门审查或制定主体进行审查。然而这种自我审查方式本身具有的内生动力不足。目前,地方政策制定机关对于推进公平竞争审查制度实施的工作积极性普遍不高,这种局面由客观原因和主观原因共同造成。自我审查模式存在动机悖论和能力悖论。[3]

---

[1] 例如《第二届长三角地区"公平竞争审查业务能力提升行动"技能竞赛正式开赛》,载江苏省市场监督管理局官网 2022 年 11 月 16 日, http://scjgj.jiangsu.gov.cn/art/2022/11/16/art_70154_10667230.html。

[2] 参见张守文:《公平竞争审查制度的经济法解析》,载《政治与法律》2017 年第 11 期。

[3] 参见孙晋、蔡倩梦:《公平竞争审查制度的实施保障机制》,载《学习与实践》2023 年第 10 期。

具体来看,一方面,有的地方政府与主政官员对于落实公平竞争审查工作的主观意愿均不强。如果没有相应的激励机制,那么对于有的政策制定机关而言将无意克服制定政策过程中的惯性,自我审查极易陷入动力不足、有失客观公正性的困境。地方政府的独特利益诉求致使有的地方官员有着干涉市场竞争的动机,还有的领导干部的公平竞争意识薄弱,对公平竞争审查的重要性认识不到位,甚至追求个人利益最大化或权力寻租的现象偶有发生。另一方面,公平竞争审查作为一项尚不成熟的"新生制度",其较强的专业性致使其本身具有较大难度,地方政府面临缺乏工作经验、审查标准难以把握等实施问题尚未解决。同时,公平竞争审查本质上是以政府对垄断后果具有认知能力为预设前提的事前防范机制。然而实践中,自我审查模式却面临审查主体专业能力不足的问题,政策制定机关有时也难以准确识别涉嫌违反公平竞争的行为。

2. 传统上对惩罚机制的路径依赖

惩罚以法律责任的威慑功能作为手段,通过对违反法律的责任人进行追究,迫使相关主体不得不遵从法律的规定。根据柏拉图认同的最小结果主义,对于"灵魂无法治愈的人"(可理解为"犯罪行为特别严重的人")施加惩戒,使他们丧失某种能力或者人身予以流放,符合保护社会其他人的最低要求。边沁则认为所有法律都应该促进幸福,即增加社会净收益。他认为惩罚本身并不能促进幸福,因此作出惩罚要求的法律只有在以其他方式促进幸福,即产生净社会收益时才应当被执行。[1] 在传统的行政制约机制中,对行政主体与公务员的约束多运用惩戒机制,对于激励机制的功能则鲜少关注,也没有构建完整的激励体系促进行政机关和公务员的工作积极性。毋庸置疑,政府违法必须承担相应的责任,给国家、社会发展以及人民权益造成损失应当接受惩罚和制裁,而惩罚力度过小和奖惩激励不明确是庸官懒政的两大原因。[2] 若要实现行政部门的高效行政,必然是惩戒机制和激励机制相互配合。

从公平竞争审查制度地方实施来看,其保障措施主要依赖于惩罚机制,

---

〔1〕 See Thedodre Y. Blumoff, *Justifying Punishment*, Canadian Journal of Law and Jurisprudence, Vol. 2, p. 161 – 170(2001).

〔2〕 参见杨雨莲、张国清:《庸官懒政的博弈分析》,载《浙江大学学报(人文社会科学版)》2017年第2期。

激励机制几乎没有发挥作用,并且在当前的公平竞争审查制度中,惩罚机制不完善与激励机制缺失的问题同时存在。一方面,政策制定机关如果滥用行政职权或者懈怠履行公平竞争审查职责,其所受到的惩罚较为轻微。也存在在市场监管总局对公平竞争审查制度地方落实情况进行定期抽查中,如果发现涉嫌违反文件,其处理方式是督促政策制定机关纠正行为并在其官方网站公布部分抽查结果。公平竞争审查制度的责任设置明显存在着执法力度不足、惩罚结果畸轻等问题。另一方面,如果公务员认为其所做的工作不能得到上级的重视,或者分配的工作难以给他们提供晋升机会或相应奖赏时,就会丧失工作积极性,出现懈怠履职行为。[1] 激励机制不可能完全取代惩罚机制,但单纯依赖传统的惩戒机制也难以使地方政府积极落实公平竞争审查制度,更无法解决法律实施中遇到的全部问题,需要激励机制发挥互补功能,[2] 共同作用于公平竞争审查制度的地方实施。

3. 央地协调中存在治理逻辑的差异

公平竞争审查制度的构建具有自由、秩序、公平和效率等多重价值目标,[3] 而中央与地方对于这些价值目标之间的位阶选择存在偏差,导致中央与地方存在治理逻辑的差异。治理逻辑的差异则造成中央和地方政府行使职能的目标存在一定程度上的错位。[4] 从中央政府的角度来看,中央旨在破除地方保护、区域封锁等有违全国统一市场建设和公平竞争的现象,也希望借由公平竞争审查制度把控地方政府政策干预市场的限度,通过合法合理的财政补贴和优惠政策,助推重点产业的发展,实现全国经济的整体发展。从地方政府的角度来看,对比加快建立全国统一大市场,政策制定机关与主政官员更加关注本地经济的发展,其制定的政策措施也更易于优待那些对本地经济贡献高的企业。

个别地方主政官员晋升的强烈需求,加剧了个别地方政府不当干预市场公平竞争的风险,可能导致个别政策制定机关出台涉嫌违反公平竞争审查标准的规范性文件。经济转轨背景下的利益追求呈现出复杂多元化,地

---

[1] 参见张国清:《惩治懒怠者:中国政治改革将迈出重要一步》,载《人民论坛》2015年第15期。
[2] 参见董淳锷:《法律实施激励机制的基本原理及立法构造》,载《法学》2023年第9期。
[3] 参见袁日新:《论公平竞争审查制度的逻辑意蕴》,载《政法论丛》2018年第5期。
[4] 参见叶卫平:《财政补贴、产业促进与公平竞争审查》,载《交大法学》2021年第4期。

方政府有其独特的利益诉求,有的地方政府利用行政权力,以直接组织或者间接限制的方式实施地方保护主义或者行业主管部门利益分化,人为分割市场,破坏公平竞争有序的市场竞争环境、阻碍全国统一大市场的形成。对于公平竞争审查制度的具体实施,中央就实施的基本原则、基本模式和审查标准等基础内容作出规定,由地方政府自主决定如何实施以及各单位具体承担该项职责的部门与人员。在这种央地之间的权责分配模式下,有的地方政府的关注点局限于本辖区范围内,对公平竞争审查制度的实施也更倾向于本地经济,忽略地方发展对全国经济带来的影响。

4.地方政府发展中"唯GDP"观念痼疾难消

在我国的政府治理过程中,各地方以省级行政区域为基本单位承接中央政府的行政任务,省级政府的主政官员对中央委派的事务负责。根据省级政府的主政官员进行自由判断的结果,省级政府再将行政事务逐级发包给辖区内的市县(区)、乡(镇)级地方政府。[1] 而国内生产总值(Gross Domestic Product, GDP)长久以来被作为我国中央政府考核地方的最重要指标,根据地方政府的工作完成情况计算绩效成绩,由此成为考核地方主政官员的重要指标,这也促使地方政府尤为看重治理辖区内的经济发展规模。之前个别地方主政官员一味追求当下的经济增长率。在地方GDP增速持续保持、财政收入不断提高的情况下,人民幸福生活、社会公平正义等隐形绩效并未相对地提升,而是效率与公平、民主与秩序等价值之间的矛盾日益凸显。[2] 国家意识到必须改变以往的"唯GDP"论。

2013年,党的十八届三中全会颁布《关于全面深化改革若干重大问题的决定》,强调要"完善发展成果考评体系,纠正单纯以经济增长速度评定政绩的偏向"。近年来,政府逐渐改变以往的"唯GDP"考核指标,将建设法治政府也纳入考核。然而,我国法治政府建设的考核与地方主政官员的考核分道而行,中央政府对于地方政府和政府官员的考评仍然将GDP增长率作为最主要的参考指标。"领导机关是国家治理体系中的重要机关,领导干部是党和国家事业发展的'关键少数',对全党全社会都具有风向标作用。"[3] 笔

---

〔1〕 参见刘凯:《实质法治观视域下的法治政府绩效考核制度构建》,载《法学》2022年第5期。

〔2〕 参见孙斐:《地方政府绩效评价的公共价值结构图景——基于杭州市综合绩效评价的混合研究》,载《行政论坛》2021年第6期。

〔3〕 陈训秋:《坚持抓住领导干部这个"关键少数"》,载《中国法学》2021年第3期。

者曾作为第三方机构的核心成员参与多地公平竞争审查制度实施情况的评估工作,发现主政官员对该项工作的重视程度直接影响地方政策制定机关落实工作的成效。究其原因,有的地方主政官员为了其个人政绩考核,将地方经济发展作为最主要的行政任务。对于主政官员来说,公平竞争审查工作落实情况如何并不能实际影响到他们的仕途。某些地方政府行政中的"唯GDP"观念根深蒂固,仍然作为其主政官员最为重视的行政目标。

四、公平竞争审查制度地方实施激励机制的完善路径

(一)完善思路:中央与地方双重发力的思路遵循

1.中央层面:制度顶层设计中构建激励机制

中央层面应当尽快完善公平竞争审查制度设计中关于激励机制的内容。"法律激励文本的激励效果有优有劣。一般来说,制定专门规范性法律文件的激励效果优于制定专门章节的激励效果;而制定专门章节的激励效果明显优于制定专门条款的激励效果。"[1]根据我国对于公平竞争审查制度法律规定的文本现状,在《反垄断法》中,关于公平竞争审查制度的立法内容应当增加激励内容,以此坚定表明激励地方落实公平竞争审查制度、破除行政性垄断的信念与决心。考虑到公平竞争审查制度法律规定的文本现状,制定专门的规范性法律文件不宜适用在公平竞争审查制度地方实施激励机制,采取专门章节设计激励机制更适合公平竞争审查制度地方实施的现状。具体而言,可将《反垄断法》第5条第1款修改为"国家建立健全公平竞争审查制度,并激励公平竞争审查制度地方实施"。同时,国务院拟出台的《公平竞争审查条例》应当以设置专章的形式构建公平竞争审查激励机制。完善的制度设计可以减少公务员的不确定性,让他们的回报与实现的产出水平挂钩,才有动力付出高水平的努力。

2.地方层面:省级政府落实工作中补充激励措施

中央在制度设计中必然不可能,也没必要面面俱到,而是更适合对物质性和非物质性激励措施均作出概括性规定,由省级政府在公平竞争审查制度的落实工作中补充激励措施。这种方式能够给地方政府留足实施空间,更有利于充分发挥地方政府的主观能动性,保持制度刚性与弹性并存。从

---

[1] 参见胡元聪:《我国法律激励的类型化分析》,载《法商研究》2013年第4期。

我国公平竞争审查制度的地方实践来看，具体落实工作是以省级行政区域为单位开展。中央将公平竞争审查制度的实施要求下发给各个省份，省级政府则需要负责辖区内具体实施工作。在遵从制度建设要求的前提下，中央政府应当支持省级政府对激励措施作出补充细化。一方面，中央层面需要对省级政府细化公平竞争审查的激励措施进行指导，包括文件制定与能力指导。公平竞争审查工作具有较大的挑战性，仅凭地方政府难以提供开展审查工作所需的专业知识。在省级政府的文件制定和具体工作开展过程中，中央应当为地方政府提供适当的能力支撑。另一方面，省级政府健全公平竞争审查激励机制也需要考虑适用性，可以考虑在全国范围内，就公平竞争审查实施问题以有偿开展专家咨询、项目合作等多种方式获取专业指导，提升主政官员、一线业务人员的业务素质。

3. 央地共建：将实施成效纳入官员考评体系作为核心要义

目前，地方政府对绩效考评指标的确定都还处于探索阶段，其中受到主观随意性、群众参与程度较低等诸多因素影响，致使考评还无法完全起到奖能惩庸、奖勤罚懒的作用。从行政机关的内部职责分配来看，需要中央政府与地方政府共同发力，优化政府考评体系，促进地方政府考核指标的多样化。将公平竞争审查的实施成效纳入地方主政官员的绩效考评中，必然会对地方政府及主政官员具有双重激励作用：一方面，绩效考评事关主政官员的职业发展前途，绩效考评结果优异的官员有更多晋升的机会；另一方面，绩效考评标准对于地方政府工作有着极强的引导性，将公平竞争审查作为绩效考核的内容能够极大程度上促使地方政府取得工作成果，激励地方政府之间开展良性竞争。对于公务人员的职务晋升是最有效的行政激励措施之一，不仅需要将公平竞争审查制度实施成效纳入地方政府官员的职务晋升评价体系，还可以将审查效果纳入公平竞争审查工作的直接主管官员的政绩考评指标。《公平竞争审查条例》已就公平竞争审查制度的地方考核作出专门规定，[1]表明国家已经意识到在该项制度的地方实施中，政府官员的重视是政策制定机关开展本项工作的关键所在。通过构建合理的激励机制，改变地方政府以往所面临的 GDP 单一考核压力，也使他们正视地方政府之间关于工作业绩的竞争。

---

[1] 参见《公平竞争审查条例》第 7 条。

(二)完善方式:增补激励内容以提高工作有效性

1. 细化内容:根据激励对象设置具有针对性的激励方式

第一,构建公平竞争审查制度的物质性激励,明确地方政府为物质性激励的对象,加大物质激励的力度,充分兼顾地方经济发展的利益。地方为全国经济发展作出的让步,应当由国家给予经济补偿。其他国家也有类似的做法,例如,澳大利亚的公平竞争审查开展之初,便是由国库对地方政府造成的税收等损失予以拨款,[1]通过财政激励调动地方政府的积极性。对于地方政府部门的物质性激励,需以经费支持的方式鼓励地方政府落实公平竞争审查制度。激励机制的设计必须具有前瞻性,激励性金额的制定是为了在市场环境中确保未来的优异表现,其重点并不是为了奖励过去的表现。[2] 因此,物质激励方式中可以选择设置公平竞争审查专项资金,根据各省落实情况将奖励资金发放至各省份的财政,由各省根据各市县的落实情况进行统一支配,并将奖励金额与实施成效挂钩。

第二,将非物质性激励的适用对象确定为地方主政官员,采取授予荣誉的方式,促进地方政府之间、公务员之间的良性竞争。对于公务员的物质性奖励不宜适用于公平竞争审查地方实施中,一方面,如果采用物质性激励,那么奖金数额必然不宜过大。物质性奖励是为了强调落实公平竞争审查行为本身的意义,奖金数额如果引人注目,便容易产生激励手段转向控制手段、激励成效沦落至金钱效应的倾向。[3] 另一方面,奖金数额不大则激励作用有限,难以真正对公平竞争审查地方实施起到促进作用。例如,通过举办各种级别的公平竞争审查知识竞赛或业务能力竞赛,对表现优异的参赛者授予荣誉,并对主政官员予以嘉奖,用这种适当的荣誉激励唤起公平竞争审查制度的内在动力与地方政府的竞争精神。目前,已有部分地方政府尝试这种激励方式。据了解,这种举办竞赛的方式激励效果显著,下一步可以在全国范围内推广。

2. 拓展途径:重视地方实施工作中的能力激励

如何维持地方政府保有落实公平竞争审查工作的积极性,很大程度上

---

[1] 参见王岩、邹升茂:《论中国公平竞争审查制度的完善》,载《反垄断研究》2021年第1期。

[2] See Branko Terzic, *Incentive Regulation: Efficiency in Monopoly*, Natural Resources & Environment, Vol. 3, p. 26-28(1994).

[3] 参见丰霏:《法律治理中的激励模式》,载《法制与社会发展》2012年第2期。

依赖于政策制定机关的审查能力。对于较基层的官员来说,如果他们没有动力去做应该做的事情,那么即使官员知道应该做什么也是徒劳的。[1] 因此,在地方落实公平竞争审查工作时,需要重视能力激励方式,提升地方工作队伍的专业性。首先,鼓励地方政府组建专业的审查队伍,并为地方提供充足的人手保障。在上级部门的领导下,通过提供经费和人员编制的激励方式,鼓励政策制定机关在内部组建专门负责本单位公平竞争审查工作的团队。其次,激励机制也需要鼓励政策制定机关在审查工作中引入第三方评估。通过对第三方评估机制的经费支持,补充自我审查能力不足的问题,促进地方实施工作的规范化发展。最后,在公平竞争审查制度激励机制的落地实施中,应当将公务员的认知能力作为重要的考量因素。"不少学者主张,如果要求党政领导干部在履行职责的过程中作出正确决策,已经超出了其认识能力,即使最终事实证明其判断错误,也应免除或者减轻其责任。"[2]因此,激励机制应当为工作极其认真但能力有所欠缺的公务员留有余地。如果官员履行公平竞争审查职责时,其自身能力或者基于当下研究水平确实难以准确判别是否违背审查标准,并且其能够通过论证会记录等日常工作的留痕材料,证明对该争议文件经过了严格审查程序。那么在经过评估出台的规范性文件尚未造成严重后果时,应当允许其减轻或者免除处罚。

3. 规范实施:增强激励措施落实工作的规范性与透明度

构建完善的公平竞争审查激励机制固然重要,但在激励机制设计完善的前提下,激励措施能否能够在地方切实落地,则需要规范的实施程序予以保障。第一,保证激励机制能够使政策制定机关予以信服,这要求激励措施必须具有相应的透明性。OECD 曾发布希腊第三次竞争评估审查,审查可能阻碍希腊市场竞争和高效运作的规则和条例,其中指出透明度是监管机构稳健治理的要求之一,也会给监管机构带来信任。[3] 第二,地方政府应当对区域内各政策制定机关的公平竞争审查制度落实情况进行定期公示。初

---

〔1〕 See Susan Rose-Ackerman, *Reforming Public Bureaucracy Through Economic Incentives*?, Journal of Law, Economics & Oraganizaiton, Vol. 1, p. 131 – 162(1986).

〔2〕 林鸿潮:《履行行政职责的作为可能性》,载《法学研究》2022 年第 6 期。

〔3〕 See Ira Valsamaki, *OECD Competition Assessment Reviews: Greece*, European Competition and Regulatory Law Review, Vol. 2, p. 158 – 161(2017).

期可以以市级行政区域作为评估的基本单位,定期公布市辖区内各区县落实公平竞争审查情况的排名,并将排名结果上报给省级政府。待时机成熟时,将各省的公平竞争审查实施情况进行排名对比。通过排名内部公示制度表彰正面榜样,也对负面典型进行督促,以此将公平竞争审查制度落实情况与各单位的声誉挂钩。第三,在评估地方政府落实公平竞争审查成效时,应当将市场主体的满意程度、当地人民对政府工作的态度作为重要考量因素。人民对本地营商环境满意程度反映出地方政府工作的有效性,人民的态度理所当然成为地方政府公平竞争审查工作成效的评价标准。

结　语

时至今日,实施公平竞争审查制度的必要性与重要性已经毋庸置疑。公平竞争审查制度通过事前的自我审查,实现对政策制定机关不当干预市场竞争行为的事前监督;同时通过对增量措施和存量政策措施的定期审查,有效制止已经存在或潜在的行政性垄断行为,对政策制定机关发布规范性文件的行为实现事前事中事后全链条监管。目前,我国法律实践中已然具备了实施激励机制的基础,也有物质性激励与非物质性激励二者共同发挥促进作用的先前经验。《公平竞争审查条例》第5条和第7条也分别规定了物质性和非物质性激励,使激励机制的建设更进了一步。建立科学合理的公平竞争审查激励机制,能够减少地方政府对于落实该项制度的抵触心理,并一定程度上协调中央与地方之间存在的利益冲突。公平竞争审查制度为建设全国统一大市场提供制度保障,构建起地方实施激励机制也成为推进营商环境持续优化的重要举措。通过构建激励机制,激活地方实施公平竞争审查制度的积极性与主动性,有利于打破公平竞争审查制度当下面临的实施"瓶颈"。

公平竞争审查制度的实施保障机制研究

一、问题检视：公平竞争审查制度实施陷入"瓶颈"

2023年9月，国家市场监管总局发布22条举措，其中强调要加快《公平竞争审查条例》等制度文件的出台，及时清理妨碍统一市场和公平竞争的政策，旨在优化民营经济的发展环境。[1] 2023年5月，国家市场监管总局发布了《公平竞争审查条例（征求意见稿）》《公平竞争审查第三方评估实施指南》，意图强化公平竞争审查制度建设，持续推进该项制度的实施。2024年6月，《公平竞争审查条例》正式出台，标志着公平竞争审查制度的法治化进程又向前迈出坚实一步。经过数年的实践经验，公平竞争审查制度已经发展得较为成熟，在规范政府不当干预市场行为方面发挥了举足轻重的作用。然而，日趋成熟的公平竞争审查制度却陷入实施"瓶颈"，集中表现为该制度预防行政性垄断的作用尚未得到充分挖掘，制度实施难以取得进一步成效。

追根溯源，以2016年6月国务院出台《建立公平竞争审查制度的意见》为标志，公平竞争审查制度开始逐步推广实施。公平竞争审查通过对政策制定机关发布的、涉及市场主体经济活动的文件进行全面审查，对行政机关干预市场的行为进行事前把控，明确政府行使权力的边界，意图从源头上理顺政府与市场的关系，遏制行政性垄断行为。2022年修订后的《反垄断法》将公平竞争审查制度正式上升至法律层面，这无疑能够更大限度地保障行政性治理的成效。[2] 公平竞争审查制度强化了以法律责任治理行政性垄断的逻辑，对着力打破地方保护和行政性垄断具有关键作用。然而，公平竞争

---

[1] 参见《市场监管总局关于印发〈市场监管部门促进民营经济发展的若干举措〉的通知》，载中华人民共和国中央人民政府网2023年9月15日，https://www.gov.cn/zhengce/zhengceku/202309/content_6905617.htm。

[2] 参见李剑：《论共同富裕与反垄断法的相互促进》，载《上海交通大学学报（哲学社会科学版）》2022年第6期。

审查制度经过几年的实践探索,取得的效果未达到预期,政府不当干预市场竞争行为、设置区域壁垒等问题仍然存在,[1]制度实施陷入"瓶颈"阶段。

从已公开的数据看,自公平竞争审查制度实施以来,经过审查的规范性文件数量非常可观。但从财政领域看,目前公平竞争审查制度的实施并未给国家经济发展带来显著的效果,且各级政策制定机关的自我审查已初现模式化和固定化之端倪。在此背景下,想要实质性地推进公平竞争审查制度迈入新发展阶段,必须在《公平竞争审查条例》出台后尝试进行新的制度设计。

二、原因究问:公平竞争审查制度实施陷入困境的根源

(一)信息不对称限制外部监督成效

实践中,对于公平竞争审查制度的外部监督的成效不彰。原因在于,政策制定机关有信息公开决定权,而第三方评估机构的外部监督则依赖于政策制定机关。同时,社会公众监督囿于信息的严重不对称而难以进行,信息公开问题严重掣肘了公平竞争审查的实施成效。"信息是一种资源,信息优势者利用这种资源就可以获取利益,而信息劣势者缺乏信息资源,这不仅会造成其利益获取的障碍,还会使其利益受到信息优势者的侵损。"[2]在公平竞争审查的实践工作中,作为外部监督主体的第三方评估单位和社会公众均处于信息劣势地位,其监督实效自然会受到制约。对于政策制定机关而言,在确保行政信息有效公开的前提下,充分落实第三方评估制度,并确保公民能够有效地行使知情权和监督参与权,形成权利制约权力的监督格局,尤为重要。

目前,经由第三方评估机构发现的涉嫌违反公平竞争审查的文件数量与日俱增。然而,政策制定机关与第三方评估机构之间具有的信息不对称较为突出,限制了外部审查成效。在第三方评估工作中,对于政策文件等相关材料进行全面收集是工作的前提,所获信息是否全面、真实,直接决定了评估结果是否准确、客观。如果委托主体提供的评估信息片面、透明度低,由此作出的第三方评估结果自然也将偏离客观事实。与此同时,第三方评

---

[1] 参见陈兵、郭光坤:《全国统一大市场视域下公平竞争审查制度实施的法治推进——以规范消费券政策实施为引例》,载《东北师大学报(哲学社会科学版)》2023年第2期。

[2] 应飞虎:《信息失灵的制度克服研究》,法律出版社2004年版,第119页。

估旨在通过评估结果来发掘自我审查中存在的不足之处,指导并帮助行政机关排除潜在的竞争风险,这就要求政策制定机关对第三方评估结果予以高度重视,真正做到将评估结果作为竞争评估的参考指标。

(二)自我审查模式的固有弊端造成动力不足

我国构建的公平竞争审查制度以自我审查机制为主要实施路径,采取对行政权力设置自我约束的方式,实现对规范性文件的有效审查。自我审查要求,政策制定机关对于本单位尚未发布、已经发布的政策措施均需开展全面审查和复审。若拟出台的规范性文件涉嫌违反公平竞争审查标准,则不予出台或修改后方准予出台。若复审的结果显示,已发布的规范性文件确实会对市场公平竞争产生不利影响,这意味着对政策制定机关前期审查工作的否定性评价,此时需要重新投入时间、人工和经济成本,导致部分或全部废止该文件的后果。实践中,地方政策制定机关容易受到地方保护主义固有思维的影响,倾向于制定优待本地经营者的政策措施。[1] 这种自我审查模式天生缺乏动力,致使政策制定机关开展工作的内驱力不足,限制了公平竞争审查制度的实施成效。

自我审查还意味着,政策制定机关在拥有政策制定权的同时,也享有开展公平竞争审查的权利。实质上,作为制定政策的利益相关者很难保证自己的中立立场。公平竞争审查制度如果完全局限于自我审查模式,则难以达到保障审查效果的目的。

(三)公平竞争审查制度的责任设置偏弱

根据最新可查询的数据显示,在2023年反垄断执法机构全年的执法工作中,除了经营者集中申报案件基于特殊性占据高数额,其余三类的垄断协议案件、滥用市场支配地位案件和滥用行政权力排除、限制竞争案件共计办结(查处)66件,滥用行政权力排除、限制竞争案件在其中占据了59.1%。[2] 行政性垄断易以抽象行政行为的方式作出,对于竞争秩序造成的损害往往范围更广、影响更深远。但我国《反垄断法》确立了以上级机关为中心的行政性垄断法律责任体系,相较于垄断协议和滥用市场支配地位需要承担的

---

[1] 参见孙晋、胡旨钰:《地方政府奖补政策公平竞争审查的困境检视与因应》,载《中国矿业大学学报(社会科学版)》2023年第2期。

[2] 参见《中国反垄断执法年度报告(2023)》,载中国政府网2024年6月19日,第7~8页,https://www.gov.cn/xw/lianbo/bumen/202406/po20240619381431996452.pdf。

法律责任,其震慑效果明显偏弱,[1]对于行政性垄断的规制效果不尽如人意。而作为预防行政性垄断的事前规制手段,公平竞争审查制度也呈现出责任设置偏弱的问题。

为了从根源上遏制行政性垄断,对行政机关滥用行政权力排除、限制竞争的行为起到震慑作用,则需要调和行政性垄断和经济性垄断法律责任之间的鸿沟。行之有效的方式即加重行政性垄断的法律责任,增加行政机关滥用行政权力的违法成本。然而,《反垄断法》仅对公平竞争审查制度作出原则性规定,对违反公平竞争审查应承担的法律责任未作特殊规定;依据《公平竞争审查实施细则》,对于未进行审查或者违反审查标准出台的政策措施,政策制定机关承担的责任也限于及时补审和责令改正。《公平竞争审查条例》中,对于追究违反公平竞争审查责任的规定较为泛化,基本限定于行政系统内部处分这一层面。在公平竞争审查制度的法律责任追究上,当政策制定机关不审查或审查不到位时,反垄断执法机构只能向政策制定机关提出建议或向其上级反映,责任设置缺乏法律强制力和刚性约束。

三、信息外扩：以第三方评估机构为枢纽的信息公开破局

（一）信息公开助力内部监管转向外部约束

在对公平竞争审查制度的实施进行监督中,信息公开是无法回避的问题。为了增强公平竞争审查的效果,第三方评估机构外部监督的重要作用不容忽视。[2] 在多地的公平竞争审查第三方评估工作实践中,对于第三方评估筛查出的具有排除、限制竞争效果的政策文件,政策制定机关基本能够接受审查意见。可见,第三方评估机制的引入确实能够提高公平竞争审查制度的实施效果。然而,无论是采取内部的惩戒激励机制还是外部的监督举报机制来推进公平竞争审查,信息公开工作都至关重要。若政策制定机关对于公平竞争审查的过程和痕迹不予公开或选择性公开,那么这些实施保障机制便失去了执行依据,外部监督也会因信息差而难以运行。

随着市场化改革的深入,行政权力运行的外部化约束不应缺位,这对行政权力运行的公开性和透明度皆提出了更高要求。然而,当下信息公开的

---

[1] 参见王健:《我国行政性垄断法律责任的再造》,载《法学》2019年第6期。
[2] 参见孙晋:《规制变革理论视阈下公平竞争审查制度法治化进阶》,载《清华法学》2022年第4期。

原则化规定难以得到落实，而对于公开内容所需包含的信息也欠缺具体要求。公平竞争审查的信息公开效果不佳，尤其是违反公平竞争审查的案例公开不及时较为突出。[1] 不仅是作为公平竞争审查常态化手段的自我审查存在信息公开不到位的问题，作为外部监督方式的第三方评估亦如此。国家市场监管总局于2019年2月发布的《公平竞争审查第三方评估实施指南》（现已失效）第3条明确"公开透明"是第三方评估应当遵循的原则，而2023年5月重新发布的《公平竞争审查第三方评估实施指南》则将公开透明原则予以删除。这也意味着对政策制定机关的信息公开要求正在降低，但这一趋势与社会公众日益增长的对公平竞争审查信息透明度的需求相悖。另外，公平竞争审查第三方评估机构对政策措施信息的获取不易，其所需的信息和数据资料通常由各级政府部门掌握，获取信息的成本和难度较大，进一步增加了第三方评估工作的难度。

（二）第三方评估机构作为信息公开枢纽的应然属性

第三方评估机构的定位不应仅停留在辅助政策制定机关开展自我评估方面，而应被视为重要的外部监督主体。从公平竞争审查第三方评估机制的功能上讲，其具有强烈的约束行政权力滥用之色彩，主要表征为保障行政机关的行政权力能够在法治的轨道上分配及运行、对行政权力作出有效监督、防止行政权力被滥用等方面。公平竞争审查第三方评估有利于规范行政机关对市场的不当干预，而且能够打破政策制定机关自我审查的封闭性，使政策制定机关认识到公平竞争审查工作的严肃性，避免审查行为的随意性，增强公平竞争审查结果的公信力。

从实践角度看，相较于政策制定机关的自我审查，第三方评估机构更能恪守"中间人"立场，也更具独立性与专业性。如果赋予第三方评估机构公开信息或备案信息的权限，则能更加真实、准确地对公平竞争审查制度实施情况进行信息公开。相较于利害关系人或社会公众通过举报予以监督，第三方评估机构能够在更大限度上接触到更加真实的审查信息，并从性质上判别信息是否属于应当公开的范畴。与社会监督主体有所不同，第三方评估机构不会存在过于严重的信息不对称情况。相较于公平竞争审查联席会

---

[1] 参见朱静洁：《我国公平竞争审查监督机制的现存问题及其对策研究》，载《竞争政策研究》2022年第1期。

议等审查机构,第三方机构突破了行政系统内部上下级别关系之间的掣肘,可以避免相互推诿的情形。相较于反垄断执法机构,第三方评估机构工作的针对性和专业性更强,不会出现因执法人员数量有限而致使监督工作力有不逮的情形,也不必担心涉公开事项会逾越自身职能权限。

(三)第三方评估机构辅助信息公开的路径构想

第一,将信息公开情况纳入公平竞争审查的范围。信息公开的重要性不言而喻,不少地方政府已然意识到信息公开对于公平竞争审查制度落实的意义。例如,2022年11月,《海南自由贸易港公平竞争委员会公平竞争审查信息公开办法(试行)》印发,规定由各级公平竞争办将公平竞争审查信息公开情况纳入公平竞争审查督查、总结等工作中。然而,《公平竞争审查条例(征求意见稿)》中,信息化建设仅针对地方各级行政机关内部的信息共享,未曾有对社会进行信息公开的规定。在公平竞争审查制度第三方评估机制中,也未将被审查行政主体的信息公开情况纳入审查范围。在充分认识到信息公开对于公平竞争审查的重要意义的基础上,将信息公开情况作为评价公平竞争审查工作的考量因素合情合理。对于未能做到信息公开的政策制定机关,如未能向第三方评估机构说明理由,则可以就信息公开问题认定其公平竞争审查机制和程序不健全。

第二,赋予第三方评估机构就信息公开情况进行上报的权限,并在不涉及国家秘密的前提下,允许第三方评估机构以适当的方式自行决定公开评估成果。"以公开为原则、不公开为例外"是现代民主政治中政府信息公开应当秉持的重要原则。依据《公平竞争审查第三方评估实施指南》相关规定,委托单位拥有评估结果的所有权,第三方评估机构和个人不得自行对外披露评估成果。若政策制定机关对于公平竞争审查制度的落实情况难以为市场主体所知,则外部监督机制就难以发挥实效性作用,将会从侧面制约政府开展公平竞争审查工作的主动性和积极性。因此,需要以明示的方式赋予第三方评估机构权限,准予第三方机构将公平竞争审查的评估结果共享。

四、动力助推:对公平竞争审查制度的多方主体予以激励

(一)成本收益视角下对政策制定机关予以激励

"成本—收益"分析作为一种经济学分析工具,从法经济学角度可被视

为一种影响社会公众未来行为的激励系统。[1] 在公共决策方面,政治定义、实施并塑造了一个经济体系基本激励结构的产权,政府管制具有普遍性与动态性,成为影响经济绩效的最关键因素。[2] 公平竞争审查制度缺失内在激励机制,必然会造成审查机关追求"本地利益最大化"的目标,从而很难达到各行政机关一致追求最优于全国统一大市场的效率目标。[3] 因此,需要从政策制定机关、第三方评估机构、社会公众等多方主体综合考虑,实施实现公平竞争审查制度的成本收益最大化。面对公平竞争审查中政策制定机关动力不足的问题,澳大利亚运用财政转移支付的方式激励公平竞争审查的推行,通过竞争支付制度平衡政策制定机关的成本与收益,即联邦政府向积极履行竞争承诺的各级地方政府支付一定的竞争费用作为奖励,[4]补充各级政府在该项制度实施中消耗的成本,目的在于激励各级政府积极落实公平竞争政策。

通过设置恰当的竞争支付制度,对公平竞争审查成效显著的机构予以财政支持,能够在较大限度上消除政策制定机关的抵触心理。然而,我国在参考并设置竞争支付制度时需要对一些配套机制做好预先设计。考虑到我国的现实情况,建立竞争支付制度,应当由中央进行统一的资金管理,并根据各省份的公平竞争审查制度实施成效,将资金以财政奖励的方式发放至各省份统一支配。如何设置针对公平竞争审查实施成效的奖励标准,平衡中央和地方之间的成本和收益,也需要进行专门的论证与评估。因此,我国公平竞争审查制度在建立竞争支付制度时,需要评估制度实施为全国经济发展带来的收益,并综合考虑制度实施的成本与收益,才能达到对政策制定机关的激励效果。

(二)行政合同视角下增补对第三方机构的激励

公平竞争审查的激励对象不应拘泥于政策制定机关,作为重要审查主体的第三方评估机构也应作为重要的激励对象。激励政策制定机关是对自

---

〔1〕 参见[美]理查德·A.波斯纳:《法理学问题》,苏力译,中国政法大学出版社2002年版,第449页。

〔2〕 参见艾佳慧:《科斯定理还是波斯纳定理:法律经济学基础理论的混乱与澄清》,载《法制与社会发展》2019年第1期。

〔3〕 参见叶高芬:《全国统一大市场视域下行政性垄断规制模式的重构》,载《法学》2023年第3期。

〔4〕 参见丁茂中:《公平竞争审查的激励机制研究》,载《法学杂志》2018年第6期。

我审查的鼓励与刺激,而激励第三方评估机构则是对外部监督的激励。对第三方评估机构采取激励措施较为简便,也显得极具诱惑力。第三方评估机构的激励成本较低且效果好,成为对政策制定机关激励之外的补充。这符合新制度经济学里交易成本理论的基本理念,制度效率就是制度成本和收益比较后的效率,是客观上的效率。激励第三方评估机构能够以较少的运行成本,换取市场主体的获益以及国家经济的增长等制度收益,是值得推崇的。

通常而言,第三方评估机构和委托单位以行政合同的方式建立评估关系。那么,对于第三方评估机构的激励措施,可以通过增加合同条款的方式实现,如此能够避免激励措施流于形式。一方面,在合同条款中设定一部分金额,其获取条件是第三方评估机构对评估对象的信息公开。订立合同的方式,便于实现第三方评估机构就信息公开事宜采取行动的常态化激励。另一方面,在行政合同签订之时,以专门条款额外设定小数额的激励性金额,其能否获得取决于公众对于第三方机构开展评估工作的满意度。在第三方评估机构的工作能够得到社会公众的一致好评时,即视为达到了行政合同约定的激励条件,可以获得激励性金额。通过对第三方评估机构设置激励措施,能促进公平竞争审查工作的信息公开,并能有效强化第三方评估机构对待评估工作的认真与负责。

(三)举报奖励视角下加强对社会监督的激励

举报被视为开展社会监督的主要方式之一,对举报人给予奖金或精神褒奖等奖励,可以有效激发人们从事社会经济建设的热情。[1] 曾有学者提出,建立健全举报人受益制度,实行举报奖励制度和举报损失补偿制度。[2] 在这种制度设想下,对于具有突出贡献的举报人给予物质奖励或精神奖励。同时,要注意保护举报人的身份信息,如果举报人遭受打击报复而造成了直接经济损失,由国家给予相应补偿。引申到公平竞争审查制度,信息公开是社会监督的基础,而社会监督的主要实现方式即公众举报。选择给予举报人奖励的成本较低,却能获得较高收益,设置合理的激励能够起到促进竞争

---

[1] 参见王全兴:《经济法律奖励原理初探》,载《中南政法学院学报》1988年第3期。
[2] 参见赖彩明、赖德亮:《加强公民举报权的制度保障》,载《法学》2006年第7期。

的正向作用。[1] 通过举报奖励机制，可以有效保持公平竞争审查制度的可持续性。设计明确的举报奖励标准和举报人保护措施，能实现固定裁量，实现举报奖励机制的常态化运转。

然而，《公平竞争审查条例》只对举报机制作出原则性规定，明确了任何单位和个人都可以就涉嫌违反公平竞争审查事宜向相关部门进行举报。但对举报人作出举报后能够获得的奖励，未有涉及。在此情况下，具有利害关系的单位和个人当然地具有举报动机，而对于利害关系不甚明了的广大民众可能难以认识到公平竞争的市场环境与自身利益息息相关，部分民众易于怀揣着"多一事不如少一事"的态度，缺少举报动力。奖励表明了人类对善行的尊重，应当为社会公众监督行政性垄断的行为予以激励。并且，考虑到需要对单位和个人的举报行为进行保密，颁布荣誉称号等精神褒奖的适用度应当有限。与之相应，给举报人发放奖金不会大幅度增加财政负担。因此，举报奖励机制的设置宜以物质性奖励为主，并注意将奖励设置在合理的范围内，[2] 保障奖励措施能够得到落实。

五、责任构建：政务失信惩戒引入公平竞争审查制度

（一）政务失信惩戒在公平竞争审查制度中的适用性

2016年6月发布的《国务院关于建立完善守信联合激励和失信联合惩戒制度　加快推进社会诚信建设的指导意见》是关于"失信惩戒"的指导性文件，其并未对失信进行明确界定。然而，社会信用中的"失信"不仅仅是道德意义上的诚信丧失。[3] 2022年11月发布的《社会信用体系建设法（向社会公开征求意见稿）》明确了失信的定义，拟将诚信价值观由道德观念与评价转变为法律规范，将部分软性要求演化为硬性约束。失信惩戒语境下的失信行为是一个法律概念，只有法律明确规定应受惩戒的失信行为，才是失信惩戒的适格标的。社会信用体系的重点包括政务诚信、商务诚信、社会诚信和司法公信四大体系，在每一个体系中都有多个重点领域，覆盖面较广。

---

[1] See Sumit K. Majumdar, *Does Incentive Compatible Mechanism design Induce Competitive Entry?*, Journal of Competition Law & Economics, Vol.7:2, p.453(2011).

[2] See Paul L. Joskow & Richard Schmalensee, *Incentive Regulation For Electric Utilities*, Yale Journal on Regulation, Vol.4:1, p.26–43(1986).

[3] 参见沈岿：《社会信用体系建设的法治之道》，载《中国法学》2019年第5期。

失信行为需要结合不同法律所处的社会领域、所调整的社会关系加以综合判断。

2022年11月,同属竞争法领域的《反不正当竞争法(修订草案征求意见稿)》中新增了关于失信惩戒的规定。不正当竞争行为所表现出的欺诈、虚假宣传等形式,更加符合一般认知里对于"失信"的定义。在《反垄断法》领域,尽管大部分垄断协议、滥用市场支配地位和经营者集中行为看似与失信行为的关联度不高,但实际上市场主体违反了公平竞争的承诺,也可认定为市场主体的失信行为。行政性垄断应视为行政机关作出的与《反垄断法》宗旨相背离的损害市场竞争秩序的行为,由此,反垄断领域的政务失信行为应当予以规制。在行政性垄断的政务失信中,失信惩戒是对信用信息主体损害市场竞争秩序、违反反垄断法的行为予以惩戒。行政机关和被授权的组织是信用信息主体,当然可以作为惩戒对象。尽管目前尚且无法依据《反垄断法》对实施行政性垄断的行为人追究信用责任,但这并未否认就行政性垄断对行政机关施加失信惩戒的可能性。因此,在作为事前审查行政性垄断行为的公平竞争审查制度中,针对未予落实的政策制定机关设置政务失信惩戒机制,具有适用性。

(二)政务失信惩戒在公平竞争审查制度中的正当性

在政务失信惩戒中,行政性垄断所表现的失信行为是,政府在不该出手时干预了市场或者错误地干预了市场。政府及其工作人员的失信行为会扰乱市场经济运行秩序,对该种行为及时矫正,是市场决定论的应有之义。在传统的社会信用体系建设中,政府拥有信息收集、信用评价、联合失信惩戒等权力,需要对社会信息进行集中整合。然而,随着信用监管的重要性日益凸显,政府信用建设愈加受到关注,对政府失信行为作出惩戒成为必然趋势。政府既是经济活动的管理者,也是经济活动的参与者。市场经济本身是一种信用经济,完善政务失信惩戒能够为市场经济有效运营提供坚实的制度保障。责任政府通常是指,在政府违法违规行使行政权力、损害公民权益和公共利益时,应当承担否定性后果的一种制度安排。故而,政府行政权力不履行或未能正当履行职能,应当承担否定性后果,引入政府失信惩戒机制强化公平竞争审查制度的责任承担形式,具有理论依据。

同时,基于数据共享的信用监管可逐步推进政策性文件的全面公开。对于政策性文件和相关审查成果的公开程度,可直接作为评估政务诚信水平的一项指标。如果行政主体对于必须公开的政策文件不予公开,则对其施加失信惩戒符合诚信政府建设、发挥政府在信用建设中的表率作用的要求。在此基础上,能够辅助解决公平竞争审查制度中存在的审查文件不透明的问题,朝向公众对于政府的社会监督、第三方评估机构的全面审查、反垄断执法机构的精准执法等目标又迈出一大步。与此同时,政务失信惩戒所带来的信用责任,对于重视公信力的行政机关及公务人员而言极具威慑力,其通过反向激励的方式助力于解决公平竞争审查中自我审查的动力缺失,改善行政机关只看重评估结果的问题。

(三)公平竞争审查政务失信惩戒机制的构筑路径

第一,公平竞争审查制度的实施需要与国家颁布的其他政务失信惩戒措施协同建设,其实施依据不再拘泥于《公平竞争审查条例》《公平竞争审查实施细则》等专门规制公平竞争审查行为的规定。2022年1月,辽宁省出台的《辽宁省政务严重失信行为联合惩戒实施办法(试行)》提供了适用模板,其明确规定,政务严重失信行为包括政府机关、事业单位滥用行政权力干涉市场竞争,制定涉嫌违反公平竞争审查的文件。上述办法不仅以地方专门发文的形式规定了政务失信惩戒办法,而且明确严重失信行为包括排除、限制市场竞争的行政性垄断行为。这种规定为公平竞争审查制度的实施提供了重要借鉴,将公平竞争审查与政务失信惩戒相结合,通过信用责任威慑政策制定机关,达到提高公平竞争审查制度实施成效的目的。

第二,紧抓出台社会信用体系建设法的契机,将公平竞争审查列为建设政务失信惩戒机制的重要内容。政务诚信体系建设逐步走向愈加重要的地位,政府作为实施国家公共权力的主体,其行政行为产生的影响力不可小觑。目前,《社会信用体系建设法(向社会公开征求意见稿)》仅依赖于建设信用体系的原则性规定,尚不足以昭示预防行政性垄断以及政务诚信建设的重要性,也很难为政务诚信建设提供切实可行的驱动力,应在第二章"政务诚信建设"中进行专条规定。公平竞争审查作为预防和规制行政性垄断的抓手,其审查痕迹和审查结果都会成为判断政务失信的辅助标准。经此,在《反垄断法》中未能明确强调的政务失信惩戒对象,能在社会信用体系建设法中得以规定,其与《反垄断法》对公平竞争审查的原则性规定相呼应,创设了公平竞争审查制度的新型责任承担方式。

第三方评估篇

公平竞争审查第三方评估机制研究

引　言

习近平总书记在党的二十大报告中指出,加强反垄断和反不正当竞争,破除地方保护和行政性垄断,依法规范和引导资本健康发展。这是建设统一、开放、竞争、有序的市场体系的内在要求,也是使市场在资源配置中起决定性作用、提高资源配置效率和公平性的重要举措。2022年4月发布的《中共中央　国务院关于加快建设全国统一大市场的意见》强调,要"健全反垄断法律规则体系,加快推动修改反垄断法、反不正当竞争法,完善公平竞争审查制度,研究重点领域和行业性审查规则,健全审查机制,统一审查标准,规范审查程序,提高审查效能"。公平竞争审查制度实施以来,以制约政府权力和保障公民权利为价值维度,不仅为制度构建提供理论指引,也为未来制度的发展方向扩展研究进路。

实践证明,无论是传统经济模式还是新型经济模式,都应当受到相应的政府监管,否则就会埋下"市场失灵"这颗"定时炸弹",最终造成相关经济活动无法正常运行。"然而,大包大揽、事无巨细式的政府监管和过度干预同样会扼杀市场经济的生命力。"[1]政府如果过度监管和干预,其最大弊端在于损害乃至扭曲市场竞争机制,所以政府需要在市场面前秉持谦抑理念。[2]公平竞争审查制度是谦抑理念的最佳载体和实现途径。它能有效解决市场经济发展中的"监管困境",既是约束政府干预市场的"有形之手",也是落实竞争中立原则的"主要抓手",在发挥市场资源配置中起决定性作用。

---

[1] 孙晋、袁野:《共享经济的政府监管路径选择——以公平竞争审查为分析视角》,载《法律适用》2018年第7期。

[2] 参见孙晋:《谦抑理念下互联网服务行业经营者集中救济调适》,载《中国法学》2018年第6期。

任何"一种新的制度的成熟,需要经过一个建立、改革和稳定的过程"[1]。鉴于这种特殊制度需求,本部分将公平竞争审查制度的核心审查机制——自我审查在运行中遇到的挑战作为分析的切入点,以第三方评估作为必经的补位审查机制为核心论点,试图论证将第三方评估引入公平竞争审查制度的必要性,在此基础上,进而剖析第三方评估机制全面引入公平竞争审查制度中所遇到的不利因素,并设计出优化途径。

一、公平竞争审查制度的运行现状及引入第三方评估的必要性

"改革开放四十年来的商品经济发展和市场体制培育,直至今日进入建立现代市场体系的新时代,最主要的改革主线就是探索如何处理好政府与市场的关系。"[2]党的十八届三中全会指出的"让市场在资源配置中起决定性作用"新论断,为不断加强市场的决定性作用、提升国家治理体系和治理能力现代化、全面深化改革吹响了号角。为积极响应党的十八届三中全会的要求,国务院于 2016 年发布了《建立公平竞争审查制度的意见》。《建立公平竞争审查制度的意见》颁布一年后,相关部门制定了《公平竞争审查制度实施细则(暂行)》,2021 年 6 月 29 日正式发布并实施《公平竞争审查实施细则》。2024 年 6 月 6 日国务院发布了《公平竞争审查条例》并于同年 8 月 1 日生效。《建立公平竞争审查制度的意见》《公平竞争审查实施细则》《公平竞争审查条例》制定的法律价值在于,为有效规制政府不当干预市场经济的行为提供基本制度保障,为市场在资源配置中起决定性作用的有效推动提供了制度层面的确认和供给。

如何实现制度全面落地生根,如何应对制度运行中遇到的挑战,怎么优化审查的激励机制,国内学者们也进行了相关的研究,例如从构建政策评价制度的"全局性"视角提出了建议。但对于制度审查路径的选择,其在运行中遇到的挑战,及将作为补位审查方式的第三方评估机制引入公平竞争审查制度中的研究,尚处于萌芽状态。故应首先对该制度的审查路径选择进行分析,以此为基点,再针对自我审查路径在具体运行中遇到的挑战展开探

---

[1] 郝铁川、翟磊:《试论习近平关于全面依法治国的新判断新观点新部署》,载《毛泽东邓小平理论研究》2019 年第 1 期。

[2] 孙晋:《新时代确立竞争政策基础性地位的现实意义及其法律实现——兼议〈反垄断法〉的修改》,载《政法论坛》2019 年第 2 期。

讨,最后在界定第三方评估内涵的基础上探究第三方评估引入公平竞争审查制度的必要性。

(一)审查路径的选择

"现行国家公平竞争审查模式基本可划分为政策制定机关自我审查、竞争执法机构审查、政策制定机关与竞争执法机构共同审查、外部专业机构审查等模式。"[1]自我审查模式与其他几种审查模式相比,一方面,与现行法律体系和行政管理体系的衔接有利于提高公平竞争审查的权威和优势;另一方面,公共政策涉及自我审查主体的识别能力。政策制定机关对自己制定和实施的政策,以及拟定中的政策比其他机构或部门更为了解,对运行效果的认识也更直观。更重要的是,自我审查能从立项至公布的任何一个时间节点进入审查,充分利用自己掌控的相关资料及专业人员优势,可以以较低的运行成本在短期内"激活"公平竞争审查制度。

简言之,自我审查方式与我国法律体系、行政管理体系的高度衔接,既能有效降低制度设计投入使用的运行成本,又能达到立竿见影的效果,更有利于在公平竞争维度合理限制行政立法活动,属正本清源之举,进而通过权力控制解决行政性垄断难题。

(二)审查路径运行之挑战

目前,我国经济发展处于新旧动能转换的关键时期。短期内培育经济发展的新动能,以市场竞争机制作用的加强、竞争执法能力的进一步提升及激发市场主体活力为条件。但是,在以竞争理念全面普及、市场竞争机制作用最大化为目标的竞争文化尚待推广的特殊竞争环境背景下,从公平竞争审查制度的运行实践来看,现行的政策制定机关自我审查为核心的审查机制遇到了作用"降低"、"经验"依赖、难以"激活"的挑战。

1. 制度实质性作用"降低"

公平竞争审查工作本身是一项专业性很强的技能工作,习近平总书记提出"产业政策要准"的要求。[2]为发现相关政策是否含有阻碍、限制竞争因素,审查主体需要全面了解管辖范围内的各行各业的市场结构和经营状

---

[1] 郑和园:《公平竞争审查制度中自我审查的理论逻辑及实践路径》,载《价格理论与实践》2017年第12期。

[2] 《习近平主持召开中央财经领导小组第十一次会议强调 全面贯彻党的十八届五中全会精神 落实发展理念推进经济结构性改革》,载《理论导报》2015年第10期。

况,掌握相关数据和信息,并对这些数据作出科学的分析和预测,才能正确认定相关政策是否阻碍、限制竞争。但是,从审查实践来看,出台实行限制、阻碍竞争的规范性文件主要聚集在市县级地方行政机关发布的规范性文件上。在自我审查主体的客观执行能力和制度要求的"高标"执行能力之间的矛盾中,制度能不能"过滤"限制、阻碍竞争的政策文件,关键在于自我审查主体的识别能力。

政策制定者开展自我审查时,能否充分利用制度的"筛子"作用,以及能否"过滤"政策文件中的"杂质",既在于审查机关能否准确领会《建立公平竞争审查制度的意见》上位法《反垄断法》的立法主旨,又在于执法人员能不能熟练掌握相关垄断行为的认定标准及其背后的原理。然而事实是,我国大部分地方政策制定机关对新经济、新常态、新业态的认识有局限,分析竞争行为的相关知识欠缺,自我审查的专业人才不足,不具备辨别审查对象包含的限制竞争行为的能力,这些事实有可能会导致审查主体在"摸着石头过河"状态下审查的隐患。[1] 如果制度长期在这种"无知"状态下运行,自我审查实践运行结果必将达不到公平竞争审查制度预期的目标。制度运行中的程序和实体间的矛盾在短期内也难以得到有效解决。两种因素相叠加,自我审查亦将面临形式上"走过场"、实质上作用"降低"的现实挑战。

2. 自我审查者的"经验"依赖性

在社会利益诉求多元化和市场环境复杂化的市场监管环境中,公平竞争审查制度的实质性作用"降低",既造成政策制定机关潜在的立法、执法风险递增,又会促使审查主体在自我审查机制的具体审查路径上选择"经验主义"的进路。其体现在两个方面:一是由于相关政策制定机关本身的职权和角色定位,导致其缺乏竞争评估的意识与能力,使其很大程度上依赖于以往的行政经验;这种经验主义倾向,使其不能或不愿在自我审查中发现排除、限制竞争行为。二是由于计划经济时代惯性思维,有的政策制定机关习惯于看重行政对资源的配置作用,而忽视竞争机制的全局性持久激励,惯性使然,审查主体在自我审查时倾向于延续已有制度模式,或照搬已有制度的审

---

[1] 参见张玉洁、李毅:《公平竞争审查制度构建的价值维度与实践进路》,载《学习与实践》2018年第6期。

查程序、标准和方法来降低新政策被否定的风险。[1]

3. 制度难以全面"激活"

按照"经济人"假设,在经济活动中个人若具有完全的理性将会做出自身利益最大化的选择。以布坎南为代表的公共选择理论学派在"经济人假设"基础上提出,政府是由政治家和政府官员所组成,政府的相关决策和行动是由这些人做出,个人的利益诉求影响决策和行动。用公共选择理论分析自我审查模式可发现,作为利益相关方的政策制定机关,由于其与政策的制定和实施利益牵连较多,会担心实施公平竞争审查损害本区域经济增长和本地企业利益,可能使公平竞争审查的实际效果达不到预期目标。[2]

(三)第三方评估的内涵及实践

正确界定第三方评估的内涵,是探讨将第三方评估引入公平竞争审查制度的必要前提。学术界对公平竞争审查制度的建立欢欣鼓舞,一度成为学术研讨会和理论文章的主题。但是,利用"中国知网"平台检索发现,学界关于公平竞争审查制度中第三方评估机制的研究仍处于起步阶段,远不能满足现实需求。

根据第三方评估的运行特点,以及国家市场监管总局颁布的《公平竞争审查第三方评估实施指南》,第三方评估概念可以界定为:没有利害关系的第三方组织机构,受政策制定机关的委托,根据相关的审查标准和程序,综合利用各种评估手段和技术,对有关政策措施及需要开展审查的其他工作进行公平竞争评估,形成客观公正、科学严谨、公开透明的评估报告供政策制定机关决策参考的活动。

英国、日本、澳大利亚等国家和地区均有完备的政策评估制度以及政策影响评估制度,各国政策影响评估在其实施细节、方式上有所不同,总体来看第三方评估制度是建立在政府评价体系下的竞争影响评估制度,有利于政府部门制定产业政策时客观正确看待竞争影响评估。

(四)引入第三方评估的必要性

依据《建立公平竞争审查制度的意见》《公平竞争审查实施细则》《公平竞争审查第三方评估实施指南》的相关条款,自我审查、第三方评估均为公

---

[1] 参见徐士英:《国家竞争政策体系基本确立的重要标志——有感于〈公平竞争审查制度〉的实施》,载《中国价格监管与反垄断》2016年第7期。

[2] 参见孟雁北:《产业政策公平竞争审查论》,载《法学家》2018年第2期。

平竞争审查制度所确定的审查机制,制度内在体系中具有统一性、互补性。只有实现两者有效衔接,才能发挥各自在制度推进运行中的促进作用。

1. 全面"激活"公平竞争审查制度

"评估是技术性非常强的专业工作。"[1] 按照评估技术构建的要求来看,只有在满足评估目的、指标体系、标准确定的需求,再制定评估实施方案,才能保证形成高质量、公信力强的评估报告。从以上评估体系可以看出,每一个环节都有很高的专业技术含量,一旦任何一个环节出现问题都会影响评估结果。

作为第三方的评估机构依托自己中间人立场,具有独立权、专业化的团队及决断优势,确保评估结果的公正性。着眼于我国正处于公平竞争审查制度全面推进的关键时期,由科研机构、高等院校、社会组织组成的第三方评估机构,以"旁观者"的特殊身份,凭借突出的专业优势,独立作出评估参数选择及标准确定,对相关数据作出全方位、专业、客观的分析,既能克服自我审查中"无知""远距离"所带来的挑战,又能确保全面"激活"公平竞争审查制度。

2. 与审查现实需求的契合性

行政管理改革的深化导致了各级政府加大公共服务和公共产品供给力度。[2] 党的十八大以来,第三方评估机构在政府绩效评估中的实践越发普遍,呈现迅速发展的趋势。作为政府管理方式中重大创新的第三方评估,适用领域远远超出了原来的政府绩效评估,已向法规、规章和政策的制定过程、执行过程及效果评估拓展。从第三方评估机制在政府管理制度的演进历史发现,决策高层日益重视第三方评估的专业性和客观公正性作用。

"谁制定,谁审查"的自我审查模式是公平竞争审查制度的核心。[3] 但是,政策制定者制定政策由于惯性使然,自我审查容易陷入动力不足、有失客观公正的困境。第三方评估作为自我审查机制的外部监督机制,具有补充性、矫正性和再审查性质,其与政策制定机关自我评估相比,凭借评估机

---

[1] 徐双敏、崔丹丹:《社会组织第三方评估主体及其能力建设》,载《公共管理与政治学研究》2018 年第 5 期。

[2] 参见杜娟、杜义国、张微:《我国政府绩效第三方评估的研究现状及未来展望》,载《领导科学》2019 年第 3 期。

[3] 参见王贵:《论我国公平竞争审查制度构建的基准与进路》,载《政治与法律》2017 年第 11 期。

构具备的理论研究、数据收集分析和决策咨询能力等优势,能够提供公众满意度高和获得感强的评估成果。因此,第三方评估可以弥补自我审查机制运行中出现的短板,为政策制定者提供客观公正、科学严谨、专业规范、公开透明、注重实效的参考成果。与此同时,第三方评估是衡量各级政府产业政策竞争中立性的重要工具,是形成国家、市场、社会三位一体的尊重竞争、倡导竞争、推动竞争氛围的重要手段和方法。显然,从新时代的发展要求和不断深化改革的趋势来看,第三方评估机制与我国公平竞争审查制度具有极强的契合性。

3. 传导正向压力及压实政策制定者主体责任

作为一种必要的外部制衡机制的第三方评估,在一定程度上能弥补政策制定者自我评估模式的缺陷弊端,并具有促进形成良好竞争环境激励的正向功能。根据《建立公平竞争审查制度的意见》,政策审查工作是由政策制定者发起并担任评估主体,政策制定者在开展审查工作时,要么由自己兼任评估主体,要么委托第三方评估。但从制度运行实践来看,由于第三方评估在自我审查机制中的作用、引入程序及标准不清等原因,目前绝大多数地区依然由审查主体兼任评估主体,第三方评估机制没有引入审查当中。第三方评估在审查中的引入和运行,能够充分提高政策制定者的主体责任意识,有效推进自我审查模式正式进入规制轨道之上,提高自我审查模式在整个公平竞争制度审查中的地位。

二、公平竞争审查制度引入第三方评估的现实困境

作为补位机制的第三方评估凭借独立性、客观性、公正性和专业性优势,与自我审查机制相比能有效改变政策制定者双重身份的矛盾局面,既能消除公平竞争审查制度自我审查公信力的质疑,又能为政策制定者提供高质量的评估报告。但是,第三方评估引入公平竞争审查中所遇到的法律困境及实践障碍,是公平竞争审查制度全面引入第三方评估亟待突破的问题。

(一)实践困境

1. 审查者传统思维方式障碍

政府本身具有较为封闭的运行系统,并具有很强的排斥外部力量趋向。从政府的构建组织来看,其具有"自上而下"的严密控制链条的层级结构特点,形成严格的行政命令——反馈式的封闭运行模式。党的十八大以来,随

着我国行政体制改革深化,传统政府思维模式得到明显的改善。但是,公平竞争审查制度中政策制定者对第三方评估力量介入仍有传统思维方式障碍。《建立公平竞争审查制度的意见》仅具有鼓励性适用原则,而关于《建立公平竞争审查制度的意见》的第三方评估则难以铺展。

2. 信息沟通机制问题

如果在开展评估工作中存在政府信息不对称问题,不仅会使第三方评估主体在缺乏充足信息的情况下开展评估工作,而且还会使评估结果的有效性和科学性大打折扣。[1] 只有评估机构和政策制定者之间实现信息共享,评估机构才能及时、全面、准确地掌握评估工作所需的相关信息。

从第三方评估的实践来看,相应的信息沟通机制和信息传送平台的缺失导致评估主体未能充分了解政策制定的内部状况,再加上评估委托方提供给评估方的信息存在片面性和虚假性的可能性,使第三方评估机构完成的评估结果真实性、准确性备受质疑。

3. 评估结果的应用问题

公平竞争审查制度引入第三方评估是以第三方评估的结果来弥补自我审查机制的短板和不足,提升自我审查效果,以达到有效防止出台排除竞争、限制竞争的政策措施的目的。然而,在第三方评估实践中,由于政府绩效评估架构上没有界定第三方评估的结构性位置,加之自我审查者在观念上仍未更新,不但导致实践中第三方评估不能按照预期的作用和功能进行运转,而且导致第三方评估难以引入到自我审查环节,起不到制度所预期的弥补自我审查机制短板的作用。[2]

(二)法律困境

1. 遴选制度不健全

"建立公平竞争审查制度,是以事前方式规范滥用行政权力排除、限制竞争行为的重要举措。"[3] 制度的这种内源性动力源于政府部门的自我约束和与政策制定有直接利害关系的主体的监督。作为补充机制的第三方评估,本质上是一种外力的监督机制。虽然《建立公平竞争审查制度的意见》

---

[1] 参见魏建森:《基于第三方主导的政府绩效评估研究》,载《领导科学》2013 年第 8 期。

[2] 参见杜娟、杜义国、张徽:《我国政府绩效第三方评估的研究现状及未来展望》,载《领导科学》2019 年第 3 期。

[3] 时建中:《强化公平竞争审查制度的若干问题》,载《行政管理改革》2017 年第 1 期。

相关条款中明文要求自我审查与外部监督的结合,但是《建立公平竞争审查制度的意见》中对于第三方评估机构遴选程序和评估标准均没有规定,完全授予各级政府部门"自由裁量权"。

第三方评估机构的遴选授予政府部门"自由裁量权",不仅可能会造成政策制定部门的决策者对引入第三方评估机制持"观望"态度,还可能会造成部分条件成熟的第三方评估机构,为取得评估项目而影响评估结果的质量和公信力。这种状态下,很难要求第三方评估机构作出具符合客观情况的评估结果,公平竞争审查制度不能被第三方评估机制"激活"。为了既实现公平竞争审查制度的有效"激活",又避免第三方评估机构可能被利益"俘获",需要在公平竞争审查制度中以明文规定的方式,确认第三方评估机构的遴选机制和标准。

2. 第三方评估独立性的法律依据缺位

时至今日,我国尚没有法律法规来规范第三方评估机构的评估行为。政府绩效考评体系中第三方评估机制尚未纳入强制性环节。虽然,《公平竞争审查第三方评估实施指南》为第三方评估引入公平竞争审查制度提供了引路,但是作为软法的《公平竞争审查第三方评估实施指南》强制性作用不明显,可操作性不强,法律层次较低。2024 年 11 月,笔者利用"北大法宝"平台,以"公平竞争审查"为关键词搜到 1058 份地方性规章。对收集结果以"第三方评估"为关键词再次收集结果显示,有 91 份规章虽然在内容中规定第三方评估但并不是强制性引入,反而是鼓励自愿性引入。与此同时,我国在评估组织的资格认定方面没有形成政策评估组织的遴选机制。[1] 这使第三方评估机构的利益得不到保障、评估的权威性遭到质疑和社会认可度不高,甚至使各级政府不愿意将资源投向评估活动。

3.《公平竞争审查第三方评估实施指南》法律效力不明确及相关内容不健全

《建立公平竞争审查制度的意见》《公平竞争审查实施细则》《公平竞争审查第三方评估实施指南》规则存在缺漏,成为第三方评估引入自我审查环节实践困境的主要原因。虽然《建立公平竞争审查制度的意见》中两次提及

---

[1] 参见徐双敏、崔丹丹:《社会组织第三方评估主体及其能力建设》,载《公共管理与政治学研究》2018 年第 5 期。

"第三方评估"并对其适用作出激励性的规定,但是第三方评估全面引入公平竞争审查得不到严格意义上法律规则的保障。《建立公平竞争审查制度的意见》采取激励性的规则设计,但第三方评估的内涵与适用范围、评估程序和方法、评估成果及运用、保障措施和纪律要求等内容尚付阙如。《公平竞争审查实施细则》和《公平竞争审查第三方评估实施指南》对第三方评估的内涵与使用范围、评估程序和方法、评估成果及运用、保障措施和纪律要求等内容虽然作出了具体规定,但是可操作性不强,条文待完善处较多。

(1)《公平竞争审查第三方评估实施指南》本身的性质不明确

《公平竞争审查第三方评估实施指南》虽然是由国家市场监督管理总局颁布的文件,但是根据《立法法》,《公平竞争审查第三方评估实施指南》不属于法律规范的形式,所以《公平竞争审查第三方评估实施指南》属于什么性质的文件尚不明确。[1] 各级政府部门在开展自我审查时是否按照《公平竞争审查第三方评估实施指南》的规定,委托第三方评估机构来开展评估工作？这些问题,在实务适用中还得不到明确的答复。这种困惑在一定程度上导致第三方评估引入自我审查的实践困境。

(2)对引入第三方评估及其地位的说明似是而非

《公平竞争审查第三方评估实施指南》对第三方评估的内涵与使用范围、评估程序和方法、评估成果及运用、保障措施和纪律要求等内容作出了具体规定,整体来看第三方评估适用规定比较详细和全面,似无遗漏,但实际上这些规定都属于机制上激励性选用规则,在实践中容易产生观望状态。与此同时,引入第三方评估直接关系到评估经费,《公平竞争审查第三方评估实施指南》第20条规定"第三方评估经费纳入政府预算管理",该条在中央政府层面没有文件作出明确规定及政府财政预算管理严格规范的情况下,容易落空。这同样阻碍第三方评估顺利引入公平竞争审查。

(3)对第三方评估成果及运用的解释模糊

自我审查机制由于在运行实践中遇到系列挑战,才有必要引入第三方评估机制来补这个短板。虽然《公平竞争审查第三方评估实施指南》在第3条、第14条分别规定了第三方评估机构的评估原则及政策制定机关对第三

---

[1] 参见郑鹏程、刘长云:《我国反垄断相关市场界定执法实践检讨与反思——兼论〈关于相关市场界定的指南〉的不足与完善》,载《中南大学学报》2016年第5期。

方评估机构行为的监督权利,然而,从《公平竞争审查第三方评估实施指南》这两条内容来看,第三方评估机构的评估活动经政策制定者审查后开展。根据《公平竞争审查实施细则》规定和价值取向,委托方和第三方评估方的关系应该确定为"委托—被委托"关系,按照《公平竞争审查第三方评估实施指南》的相关规定,该关系却异化为"管理—被管理"关系,这很容易造成第三方评估机构在利益"俘获"状态下组织开展评估活动,使评估存在失去中立性之隐患。

三、公平竞争审查制度引入第三方评估的困境成因

公平竞争审查制度的提出,抓住了统一开放、竞争有序的市场体系建设的"牛鼻子",勾勒出约束政府干预市场的"有形之手"、形成政府干预市场的"底线"、发挥市场在资源配置中决定性作用的现实"图景"。然而,公平竞争审查制度作为一种"制度创新"未能免于制度运行之中的各种挑战及困境,其中第三方评估引入自我审查环节的困境尤为突出。

(一)体制维度:激励性体制下引入第三方评估目标的逻辑桎梏

第三方评估嵌入公平竞争审查制度,虽然是国家层面下的宏观制度,但部分热衷于运用产业政策、深陷于GDP单向度竞争的地方政府忽略了公平竞争审查制度"自上而下"的践行压力,主动引入适用的外在的激励显然严重不足。此外,《建立公平竞争审查制度的意见》没有明确规定第三方评估的费用来源,只是在《公平竞争审查第三方评估实施指南》和《公平竞争审查实施细则》相关条款中规定第三方评估经费纳入政府预算管理。因此,在地方政府引入第三方评估机制实践中往往会面临何时、何地、如何引入第三方评估的问题,则取决于具体政策制定机关党政领导的重视程度以及上一层级责任追究力度等因素。但是,《公平竞争审查实施细则》第27条规定的责任追究方式是责令改正。政策制定机关没有按《公平竞争审查实施细则》规定进行公平竞争审查或者违反审查标准出台政策措施的,上级机关有权责令改正。如果政策制定机关不履行改正义务或者不及时履行,才能对直接负责的主管人员和其他直接责任人员依据《公务员法》《行政机关公务员处分条例》等法律法规给予处分。这种责任追究方式在实践中易引起自我审查主体不愿意引入、不敢引入、不会引入的挑战。

(二)法治维度:引入第三方评估机制的有关法律依据不明确

从本质上来看,第三方评估引入审查环节并非一种严格意义上的法治规则下所使用的机制。行政首长负责制作为一种适合于我国行政管理的政府工作机制,各级政府的行政首长具有较大的行政裁量权,所以,公平竞争审查制度在审查各类规范性文件和政策措施时,第三方评估能不能引入自我审查实践是以政策制定机关的行政首长的同意为条件的。但是公平竞争审查制度理性和程序规则的缺失,在某种意义上均抑制了第三方评估嵌入自我审查环节的实践成效。当下第三方评估引入公平竞争审查制度并未从严格的立法意义上将其纳入制度规则,即尚未建构起严格法律意义上的制度规则,这种制度缺失进一步导致了引入第三方评估遭遇行政决策者的诸多"随意性、偶然性和差异性"的风险。由于公平竞争审查制度建设的滞后性,导致达到引入第三方评估条件的地区也不愿主动引入。各层级"联席会议"的权责边界、问责机制设计本该以明确的条文规定和法律形式来界定清楚,但时至今日仍未能以统一的立法形式来确认和强化。

(三)观念维度:竞争中立理念的滞后

市场在资源配置中发挥确定性作用的前提是把握并规制政府不当干预市场的行为观念,并将竞争中立性的价值观念积极融入到各级地方政府及其职能部门的市场监管实践中。现实中"市场优先、竞争先行、保持中立"的市场公平竞争秩序理念尚未被部分地方政策制定者切实吸纳。尽管中央政府多次强调公平竞争市场环境建构的重要性,并出台实施以"破除行政垄断、促进公平竞争"为目标的公平竞争审查制度来支持及践行,但实际上有的地方政府仍然以任务绩效指标为考核的中心任务。总而言之,竞争中立观念的滞后使第三方评估难以嵌入自我审查环节,致使自我审查实质质量"降低"及难以全面"激活"。

四、公平竞争审查引入第三方评估的路径优化

在各类措施中,外部监督机制与定期评估机制显得尤其重要。自我审查为创建及培育"客观公正、科学严谨、专业规范、注重实效"的第三方评估争取了发展空间和时间,当前全面引入第三方评估是全面"激活"公平竞争审查制度的有效进路。

(一)健全引入第三方评估程序

前文已论及第三方评估作为有效"激活"公平竞争审查制度的必要机制,《公平竞争审查第三方评估实施指南》中虽然明确规定支持引入第三方评估机制,但是《公平竞争审查第三方评估实施指南》只是一种政策引导,从法理角度来看是属于软法范畴,并没有直接的约束力。为确保公平竞争审查制度全面"激活"和有序推进,首先,宜将第三方评估作为开展公平竞争审查的强制性规定,最好的法律依据就是实现公平竞争审查制度的法治化,比如通过修订《反垄断法》,把公平竞争审查制度和引入第三方评估植入反垄断法律当中。[1] 其次,将第三方评估机制的适用原则从激励性授权变成强制性授权,从法律规范层面提供保障。最后,争取《公平竞争审查第三方评估实施指南》的内容全面进入《公平竞争审查实施细则》,为第三方评估提供具有强制力的法律依据。

(二)优化信息分享渠道,确保第三方评估的有效性

为确保第三方评估的有效性,评估机构既要与政府主管部门及被评组织沟通争取相关信息,又要与政策利害关系人、普通民众沟通协调。为有效开启信息分享渠道,需做好以下几点:

第一,进一步完善信息分享渠道。首先是各级政府及政策制定者要公布政策制定有关的法律法规、政策规定内容,为第三方评估提供政策依据。因此,委托第三方评估的机构,除涉及国家秘密、商业秘密的信息之外,应把自己所有的相关信息与第三方评估机构分享。其次是作为独立评估机构的第三方组织,既要公布自身开展评估工作的必要信息,又要保证评估活动的透明开展。

第二,第三方评估机制与现有的政府评价制度连接。第三方评估的目的是对审查对象的预期市场竞争影响作出合理的评估,并为政策制定者在政策制定和起草过程中筛查影响竞争的政策。因此,为减少第三方评估机制的构建成本,应着力实现第三方评估机制与现有的政府评价制度连接,促进制度和缓、融洽地落实。

(三)营造良好的第三方评估氛围

由于我国的第三方机构整体上产生较晚,其在公平竞争审查领域的引

---

[1] 参见孙晋:《新时代确立竞争政策基础性地位的现实意义及其法律实现——兼议〈反垄断法〉的修改》,载《政法论坛》2019年第2期。

入也是崭露头角。除了法学学者外,可能还有一些政府部门及其公职人员,乃至于社会上的部分人群,对这种评估机构的存在、机制和作用的认识不足。所以,需要加大竞争倡导和相关知识宣传力度,抓住各级政府政策制定决策体系中的"关键少数"及其直接参与政策制定、自我审查的公职人员,广泛开展集中培训,在条件成熟地区率先定点试行,利用执法机构查处一批典型案件并广为宣传。

(四)明确评估原则及评估主体责任

"原则是规则的灵魂,是规则的根本出发点,它为规则规定了适用的目的和方向以及应考虑的相关因素;而规则就是原则的具体化、形式化和外在化。"[1]根据《公平竞争审查第三方评估实施指南》规定,竞争中立性、独立性、公开性应当作为第三方评估的基本原则,其中竞争中立性既是政府干预市场的立场和原则,又是公平竞争审查制度的目标,更是第三方评估机构开展评估的首要遵守原则。[2]当然,第三方评估机构的责任是约束第三方评估质量的最终保障。因此,需要结合现有政府评价中的第三方评估机构的责任追究制度,通过明确法律责任约束第三方评估,保证第三方评估机制的有序运行。

结 语

审查质量和社会信任度是公平竞争审查制度的生命线,作为补位审查机制的第三方评估是化解这两大问题的"钥匙",它不仅将助力公平竞争审查坚决扭转政府职能错位、越位、缺位,又通过"良法"实现"善治"、促进政府转变职能,是实现竞争中立的必要路径。为此,当务之急是利用《反垄断法》修改契机,使第三方评估全面嵌入公平竞争审查制度能够被《反垄断法》所确认,为第三方评估在公平竞争审查制度实施中的广泛适用提供坚强的制度保障。

---

[1] 张文显:《法理学》,北京高等教育出版社、北京大学出版社2001年版,第70~71页。
[2] 参见张玉洁、李毅:《公平竞争审查制度构建的价值维度与实践进路》,载《学习与实践》2018年第6期。

审查实践

湖北省公平竞争审查第三方评估报告(2019~2020)

武汉大学竞争法与竞争政策研究中心

一、评估内容

此次公平竞争审查第三方评估包含两个主要内容:第一,按照3份/年的比例对湖北省26个公平竞争审查工作联席会议成员单位于2016年至2019年出台的关于市场准入、产业发展、招商引资、招标投标、政府采购、经营行为规范、资质标准等涉及市场主体经济活动的规章、规范性文件和其他存量政策措施的自我审查进行评估。

第二,通过实际调研、查阅自我审查流程、了解审查机构建立情况等方式评估26个成员单位建立、实施公平竞争审查机制的具体情况,找出自我审查中存在的不足和就工作完善给出建议。

二、政策措施的自我审查

(一)评估基本情况

2019年12月17日,湖北省市场监管局组织召开公平竞争审查第三方评估工作安排座谈会,与会的各成员单位相关负责人研究学习了《2019年湖北省公平竞争审查第三方评估实施方案》,并相互交换了意见。由武汉大学竞争法与竞争政策研究中心(以下简称本中心)承担的政策措施评估(2016~2019年存量)与公平竞争审查机制实施评估工作也随之正式展开。

受疫情影响,评估工作从2020年4月初开始在公平竞争审查联席会议各成员单位的配合下尤其在湖北省市场监管局领导的大力支持下稳步恢复并逐渐展开。截至2020年6月3日,26个成员单位中共有23个单位向本中心提交了包含255个文件的清单。其中,教育厅及水利厅均以2016~2019

年度出台的所有政策措施均不涉及市场准入、产业发展、招商引资、招标投标、政府采购、经营行为规范、资质标准等涉及市场主体经济活动范围为由，未提供可评估的文件。

如图4所示，此次第三方评估本中心按照3份/年的比例在23个部门提交的255份文件中抽取了166份进行审查，其中，11份文件中出现了违反公平竞争相关审查标准的情况，本中心建议进行修改。

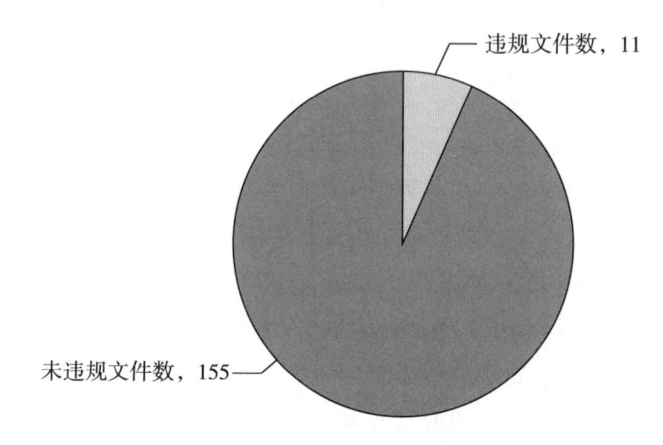

图4　违规文件占比

由于166份文件作为评估样品数量实在太少，难以准确评价违规文件数量与发文单位所处行业之关联性，违规文件出现较多的单位均为与市场主体活动紧密相关的行业监管机构。本中心认为，虽然该现象符合逻辑规律，但是在实践中，这部分重点单位今后一定要注意加强自我审查与机制建设的能力，湖北省市场监管局下一步也应着重对这些单位的公平竞争审查工作进行监督和指导(见图5)。

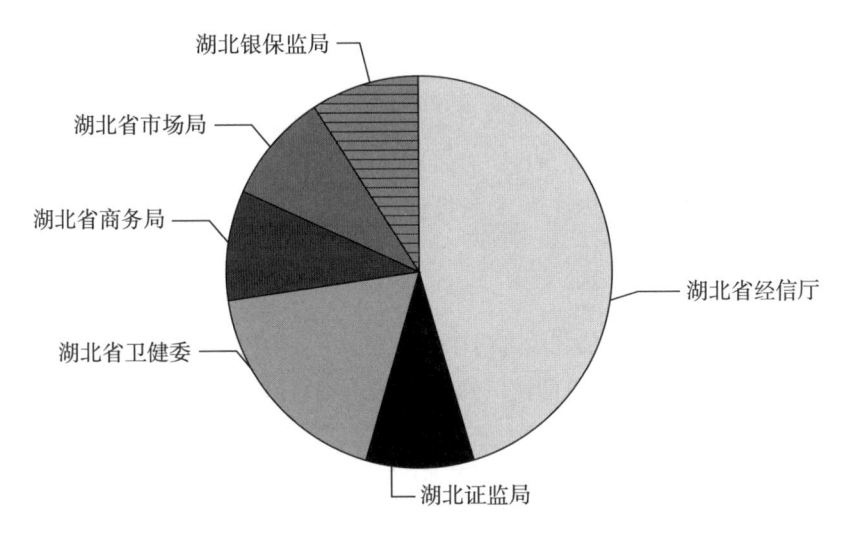

图5 违规文件发文单位占比

(二)现存的问题

总体而言,此次评估中绝大部分的文件都是符合公平竞争审查相关规定和要求的,不存在限制、扭曲市场竞争的情况。有部分文件的规定甚至与市场公平竞争之精神相当契合,值得各成员单位学习。例如,《湖北省工商局关于加快打造一流营商环境 服务社会主义现代化强省建设的意见》中提出的深化"多证合一""证照分离"改革、推进登记和注销服务便利化改革、全面推行市场主体准入负面清单管理等措施,减少了市场准入门槛、便利了准入条件、优化了营商环境。特别是要求对"双随机"抽查公示率达到100%、以公用企业等为重点加强民生领域反垄断执法等措施,不仅使事前行政审批更加便捷,同时在事中事后监管上下大功夫,大大激发市场主体活力、促进了市场公平竞争。

尽管如此,在部分被评估单位的文件中仍发现若干值得关注的问题,需要得到所有成员单位的重视,以期在未来政策制定过程中避免。

第一,有两份文件不直接在正文中列明行业准入条件、申请行政审批前提条件或享受优惠政策的门槛,而通过后附行政审批"申请表"或非该文件附件的"参考标准""需提交文件清单"等较为隐蔽的形式,实质上设置准入门槛或将门槛具体化、特定化。

第二,多个文件直接列明"未来将重点发展的企业名称",部分条文明确提出要优先发展的企业。类似"要求优先发展"的规定违反《建立公平竞争审查制度的意见》中关于"不得违法给予特定竞争者优惠政策"的规定。

第三,多个文件强调"支持我省优先""要求在省内注册"属于设置不合理和歧视性的准入和退出条件。例如,"引导地方政府加大对企业技术改造的财税支持力度,在省内注册、设备投资过 2000 万元的重点技术改造项目,按照企业投资的一定比例,通过贷款贴息、专项补助和奖励等方式给予支持。"

第四,各成员单位的相关部门在公平竞争审查中需要统一标准,比如对产业政策与市场竞争关系的认识,可能会影响到对部分文件规定的理解,如"鼓励银行业金融机构探索建立长江经济带重点项目授信审查审批绿色通道机制,对符合长江经济带发展的企业、涉及长江经济带的重大项目优先安排审查审批"的政策措施,疑似与中央确立竞争政策基础性地位的战略决策相冲突。

第五,相关文件残缺和不准确。此次评估由政府部门主动提供该部门需要审查的文件,其中难保有遗漏。如何保证所有应被审查的文件实际上得到审查,是评估工作有效开展面临的一个初始且重要的问题。部分单位对文件评估要求的理解不准确,例如,有单位在清单中总共提交了 21 个文件名称,其中只有 5 份的出台日期是在规定的 2016~2019 年度之内,其他 16 份文件居然都不符合这次评估工作要求的年度。

三、公平竞争审查机制的构建

(一)评估基本情况

本次关于成员单位公平竞争审查机制构建的第三方评估本应进行上门实地调研,因为疫情影响,结合防控实际,经与公平竞争审查联席会议办公室领导商请后改为调研问卷的形式,并以本中心的名义向 26 家成员单位发送了《关于填写湖北省公平竞争审查第三方评估工作调研问卷的通知》。多数单位在约定截止日期 5 月 19 日前提交了回复,然而有一部分单位逾期后,经本中心多次催促,依然迟迟不愿提交,极少数几家单位对待调研态度消极,给评估工作带来困难。截至本报告成稿之日,共回收 26 家公平竞争审查联席会议单位中的 23 家的 23 份问卷;个别单位以各种理由未完成调研问卷(见图 6)。

（二）现存的问题

图6　2016～2019年发文量与文件违规量

如图6所示,随着2016年7月各省级政府及所属部门开始在有关政策措施制定过程中进行公平竞争审查,虽然与市场主体活动相关的政策措施数量呈折线上升趋势,违反公平竞争审查相关标准的文件数量却无明显增加。然而,本中心认为,由于存在评估文件样本数量过小、文件抽取标准不够科学等限制因素,现阶段无法对违规文件数量与成员单位实际落实公平竞争审查制度情况的相关性作出科学定论。对此,本中心将此次评估公平竞争审查机制的重点放在对调研问卷的样本分析上。

在回收的23份调查问卷中,可以看到各单位在公平竞争审查机制建设中积极的一面,部分单位审查流程规范明确,征求意见全面充分。例如,交通厅对问卷2.2问题答复:"本单位开展自我审查的基本流程是:起草处室自查——报送送审稿、起草说明、起草依据、公开征求意见及采纳情况——厅法规处组织厅办公室、厅机关纪委、厅法律顾问联席审查,邀请企业代表参加——审查后出具审查评估意见给起草处室——起草处室结合审查意见组织修改——报厅分管领导签批同意后发文。"同样,自然资源厅在问卷2.2问题的答复中,明确回答了自我审查的流程,全面细致。商务厅在问卷答复同时附加了厅办公室关于进一步加强公平竞争审查工作的通知,内容规范,所附加公平竞争审查基本流程非常明确细致,公平竞争审查表也同样标准规范,堪称样本。但像这样如此详细清晰的自我审查流程在其他成员单位的回复中鲜有见之。

问卷中暴露更多的是现存机制中的问题,需引起成员单位的高度重视。

第一,对需经公平竞争审查的文件范围不清楚。有单位认为其并未出台涉及市场主体经济活动的文件,同时提到"我局职能不涉及市场准入,因此所有规范性文件内容均不涉及市场准入,无就公平竞争审查情况公开征求意见情况"。可是,《公平竞争审查制度实施细则(暂行)》采用不完全列举的形式表明涉及市场主体经济的活动至少包含市场准入、产业发展、招商引资、招标投标、政府采购、经营行为规范、资质标准,绝非只是市场准入这一项而已。与之类似,有单位认为其不具备公共事务管理职能,没有行政审批事项,未出台过涉及市场主体经济活动的文件。

第二,向第三方评估单位提供的待审查文件不全面。有单位在问卷答复中说,其对 2016~2019 年有关文件进行了梳理,主要包括 7 件文件。但是这列举的 7 件文件,却无一包括在其当年 4 月所提供的评估文件清单中。某单位指出其关于进一步创新政策举措助推脱贫攻坚的实施意见符合《公平竞争审查制度实施细则(暂行)》的例外规定,要求在湖北省脱贫攻坚战任务完成后废止该文件,但该文件却不见于其当年 4 月所提供的评估文件清单,并且可能由于政府信息公开的滞后性,本中心在其官方网站上并未搜索到该文件原文。

第三,第三方评估工作缺乏一定的强制力。关于垂直管理单位参与公平竞争审查第三方评估的问题,仍需有关部门颁布更为细致的说明,若成员单位可选择是否参与第三方评估,第三方评估的严肃性、评估的公平性和评估报告结论的科学性都难以保障,省公平竞争审查联席会议的权威性将大大降低,通过第三方评估推动公平竞争审查制度有效落实将成为空谈。

第四,部分单位公平竞争审查工作负责处室与公平竞争审查工作严重不符,未贯彻落实公平竞争审查制度。某单位的公平竞争审查评估工作联系人是养老服务处工作人员,疑似该厅由养老服务处负责公平竞争审查工作,在调研问卷答复中,全部以养老服务处为答复主体。在问卷 1.3 问题答复中表示"2016 年以来,涉养老服务市场主体经济活动相关文件 7 个"。未回答 2.1、2.2 问题中本单位公平竞争自我审查机制的建立与实施情况。在问题 6.3(为更好完成公平竞争审查,本单位未来将在哪些方面改进完善)的回答中表示发挥湖北省养老服务省际联席会议制度作用,明确部门职责,形成部门合力,共同营造公平竞争环境。与此情况相似,还有其他个别单位也对单位内负责公平竞争审查和第三方评估联络的部门不甚了解,这种极其低效低质的公平竞争审查制度的落实程度与中央在战略上对公平竞争审查制度高度重视的态度形成强烈反差,这种情况必须尽快得到转变,得到相关单位及负责同志的高度重视。

第五,部分单位对公平竞争审查工作缺乏了解,分不清"梳理"与"审查"之区别。某单位对问卷1.3问题的答复:我局无制定规章、规范性文件等权限。同时,我局公平竞争审查审理小组对历年来以我局名义对外发布的所有涉及市场主体经济活动的相关文件进行了梳理,相关文件均属于贯彻落实法律法规要求或者上级机关统一部署作出,不存在影响、限制市场竞争效果的内容,在2.3问题答复又说道"我局尚无须启动公平竞争审查的相关文件"。到底是做了梳理没有涉及市场主体经济活动的文件,还是已经进行自我公平竞争审查,认为不存在影响、限制市场竞争效果的内容?

第六,部分单位缺乏公平竞争审查相关专门性人才。公平竞争审查是一种专业性审查,不仅需要考虑竞争价值与其他政策目标的平衡,还要结合竞争法律制度,对行业发展、创新激励、竞争状况等市场客观情况做出综合考察和准确判断。从本次调研的结果来看,大多数部门负责审查的工作人员缺乏相关的知识,不具备开展审查工作的专业能力。使审查流于形式,审查效果大打折扣。

第七,公平竞争自我审查与合法性审查同时进行,但无书面审查文件存档,公平竞争审查容易流于形式。有单位在问卷2.3答复中表示"本单位公平竞争自我审查与合法性审查同时进行,但没有书面审查文件"。并在建议中表示"建议省市场监管局出台公平竞争审查标准表格,便于各单位具体操作"。还有单位也在问卷中建议省公平竞争审查联席会议办公室制定一套标准化、规范化审查制度范本。对于合法性审查和公平竞争审查的关系问题,评估工作组认为,就目前公平竞争审查制度实施的指导思想来看,它们是政策措施正式发布前必经的两套体系两个程序,负责单位和负责人可能重合,但是流程并非相同,意义也不尽一致,需独立展开,故而公平竞争审查不可作为合法性审查的一部分,更不应以合法性审查代替公平竞争审查。

第八,成员单位在本次评估工作中存在形式主义问题,问卷答复有繁有简,有的单位对第三方评估调研问卷回复有应付之嫌,没有真正重视公平竞争审查工作。例如,某单位在提交给湖北省市场监管局的《关于报送2019年度公平竞争审查工作总结的报告》中说:"共审查2018年以来规范性文件

6件,其中适用例外规定5件,征求意见5件,专家咨询1件。"可是在问卷答复中却说并无涉嫌违反公平竞争及适用例外规定的文件。某单位在问卷2.1问题与2.3问题答复中表示已建立自我审查机制,明确由法规税政处负责,但无法提供开展自我审查的文件数量与书面审查文件。另外,某单位对问卷中的大部分问题均以"无"作答,某单位发来《关于报送公平竞争审查第三方评估工作调研问卷的函》,但未对调研问卷的问题作出任何回应。

四、关于工作改进的意见建议

本次第三方评估工作的开展充满了困难与挑战。此次是湖北省历史上开展的第一次由所有公平竞争审查联席会议成员单位参与的第三方评估,无建设性先例可循。各成员单位间,包括本中心,都在摸索更有效的合作方式,搭建更流畅的沟通渠道。本中心认为,当下各成员单位对公平竞争审查制度及其第三方评估的具体内容、要求、程序等缺乏认识是可以理解的,良好的体系、有效的机制需要在经历时间的历练和总结各种经验甚至不同部门之间多次磨合后才得以构建。

基于以上审查评估的发现和分析,以及专家咨询组的论证总结,本中心就此次第三方评估提供以下意见和建议。

第一,增强湖北省市场监管局在公平竞争审查第三方评估中的核心作用。从某种意义上看,第三方评估机构的工作是辅助湖北省市场监管局更好履行其既定职能,但是第三方评估机构对于体制内的成员单位来说仅是一个"局外人",因此部分单位会认为没有配合的必要性和强制力,此次评估中无端损耗的大量的时间成本和沟通成本即是明证。鉴于此,本中心建议未来第三方评估工作的开展要以湖北省市场监管局为中心,主动、积极联合公平竞争审查联席会议成员单位以及第三方评估机构,建立更为流畅的沟通交流通道,加强公平竞争文化在政策制定机关的传播,并正面宣传第三方评估的强制性与必要性,以提高各单位对该项工作的重视程度。例如,浙江省市场监管局就发公函要求地、市政府机关积极配合第三方评估工作。

第二,改革现行的评估文件选取和收集模式。经过此次评估,本中心认为3份/年的抽取比例不足以支持建立可进行精准量化评估的样本池,可用数据不足直接导致结论的不确定性和偶然性大大提高,建议未来成员单位能与评估机构共同协商,合理扩大审查文件的范围。另外,由第三方评估机构直接联系成员单位获取文件则无谓提高了评估的时间和人力成本,而且部分单位对于第三方评估存在一定抵触,收集文件的难度也被人为加大,经历近两个月的沟通与催促,在此报告完成之时部分评估文件与调研问卷仍未收齐。因此本中心建议省市场监管局承担收取文件原文的责任,令评估机构可以将工作重心、主要精力放在审查文件、评估机制实施上。

第三,由成员单位自主提交评估文件清单的做法与建立第三方评估制度的初衷相违背。评估机构作为客观、独立的第三方,在评估中本应有权对被纳入审查范围的所有文件进行筛选、审查,而允许成员单位先行梳理文件是否"与市场主体活动相关"再提供文件清单,则会为有的政策制定部门逃避清理违规文件的责任创造空间。鉴于此,本中心提议建立如下公平竞争审查流程。首先,建议湖北省人民政府对公平竞争审查联席会议成员单位出台的、依法可予以公开的所有政策文件(不管是否与市场主体经济活动关系密切)均上传同一数据库进行保存。其次,在该数据库中设两个档案,其中一个储存所有成员单位自我审查过且认为涉及市场主体经济活动的政策措施用于未来的第三方评估,另一个储存的即成员单位认为不涉及市场主体经济活动的政策措施,该档案由湖北省市场监管局不定时不定量进行抽查,尤其是对与市场主体活动特别相关的部门加大抽查力度,若发现任何涉及市场主体经济活动的政策措施即予以公开,并督促相关部门及时对相关文件进行修改、清理。

第四,建立以打分(量化)机制为中心、奖惩结合的"标准化第三方评估模式"和公平竞争审查激励机制。本中心建议,以浙江省和四川省公平竞争审查第三方评估的成功试点经验为参照,通过设定公平的权重指数、统一的计分标准来量化各单位落实公平竞争审查制度配合第三方评估的表现,由评估机构对参与评估的单位就自我审查、机构建设、存量清理和评估配合程度等类目进行打分并排序,并将分数纳入法治政府考核指标以更好更强约束、激励各相关单位。

第五,各单位参与公平竞争审查的人员需要保证所在领域的专业性,增加专业性人才储备,加强公平竞争政策的宣传,增加公平竞争审查的培训力度。不同政府部门有不同的权限范围,其发布的文件往往涉及一个专门领域,如国企、银行、财政、卫健等,这些规定具有很强的专业性。而且省级部门发布的文件,需以法律、行政法规、党中央和国务院的决定、省政府规章、省级地方性法规等为上位法依据,这是一个较为复杂的系统。不同行业具有不同的特点,就要求对涉及该行业的文件进行公平审查时,审查人员必须对该行业有较为深入的理解。

第六,公平竞争审查工作未来可以考虑吸纳社会公众参与进来,并与专业第三方机构、专家智库等进行更密切的交流合作。本次第三方评估中审查的存量文件已经在实践中运行了一段时间,那么受文件影响的利害关系人自然对相关规定有较深的了解,参与的市场主体本身对于文件规定是否具有排除、限制竞争效果更为清楚,对此进行以问卷、访谈为主要形式的调研具有现实价值。

第七,此次成员单位提交的文件中,有将近1/3与市场主体经济活动的关系微弱,建议省市场监管局能够定期组织联席会议成员单位有关人员认真学习《建立公平竞争审查制度的意见》《公平竞争审查实施细则》以及国家市场监管总局或学者撰写的其他相关读本,并在未来的评估中更加积极指导审查工作、支持评估工作。

第八,根据成员单位在调研问卷中的回复,以下措施可以有效改善现行审查机制的效果,本中心积极提倡。例如,编印一些先进经验做法(发改委),列举讲解典型审查案例(自然资源厅),引入政府购买服务(交通运输厅),细化工作流程(证监局),制定规范性文件(财政厅)等。

附件1:湖北省公平竞争审查工作联席会议成员单位

湖北省市场监管局

湖北省发展改革委

湖北省财政厅

湖北省商务厅

湖北省教育厅

湖北省科技厅

湖北省经信厅

湖北省民政厅

湖北省司法厅

湖北省自然资源厅

湖北省生态环境厅

湖北省住建厅
湖北省交通运输厅
湖北省水利厅
湖北省农业农村厅
湖北省文化和旅游厅
湖北省卫生健康委
人民银行武汉分行
湖北省国资委
湖北省税务局
湖北省广播电视局
湖北银保监局
湖北证监局
湖北省能源局
湖北省药监局
湖北省知识产权局

江苏省公平竞争审查第三方评估报告(2021)

武汉大学竞争法与竞争政策研究中心

第一部分 江苏省公平竞争审查第三方评估的主要内容

第一节 主要内容概要

一、指导思想

以习近平新时代中国特色社会主义思想为指导,深入贯彻党的十九大和十九届二中、三中、四中、五中、六中全会精神,按照国家关于在市场体系建设中建立和实施公平竞争审查制度的各项要求,更高质量、更大力度推进公平竞争审查工作,强化公平竞争审查制度刚性约束,不断提高审查质量和效果,防止出台排除、限制竞争的政策措施,维护统一市场和公平竞争,打造市场化、法治化和国际化的营商环境,实现经济高质量发展。

二、评估依据

1.《反垄断法》;

2.《建立公平竞争审查制度的意见》(国发〔2016〕34号);

3.《市场监管总局等四部门关于进一步推进公平竞争审查工作的通知》(国市监反垄断〔2020〕73号);

4.《公平竞争审查第三方评估实施指南》(市场监管总局公告2019年第6号);

5.《公平竞争审查制度实施细则》(国市监反垄规〔2021〕2号);

6.《江苏省政府关于在市场体系建设中建立公平竞争审查制度的实施意见》(苏政发〔2016〕115号);

7.中央及部委有关公平竞争审查工作的其他部署和要求。

三、评估原则

1.客观公正,客观评估与主观评价相结合;
2.科学严谨,定性分析与定量分析相结合;
3.专业规范,实务调研与理论证成相结合;
4.公开透明,事前通知与事后通报相结合;
5.注重实效,问题导向与补齐短板相结合。

四、评估方式

综合评估在江苏省市场监督管理局的密切配合下,由评估机构负责具体实施,主要采取实地评估、自我评估、抽查评估、对照评估、座谈会、专家论证会、网络调查、舆情跟踪等方式,运用定性评估、定量评估、比较分析、成本效益分析等方法,汇总收集相关信息,广泛听取意见建议,全面了解真实情况,对省政府所属部门,市县级政府及其所属部门实施公平竞争审查制度的情况开展评估工作并进行量化打分,最终形成评估报告。

五、评估用途

本次评估结论主要用于系统总结江苏省落实公平竞争审查制度、营造公平竞争制度环境的成效与经验,发现各地市、各部门在落实公平竞争审查方面存在的问题和差距,梳理分析存在的困境和原因,提出进一步完善的意见建议,以督促指导有关部门强化工作措施,加大工作力度,尽快整改问题和补齐短板,推动优化江苏省内营商环境,实现经济高质量发展。

本次评估结论将作为上级、本级有关督查检查考核中,对各地、各有关部门落实公平竞争审查制度情况、评价制度实施成效、制定工作推进方案的重要参考依据。

第二节　评估方案内容

一、被评估单位名单

本次公平竞争审查制度落实情况第三方评估工作的对象单位拟定为以下单位(98家)。

(一)省级单位(12个)

成员单位(9个):江苏省发展改革委、江苏省财政厅、江苏省教育厅、江苏省科技厅、江苏省工业和信息化厅、江苏省住房和城乡建设厅、江苏省交通运输厅、江苏省农业农村厅、江苏省卫生健康委。

非成员单位(3个):江苏省公安厅、江苏省应急厅、江苏省粮食和物资储备局。

(二)设区市级单位(86个)

1. 南京(7个):南京市政府、南京市生态环境局、南京市住房和城乡建设委员会、南京市人防办、江宁区政府、溧水区政府、高淳区政府。

2. 无锡(7个):无锡市政府、无锡市财政局、无锡市住房和城乡建设局、市应急局、锡山区政府、惠山区政府、江阴市政府。

3. 徐州(7个):徐州市政府、徐州市教育局、徐州市住房和城乡建设局、徐州市粮食储备局、云龙区政府、贾汪区政府、新沂市政府。

4. 常州(6个):常州市政府、常州市民政局、常州市住房和城乡建设局、常州市机关事务管理局、天宁区政府、武进区政府。

5. 苏州(7个):苏州市政府、苏州市科技局、苏州市住房和城乡建设局、苏州市体育局、昆山市政府、张家港市政府、苏州工业园区。

6. 南通(6个):南通市政府、南通市财政局、南通市住房和城乡建设局、南通市应急局、通州区政府、启东市政府。

7. 连云港(7个):连云港市政府、连云港市工业和信息化局、连云港市住房和城乡建设局、连云港市公安局、连云区政府、赣榆区政府、东海县政府。

8. 淮安(6个):淮安市政府、淮安市住房和城乡建设局、淮安市农业农村局、淮安市人防办、涟水县政府、金湖县政府。

9. 盐城(7个):盐城市政府、盐城市住房和城乡建设局、盐城市卫生健康委、盐城市人防办、亭湖区政府、盐都区政府、滨海县政府。

10. 扬州(6个):扬州市政府、扬州市司法局、扬州住房和城乡建设局、扬州市应急局、邗江区政府、宝应县政府。

11. 镇江(7个):镇江市政府、镇江市市场监管局、镇江市住房和城乡建设局、镇江市人社局、京口区政府、丹阳市政府、新区管委会。

12. 泰州(6个):泰州市政府、泰州市住房和城乡建设局、泰州市医保局、泰州市政务办、泰兴市政府、兴化市政府。

13. 宿迁(7个):宿迁市政府、宿迁市住房和城乡建设局、宿迁市交通运输局、宿迁市人防办、宿城区政府、泗阳县政府、泗洪县政府。

二、工作部署落实情况和制度实施成效评估

1. 调研评估提纲

本次公平竞争审查制度落实情况第三方评估采用线上调研评估和现场座谈调研相结合的形式。调研评估提纲包括评估相关单位的基本情况、公平竞争审查机制的建立和实施情况等,同时了解各单位落实公平竞争审查工作中遇到的困难和阻碍。通过调研提纲的反馈材料与中心工作组前期的了解结果互为补充,以确保评估的准确、真实、有效。

2. 现场座谈调研

开展与相关单位现场调研座谈,重点了解各单位在自我审查机制建立上内部处室的职能分工、人员分配情况,以及实施中审查工作的完成质量、整改情况和公平竞争审查制度相关内容学习情况。在调研过程中,就各评估单位在公平竞争审查制度实施过程中存在的实际困难进行记录和沟通,争取不遗漏任何一个疑问;就好的经验做法、体制机制等进行统计和挖掘,争取不放过任何一个亮点。

3. 社会面调查

中心工作组通过现场调研、网络问卷、邮件、媒体公布等方式,围绕江苏省公平竞争制度环境的社会获得感与公平竞争审查制度保障公平营商环境效能,对公平竞争审查制度的实施成效进行追踪调查和分析研判,并基于意见汇总情况对评估对象进行量化打分。相关调查问卷的发布通告已在江苏省市场监督管理局官方微信公众号上发布。

4. 专家论证会

评估工作进行中,召开专家论证会,邀请国内竞争法学界著名学者和实务领域资深专家参会,对评估过程中发现的公平竞争审查工作部署落实情况和制度实施方面典型问题和优秀案例进行学理分析和认定论证。基于专家论证会结论,对典型问题予以追根溯源并提出整改建议,对优秀案例提炼出可复制、可推广、能示范的制度性、机制性经验。

5. 现场随机抽取20份政策性文件

中心工作组在线下调研过程中根据各评估单位所提交的文件清单目录

随机抽取 20 份政策性文件,开展集中评估,并就涉嫌存在问题的规范性文件单独出具公平竞争审查意见。各评估单位应就本单位所提交的文件清单真实性、准确性、全面性负责。

第三节 评 估 标 准

根据《公平竞争审查实施细则》明确的基本分析框架和审查标准,本评估组按照以下标准开展此次公平竞争审查第三方评估。

一、市场准入和退出标准

1. 不得设置不合理或者歧视性的准入和退出条件;
2. 未经公平竞争不得授予经营者特许经营权;
3. 不得限定经营、购买、使用特定经营者提供的商品和服务;
4. 不得设置没有法律、行政法规或者国务院规定依据的审批或者具有行政审批性质的事前备案程序;
5. 不得对市场准入负面清单以外的行业、领域、业务等设置审批程序,主要指没有法律、行政法规或者国务院规定依据,采取禁止进入、限制市场主体资质、限制股权比例、限制经营范围和商业模式等方式,限制或者变相限制市场准入。

二、商品和要素自由流动标准

1. 不得对外地和进口商品、服务实行歧视性价格和歧视性补贴政策;
2. 不得限制外地和进口商品、服务进入本地市场或者阻碍本地商品运出、服务输出;
3. 不得排斥或者限制外地经营者参加本地招标投标活动;
4. 不得排斥、限制或者强制外地经营者在本地投资或者设立分支机构;
5. 不得对外地经营者在本地的投资或者设立的分支机构实行歧视性待遇,侵害其合法权益。

三、影响生产经营成本标准

1. 不得违法给予特定经营者优惠政策;
2. 安排财政支出一般不得与特定经营者缴纳的税收或非税收入挂钩,

主要指根据特定经营者缴纳的税收或者非税收入情况,采取列收列支或者违法违规采取先征后返、即征即退等形式,对特定经营者进行返还,或者给予特定经营者财政奖励或补贴、减免土地等自然资源有偿使用收入等优惠政策;

3.不得违法违规减免或者缓征特定经营者应当缴纳的社会保险费用,主要指没有法律、行政法规或者国务院规定依据,根据经营者规模、所有制形式、组织形式、地区等因素,减免或者缓征特定经营者需要缴纳的基本养老保险费、基本医疗保险费、失业保险费、工伤保险费、生育保险费等;

4.不得在法律规定之外要求经营者提供或扣留经营者各类保证金。

四、影响生产经营行为标准

1.不得强制经营者从事《反垄断法》禁止的垄断行为,主要指以行政命令、行政授权、行政指导等方式或者通过行业协会商会,强制、组织或者引导经营者达成垄断协议、滥用市场支配地位,以及实施具有或者可能具有排除、限制竞争效果的经营者集中等行为。

2.不得违法披露或者违法要求经营者披露生产经营敏感信息,为经营者实施垄断行为提供便利条件。生产经营敏感信息是指除依据法律、行政法规或者国务院规定需要公开之外,生产经营者未主动公开,通过公开渠道无法采集的生产经营数据。主要包括:拟定价格、成本、营业收入、利润、生产数量、销售数量、生产销售计划、进出口数量、经销商信息、终端客户信息等。

3.不得超越定价权限进行政府定价。

4.不得违法干预实行市场调节价的商品和服务的价格水平。

第四节 量化打分介绍

本次评估工作结果将采取量化打分的方式予以呈现,根据本次评估工作实际,现将量化打分具体事项作如下说明:

1.本次评估对象中12家省级部门统一进行横向比较和排名;其余的86家单位以所在地级市为单位进行统一横向比较和排名,即对13家设区地级市进行排名(各区县政府及政府组成部门纳入所在地级市整体分数中,取平均分)。

2. 本次量化打分中，将有 3 个量化数据得以体现，分别是评估指标体系中的基本项分数和鼓励项分数，其中基本项分数以现行涉及公平竞争审查的法律文本中的明确要求为依据标准，满分为 80 分；鼓励项分数以现行涉及公平竞争审查的法律文本中的鼓励或建议要求为依据标准，满分为 20 分。此外针对每个评估对象所抽取的 20 份政策性文件及其公平竞争审查表进行打分，满分 20 分，其中不足 20 份的政策性文件，按照对应的比例进行打分。

最终的排名是以满分 80 分的基本项分数 + 满分 20 分的规范性文件分数的总和分数予以呈现；鼓励项 20 分以单独的形式予以呈现（不列入总排名），仅供各评估对象及考核部门参考，分数保留小数点后一位。可参考如下形式做表记录。

量化打分

排名	评估对象	基本项分数	规范性文件分数	总分数	鼓励项分数（不列入排名）

3. 为规范各评估对象提交合格的评估材料，在前期省市场监管局同意的情况下，中心工作组制定了关键文件清单和鼓励文件清单两份文件以供评估指标体系中的基本项分数和鼓励项分数评估，具体文件清单目录已提前发至各评估对象。

4. 考虑到量化打分会因支撑材料提交的不同、评估人的差异等因素而存在主客观方面的评估误差，中心工作组在评估过程中已就具体量化分值标准、材料选取及认定等工作进行了统一沟通和协调，尽量将误差缩小在最小的可控范围内，特此予以说明。

5. 本评估组以线下实际调研和各评估对象按时提交的实收支撑材料为核心量化打分标准，对各评估对象未及时提交或不予提交材料或错交漏交的材料不予评定。

第二部分　江苏省公平竞争审查制度落实情况整体介绍

第一节　评估的整体情况

一、评估基本数据

本次江苏省公平竞争审查第三方评估得分平均分为87.57分,其中省级部门平均分为87分[1],地级市平均分约为88.01分。本次评估工作中,98家评估对象提交规章、规范性文件和其他政策措施等涉及市场主体经济活动的文件共2941件,抽取进行公平竞争审查的文件共有1526份,抽取文件占应审查文件的总比重约为51.89%。

二、前期摸排情况

根据既定评估的议程安排,中心工作组在2021年9月17日建立评估团队,于9月26—10月23日共组织30余人次在线上开展公平竞争审查第三方评估摸排工作,逐步掌握评估对象的基本信息,为后续的线下调研、面对面沟通奠定了坚实基础。同时,本次社会面调查共收到调研问卷反馈样本894份。

三、支撑材料提交情况

评估期间,中心工作组共收到纸质材料53册,拷贝电子材料27.8GB,会后累计接收电子材料19次,较为圆满完成了资料的搜集、整理、分析等工作。有单位没有提交任何评估材料;有单位提交说明近三年未出台任何涉及市场主体竞争的规范性文件;有单位虽提交一定的材料,但经评估多为无效评估材料;有单位自评估开始前未建立任何有关公平竞争审查的制度、未出台相关文件,未提交规范性文件(有发函说明)。

---

[1] 有两家单位因缺少必要评估材料,未列入平均分计算。

四、规范性文件评估情况

本次评估工作共抽取文件 1526 份,经评估论证发现问题文件共计 7 份,主要涉及违反"市场准入和退出标准"和"影响生产经营成本标准",特别是在违规发放财政补贴、招商引资、招投标、政府采购等领域违规文件较多。

五、评估面的效果分析

从评估的整体结果看,江苏被评估对象整体效果较好,评估分数基本全部达到优秀以上(85 分)。从内部看,特别是在加强组织领导、完善制度建设、统筹审查机制、强化监督指导、抓好宣传培训、规范审查程序等方面均有很多的特色做法和工作经验,非常值得推荐和展示(详见本报告第三部分)。从数值导向分析,本次评估结果呈现以下两大特征。

(一)横向看:公平竞争审查实施效果与当地经济发展程度呈正相关

从学理上分析,一个地区经济越发达越需要健康的公平竞争来保障,一个越优良的营商环境越能促进一个地区的经济发展和社会进步,本次评估结果也验证了这一点。在横向的区域分布上,江苏省公平竞争制度落实评估成绩较高的地级市主要分布在江苏南部一带(苏州、南京等)。

(二)纵向看:地级市政府扮演地方推进公平竞争审查工作的重要角色

本次评估对象涵盖了自上的省级部门,自下的区县政府,从工作成绩分布的行政层级来看,分数从高到低依次为地级市政府、省级部门、区县政府或地级市政府组成部门。究其原因,省级部门因与主管公平竞争审查工作的省市场监督管理部门在行政隶属上多为平级,相互制约较少,工作虽有密切配合,但材料的充盈度存在不足;对于区县政府来讲,虽其工作积极性较高,审查工作执行力较强,但受基层编制少、专业度不够及其他工作事项掣肘,在审查工作上存在一些漏洞。

第二节 评估的个体情况

本节将着重以评估对象为分析个体进行简要评价。

一、省级部门

(一)江苏省财政厅

江苏省财政厅落实公平竞争审查制度的情况总体很好:在完善内部制度方面,印发了《江苏省政府关于在市场体系建设中建立公平竞争审查制度的实施意见》(苏财办发〔2016〕3号)等文件,落实公平竞争审查制度,明确审查工作牵头力量,适时开展公平竞争审查制度培训,保留有培训相关记录。在规范审查程序方面,印发了《江苏省财政厅公平竞争审查制度实施细则》,严格对照公平竞争审查标准进行审查。在定期评估清理方面,不断加大清理存量文件的力度,但暂未见具体且完整的支撑材料显示对增量文件及存量文件的审查结果。总体而言,省财政厅积极贯彻落实了公平竞争审查制度,不断探索优化审查方式、完善制度体系、细化审查标准,同时通过财政厅官网积极向市场主体、社会公众征求意见,引入信息化手段,确保审查流程落地生根。一系列举措都确保了在公平竞争方面对规范性文件每件必审,为江苏省财政厅建立现代财政制度提供了有力保障。下一步,财政厅可以在拓展创新上考虑结合政府采购等重点领域常见问题,进一步细化审查标准,开展相关课题研究,进一步提高公平竞争审查的工作水准。

(二)江苏省发展改革委

江苏省发展和改革委员会提供的材料丰富、全面,对于公平竞争审查制度的落实情况非常好。在提高审查质量方面,征求了专家学者意见,委托第三方专业机构进行公平竞争审查,形成了关于《江苏省工程研究中心管理办法(征求意见稿)》等合法性审查意见书;强化社会监督,向社会征求有关《江苏省工程研究中心管理办法》等意见。在定期清理方面,委托律师事务所作为第三方机构进行昆山深化两岸产业合作试验区条例公平竞争审查。在拓展创新方面,研究制定了本部门涉及的行业性公平竞争审查规则,梳理细化重点行业和领域的典型问题、具体表现和认定标准,出台了《关于印发江苏省工程项目招投标领域营商环境专项整治工作实施方案的通知》(苏发改法规发〔2019〕845号)和《关于建立全省招标投标领域优化营商环境长效机制的通知》(苏发改法规发〔2021〕403号)等文件。江苏省发展改革委与原江苏省物价局共同起草并提请省政府印发了《江苏省人民政府关于在市场体系建设中建立公平竞争审查制度的实施意见》,落实内部制度。江苏省发展改革委全面审查增量文件、全面清理存量文件,清理工作完成较好,截至开展第三方评估前未发现存在应审查而未审查、违反公平竞争审查标准并妨碍统一市场和公平竞争的问题。建议下一步明确审查工作牵头力量,确保工作推动更加有力。

(三)江苏省交通运输厅

江苏省交通运输厅每年印发《全省交通运输法治政府部门建设工作要点》,其中对全省交通运输系统公平竞争审查工作作专门规定,和法治政府部门建设相关工作同部署、同落实、年底同步考核。2018年印发了《江苏省交通运输厅关于做好有关政策措施公平竞争审查工作的通知》(苏交法〔2018〕10号),明确所有制定的涉及市场主体经济活动的政策措施均要严格开展公平竞争审查,同时每年召开专题会议研究讨论公平竞争审查工作,厅领导多次强调此项工作的重要性和必要性。此外,交通运输厅将公平竞争审查工作与厅规范性文件合法性审核统筹联动,印发《江苏省交通运输厅关于推动全省交通运输高质量立法的实施意见》与《江苏省交通运输厅依法办事指南》,对重大行政决策以及法规、规章、规范性文件等行政事项梳理并制作了流程图,对公平竞争审查环节作了规范和明确指引。建议《江苏省交通运输厅重大行政决策程序规定》中可加入重大行政决策与公平竞争审查相关联的内容,以进一步保障公平竞争审查工作的落实。此外还可以进一步梳理交通运输领域的典型问题、具体表现,并细化相关认定标准。

(四)江苏省农业农村厅

江苏省农业农村厅提供的材料基本全面,对于制度的落实情况较好。在规范审查程序方面,严格对照公平竞争审查标准进行审查,所抽取的文件大多保有公平竞争审查表。在提高审查质量方面,全面地审查了增量文件。在定期评估清理方面,较好地完成了清理任务,存量清理范围全面,并形成了省农业农村厅开展妨碍统一市场和公平竞争政策措施清理工作总结、清理工作文件数量表、规章、规范性文件以及其他政策措施清理情况统计表。出台《江苏省农业农村厅开展妨碍统一市场和公平竞争政策措施清理工作的实施方案》,从内部制度上明确公平竞争审查制度的落实方式,并适时开展了公平竞争审查制度培训,保留有培训的有关记录。江苏省农业农村厅还通过官网信箱接收举报,在信访系统可查询台账。截至开展第三方评估前未发现存在应审查而未审查、违反公平竞争审查标准并妨碍统一市场和公平竞争的问题和未及时进行纠正的情况。另外,还形成了江苏省农业农村厅公平竞争审查工作自查报告,认真落实上级安排的公平竞争审查专项任务。在规范性文件审查上,该单位将公平审查与其他合法性审查工作一起进行,这种审查方式尚不规范;并且合法性意见审查书中关于是否违反公平竞争审查相关规定的评价有待全面。另外,目前审核的20个涉及市场主体经济活动的政策文件中只有10个附有合法意见审查书,有待进一步改进。

(五)江苏省教育厅

江苏省教育厅积极落实公平竞争审查制度,认真开展存量文件清理和增量文件审查工作,本次抽取的政策文件经中心工作组审查未发现问题。江苏省教育厅在开展公平竞争审查制度学习培训中,曾围绕教育领域公平竞争审查的热点难点问题,定期组织召开分析研判会,进一步统一思想,针对具体问题明确审查标准,保证了审查工作的专业性和准确性。此外,还将教育厅委托购买服务的委托协议也纳入审查范围内开展审查。在《江苏省教育厅2021年"放管服"改革要点》中提出"强化公平竞争审查",规定由业务处室负责初审,政法处负责复审。但在评估中发现,未见江苏省教育厅印发部门落实公平竞争审查制度文件、对公平竞争审查环节作规范和明确指引,2018年印发的《江苏省教育厅重大行政决策程序实施细则(暂行)》未包含公平竞争审查内容。下一步,建议发文对公平竞争审查环节作规范和明确指引。

(六)江苏省工业和信息化厅

整体来看,江苏省工业和信息化厅提供的材料较为丰富,内部制度较为完善,出台了《江苏省经济和信息化委员会公平竞争审查工作制度(暂行)》,另外通过经济和信息化委员会主任办公会议落实公平竞争审查制度,明确审查工作牵头主体,适时开展公平竞争审查制度培训,保留有培训相关记录;公平竞争审查程序也较为规范,将公平竞争审查作为公文起草必经程序,纳入公文办理系统,各项文件及具体措施未经公平竞争审查的不得出台或提交审议。所抽取的文件均保有公平竞争审查表,能够做到一文一表,对本单位发布的涉及市场主体活动相关文件也能够做到定期评估清理。江苏省工业和信息化厅的鼓励项落实情况较好,在完善内部制度方面,《江苏省经济和信息化委员会公平竞争审查工作制度(暂行)》明确公平竞争审查工作领导小组。在规范审查程序方面,鼓励部门内部实行由业务机构初审后提交特定机构复核,或者由特定机构统一审查。在提高审查质量方面,征求专家学者意见,向反垄断执法机构提出咨询,强化社会监督,征求市场主体意见,形成了《〈江苏省中小企业促进条例修订草案〉起草说明》《关于〈江苏省中小企业促进条例(修订草案修改稿)〉征求意见的函》等支撑材料。下一步,建议省住房和城乡建设厅要进一步严把政策审查关,同时进一步完善举报处理回应机制。

(七)江苏省卫生健康委

江苏省卫生健康委员会较好地完成了公平竞争审查工作。在完善内部制度上,江苏省卫生健康委出台了《江苏省卫生计生委关于在市场体系建设中建立公平竞争审查制度的通知》(苏卫政法〔2017〕25号),明确了相关机构职责和审查程序。江苏省卫生健康委在本部门业务培训方面做得较好,并留有相应证明材料。在规范审查程序上,江苏省卫生健康委员会发文单中设有公平竞争审查表,并出台了《关于进一步加强合法性审查工作的通知》(苏卫办政法〔2018〕7号),总体上体现了对规范审查程序的重视。《关于开展与现行开放政策不符的法规规章规范性文件清理有关工作的通知》《江苏省卫生健康委开展妨碍统一市场和公平竞争的政策措施清理工作实施方案》《江苏省卫生健康委关于开展妨碍统一市场和公平竞争政策措施清理工作的总结》等文件体现了江苏省卫生健康委积极提高审查质量的态度。在征求意见方面,江苏省卫生健康委具有征求利害关系人意见以及向社会公开征求意见的材料,并根据需要有征求专家学者、法律顾问、专业机构意见的情形。此外,未见已向社会公开存量的评估结果的证明材料;在日常工作和文件归纳中对需要进行公平竞争审查的文件和其他文件未作明确区分。在实地调研中江苏省卫生健康委表示,"对于每个领域例外情形的认定不容易,特别是卫生健康领域较为突出,需要我们在实践探索中不断总结和探索",但在省卫生健康委2019年公平竞争审查工作自查报告中指出没有适用审查例外规定的文件,这一点值得进一步探讨。下一步,建议对存在的不足进行改进。

(八)江苏省粮食和物资储备局

江苏省粮食和物资储备局整体情况良好。江苏省粮食和物资储备局出台了《关于建立公平竞争审查工作制度的通知》(苏粮法〔2017〕7号),完善公平竞争审查的内部制度,以通知、汇报等方式认真落实上级安排的公平竞争审查专项任务。江苏省粮食局会议纪要(〔2018〕党组 12 号)明确了内部机构职责和审查程序。局文件办理单将公平竞争审查作为公文起草必经程序并纳入公文办理系统。其严格对照公平竞争审查标准进行审查,并建立台账,总体上工作态度认真,但在细节上还有进步空间。江苏省粮食和物资储备局表示其未收到过关于违反公平竞争审查规定的举报。在对江苏省粮食和物资储备局抽取的 8 份文件中,没有发现违反公平竞争审查要求的地方,所有材料均有公平竞争审查表。在细节上有待完善,如在增量措施审查情况方面,公平竞争审查工作情况统计表中记载 2020 年增量审查件数为 2,但是 2020 年公平竞争审查工作自查报告中记载的是"局机关本年度起草的 1 份规范性文件进行审查",两处数据不同。建议江苏省粮食和物资储备局可以在公平竞争审查工作相关文件的细节上做进一步完善提升。

(九)江苏省住房和城乡建设厅

整体来看,江苏省住房和城乡建设厅提供的材料较为丰富,对于制度的落实情况总体较好。在完善内部制度方面,出台了《江苏省住房城乡建设厅关于在市场体系建设中建立公平竞争审查制度的通知》,落实公平竞争审查制度,明确审查工作牵头力量,适时开展公平竞争审查制度培训,保留有培训相关记录;在规范审查程序方面,严格对照公平竞争审查标准进行审查,所抽取的文件均保有公平竞争审查表,做到了一文一表。其中,对于文件基本能够做到定期评估清理。在举报处理回应方面做得尤为完善,通过江苏省住房和城乡建设厅厅长官网信箱和江苏阳光信访系统接收举报,在信访系统可查询台账,是本单位公平竞争审查制度落实情况中的亮点内容。下一步,建议江苏省住房和城乡建设厅要进一步严把政策审查关,并在实际工作中积极处理相关涉公平竞争审查投诉举报。

(十)江苏省科技厅

从提供的材料来看,江苏省科技厅提供的支撑材料较为简单,但基本能够从中检视出江苏省科技厅对于公平竞争审查制度的整体落实情况。完善内部制度和拓展创新是江苏省科技厅的工作亮点。其中,在完善内部制度方面,出台了《关于落实公平竞争审查制度的通知》《关于进一步加强规范性文件制定工作的通知》;在拓展创新上,落实了上级安排的公平竞争审查专项任务,形成了公平竞争审查汇总清单;在定期评估清理方面,能够做到定期清理,也未曾出现适用例外情形的文件。本次评估,所抽取的文件均未保有公平竞争审查表,没有做到一文一表,建议在下一步工作中规范审查流程。

(十一)江苏省应急厅

省应急厅提供的支撑材料整体上较为丰富,内容较为完整。在完善内部制度方面,发布《江苏省应急厅办公室关于印发行政规范性文件管理办法等五项依法行政管理制度的通知》(苏应急办〔2019〕28号)和《江苏省应急厅公平竞争审查制度》,落实公平竞争审查制度,明确了公平竞争审查工作牵头力量。在举报处理回应方面,有专门的公平竞争审查举报电话。尽管部分证明材料存在个别瑕疵,但基本可以做到有迹可循。江苏省应急厅2018年10月至2021年8月底未曾出台涉及市场主体经济活动的文件,在此情况下审视江苏省应急厅的工作,更能凸显出应急厅对于公平竞争审查工作的重视程度。同时,江苏省应急厅在规范审查程序方面落实较好,这为未来本单位可能出台涉及市场主体经济活动的文件提供了一定的制度保障。

(十二)江苏省公安厅

本次评估,中心工作组通过官方网站等渠道共抽取到2018年10月以来出台的5份涉及市场主体经济活动的政策性文件进行审查,未发现违反公平竞争审查标准问题。

二、设区的地级市

(一)苏州市

从材料的具体内容来看,苏州市提供的材料十分丰富,内容相当全面,参与评估的7家单位所提供的资料完整度较高,在公平竞争审查日常工作中能够做到日常留痕。政府的公平竞争审查工作落实情况更好。特别表扬苏州市政府,负责人的业务水平高,提交材料完整度高,本次评估工作中积极配合,表现出极高的专业素质。苏州市将公平竞争审查工作纳入市级机关单位服务高质量发展(绩效管理)单项工作考核,并围绕机制建设、宣传培训、材料报送和违反制度情况等不同方面,印发《苏州市公平竞争审查制度考评方案》,建立起了科学合理的考核评价体系,这些举措为强化公平竞争审查提供了刚性约束。由苏州市政府出面组织编制并发放《公平竞争审查宣传手册》和《公平竞争审查操作指南》，指导全市熟悉掌握公平竞争审查标准。在苏州市的公平竞争审查专项抽查工作中，创新引入第三方评估机制，由专业机构评估本市政策措施对市场竞争的影响，强化了专业领域的智力支持和人才保障。

(二) 南京市

总体而言，南京市根据国务院和省政府的部署，及时启动公平竞争审查相关工作，迅速实现全覆盖，并探索工作思路、创新工作模式，扎实推进公平竞争审查制度的有效落实。截至2018年上半年，南京市12个区(含江北新区)均制定或转发了公平竞争审查工作的实施意见，成立了联席会议工作机制并召开了首次联席会议(扩大)会议，全市所有市级部门也均建立了内部制度，实现了公平竞争审查制度和工作机制的全覆盖。细化完善公平竞争审查制度体系，印发《南京市公平竞争审查工作联席会议工作规则》(宁竞审办〔2020〕3号)，完善联席会议工作规则；制定《南京市公平竞争审查协助审查工作实施办法》(宁竞审办〔2020〕4号)，建立公平竞争审查协助审查机制；出台《南京市涉公平竞争审查投诉举报处理办法》，健全举报投诉机制；及时印发公平竞争审查工作要点并开展专项治理行动。创新公平竞争审查工作模式，其一，在全国率先出台了《南京市涉公平竞争审查投诉举报处理办法》，省联席会议办公室以简报的形式全文刊发在全省予以推广，国家市场监管总局在其网站也刊登了相关消息。其二，借力科技手段，实现科技加监管的模式创新。积极探索利用人工智能和大数据等信息化技术在公平竞争审查工作中的运用。开发并上线运行南京市公平竞争审查监测评估系统，建立起政策名录库，统一管理、方便查询。部分区县政府存在工作台账不完善、未积极开展公平竞争审查专题培训等问题。

(三) 南通市

总体而言，南通市认真贯彻落实上级决策部署，在江苏省公平竞争审查联席会议的指导下，积极谋划安排，狠抓工作落实，确保公平竞争审查制度落地生根见效。健全公平竞争审查制度保障体系，出台各项政策文件，建立健全公平竞争审查联席会议工作规则、协助审查工作机制、举报投诉处理办法等，做好基础性工作，并采取召开联席会议、发布年报等多种形式做好工作安排部署。南通市开展培训辅导会，并且制定了相关的培训手册，有助于培育党政领导干部和相关工作人员的公平竞争意识，提升工作人员专业能力。南通市政府建立公平竞争审查考核激励机制,将公平竞争审查纳入地方政府考核指标,并开展第三方评估工作。南通市应急管理局建立公平竞争审查工作考评、督查制度,并与处室(单位)和个人的年终绩效考核挂钩,给公平竞争审查制度的落实提供了坚实基础。但在咨询专家学者意见方面,南通市被抽到的几个政府部门尚未推进,在今后的工作中有待加强。此外,调研中各个单位也反馈当前负责公平竞争审查工作的政策法规处存在人员配备较少、专业性有待提升的问题。

(四)镇江市

镇江市以"四化"工作法开展全市公平竞争审查工作,在职能化管理、全面化审查、数据化监测、常态化督导等方面多措并举提质增效。镇江市结合改革后机构设置现状,对联席会议成员单位进行了调整和扩容,将镇江市应急管理局、城市管理局、烟草专卖局和邮政管理局等单位纳入成员单位。镇江市为了打破自我审查因部门利益考量而变成形式审的困局,由联席会议办公室与司法部门加强协作,把提交公平竞争审查报告列入规范性文件审查必须提交的内容,司法部门对于政策制定机关未提供公平竞争审查表的一律不启动合法性实质审查。对于已经公平竞争审查的送审文件,司法部门仍认为有违背公平竞争审查嫌疑的情形时可及时向制定机关指出。整体而言,镇江市在公平竞争审查制度落实工作中,在加强组织领导、完善工作机制、拓展创新方面效果均较好,但在确保审查质量、加强监督指导和抓好宣传培训方面,三个区县政府仍有待加强。

(五)扬州市

扬州市在2017年1月就研究建立扬州市相关工作机制和制度安排,在市政府领导培训中加入《公平竞争审查实施细则》等相关政策内容,机构改革确定分管领导后第一时间召开联席会议。其中最值得向全省推广应用的做法是,扬州市政府将公平竞争审查工作纳入优化营商环境和法治政府建设考核内容,并且考核时根据公平竞争审查工作特点,将考核内容划分为"一般""重点""否决""加分"四类,极大地提升了各市直部门和各区县政府落实公平竞争审查制度的积极性。扬州市保证审查质量,对存在的排除限制竞争问题积极整改,对评估清理中发现政策措施在实际运行中妨碍统一市场和公平竞争的文件,进行了及时废止或修改完善。在抓好宣传培训方面,扬州市政府利用多渠道、多形式如新闻报道、公众号推送、官方网站网页等方式进行公平竞争审查制度宣传,并提供了相关材料,表现得比较突出。在此基础上,建议扬州市在今后的工作中可以开展竞争政策、公平竞争审查制度领域的课题研究,形成一些创新性研究成果、探索建立公平竞争审查数据库,创新运用大数据等技术,加强对审查数据的统计分析。

(六)常州市

常州市公平竞争审查工作整体落实情况总体较好。常州市公平竞争审查工作采取了由文件拟稿部门开展自我审查,联合发文的由牵头部门审查的模式,将是否经过公平竞争审查纳入司法局对政府规范性文件的合法性审查环节。2017年常州市出台《常州市政府办公室印发〈关于在市场体系建设中建立公平竞争审查制度的实施意见〉的通知》,对本市公平竞争审查的工作机制、审查内容、审查原则和总体流程作了明确要求。并于当年成立常州市公平竞争审查联席会议,由联席会议办公室统筹推进全市的公平竞争审查工作。为保障特定征求意见对象能充分表达意见、正确行使权力,常州市专门制定了《常州市企业家参与涉企政策制定实施办法》等具体的实施办法。征求意见的情况在公平竞争审查报告和合法性审查报告中均有所体现。在2018年常州市联席会议办公室编制第一版公平竞争审查制度政策及案例汇编,汇编中编制了基本流程表,为本市公平竞争审查工作提供指导。除此之外,常州市的公平竞争联席会议办公室通过每年召开的联席会议和辅导培训会等形式,组织各成员单位开展内部宣传培训。建议各单位加强宣传培训,利用多渠道、多形式的方式对公平竞争审查制度进行宣传,增强公众对公平竞争审查制度的了解。

(七)徐州市

徐州市公平竞争审查工作整体执行得比较认真。整体来看,徐州市提供的支撑材料较为丰富,内容较为全面,特别是在加强组织领导、强化统筹协调、积极宣传培训等方面做得十分突出。在完善工作机制,比如建立实施政策措施抽查机制、建立举报处理和回应机制等方面有待加强,需要充分认识到相关机制在公平竞争审查工作中的重要性。徐州市所提供的被评估文件比较全面,让第三方评估工作能有效进行,并能进而推动当地公平竞争审查制度的落实与完善。另外,徐州市参与评估的七家单位在公平竞争审查日常工作中基本做到了有迹可循。特别是徐州市教育局,每个工作项目都有详细的材料支撑,无论是公平竞争审查培训、文件定期评估整理、对于群众举报的处理回应等,都有相关的材料予以证明。其他地区相关工作也都开展得比较有序。总体来说,徐州市公平竞争审查工作完成较好,但也需进一步完善,以推动公平竞争审查工作的长远发展。

(八)淮安市

淮安市认真贯彻落实国家和省有关公平竞争审查工作要求,在工作中结合实际,梳理工作项目,细化行动方案,积极营造公平竞争的市场环境和制度环境。有效落实公平竞争审查联席会议制度,不仅在市一级,各个部门、区县均在机构改革后调整了公平竞争审查联席会议成员单位,做好工作衔接。同时,建立健全公平竞争审查长效工作机制,明确公平竞争审查工作责任部门、责任人,完善工作方案并明确责任分工和工作时限。建立淮安市公平竞争审查工作微信群,加强沟通联系和业务指导。积极推进政策措施清理工作,开展专题业务培训,部署政策措施清理工作和公平竞争审查专项督查工作,督促各成员单位进一步做好政策措施清理工作。印发《关于开展保市场主体公平竞争审查专项治理行动方案的通知》(淮市监价〔2020〕96号),推进各类市场主体全面复工复产复市。做好增量文件审查,存量文件清理工作,营造有利于公平竞争审查的制度环境。建立公平竞争审查投诉举报受理回应机制,切实发挥社会监督作用。利用《淮安晚报》、当地电台、电视台和微信公众号、微信群等渠道对公平竞争审查专项治理工作进行宣传,宣传覆盖面广、宣传形式多元。但在繁重的工作任务与较少的人员配置间的矛盾、审查人员专业性不强以及部分部门和单位对这项工作的重视程度方面仍待解决和加强。

(九)泰州市

泰州市根据市政府优化营商环境以及法治政府建设考核要求,由公平竞争审查联席会议办公室先后印发《关于进一步加强全市公平竞争审查工作的意见》《关于完善我市公平竞争审查工作机制的通知》等文件,进一步统筹推进公平竞争审查工作。自我审查流程规范,公平竞争审查表保存完整,均存档备查,也进行了定期抽查评估。联席会议办公室对公平竞争审查的工作进行了监督指导,推行定期督查、随机抽查及通报等制度,整体落实情况较好。但通过本次审查发现,还应进一步加强自我审查和协查督查,确保审查质量。此外,在培训宣传方面,泰州市政府可以更大力度宣传公平竞争审查制度,不仅限于微信公众号,还可以通过给政策制定机关印发宣传手册、制作和播发宣传片,以及在政府官网和其他新闻媒体上进行多种形式的有效宣传。学习培训方面也应提上日程,将公平竞争审查制度、竞争政策纳入地方党政领导干部培训内容中来,让出台政策前进行公平竞争审查的思想深刻嵌入领导干部内心。

(十)盐城市

盐城市以政策文件、体制机制扎实推进公平竞争审查工作有效落实,为盐城市高质量发展营造公平竞争的政策环境。出台《盐城市人民政府关于在市场体系建设中建立公平竞争审查制度的实施意见》(盐政发〔2016〕103号),建立公平竞争审查联席会议制度;出台《重大政策措施公平竞争审查会审制度》,建立重大决策协查会审机制;明确公平竞争审查工作年度工作要点;《关于印发公平竞争审查投诉举报受理回应机制、审查抽查机制和重大政策措施会审制度的函》建立公平竞争审查投诉举报受理回应机制、公平竞争审查抽查机制;总结政策措施清理情况,增量政策措施、存量政策措施处理上认真、到位。多途径、全方位做好公平竞争审查宣传工作,以"盐城市场监管"微信公众号、简报、报纸等为载体,及时宣传公平竞争审查法律法规及工作动态。发布《关于发布公平竞争审查宣传短信的函》,先后向约1万户、3万户发送相关宣传短信。建立公平竞争审查考核激励机制,《盐城市2020年质量工作考核方案》(盐质委办〔2020〕9号)将"落实公平竞争审查制度情况"纳入政府质量工作考核要点;盐城市于2021年10月委托第三方组织开展公平竞争审查第三方监测评估,并形成《盐城市公平竞争审查第三方监测评估报告——全市2021年10月月报》。同时建立了政策文件数据库,以科技促监管。但在专项督查、工作培训等工作的推进上仍存在不足。据支撑材料显示,专项督查、宣传培训并非每年进行,今后的工作中可考虑将专项督查工作常态化。

(十一)宿迁市

宿迁市公平竞争审查工作有序进行,正在朝良好的方向发展。在组织领导和统筹协调方面做法比较优异,建立健全公平竞争审查制度、公平竞争审查工作联席会议制度,落实工作开展中的工作要点,进行公平竞争审查培训,都是值得称赞的地方。在建立健全重大政策措施部门会商协调机制、抽查举报机制方面,宿迁市应该进行总结和改进。具体到宿迁市的个体评估审查单位,被评估政府中,基础性的工作如政策文件出台、工作小组建立、会议召开与工作总结等做得比较好,在加强经验交流、运用新技术手段等方面还有待加强;被评估政府部门中,机构完善、审查程序、举报处理方面的工作都落实到位,对于文件的定期评估和审查等环节上有待加强。总体上,宿迁市的公平竞争审查工作进行得有条不紊,有很多值得学习和完善的地方,相关工作还可以完成得更出色。

(十二)无锡市

无锡市公平竞争审查工作整体落实情况总体较好,提交的资料完整度较高,各联席会议成员单位对于公平竞争审查工作有着足够的重视。无锡市已将公平竞争审查纳入高质量发展考核体系,对市级机关和各市(县)区党委政府高质量发展考核绩效目标进行考核。市领导作出《强化公平竞争政策基础地位营造公平竞争市场秩序打造一流营商环境》的批示,旨在为更好维护市场主体权益和社会公共利益提供保障。无锡市的公平竞争审查坚持"谁起草,谁审查"和"谁会签,谁审查"的基本原则,将公平竞争审查环节嵌入各单位公文发文系统。由市场监管部门作为牵头部门,严格按照工作制度和程序,对于出台的涉及市场主体的政策文件基本履行了征求意见程序,通过向相关单位或者利害关系人征求意见,汇总意见采纳情况,维护公平竞争审查制度的实施。但也存在有的非联席会议成员单位对于公平竞争审查工作重视程度不够的情况,无文件可供评估。建议接下来增强非成员单位对于公平竞争审查工作的重视力度;同时注重对相关文件进行定期评估,积极委托第三方评估机构协助评估。

(十三)连云港市

连云港市公平竞争审查工作在制度完善、规范审查程序方面完成较好,建立了公平竞争审查工作联席会议和相应的工作协调机制。将公平竞争审查作为优化营商环境重要举措,纳入制定政府重大行政决策的程序,值得其他地区学习。第三方评估的政策文件提交得比较充分,有利于第三方评估工作的开展。从具体评估单位来看,连云港市政府在加强组织领导和强化统筹协调方面落实得很到位。有的县政府相比其他政府,对工作机制的完善尚有差距,有的区政府则在加强监督指导方面需要加强。另外有两政府部门对公平竞争审查工作都在积极完成,但在拓展创新方面仍需加强,需要积极接受并执行上级安排的公平竞争审查专项任务。连云港市整体情况还有待加强,未来的公平竞争审查工作一定会更上一层楼。

第三部分 江苏省公平竞争审查第三方评估中发现的各地优秀做法

本次江苏省公平竞争审查制度落实情况第三方评估工作共评估全省98家单位,大部分评估对象在推进和落实公平竞争审查制度过程中能够及时准确地发布、传达上级部门制定出台的涉及公平竞争审查的规范性文件,着重加强自身制度建设;能够做到同步审查增量措施和定期评估存量措施,实现了规范性文件的全覆盖,并就出现的问题能够做到及时整改;善于总结自身工作的特色和亮点,并在一定程度上形成工作流程嵌入自身的审查工作体系中。通过一系列强化审查工作的举措,不断提升审查工作的能力和水平,促使审查各项工作取得了较好的成效,助推江苏省全省营商环境的优化。现就各评估单位的一些优秀做法进行推介和呈现,具体如下。

第一节 结合自身工作,狠抓制度建设

制度建设是公平竞争审查工作的灵魂。自2018年机构改革以后,各评估对象均能贯彻落实公平竞争审查制度相关的文件要求,积极出台符合本单位、本地区实际工作的文件办法,各级政府建立了公平竞争审查工作联席会议制度,成立专门办公室,有效保障了各项任务的及时布置和落实,通过举办专题培训和业务指导,有序审查增量、清理存量,较为合格地做到了增量审查"留痕",存量清理"过筛"的要求。积极组织开展专项抽查,开展保市场主体专项治理活动,建立抽查、举报回应、协调会审等机制,有效提高审查的工作质量。

一、将公平竞争审查制度纳入政府绩效考核目录

为充分调动政府部门开展公平竞争审查工作的积极性,扎实推进公平竞争审查工作,夯实审查部门及工作人员的审查责任,江苏一些地区率先将公平竞争审查制度落实情况纳入当地法治政府建设考核目录,产生了非常好的审查效果和社会实施效果,部分采取此种做法的政府及政府部门有:扬州市(全域)、苏州市、宿迁市、镇江市。其中扬州市在2020年专门出台了《关于印发2020年度法治建设考评细则的通知》等文件,其中明确规定了将

公平竞争审查制度落实情况纳入政府法治建设考核目录(在区县政府考核中占比3分,市级机关占比2分)。

二、重视非联席会议成员单位的公平竞争审查工作

重视非联席会议成员单位的公平竞争审查工作,适时灵活调整联席会议组成成员。公平竞争审查联席会议机制重在协调解决特定行政区划内的疑难问题,指导本地政府部门开展公平竞争审查工作,一些地方在参照上级联席会议组成成员的标准之下根据本级政府开展实际工作的需求灵活调整具体组成成员,通过联席会议的协调机制和事前的充分沟通将涉嫌对市场产生竞争损害的风险降至最低,采取此种做法的部分政府或政府部门有南京市政府、苏州市政府、镇江市政府。

三、重视第三方评估机构的外部监督作用

为提高本地政府或政府部门开展公平竞争审查的质量和效果,推动公平竞争审查制度深入实施,在外部形成有力的监督效果,评估对象中一些评估机构较早引入了第三方评估机构,通过双向的交流与互动,在制度建设、文件审查、工作流程、社会效果上均有较好的呈现。目前已有第三方评估的政府部门或机构为南京市政府(实施的部门较多)、苏州市(实施的部门较多)、南通市政府、淮安市政府、扬州市政府、镇江市政府等。

四、注重提炼归纳好的经验做法

一些评估对象根据本单位工作实际,善于思考和总结,对自身公平竞争审查工作进行了简练的概括,对重点工作进行了呈现。例如,镇江市所提交的《"四化"工作法开展公平竞争审查提质增效》非常具有代表意义,并获得镇江市主管领导批示;淮安市报送的"全"、"实"、"新"和"紧"的工作概括,生动表述了淮安市审查工作的特点。

第二节 多从细节入手,小事见证不平凡

一、自觉工作留痕,定期进行整理与总结

公平竞争审查工作是一项很细致、需要统筹协调的系统工作,面对复杂多变的政策文件和审查要求,一些工作的落实和推进需要时刻留底存档,特

别是在进行定期存量措施评估和第三方评估时,一些"过去"工作的留痕起到很关键的作用。本次线下评估工作过程中,多数评估对象能够较为全面地提交评估材料,基本能够做到工作留痕、材料留档的要求。特别是苏州市,在常态化的审查工作中能够自觉以年度为单位分类整理本年度所有的公平竞争审查的台账资料,在现场调研过程中苏州市(特别是市政府)能够完全做到随时调档、随时抽查、随时翻阅、随时回应。

二、多途径营造公平竞争氛围

在线下调研过程中苏州、南通、扬州和镇江的各评估对象之间能够做到密切配合,工作不埋怨、不推诿,积极在自身部门推进公平竞争审查工作,这离不开当地市场监督管理部门的日常协调和环境营造。特别是南通市市场监督管理局,通过采取电梯门口放置宣传手册、各个政府部门大厅屏幕播放宣传片、会议室水杯、茶杯外包装印刷公平竞争宣传标语等细致入微的方式积极在政府部门营造公平竞争的工作氛围,潜移默化的强化工作人员意识,取得了很好的效果。

三、工作记录汇编成册

在调研工作中,一些评估对象能够根据自身的实际审查工作自觉将本单位的出台文件、社会热点案例、工作要求和重点内容等信息汇编成册,生动形象地呈现各评估对象日常工作推进的流程。做了此项工作的有徐州市政府、苏州市政府、南通市政府、淮安市政府、镇江市政府、徐州市政府、宿迁市政府等。

四、注重探索新的工作内容和方法

在如何提高公平竞争审查工作的质量上,评估对象已经开展很多的实践探索。例如,南京市和扬州市将公平竞争审查制度的内容纳入当地政府领导和干部培训班授课课程,增强主管领导的公平竞争审查意识;南京市自始至终将本级政府主管副职领导作为联席会议第一召集人,增强了公平竞争审查工作的内部审查协同效应;扬州市宝应县出台《重大政策措施公平竞争审查会审制度》,加强对重大政策的公平竞争审查力度(区县政府中第一次提到,文件上会时县市场监督管理部门负责同志一同列席会议);苏州市为增强实践可操作性,根据工作实际编制了非常详尽的《公平竞争审查操作指南》,内容科学合理,指导性很强。

第三节 善用科技手段提质增效

为进一步强化监督力度,提高审查效率,不断推进落实公平竞争审查制度,评估对象能够充分利用科技手段,提升公平竞争审查的工作水平。

例如,南京市积极探索利用人工智能和大数据等信息化技术在公平竞争审查工作中的运用,率先开发并上线运行南京市公平竞争审查监测评估系统,得到了国家市场监管总局和省市场监管局的高度认可,在国家市场监管总局网站、《市场监督管理》及《中国价格监管与反垄断》等杂志介绍有关情况。截至目前已归集各类政策信息36万余条,对涉嫌违反公平竞争审查标准的7件政策措施,已建议相关政策制定机关进行整改。再如,镇江市创新第三方评估机制,引入"数据监测+"模式开展第三方评估,委托第三方机构对所在辖区政府出台的规范性文件等政策措施进行大数据监测评估,通过定性与定量双重比较、成本与效益双重分析、数据筛查和专家审查双重评估,合力推进公平竞争审查的工作,目前合规数据比例为100%;同样采取大数据开展公平竞争审查检测的还有盐城市。

第四节 敢于自纠自查,疏通审查存在的问题和难点

多数评估对象能够常态化落实存量文件定期评估和增量文件实时评估的工作原则,通过交叉检查、定期评估、第三方评估、督导指导等工作狠抓文件审查质量,以问题为导向,不回避问题,真查实纠发现了一定数量的问题文件,并立即进行了整改落实。此外,市场监管部门还跟踪整改落实情况,对坚决不落实、态度不端正的行为予以严正警告,严肃公平竞争审查工作纪律,例如扬州市、宿迁市。一些评估对象结合社会热点问题,提前布控,与存在风险的部门事前沟通,加强联系,将对市场产生的风险降至最低。例如,南京市对于安全生产领域"安责险"问题、房地产行业"精装修"指导规范等社会热点问题提前把关;徐州市针对养殖行业中涉嫌违反公平竞争的补贴规定提前进行说明和防范,均取得了良好的社会效果。

第四部分　江苏省落实公平竞争审查制度的完善建议

第一节　地级市市场监管机关明确专人主要负责公平竞争审查相关工作

由于部分地级市机关涉及历史遗留难题或因其他考虑而对业务处室分工有所调整,导致全省地级市机关实现统一的负责业务处室有现实难度。建议在全省各地级市市场监管机关中,可参考苏州市市场监管局与连云港市市场监管局的做法,明确专人负责公平竞争审查工作。这样的工作安排,不仅有助于缓解联席会议办公室会审与回复政策制定机关咨询专业水平不足、标准不统一的难题,还可以帮助解决在人员的频繁变动中工作接续性差、难以留痕的问题。

第二节　推动公平竞争审查纳入优化营商环境和法治政府建设考核内容

建议各地积极协调将公平竞争审查纳入优化营商环境和法治政府建设考核内容,以考核促提升,以考评促落实。扬州市市场监管局与司法局共同推进将"落实公平竞争审查制度"纳入"全面推进依法治市工作"考核项目,并建立公平竞争审查范围问题的司法部门协查机制,增强了基层政府对公平竞争审查工作的重视程度。建议推广该做法,化解工作推进中的"堵点"和"矛盾",提升各联席会议成员单位与非成员单位的配合度,保证公平竞争审查工作高质量完成,还可以进一步鼓励工作创新,推动涌现出更多"加分项"以向全省推广。

第三节　全面推行并优化第三方大数据监测应用

目前,南京市、镇江市、盐城市引入第三方大数据监测模式,对涉及市场主体经济活动的规范性文件和其他政策措施进行公平竞争审查大数据监测评估。该模式可以通过监测关键词和智能判定,很好地帮助政策制定机关确定需要进行公平竞争审查的文件范围以及审查重点。同时,通过数据监测系统将量化的竞争损害成本与政策措施取得的其他效益进行对比分析还可以帮助政策制定机关更好适用公平竞争审查例外规定。但是，本次调研评估中了解到目前乡镇未开展公平竞争审查工作，而许多面对小微企业等市场主体的措施都由乡镇一级作出，故公平竞争审查工作需要逐步向乡镇推进。

考虑到大数据监测模式简便快捷，且建立机制后成本逐年降低，建议可以在细化要求的基础上向全省推广第三方大数据监测应用。在向县级政府推广过程中可以加强对其基础的搜索比对等功能的重视，进一步降低每份政策文件的平均审查成本，以便审查乡镇杂乱繁多、形式多样的措施文件，在乡镇一级逐步探索开展公平竞争审查工作。

第四节 探索在省内建立公平竞争审查激励机制

建议推动在省内探索建立公平竞争审查激励机制。例如，根据公平竞争自我审查的过程与成效设置奖励的类别与等级，提升自我审查的积极性，鼓励各级政府深入推动公平竞争审查制度落实，让政策制定机关有足够动力去自我纠错，避免政策制定机关在眼前利益和长远发展之间选择上的逃避态度。

第五节 加强公平竞争审查政策宣传引导与业务培训

建议以社会监督为推手，通过拍摄宣传片、印发宣传手册等，让"公平竞争审查是制定政策的前置程序"这一理念深入政策制定机关和社会公众的内心，提高政策知晓度，引导形成政府主导、社会广泛参与的工作氛围。通过公布一批省内的典型案例并推广一批优秀做法，让各级政策制定机关深刻认识公平竞争审查制度为行政权力划定的"红线"，研究如何更好地营造公平竞争的制度环境与便利化的营商环境，从而更好发挥政府作用。建议定期开展业务培训，对公平竞争审查工作中的难点痛点进行深入剖析，并交流制度落实经验，进一步提高审查人员的政治站位和业务水平，为推进全省公平竞争审查工作培养专业人才打基础。

附件1:江苏省公平竞争审查第三方评估调研提纲

一、被评估对象基本情况

1. 单位名称。

2. 本单位2018年10月至2021年8月底出台规章、规范性文件和其他政策措施的文件数量？在2018年至今出台文件中,关于市场准入、产业发展、招商引资、招标投标、政府采购、经营行为规范、资质标准等涉及市场主体经济活动的文件(以下将此类文件简称为"目标文件")总数量？

3. 本单位出台目标文件,是否存在由于机构调整而变更主管单位的情形？说明涉及职能迁入和迁出的文件数量、变化轨迹等具体内容。

二、本单位公平竞争自我审查的实施情况（独立制定出台）

1. 本单位是否遵循《公平竞争审查实施细则》建立健全自我审查机制,明确责任机构和审查程序？本单位的自我审查采取何种方式实施,具体由哪一业务机构负责？

2. 本单位开展自我审查的基本流程如何？是否有书面方案或指引？如有,请将书面文件附于回函中。本单位是否就公平竞争审查制度开展内部宣传培训？

3. 机制建立后经本单位自我审查,发现存在涉嫌排除、限制竞争问题的文件数量和名称？如有,请提供所有经审查认定存在排除、限制竞争问题文件的书面审查结论。

4. 本单位开展自我审查是否征求利害关系人意见或者向社会公开征求意见？是否征求专家学者、法律顾问、专业机构的意见？是否在书面审查结论中说明征求意见情况？

三、本单位公平竞争自我审查的实施情况（联合制定出台）

1. 作为牵头单位制定出台相关目标文件的数量和名称？经自我审查,发现存在涉嫌排除、限制竞争问题的文件数量和名称？

2. 作为牵头单位(如有),是否承担公平竞争自我审查的职能？是否做好组织其他部门在各自职责范围内参与公平竞争审查的工作部署？具体做了哪些相关工作？

3.作为参与单位(如有),是否在牵头单位的组织下,在其职责范围内参与公平竞争的自我审查?具体做了哪些相关工作?

四、本单位对涉嫌违反公平竞争文件的整改情况

1.对经自我审查确认存在涉嫌排除、限制竞争问题的文件,本单位采取了何种整改措施?请具体列明。

2.本单位在开展自我审查的过程中,是否收到其他单位和个人向本单位或上级机关、反垄断执法机构的反映或举报?如有,对此类反映或举报做了何种处理?

3.对经本单位自我审查出台的文件,本单位是否对其影响全国统一市场和公平竞争的情况进行定期评估?是否存在定期评估机制(包括评估时限),还是在定期清理本地区、本部门规章和规范性文件时一并评估?是否委托第三方评估机构协助定期评估?

五、存在不足和完善方向

1.本单位开展公平竞争自我审查的过程中,存在哪些工作挑战或工作难点?应对措施如何?

2.本单位开展公平竞争自我审查工作,内部是否设置监督、指导、工作预警、重大问题合议制度以及其他为保障公平竞争审查工作合法、高效、合理进行的制度?

3.为推进江苏省公平竞争审查制度完善,有哪些建议?

附件2:社会获得感调查报告

在江苏省市场监管局微信公众号发布《江苏省公平竞争制度环境获得感调查问卷》。通过调查问卷向利害关系人、社会公众以及新闻媒体收集各评估对象在推动落实公平竞争审查制度、营造公平竞争制度环境过程中的相关评价和意见建议,并严格且规范地进行统计和记录。

本次社会获得感调查共收到有效样本894份,其中84.51%来自中小型企事业单位,充分统计了中小微企业对公平竞争制度环境建设的意见(见图7)。

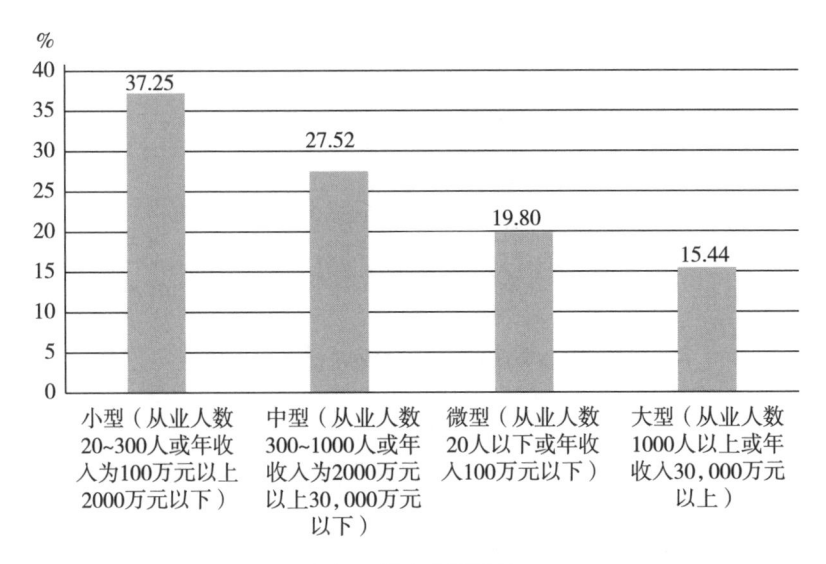

图7　样本来源统计

根据调查问卷反馈情况,江苏省公平竞争制度环境总体满意度为94.30%,其中过半数受访者认为所在地区制度环境为"很公平"(见图8)。

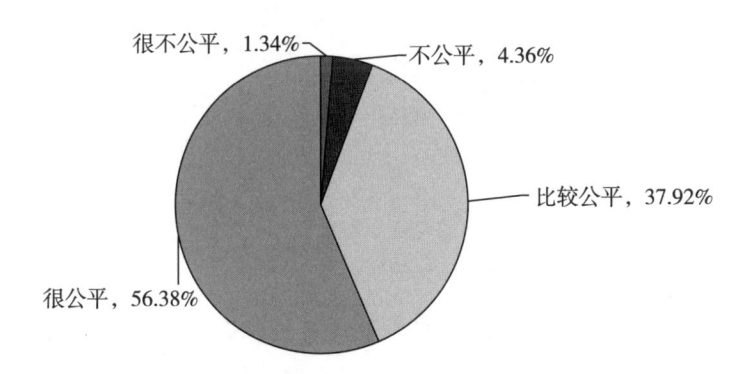

图8　江苏省公平竞争制度环境总体满意度

对于所在地区的公平竞争审查制度落实情况,有78.52%的受访者表示"满意,感受到了公平竞争的制度环境"(见图9)。

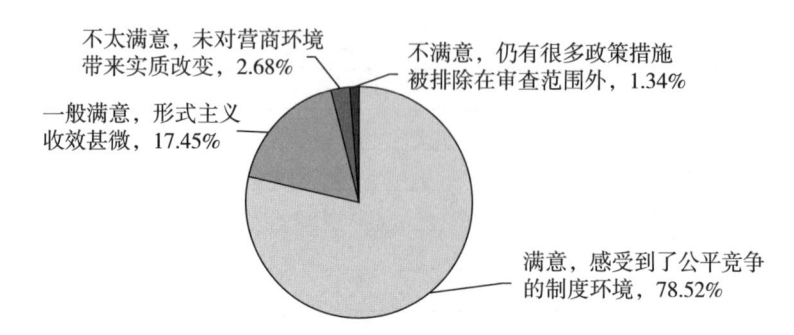

图9 公平竞争审查制度落实情况满意度

不太满意,未对营商环境带来实质改变,2.68%
一般满意,形式主义收效甚微,17.45%
不满意,仍有很多政策措施被排除在审查范围外,1.34%
满意,感受到了公平竞争的制度环境,78.52%

大部分受访者认为开展清理和废除妨碍统一市场和公平竞争的不合理规定以来,自己享受到很多便利,最主要是审批备案程序的简化和行业准入门槛的降低(见图10)。

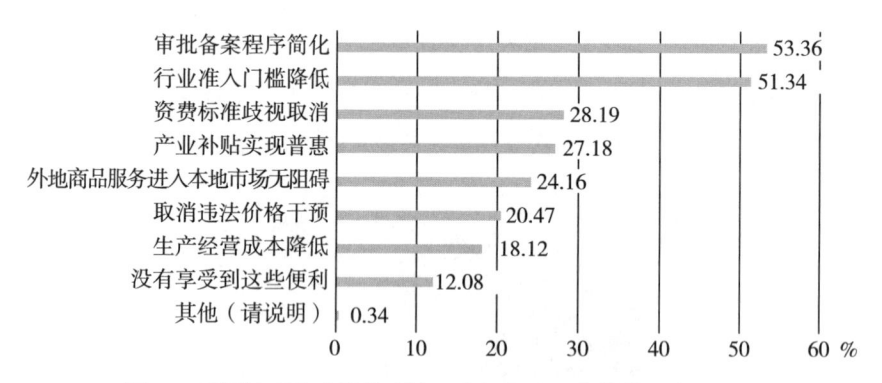

项目	百分比(%)
审批备案程序简化	53.36
行业准入门槛降低	51.34
资费标准歧视取消	28.19
产业补贴实现普惠	27.18
外地商品服务进入本地市场无阻碍	24.16
取消违法价格干预	20.47
生产经营成本降低	18.12
没有享受到这些便利	12.08
其他(请说明)	0.34

图10 开展清理和废除妨碍统一市场和公平竞争的不合理规定相关工作以来享受到的便利

在所有问卷反馈中,有75.42%的受访者表示未遇到过当地政府或政府部门出台的不公平政策措施。遇到过不公平政策措施的情况见图11。

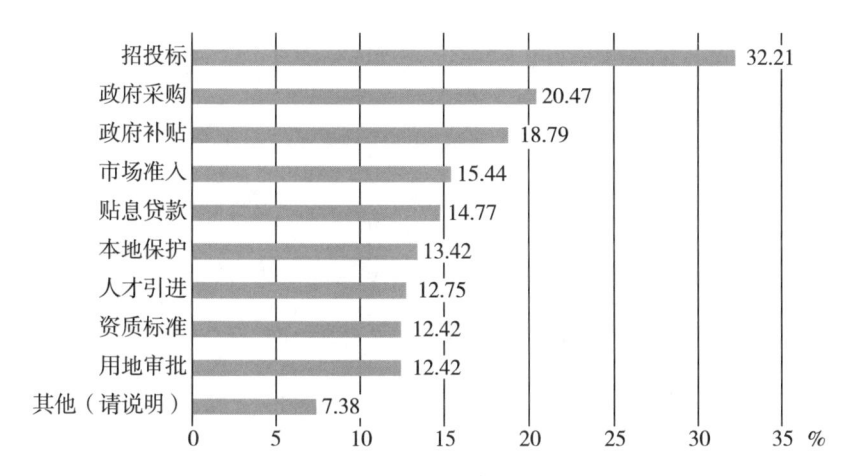

图 11　受访者认为不公平政策措施集中领域分布

领域	百分比
招投标	32.21
政府采购	20.47
政府补贴	18.79
市场准入	15.44
贴息贷款	14.77
本地保护	13.42
人才引进	12.75
资质标准	12.42
用地审批	12.42
其他（请说明）	7.38

注：多选题选项百分比＝该选项被选择次数÷有效答卷份数，即选择该选项的人数在所有填写人数中所占的比例。

对于优化营商环境，有29.87%的受访者认为公平竞争的市场环境更重要，而8.05%的受访者认为便利化的营商环境更为重要，另外62.08%的受访者则认为二者同样重要（见图12）。

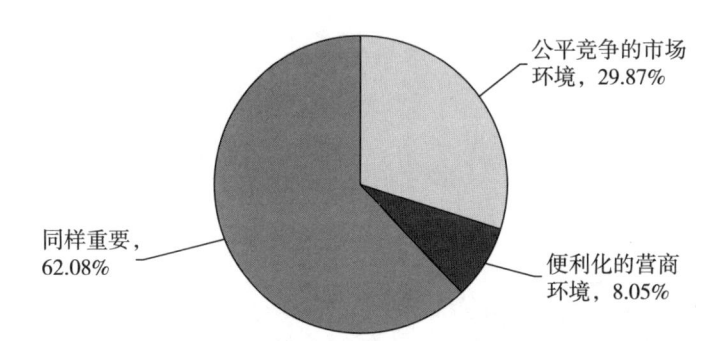

图 12　如何看待公平竞争的市场环境与便利化的营商环境

- 公平竞争的市场环境，29.87%
- 便利化的营商环境，8.05%
- 同样重要，62.08%

此外，受访者也对本地区公平竞争制度环境的建设提出了建议，具体情况见图13。

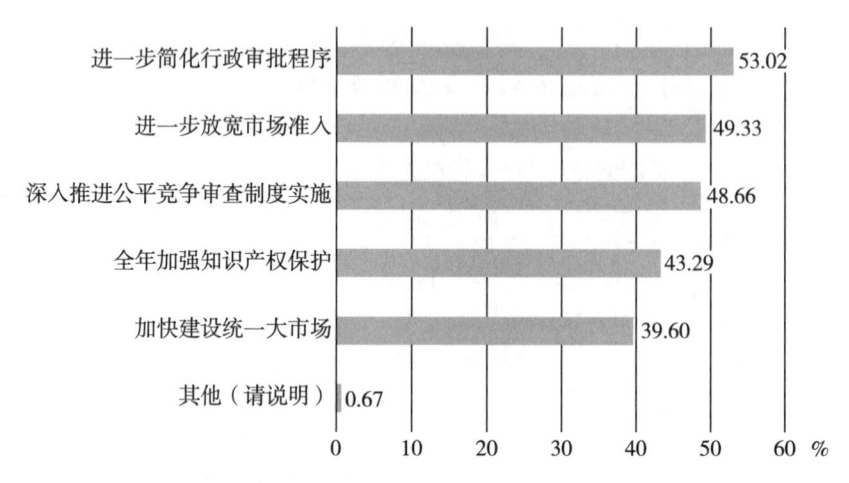

建议项目	百分比
进一步简化行政审批程序	53.02
进一步放宽市场准入	49.33
深入推进公平竞争审查制度实施	48.66
全年加强知识产权保护	43.29
加快建设统一大市场	39.60
其他（请说明）	0.67

图13　对本地区公平竞争制度环境建设的建议

内蒙古自治区公平竞争审查第三方评估报告(2022~2023)

武汉大学竞争法与竞争政策研究中心

一、公平竞争审查第三方评估概况

(一)评估对象

内蒙古自治区厅级政府部门、盟市政府、盟市重点政府部门、重点旗县政府共104个单位。

(1)自治区厅级政府部门(21个):农牧厅、工信厅、发改委、国资委、卫健委、医保局、民政厅、科技厅、财政厅、应急管理厅、生态环境厅、自然资源厅、公安厅、司法厅、交通运输厅、商务厅、水利厅、能源局、广播电视局、文旅厅、住建厅;

(2)盟市政府(含计划单列市,13个):鄂尔多斯市、通辽市、兴安盟、阿拉善盟、锡林郭勒盟、巴彦淖尔市、呼伦贝尔市、呼和浩特市、包头市、赤峰市、乌海市、乌兰察布市、二连浩特市;

(3)盟市重点政府部门(5个):农牧局、工信局、商务局、发改委、国资委;

(4)重点旗县政府(5个):阿拉善盟左旗、锡林郭勒盟多伦县、鄂尔多斯市达拉特旗、鄂尔多斯市鄂托克前旗、鄂尔多斯市准格尔旗。

(二)评估依据

1.《反垄断法》;

2.《建立公平竞争审查制度的意见》;

3.《市场监管总局等四部门关于进一步推进公平竞争审查工作的通知》;

4.《公平竞争审查实施细则》;

5.《公平竞争审查第三方评估实施指南》;

6.《内蒙古自治区人民政府关于在市场体系中建立公平竞争审查制度的实施意见》(内政发〔2017〕15号);

7.上级有关公平竞争审查工作的其他部署和要求。

(三)评估原则

1.客观公正,客观评估与主观评价相结合;

2.科学严谨,定性分析与定量分析相结合;

3.专业规范,实务调研与理论证成相结合;

4.公开透明,事前通知与事后通报相结合;

5.注重实效,问题导向与补齐短板相结合。

(四)评估方式

综合评估将在内蒙古自治区市场监督管理局的密切配合下,由评估机构负责具体实施,主要采取实地督查、自我评估、抽查评估、对照评估、整体评估、座谈会、专家论证会、网络调查、舆情跟踪等方式,运用定性评估、定量评估、比较分析、成本效益分析等方法,汇总收集相关信息,广泛听取意见建议,全面了解真实情况。对内蒙古自治区落实公平竞争审查制度、营造公平竞争制度环境情况以及内蒙古自治区所制定的涉及市场主体经济活动的政策性文件进行第三方评估,最终形成书面评估报告。

(五)评估重点

1.工作部署落实情况。重点关注评估对象贯彻落实党中央、国务院决策部署,建立公平竞争审查工作制度情况,包括以下6个方面。

(1)制定发布专项文件的情况;

(2)各级政府及其工作部门建立健全工作机制、明确审查工作职责的情况;

(3)公平竞争审查工作征求利害关系人意见,信息公开公示的情况;

(4)公平竞争审查督查指导制度建设情况;

(5)组织开展专项宣传培训工作的情况;

(6)公平竞争审查投诉举报制度等引入社会监督的工作机制建设情况等。

2.政策措施审查清理情况。重点关注评估对象切实开展公平竞争审查,对各类政策措施进行审查和清理,落实"应审尽审"要求的情况,包括以下3个方面。

（1）增量政策措施的审查是否全面落实公平竞争审查制度要求，审查范围是否全面、审查流程是否规范、审查结论是否准确等。

（2）存量政策措施的清理任务是否完成、清理范围是否全面、清理结论是否准确等。

（3）实施成效和存在的问题。重点关注评估对象开展公平竞争审查工作以来取得的主要工作成效，以及公平竞争审查工作对改善本地区营商环境、促进经济社会发展等方面的成效，包括以下6点。

①以各级联席会议为核心的公平竞争审查工作机制运行的实际成效；

②开展公平竞争审查宣传培训、公示公开、督查指导工作的成效；

③经清理审查修改、废止违反审查标准的政策措施的情况；

④通过公平竞争审查工作，在预防和纠正行政性垄断、维护市场公平竞争、促进经济高质量发展等方面的作用；

⑤征求利害关系人意见，向社会公众以及新闻媒体信息公开，引入社会监督的成效情况；

⑥总结分析各地区开展公平竞争审查工作中存在的问题，提炼可复制、可推广、能示范的制度性、机制性经验等。

（六）评估推进内容

1. 调研访谈提纲

评估组提前拟定调研访谈提纲，作为评估单位自我评估审查的材料，提纲包括评估对象的基本情况、公平竞争审查机制的建立和实施情况、评估对象审查工作中存在不足和完善方向等内容。评估对象在规定时间内提交调研评估提纲复函以及相应的支撑材料，通过访谈提纲评估组快速了解各单位落实公平竞争审查工作的基本情况，与评估单位的联络人进行线上沟通，为全面开展评估做好准备工作，以便审查工作开展更具有精准性和针对性。

2. 文件审查评估

评估组将从政府信息公开渠道收集各评估对象制定发布的规范性文件和政策措施并对目标文件进行审查评估。同时，评估组从各评估单位提交的2020年1月1日至2023年3月25日发文目录中随机抽取涉及市场活动的文件20份（不足20份的全部抽取），对抽中的目标文件对照公平竞争审查标准进行严格审查，审查的同时一并查看政策制定部门的自我审查记录。评估内容包括审查范围是否全面、审查流程是否规范、审查标准适用是否准确等。经过内部讨论,形成初步审查结论。

评估组收集、整理各评估对象提交的支撑材料,印发方案、建立机制、督查指导、宣传培训、信息公开公示等方面进行重点评估,对照评估指标体系对各单位公平竞争审查工作部署落实情况、政策措施审查清理情况、制度实施成效及存在的问题,了解各单位落实公平竞争审查工作中遇到的困难和阻碍。

3. 实地调研评估

(1) 现场座谈会。

在自治区公平竞争审查联席会议办公室有关负责人员协调下,选取与市场主体经济活动密切相关的自治区相关部门以及部分重点盟市开展实地督查,由中心研究员和兼职研究员进行实地督查和现场座谈调研,实地了解公平竞争审查制度运行情况。评估组将目标文件初步审查结果向评估对象及时反馈,与文件起草机关负责人交换意见,并通过与本单位公平竞争审查工作负责人了解本单位完善内部审查制度、规范审查程序、增量文件审查和存量文件清理、投诉举报处理回应机制建设以及宣传培训的情况,了解本单位公平竞争审查工作推进中的困境和障碍。

评估组在内蒙古自治区市场监管局的协助下选取重点盟市进行实地评估,召开11场线下座谈会和1场线上存疑文件沟通会,前往鄂尔多斯市、通辽市、兴安盟、呼和浩特市、包头市、乌兰察布市等地以及自治区农牧厅、发改委、工信厅、商务厅、科技厅等部门召开座谈会,在本次评估期间,中心与评估对象分管公平竞争审查工作的领导及法制部门负责人座谈,重点了解了各单位在自我审查机制建立上内部处室的职能分工、人员分配情况,以及实施中审查工作的完成质量、整改情况和公平竞争审查制度相关内容学习情况。现场座谈还与被评估单位就如何征求利害关系人意见、是否建立投诉举报处理机制等方面问题进行沟通交流。

(2) 现场抽查。

评估组通过该评估对象的发文目录进行现场补充抽取,并要求评估对象提供政策措施原件,被评估单位根据要求提供待评估的政策性文件清单以及相应政策文件文本及相关支撑性材料(纸质版或电子版),由评估人员按照《公平竞争审查实施细则》规定的审查标准逐一查摆问题。

4. 文件审查复核

对具有争议的文件,评估组根据实地调研评估中的反馈意见和线上与存疑文件制定单位交换意见,并再次进行内部集体讨论,综合考虑文件制定背景、上位政策依据、政策实施影响等情况,确定政策措施是否违反公平竞争审查标准。必要时将有争议的文件提交专家论证会进行论证,经专家充分论证后提出专业意见。

5. 特定行业评估

奶业是内蒙古最具优势的代表性产业,自治区各级人民政府和部门通过奶牛良种补贴、乳制品加工龙头企业补贴等一系列政策措施促进奶业发展。通过专题研究、联合调研、座谈会等方式,对行业的竞争状况进行评估,分析相关政策对公平竞争审查的影响,召开座谈会,并选取典型市场主体作为调研对象,深入把握公平竞争审查制度的实际运行情况,同各地市场监管局、农牧局一道实地走访了25家企业(包括牧场、乳企和合作社)。

6. 专家论证会

评估工作进行中,评估组在内蒙古自治区市场监督管理局指导和参与下召开专家论证会,邀请国内竞争法学界著名学者和实务领域资深专家参会,对是否违反公平竞争存在争议的文件进行探讨,对评估过程中发现的公平竞争审查工作部署落实情况和制度实施方面典型问题和优秀案例进行学理分析和认定论证。中心将基于专家论证会结论,对典型问题予以追根溯源并提出整改建议,对优秀案例提炼出可复制、可推广、能示范的制度性、机制性经验。

7. 提供专业咨询服务

评估组在开展公平竞争审查第三方评估工作中,积极与各单位负责人就如何更高质量落实公平竞争审查制度进行交流探讨,并对评估对象咨询过程中提供的涉及市场主体经济活动的文件进行公平竞争审查,发表第三方评估专业意见,部分咨询出具了第三方评估专家意见书。

评估组共接受公平竞争审查专业咨询十余次,包括呼和浩特市、巴彦淖尔市、乌海市各1次,阿拉善盟2次,通辽市4次。

二、公平竞争审查制度落实情况

(一)内蒙古自治区公平竞争审查总体实施情况

从评估情况来看,内蒙古自治区公平竞争审查工作扎实推进,更大力度推进公平竞争审查制度落实,实现了公平竞争审查联席会议制度在自治区、市(盟)、县(旗、区)三级政府的全覆盖,基本形成了公平竞争审查"自治区—盟市—旗县区"三级政府系统谋划、统筹推进的工作局面。各单位对公平竞争审查工作的重要性认识明确,内部审查机制基本健全,能够按照《公平竞争审查实施细则》要求,对制定市场准入和退出、产业发展、招商引资、招标投标、政府采购、经营行为规范、资质标准等涉及市场主体经济活动的规章、规范性文件、其他政策性文件以及"一事一议"形式的具体政策措施进行清理和审查,基本做到了应审尽审,有效地推动了自治区公平竞争审查工作的开展,全面落实公平竞争审查制度取得阶段性成效。同时,建立了公平竞争审查投诉举报受理回应机制、抽查机制、定期清理机制、会审制度等配套机制,为有效保障公平竞争审查制度实施提供了制度支撑。

评估工作开展中自治区各地区各部门配合程度较好,有效地保障了第三方评估工作的推进。各级政府单位都建立了完善的公平竞争审查机制,健全自我审查制度,组建公平竞争审查领导小组,明确责任机构和审查程序,由分管负责人或者一把手统筹协调有关工作。按照"一文一表"要求填写公平竞争审查表,并随文归档,每月或者每季度将公平竞争审查情况向本级联席会议汇总报送。充分发挥联席会议议事协调功能,将 12 个盟市的公平竞争审查联席会议召集人调整为本机政府分管负责人,加强业务指导,建立增量文件审查和存量文件清理工作台账。加大公平竞争审查培训力度,通过定期培训、专题培训,打造专业化的公平竞争审查队伍,提高了公平竞争审查的业务水平。多次开展公平竞争审查工作督查,2021 年年底与发改委、财政厅、商务厅、司法厅对全区公平竞争审查落实联合督察情况。2022 年配合市场监督管理总局完成公平竞争审查第三方评估工作,各单位积极响应,落实公平竞争审查的各项制度要求。多地盟市将公平竞争审查制度工作的落实纳入法治政府建设实施计划,并作为重要指标进行法治政府考核,深入推进公平竞争审查制度的实施。此外,各评估单位不仅借助法律顾问团队进行公平竞争审查,为审查提供智力支撑和专业人才保障,也逐渐引入第三方评估提高公平竞争审查的质量和水平,如鄂尔多斯市、包头市、阿拉善盟、赤峰市聘请第三方评估对本盟市的公平竞争审查工作进行了全面评估,锡林郭勒盟、乌兰察布市、呼伦贝尔市等拟聘请第三方评估,自治区各盟市第三方评估工作全面铺开。

由于各地经济发展水平差异,各级领导对公平竞争的认识水平和重视程度不同,审查人员的审查能力不一,各地区各单位公平竞争审查制度实施情况存在一定差距。厅级评估单位公平竞争审查制度落实总体情况良好,部门之间推进程度不均衡,农牧厅、工信厅、发改委、国资委、交通运输厅公平竞争审查制度实施情况较好。盟市一级评估单位中,盟市政府公平竞争审查制度较为健全,鄂尔多斯市、呼和浩特市、包头市公平竞争审查情况成效明显。五个重点部门中,大多数盟市某单位的公平竞争审查工作还未实质开展。有的单位未提供公平竞争审查材料,有的单位提供说明不涉及公平竞争审查工作,有的单位提供说明暂不具备开展公平竞争审查条件,有的单位提供说明未出台涉及市场主体文件,需要对实质开展公平竞争审查工作加强督导落实。此外,有的单位的公平竞争审查增量文件为0。旗县一级客观上由于人员力量配备不足、专业力量薄弱、人员调动频繁,导致对业务工作不熟悉、制度理解不准确、工作衔接不畅等,公平竞争审查工作开展存在较大困难。

(二)内蒙古自治区各厅级单位公平竞争审查评估情况

自治区厅级单位评估材料提交情况不理想,如有的单位仅提供了2017年、2018年、2020年的工作总结,对本次第三方评估不重视。有的单位没有按照评估要求提交最新材料。有的单位提交的材料不完整,如有的单位在宣传培训、公开征求意见、举报核查机制等方面均缺乏相关支撑材料来证明。一些部门在提高审查质量方面,只提到全面审查增量文件,定期进行存量文件评估清理,对发现的违反公平竞争审查的文件进行废止或修改,但是并没有进一步提供如何开展全面审查、系统清理以及公平竞争审查工作成效方面的资料。

在公平竞争审查范围方面,大部分部门做到了应审尽审,也有部分部门将增量审查和存量清理的对象限制为规范性文件,导致少审、漏审现象严重。也有部门将政策文件全部纳入公平竞争审查范围。有单位称规范性文件、其他政策措施公平竞争与合法性审查率达到100%。在公平竞争审查流程方面,大部分厅级单位将公平竞争审查作为印发出台重大行政决策和规范性文件必经程序,纳入公平竞争审查制度嵌入OA办公系统。在审查规范方面,有的部门的公平竞争审查表制作不规范,过于简单,在征求意见一栏往往是空白。在例外规定适用上,工信厅开始了工作探索,由具备资质的第三方机构进行评估,并逐年进行执法效果评估,并保证每年度更换第三方评估机构。

自治区厅级单位中一些部门将公平竞争审查纳入合法性审查,甚至通过合法性审查的程序吸收公平竞争审查的工作要求。将公平竞争审查纳入合法性审查可以有效提高审查工作效率,节约成本,但是一定程度也会制约公平竞争审查工作成效。如有单位的公平竞争审查的初查与合法性审查的初查一起进行,办公室、法规与标准处等也都同时进行两项审查,但是目标文件只针对规范性文件。有单位对规范性文件和非规范性文件区分对待,属于规范性文件、重大行政决策的,在拟提交的合法性说明中,对拟定政策措施公平竞争情况予以说明,不属于规范性文件、重大行政决策的,由起草处室专门进行公平竞争审查说明,充分发挥了自治区公平竞争审查厅际联席会议统筹协调、督促指导的作用,农牧厅遇到审查工作把握不准的问题及时向厅际联席会议提请会审,畅通了部门之间的公平竞争审查工作的协调机制。厅级部门更普遍的是借助法律顾问参与公平竞争审查,如农牧厅委托法律顾问单位内蒙古东日律师事务所对于2020～2021年为主的公平竞争审查工作以及农牧厅公平竞争审查机制的建立进行评估。交通运输厅邀请法律顾问全程参与公平竞争审查,司法厅借助法律顾问等专业机构开展相关工作。此外,财政厅、商务厅、交通运输厅都开展了公平竞争审查第三方评估工作,提高了公平竞争审查的质量和效果。

在提升审查质量上,发改委的政策措施审查工作卓有成效。2020年以来审查增量文件247件,清理文件数量125份,废止8份。对2018年以前全部相关政策措施文件进行清理,继续有效43件,废止7件。对存在排除或限制公平竞争的文件《自治区国资委中介机构选聘管理办法》(内国资法规字〔2018〕171号)、《自治区国资委关于区属企业开展互联互促互保互助的指导意见》(内国资规划字〔2015〕166号)提请会议集体研究后予以废止。相对而言,有单位缺少有关增量文件审查和存量政策措施清理情况,需要在基础工作上补齐短板。

在宣传培训方面,工信厅将《反不正当竞争法》《反垄断法》纳入年度普法计划,并分解到相关处室,在厅门户网站宣传《反不正当竞争法》《反垄断法》《公平竞争审查实施细则》,通过行业协会等经营者组织加强行业自律,内蒙古水泥协会向区内水泥生产销售企业发放《经营者反垄断合规指引》,开展对经营者的竞争政策宣传,引导、规范经营者依法竞争,维护市场公平竞争秩序;国资委围绕党的二十大报告相关论述以及《反垄断法》的最新修改,将宣传周活动与普法目标任务有机融合,发动机关和各出资监管企业组织开展了一系列宣传活动,有效提高了政府机关和社会主体的公平竞争意识。

自治区厅级单位公平竞争审查机制普遍问题在于社会监督、督查和考核的机制缺失,导致一些部门工作自我审查动力不足,审查工作不规范,审查实施效果不彰。后续工作中需要建立健全投诉举报回应机制,及时组织相关成员单位组成联合督查组,适时推进全区公平竞争审查工作进展,将公平竞争审查实施成效作为二级指标纳入自治区营商环境评价指标体系,将公平竞争审查工作实施情况作为法治政府建设的考核标准。

(三)内蒙古自治区各盟市政府公平竞争审查评估情况

通过内蒙古自治区各盟市政府提交的支撑材料进行评估分析,除了未提交材料的盟市政府外,其他盟市政府在加强组织领导方面都建立了联席会议制度,对公平竞争审查制度工作开展进行协调,其中表现突出的做法包括乌兰察布市、呼伦贝尔市等市政府将公平竞争审查作为优化营商环境重要举措,纳入制定政府重大行政决策的程序;鄂尔多斯市政府通过联席会议办公室积极上报本市自查工作、制作公平竞争审查工作要点、处理投诉举报情况并落实上级下达的督查任务,成绩显著。

在统筹协调方面,盟市政府通过召开公平竞争审查工作联席会议全体会议或联络员会议,研究推进整体工作和专项任务并积极印发公平竞争审查工作总结、工作要点对机制建立情况、统筹组织情况、政策措施审查清理情况、积极有序开展评估、宣传培训等方面进行要点总结,其中呼和浩特市,鄂尔多斯市,包头市等地2020~2022年均连续三年召开联席会议,呼伦贝尔市政府制定专门的联席会议政策措施抽查制度,有助于通过联席会议的力量统筹该项制度进行落实。

在提高审查质量方面,各盟市都制定有关公平竞争审查配套机制,其中此方面表现突出的地区包括:包头市人民政府办公室制定市人民政府行政规范性文件合法性审核公平竞争审查工作规程并印发《关于进一步提高公平竞争审查质量的通知》,提高审查专业化水平实现文件留痕;呼和浩特市、鄂尔多斯市、乌兰察布市等市政府建立比较全面的公平竞争审查制度,包括制定公平竞争审查情况反映受理回应制度,重大政策措施公平竞争审查会审制度、公平竞争审查典型案例公示制度、公平竞争审查政策措施清理制度、公平竞争审查抽查制度、第三方评估办法等，另外乌兰察布市政府还制定《乌兰察布市公平竞争审查工作考核办法》，兴安盟行署制定《兴安盟公平竞争审查考核方案》，有助于调动地区对制度实施的积极性；赤峰市制定《赤峰市公平竞争审查制度落实情况专项检查调研工作方案》对上级下达的工作任务发布专项文件予以落实，值得肯定。

在定期评估清理方面，各地区都对上级的督查任务进行全面自查，并印发自查情况报告对制度的实施情况与存在的问题进行说明。另外各地区同时积极开展抽查工作，通过交叉审查的方式来助力公平竞争审查工作落实落地，强化公平竞争审查制度约束，做得较好的如鄂尔多斯市、通辽市、包头市，其中鄂尔多斯市政府通过"书面督查+实地督查"的形式，全面了解和掌握各区各部门的公平竞争审查工作情况，要求联席会议各成员单位、各旗区联席会议办公室填写《落实公平竞争审查制度落实情况统计表》，对出台文件较多的商务局、住建局和交通局和旗区进行实地督查，发现2份文件违反公平竞争审查标准，对违反公平竞争审查情形通过意见函的形式要求整改；通辽市公平竞争审查工作联席会议办公室落实"月调度、月通报"制度，督查各旗县市区开展增量文件审查工作和存量文件清理工作，审查中发现6份文件涉嫌违反公平竞争审查标准，并对各单位公平竞争审查工作的情况进行考核评价排序。包头市政府制定《包头市公平竞争审查制度落实情况专项督查方案》，对全市公平竞争审查工作落实情况展开督查；赤峰市制作《赤峰市公平竞争审查制度文件汇编及操作指南》对相关业务人员进行指导。

在宣传培训方面，各盟市都通过线上线下组织开展公平竞争审查制度的工作培训会、业务培训班、视频培训会等并购买相关公平竞争审查制度读本供业务人员学习，其中呼和浩特市政府已经将公平竞争审查纳入党校培训内容，值得其他盟市借鉴学习。另外，各地同时也展开公平竞争审查制度宣传等方面的工作，包头市、乌兰察布市政府面向机关工作人员、社会群众通过微信发放调查问卷，在政府服务中心、商场、社区张贴公平竞争宣传海报，宣传公平竞争政策；鄂尔多斯市政府通过悬挂条幅、发放宣传册、现场讲解等方式，向广大群众宣传了《反垄断法》《经营者反垄断合规指引》《公平竞争审查实施细则》等内容，由鄂尔多斯市电视台全程报道。巴彦淖尔市政府利用官方微信公众号对《公平竞争审查实施细则》进行宣传，并通过在各政府机关大厅、公交站牌、黄金地段大型 LED 屏等地张贴宣传海报或播放公益视频等方式宣传公平竞争审查。

在监督考核方面,呼和浩特市政府将公平竞争审查制度纳入法治政府的考核当中来;包头市政府将公平竞争审查工作局际联席会议纳入全市计划会议,并将该制度纳入市委组织部考核,说明了该政府对公平竞争审查制度的重视程度;呼伦贝尔市政府将公平竞争审查制度工作的落实纳入呼伦贝尔市贯彻《法治政府建设实施纲要(2021—2025 年)》实施方案、呼伦贝尔市 2022 年法治政府建设工作计划、2023 年度旗市区市场监管局重点工作考核指标;锡林郭勒盟行署将"深入落实公平竞争审查制度,加强公平竞争审查,及时清理废除妨碍统一市场和公平竞争的各种规定和做法"纳入《锡林郭勒盟 2022 年法治政府建设工作计划》。

(四)内蒙古自治区各盟市农牧局公平竞争审查评估情况

评估资料显示,各盟市农牧局在内部建立了公平竞争审查实施机制,明确了审查范围、审查主体、审查程序和审查标准,制定了公平竞争审查基本流程图、公平竞争审查表,持续推进公平竞争审查工作有序进行。部分盟市农牧局还成立了领导小组、明确了牵头单位,显示出对公平竞争审查工作的高度重视,例如,巴彦淖尔市、包头市、赤峰市、呼伦贝尔市、通辽市、乌兰察布市和锡林郭勒盟农牧局都印发了成立内部公平竞争审查工作领导小组的通知,明确领导小组成员和牵头机构的职责分工,健全了审查机制、责任追究、组织领导等方面,持续推进有序进行。

在完善内部审查制度方面,各盟市农牧局在完善内部制度方面的不足主要体现在以下几方面:其一,培训宣传力度有待加强。部分盟市农牧局的审查培训工作往往与其他工作的培训一起进行,没有专门针对公平竞争审查相关工作人员的培训课程和项目。其二,部分盟市农牧局存在对公平竞争理念不深入、对公平竞争审查制度理解不透彻的情况,将公平竞争审查与合法性审查混淆,甚至与反垄断工作混淆。其三,在实际工作中,缺乏对公平竞争审查体系化监督的细化规定。

在规范审查程序方面,大多数盟市农牧局均出台了相应文件。其中,包头市农牧局严格落实自我审查原则,在其发文稿纸中,有专门一栏用于填写公平竞争审查情况,将公平竞争审查作为公文起草必经程序,纳入公文办理系统。鄂尔多斯市农牧局则规定,"对应当履行而未履行公众参与、专家论证、风险评估、集体讨论或者公平竞争审查等程序的政策措施,应当提出建议退回起草科室和二级单位补正程序的意见",将公平竞争审查作为文件起草工作的一道必经程序,强化了公平竞争审查工作的程序性和规范性。

在提高审查质量方面,大多数盟市农牧局都规定应当听取专家权威意见,并进行第三方评估。其中,鄂尔多斯市农牧局的实践情况最佳,在法规科配备工作人员3名,公职律师1名,同时聘请内蒙古三恒律师事务所作为法律顾问单位,由顾问律所选派有3年以上执业资质律师担任法律顾问。各盟市农牧局的不足之处在于人员专业素质有待提升。一些基层政府相关工作人员对"审什么""如何审"的要求认识不深刻,只是简单对照审查标准进行核对,缺乏实操经验。

在定期评估清理方面,大多数盟市并没有将对存量措施的清理常态化,且对于存量措施的清理情况只是提供了统计表格,并未进行具体分析。只有锡林郭勒盟对规范性文件的清理状况进行了较为详细的文字总结。另外,对于评估清理中发现政策措施在实际运行中妨碍统一市场和公平竞争的,只有呼和浩特和兴安盟及时对其进行了废止或修改完善。这说明公平竞争审查的刚性约束和配套措施仍然需要加强。

在举报处理回应制度的建设方面,包头市、赤峰市、鄂尔多斯市、呼伦贝尔市、通辽市和乌兰察布市的农牧局均建立了公平竞争审查举报和投诉机制,但除赤峰市农牧局和乌兰察布市农牧局外,制度设计均较为简单。赤峰市农牧局和乌兰察布市农牧局在明确举报渠道和受理范围的基础上,建立了较为明确的责任分工、核查程序和结果反馈机制。赤峰市农牧局的规定最为完整:"举报应采用书面形式并提供相关事实依据,局法规科接到举报后及时了解该项政策措施的实际情况,并将举报材料反馈给制定政策措施的业务科室,要求业务科室及时处理,处理结果报送至局法规科,由市农牧局公平竞争审查领导小组会议审议通过。局法规科要在接到举报后15个工作日内向举报人做出答复。涉嫌违反《反垄断法》的,由反垄断执法机构依法调查。"

在听取意见和公开征求意见方面,大多数盟市均规定应对新制定起草的政策措施通过书面形式征求相关单位意见,并在局官网发布信息向社会公开征求意见,但是,各盟市农牧局存在相关留痕工作参差不齐的情况,呼和浩特市农牧局和呼伦贝尔市农牧局的征求意见留痕情况最佳,所有相关措施都征求了相关部门、市场主体和社会公众的意见,并以"一文一表"的形式,将意见反映在了公平竞争审查表当中。

(五)内蒙古自治区各盟市工信局公平竞争审查评估情况

评估资料显示,除个别市工信局外,大多数盟市工信局均能结合本局工作实际,建立独立的工作机制、建立举报回应制度、成立领导小组,从多个方面建立起较为完善的内部制度,对工信系统开展公平竞争审查作出了整体部署,有利于公平竞争审查工作的顺利推进。

在审查范围方面,有些地方的工信局的漏审情况比较严重,两者均出具说明在2020年后没有印发涉及市场主体的文件,未开展过公平竞争审查,这显然存在漏审的情况。乌兰察布市每年都进行公平竞争审查工作的年度总结,体现了对公平竞争审查工作的重视。

在完善内部制度方面,除巴彦淖尔市工信局在部门内部进行业务培训时能够坚持问题导向,聚焦薄弱环节,着力提升本部门人员的审查能力和水平外,其余盟市工信局在部门内部开展公平竞争审查专项培训并不频繁,培训内容也较为空泛。各工信局目前开展内部培训的频率较低,同时也欠缺对外交流学习,自我审查的激励性与自觉性不足。

在规范审查程序方面,大多数盟市工信局能够严格落实自我审查原则,但是其中只有少数能较为全面地提交评估材料,做到工作留痕、材料留档的要求。呼和浩特市、鄂尔多斯市、乌兰察布市、呼伦贝尔市和锡林郭勒盟能够按照规范填写公平竞争审查表,并且将专家意见、意见公开征集和采纳情况随文进行归档。甚至,还有个别盟市工信局存在疑似"临时拼凑"公平竞争审查表的情况。另外,呼伦贝尔市优化了审查方式,创设性地提出了"三审一议"程序,规定由业务科室提出初审意见、法律顾问提出二审意见、法制科提出三审意见并向业务科室反馈,最后按程序提交领导小组审议。

各盟市工信局在提高审查质量方面的措施较少,除上述切实落实公开征求意见、听取权威建议的盟市之外,其余盟市提高审查质量的方式较为单一,主要有聘请法律顾问、加强内部和外部监督两种。包头市工信局建立了法律顾问制度,聘请上海市建纬(包头)律师事务所律师作为该局的法律顾问,充分发挥法律顾问的重要作用。呼和浩特市工信局也外聘法律顾问一人参与到公平竞争审查工作当中。乌兰察布市工信局则是制定《乌兰察布市工信局公平竞争审查工作内部监督制度》,规定由办公室牵头,从各科室抽调人员组成督查小组,对公平竞争审查工作相关事项进行评估,分类分步定期开展,这有利于提高公平竞争审查工作质量。呼伦贝尔市工信局则主张通过网站、微信公众号等多种渠道及时向市场主体和社会公众公示非涉密的公平竞争审查结论,进一步发挥社会监督作用、提高社会参与度。

在定期评估清理方面,各盟市工信局均对存量文件进行了全面的清理和审查,其中包头市对影响公平竞争的文件作出了相应处理。包头市严格按照"废、改、立"相关要求,重新印发违反公平竞争的文件。赤峰市工信局认真清理2017年以前印发的涉及妨碍全国统一市场和公平竞争的规章、规范性文件,对于被认定属于影响公平竞争的规范性文件,及时宣布作废。但是部分盟市工信局没有进行公平竞争审查表的留痕,做得较好的是呼伦贝尔市工信局,对大部分涉及市场主体的政策措施都进行了审查,并督促内部科室对漏审的文件补充公平竞争审查,依规填写了公平竞争审查表。

在举报回应处理方面,有一部分盟市的工信局并未提交相关材料,而另外个别盟市仅简单提到了举报投诉回应处理制度。通辽市工信局则制定了较为完整的投诉举报受理回应机制,明确接收方式、受理范围、受理主体和投诉举报处理和结果反馈方式,并且在接收方式方面有所创新,规定"应当接收电话热线、群众来信来访、新闻媒体、网络媒体等平台有关本职责范围的公平竞争审查投诉举报"。呼和浩特市工信局结合工业和信息化工作实际,也制定了较为完整和全面的公平竞争审查投诉举报受理回应机制,依照"谁制定,谁负责"的原则对投诉举报进行回应、解释,并由局政策法规科予以督促。

(六)内蒙古自治区各盟市发展和改革委员会公平竞争审查评估情况

在完善内部制度层面,绝大部分盟市的发展和改革委员会都根据委内工作实际,印发内部公平竞争审查工作制度实施方案,明确审查范围、审查标准、审查主体和审查程序。赤峰市、鄂尔多斯市、呼和浩特市、乌海市、兴安盟等盟市还通过印发成立公平竞争审查工作领导小组的通知等形式,成立了公平竞争审查领导小组,严格落实审查责任主体,推动公平竞争审查制度的有效实施。

在规范审查程序层面,所有盟市发展和改革委员会都能够按照"谁起草、谁审查,谁制定、谁清理"的原则,由委内各科室对本科室起草、出台的相关政策措施进行公平竞争审查和清零,制作公平竞争审查表并随文归档。

其中,通辽市发改委采取以起草科室初审和法规科复审相结合的方式进行自我审查,强化了公平竞争审查工作的程序性和规范性。赤峰市、鄂尔多斯市、呼和浩特市、锡林郭勒盟、阿拉善盟、兴安盟、通辽市、呼伦贝尔市和乌兰察布市能够在重大政策制定过程中向社会公开征求意见,进一步规范审查程序。

在提高审查质量层面,绝大部分盟市发展和改革委员会都通过组织公平竞争制度相关文件的学习培训,加强干部职工对于公平竞争审查制度的理解,提升公平竞争审查质量。其中,赤峰市发改委通过发布公平竞争审查典型案例,供内部人员参考学习;通辽市发改委通过邀请律师座谈、向全委印发政策小册子等形式开展内部公平竞争审查宣传工作,进一步提高工作人员的公平竞争审查能力。除此之外,巴彦淖尔市发改委和包头市发改委还常年聘请法律顾问团队,对于重要政策文件,由法律顾问进行审查,并出具《法律顾问审核表》后存档,有效提高了公平竞争审查的质量。

在定期评估清理层面,各盟市发展和改革委员会均稳步进行存量文件清理和增量文件审查,定期开展公平竞争审查自查工作,清理范围较为全面。鄂尔多斯市、呼和浩特市、阿拉善盟等盟市建立审查台账对已审查的行政性规范文件实行目录和文本动态化,精细化管理。兴安盟发改委将公平竞争审查纳入公文办理必经程序,并制作《兴安盟发展和改革委员会妨碍统一市场和公平竞争规范性文件及政策措施清理情况统计表》。

在举报处理回应层面,所有盟市的发改委都在其官方网站上为群众提供投诉举报渠道。乌海市、通辽市、巴彦淖尔市和包头市通过制定发布公平竞争审查工作举报受理回应机制公告等形式,明确举报范围和投诉举报工作流程,切实发挥社会监督作用,提高市场监督领域公平竞争审查制度透明度。

(七)内蒙古自治区各盟市商务局公平竞争审查评估情况

在完善内部制度层面,赤峰市、呼和浩特市、阿拉善盟、兴安盟等大部分盟市商务局都出台了相关文件,结合本局的工作实际,严格按照《公平竞争审查实施细则》的要求对审查范围、审查标准、审查方式进一步细化。部分盟市,例如通辽市、包头市、兴安盟、阿拉善盟、乌海市、鄂尔多斯市、赤峰市,成立了公平竞争审查领导小组,明确负责单位,进一步压实公平竞争审查责任和分工,扎实推进公平竞争审查制度落实。

在规范审查程序层面，所有的盟市商务局都按照"谁起草、谁审查"的原则，在制定涉及市场主体经济活动的规范性文件或其他政策措施时严格对照限制竞争的规定进行自我审查，并形成书面审查结论。其中，鄂尔多斯市和包头市还在各科室提交公平竞争审查表后，指定复审机构对其进行再次审查。除此之外，呼伦贝尔市、鄂尔多斯市、包头市、通辽市能够在重大政策制定过程中公开向社会征求意见，注重和其他部门的配合，强化了公平竞争审查工作的程序性和规范性。

在提高审查质量层面，鄂尔多斯市、阿拉善盟、兴安盟、包头市和乌兰察布市商务局能够积极组织机关科室和二级单位认真学习相关文件，通过举办公平竞争审查制度培训活动，加强干部职工对于公平竞争审查制度的理解，提升工作人员的审查能力。呼伦贝尔市、锡林郭勒盟、呼和浩特市商务局还委托第三方法律顾问团队对公平竞争审查进行审核把关，进一步提高审查质量。但从整体上来看，审查质量仍存在不足之处，需寻求持续的改进和提升，以确保公平竞争审查制度的有效实施和运行。

在定期评估清理层面，总体而言，各盟市均能够稳步推进存量文件清理和增量文件审查工作，清理范围较为全面，清理情况良好。巴彦淖尔等盟市商务局针对定期开展的公平竞争审查评估清理工作撰写年度公平竞争审查工作报告，供上级审核督查。赤峰市商务局对于经审查发现违反上位文件精神的《中心城区专业市场和物流项目优惠政策》和《支持中心城区专业市场建设和发展的优惠政策》两份文件，能够及时反馈，提请市政府予以废止，同时将规范性文件清理结果及时有效地向社会公开。

在举报处理回应层面，所有盟市的商务局都在其官方网站上为群众提供投诉举报渠道。鄂尔多斯市、乌海市、阿拉善盟、兴安盟、通辽市、巴彦淖尔市和包头市通过印发公平竞争审查投诉举报受理回应机制的公告等方式，畅通了举报渠道，明确答复和处理时限，增强了社会监督效力。其中，乌海市还在市商务局网站设"互动交流"栏目，积极与市场主体和群众展开交流，听取意见建议，自觉接受社会监督。

(八)内蒙古自治区各盟市国资委评估情况

内蒙古自治区各盟市国资委的机构设置不统一，有的是独立的政府部门，有的是财政局的内设股室，如锡林郭勒盟、兴安盟、阿拉善盟均在财政局下设国资委，有的机构改革刚从财政局的二级单位划出去，如巴彦淖尔市国资委刚刚成为独立的政府部门,导致人员发生变动,工作衔接不畅,公平竞争审查工作尚未开展,日后启动公平竞争审查工作中对此需要予以加强。

在完善内部制度方面,各盟市国资委都出台了落实公平竞争审查制度的文件,建立了审查制度,明确责任机构和审查程序。成立了公平竞争审查制度领导小组,统筹协调该部门公平竞争审查工作。其中包头市制定《包头市国资委公平竞争审查第三方评估实施方案》,明确了审查工作引入第三方的评估范围、事项以及审查程序等内容,从机制体制上保证了公平竞争审查工作持续有效开展;呼伦贝尔市制定《呼伦贝尔市国资委关于建立公平竞争审查制度工作程序的通知》,建立了审查机制、评估机制并明确了审查内容。但少部分地区未落实公平竞争审查制度台账,未对文件增量审查和存量清理进行记录与存档。

在规范程序方面,各盟市国资委通过制定相关审查程序为公平竞争审查工作提供程序保障,其中乌兰察布市国资委通过《乌兰察布市国资委公文阅办审批管理制度》、包头市国资委制定《包头市国资委公平竞争审查操作规程》,明确主体责任原则和审查主体,建立完善以公平竞争审查与合法性审查相结合的法律审核机制、呼和浩特市国资委明确"在政策措施制定过程中,如制定的政策措施涉及市场主体经济活动,要严格填写《呼和浩特市国资委机关公平竞争审查表》并及时存档;各科室对起草的规范性文件应填写《呼和浩特市国资委规范性文件公平竞争审查表》,按照相关部门要求提交,并报规划发展和政策法规科备案"。

在定期评估方面,除一些盟市的国资委并未制定涉及市场主体的政策文件外,重点突出的做法包括包头市政府进行年度工作总结及自查整改;呼和浩特市国资委印发了《关于开展政策措施公平竞争审查梳理工作的通知》,组织机关各科室对2023年2月28日前起草制定的各类政策措施开展梳理自查。并经过梳理自查,各科室起草制定的政策措施均无违反公平竞争情况、无例外适用情况;乌兰察布市国资委连续三年(2020~2023年)进行年度工作总结及情况的汇报,同时附有增量表与存量表。

在举报处理回应方面,部分地区并未开展相关工作,其中制度值得借鉴学习的是鄂尔多斯市国资委在官网发布《鄂尔多斯市国有资产监督管理委员会关于建立公平竞争审查投诉举报受理回应机制的通知》,提出鄂尔多斯市国有资产监督管理委员会出台的涉及市场主体经济活动的规范性文件、其他政策性文件以及"一事一议"形式的具体政策措施,涉嫌应审未审或者违反公平竞争审查标准出台的,可以进行投诉举报。

(九)内蒙古自治区各旗县单位评估情况

完善内部审查制度方面,各单位基本都建立了较为完善的公平竞争审查实施机制,成立了公平竞争审查领导工作小组,落实公平竞争审查责任,规范公平竞争审查程序,建立了公平竞争审查常态化工作机制,大部分部门审查工作都是由具体处室初审后交由法规处复查,实现审查的全程留痕和可追溯。

统筹协调方面,各旗县均建立了公平竞争审查工作联席会议工作机制,发挥联席会议办公室的专业能力,在成员单位政策制定过程中进行及时沟通,出具相关建议,将审查工作前移,有效提升了各成员单位的公平竞争审查能力,左旗充分发挥了联席会议统筹协调、督促指导的作用,左旗市监局遇到审查工作把握不准的问题及时向盟联席会议提出咨询,畅通了部门之间的公平竞争审查工作协调机制。达拉特旗定期组织召开联席会议,对各成员单位联络人进行统筹,并定期对旗内公平竞争审查工作开展情况进行总结梳理,总结工作中遇到的困难以及探讨对应解决方案,有效促进了全旗公平竞争审查工作的贯彻落实。

规范审查程序方面,有的部门的公平竞争审查表制作不规范。在一文一表方面,左旗和多伦县提交公平竞争审查表较为全面,其他单位提交了部分公平竞争审查表。从各单位提交的材料来看,各旗县单位没有将公平竞争审查制度嵌入OA办公系统。鄂托克前旗政府建立了公平竞争审查专题审议制度,召开专题会议对具有重大影响力的相关政策文件进行专项审核,并召集各成员单位参会进行讨论学习。既能够确保政策文件的合规性,也能够起到宣传学习的作用,使各成员单位能够通过案例学习的方式掌握公平竞争审查流程,提高公平竞争审查工作,值得各单位学习。

提高审查质量方面,大部分部门做到了应审尽审,但也有部分部门将增量审查和存量清理的对象限制为规范性文件,导致少审漏审现象严重。鄂托克前旗积极利用第三方评估机构辅助进行公平竞争审查工作,鄂托克前旗水利局在政策制定过程中会委托律师事务所对文件进行公平竞争审查,有效提升了公平竞争审查工作的专业程度,为鄂托克前旗公平竞争审查工作的推进提供了优秀案例。

举报处理回应方面,各旗县单位公平竞争审查机制普遍问题在于社会监督、督查和考核的机制缺失,导致有的部门工作自我审查动力不足,审查工作不规范,审查实施效果不彰。

三、第三方评估文件抽查情况

评估组抽取内蒙古自治区文件制定机关出台的各类政策措施总计2003份,经过评估组对照审查标准严格审查和复核,收集文件起草单位对存疑文件的意见,评估组最终认定存在违反《公平竞争审查实施细则》审查标准的存疑文件47份,存疑文件检出率2.3%。这些存疑文件中,厅级单位共计7份,各盟市单位共计40份。存疑文件主要集中在违反生产经营成本标准,滥用行政权力妨碍商品自由流通、限制或排斥外地经营者、限定或变相限定交易等明显违反公平竞争审查标准和全国统一大市场建设的情形大为减少。可见,公平竞争审查工作已经步入常态化阶段,需要政府部门进一步优化审查机制,深入推进公平竞争审查制度实施,将公平竞争审查工作做细做实,持续维护市场竞争活力。

存疑文件分布较多的地区均存在直接通过"点名道姓"限定交易或者违法给予特定经营者优惠政策的问题,"点名道姓"的方式虽然可以让文件的操作执行更加直观具体,但是"点名道姓"的方式没有经过招投标等接受社会公众监督的公开程序直接指定市场经营者,被列举的企业相较未被列举的企业在支持措施上显然存在政策优待,容易造成政府有形之手对市场的不当干预。存疑文件数量较少的地区包括呼和浩特市、锡林郭勒盟、阿拉善盟等,表明这些盟市在公平竞争审查工作中提升审查质量都具有一定的成效。存疑文件为0的盟市,包括通辽市、巴彦淖尔市和二连浩特市,除了二连浩特市审查的文件较少之外,通辽市和巴彦淖尔市都将存疑文件在出台前严格把关排除出去了,如通辽市在开展增量文件审查工作和存量文件清理工作,共发出5份公平竞争审查建议函,巴彦淖尔市2020~2022年的公平竞争审查统计表显示,文件出台过程中共调整修改1份文件,文件回头看清理过程中共废止49份,可见两地公平竞争审查工作开展均比较深入和彻底,真正实现了从源头上破除行政性垄断,防止具有排除、限制竞争效果的政策措施出台。

四、公平竞争审查工作完善具体建议

(一)明确审查标准及范围,完善审查规则

1. "审什么"是公平竞争审查制度首要解决的问题,直接关系公平竞争审查制度的建立和启动。审查时应将涉及市场主体经济活动的政策措施均纳入审查范围。从内容上看,规定的事项属于经济管理性事项。对外发生效力、直接或者间接影响市场主体权益。从形式上看,包括规章、规范性文件,其他政策措施,如与经营者签订的合同、协议、合作备忘录、"一事一议"、涉及出台具体政策措施的请示、批复等,政府部门起草的行政法规草案、国务院文件草案和地方性法规草案。审查的重点包括市场准入和退出、产业发展、招商引资、招标投标、政府采购、经营行为规范、资质标准,如《促进……高质量发展的若干措施》《推进……建设的实施方案》《支持(鼓励)……的若干措施》《加快培育……的若干意见》《打造……品牌的若干措施》《……的奖补资助办法》等表述的文件。除全文转发上级文件外,对于新制定的文件、新调整的文件、实施意见类的文件,只要涉及市场主体经济活动,都要进行公平竞争审查。但是涉及内部管理性文件、一般事务性文件、过程性文件和常规性的具体行政行不用审查。

2. 统一公平竞争审查标准中"特定经营者"的理解。对于"特定经营者",是指没有法律、行政法规依据或者经国务院批准,政策制定机关在制定政策措施的过程中,在法律上或者事实上将补贴、奖励等优惠政策专项给予某几个或某组企业、产业或地区等,产生或可能产生优惠政策非普遍可获得的实际效果。其要点在于具备专向性,包括但不限于挑选一个或几个特定企业进行补贴;针对某一个或几个特定部门或产业进行补贴;对其管辖范围内特定地区的生产和经营进行补贴等情形。该种专向性往往由各种表述上的限定条件达成,需要对这些限定条件的必要性进行一定判断,对于非资质类准入条件,一般认定其是不完全必要的,其不合理使限定条件促成政策措施具备专向性。

3. 细化公平竞争审查例外规定。例外规定作为公平竞争审查制度利益平衡的机制,是协调市场公平竞争价值与其他社会价值的工具。现阶段公平竞争审查例外规定范围采"概况+列举"式结构,由国家安全、社会保障和社会公共利益加兜底条款构成。各地区可根据地区实际情况,综合考量其

他社会价值对例外规定进一步细化。内蒙古自治区以农牧业和矿产业为主,在出台政策措施时如何结合实际情况有效衡平产业政策与竞争政策,妥当适用例外规定是落实和推进公平竞争审查例外适用的重点。但是例外适用不能被滥用。公平竞争审查地方政府不能简单以"生态环保"等理由逃避公平竞争审查程序,在符合规定的四种情形之外,也要满足具体条件。

(二)落实审查主体责任,完善自查与报送机制

各地方审查机制的具体实施中须自行建构合理科学的审查机制并完善审查流程。对此,应当严格遵循政策制定机关"自我审查"原则,明确落实"谁起草,谁审查"的公平竞争审查原则,进一步强化公平竞争审查程序。建议挂网招标公告、政府采购、出让公告由资源交易中心把关必须经公告单位进行公平竞争自我审查。全面实行由业务机构初审后提交特定机构复核的"双审查"统一模式,由内部特定机构统一进行公平竞争审查复审。建议将公平竞争审查模块全部嵌入OA办公系统,将公平竞争审查工作作为本单位起草文件的必经前置程序。

自查和报送机制是联席会议充分发挥监督指导作用的重要配套机制。总结报送机制,形式上可以区分为定期和不定期,内容上可以包括信息报送、统计分析、工作总结等。定期总结报送主要参照《公平竞争审查实施细则》第11条规定,政策制定机关对本年度公平竞争审查工作进行总结,于次年1月15日前将书面总结报告报送本级联席会议办公室。地方各级联席会议办公室汇总形成本级公平竞争审查工作总体情况,于次年1月20日前报送本级人民政府和上一级联席会议办公室,并以适当方式向社会公开。而不定期的总结报送则主要包括专项清理、专项抽查或督查、第三方评估过程中要求的信息报送工作等。联席会议督促各成员单位每季度上报增量文件审查和存量文件清理情况,附带各单位的发文目录,根据各成员单位上报的发文目录,对涉及市场主体经营活动的文件进行抽查检查。

(三)加强与合法性审查工作的区分和协调,强化实质性审查

必须做好公平竞争审查与合法性审查的衔接工作。做好衔接工作的前提是在工作和实务培训中,明确公平竞争审查工作与合法性审查工作的异同。在不混淆的前提下,建议自治区政府机关在制定规范性文件或者属于重大行政决策时,在行政机关系统内部建立"双同时制度",进行合法性审查时必须进行公平竞争审查,在具体实施时可以对涉及市场主体和经济活动

的规范性文件先开展公平竞争审查,经公平竞争审查没有排除、限制竞争或者修改至符合公平竞争审查标准并形成明确的书面审查结论后,再报送进行合法性审查,实现公平竞争审查与合法性审查"联审联动"。不属于规范性文件、重大行政决策的,对拟定政策措施公平竞争情况予以说明,由起草处室专门进行公平竞争审查说明,系统内部的法制部门负责把关和复核,并做到审查留痕。同时也可以借助司法厅的合法性审查力量,由司法厅对自治区各部门规范性文件进行公平竞争审查复核。自治区政府各部门出台的规范性文件报司法厅备案时,司法厅将同时进行公平竞争审查的复核。

鼓励政策制定机关通过相关市场界定和定量分析来评估公共政策对市场的竞争影响,综合考量社会经济发展和市场的公平竞争,审查是否符合例外规定,提出不妨碍政策目标实现且对竞争损害最小替代方案,将公平竞争实质性审查落到实处。

(四)强化信息公开,落实社会监督

创新社会公开征求意见制度,建立健全投诉举报回应机制。鼓励文件起草单位广泛征求市场主体的意见,对于包含政府奖励补贴、招商引资、促进产业高质量发展等方面的政策措施,无论其是否违反公平竞争审查原则,都应设置激励措施或者程序规定让政策制定机关征求相关市场主体的意见,除了在官方网站和媒体报纸向社会公开征集意见等传统方式外,应当进一步拓宽意见收集反馈渠道。如在出台奖补政策时,应当通过适当的方式如召开座谈会、听证会、论证会、媒体会等征求大、中、小型各类补贴对象和利害关系人的意见,充分听取市场主体和社会主体的建议。对于社会关注度高、意见分歧较大的政策措施,应积极沟通并开展听证。涉及专业性较强的疑难问题,也可向专家进行咨询。对于拟适用例外规定的政策措施,不仅应当咨询第三方评估机构的意见,也应当拓宽意见收集的渠道,面向社会广泛吸收各类市场主体的意见建议。

(五)加强联席会议统筹指导作用

必须继续完善公平竞争审查投诉举报受理回应机制、抽查机制、会审制度,为有效发挥联席会议制度提供有力的支撑。推行公平竞争审查协查制度,就公平竞争审查中遇到的具体问题,政策制定机关可以向本级联席会议办公室提出咨询,政策制定认为存在较大争议或者与其他部门意见难以协调一致的政策文件,可以提请同级公平竞争审查联席会议协调,联席会议认为确有必要的,可以召开会议进行协调。探索建立重大政策措施公平竞争审查会商会审制度,各政策制定机关在公文的起草过程中,遇到疑难问题、重大问题,广泛涉及市场主体利益的文件可以向本级公平竞争审查联席会议提请会审,由联席办牵头组织会商会审。行政规范性文件代起草单位在向本级政府提交规范性文件送审稿等材料时应附公平竞争审查表(如涉及市场主体经济活动,按相关要求填写;如不涉及市场主体经济活动,直接填写不涉及)扫描件。对拟以本级政府名义出台的政策措施,鼓励由政策代起草部门或者牵头部门会同有关部门在起草过程中会同本级市场监管部门进行公平竞争审查,提升审查的专业化、精细化水平。公平竞争审查联席会议充分发挥监督指导功能,将公平竞争审查工作全面自查和交叉检查相结合。各单位要及时开展自查清理工作,在源头上防止出台含有实施地方保护、市场分割、指定交易、设定歧视性标准等内容的政策措施。发挥竞争性监管的优势,鼓励各旗县之间交叉检查,实现参检单位和被检单位双随机,检查结果要通过官方渠道公示公开。

(六)确保专人专岗,提高审查智慧化水平

对于许多部门反映的专业审查人员严重不足问题,首先要解决人员专业性和针对性问题,实现从无到有。在调研过程中,评估组发现内蒙古自治区各盟市市场监管机关负责公平竞争审查的业务处室不一样且多数无专人负责,并且人员调动频繁,导致负责人员不熟悉公平竞争审查业务。除对审查专人进行公平竞争审查培训和选拔外,对于各地标准不统一,大部分单位尚未有审查专员的现状,提高政策制定机关审查人员的审查水平,避免人员频繁调动影响审查工作的质量,确保专人专岗,提高审查技能仍是推进公平竞争审查制度落实的一项基础工作。各联席会议成员单位确定"内部特定机构"负责股室和相关成员,并向联席会议报备。确保公平竞争审查负责人员专人专岗,专职人员不应轻易变动,如有人员变动负有通知和解释义务,应当向联席会议事先通知并解释说明,人员更换必须完成人员交接和工作衔接,保证不影响公平竞争审查工作顺利开展。在专人专岗基础上,需定期开展公平竞争审查业务培训,将公平竞争审查制度等竞争政策及相关法律法规纳入政府举办的领导干部培训班和党校领导干部主体班课程,提高各级干部公平竞争审查意识和政策实施能力。邀请对公平竞争审查理论精湛和业务熟练的专家学者现场讲解,聚焦薄弱环节,对公平竞争审查工作中的难点痛点进行深入剖析，并交流制度落实经验，进一步提高审查人员的政治站位和业务水平。开展全区公平竞争审查业务技能大赛，推荐优秀选手获评专业技术荣誉，激发基层骨干的工作热情。

同时，可借助数字技术辅助解决专业审查力量不足的难题。建议自治区厅际联席会议牵头成立市场主体政策措施数字公共服务平台，将涉及市场主体的进行线上备案。由自治区厅级联席会议牵头建立公平竞争审查数据库，各地联席会议办公室督促各成员单位及时将涉及市场主体经济活动的政策措施录入数据库，运用数据库常态化开展落实情况抽查督查，加强智慧监管。建立公平竞争审查智慧辅助平台，与公文管理系统相结合，在公文签报过程中或公布前对其是否符合公平竞争审查制度要求进行智能化检测。采用前沿的人工智能技术与机器学习等智能算法相结合的方式，实现政策文件等基础数据自动检索、自动归档、自动更新，文件审查及时开展，及时反馈，确保审查无遗漏、过程可追溯、事后可监督。积极引入数字化审查手段，实现公平竞争自审、会审在线审查。

(七)加强公平竞争政策宣传培训，提高公平竞争意识

要提高主管部门工作人员对公平竞争审查工作的认识和重视程度，不仅需要通过解读和传达公平竞争审查制度的文件和国家的政策导向，还需要格外重视对于公平竞争审查工作的宣传。在对内宣传方面，可以制定公平竞争审查宣传手册或操作指南等纸质资料，将其放在单位办公场所或电梯内，供工作人员随时翻阅查看。在对外宣传方面，需要充分利用各类新闻媒体加强公平竞争审查工作的相关宣传。例如，通过拍摄宣传短片、印发宣传手册、在单位官方网站或者微信公众号上进行相关新闻的推送等方式，让社会能够充分了解公平竞争审查工作情况，同时也便于单位接受社会公众的监督。

(八)落实责任追究，完善公平竞争审查激励机制

为改善政府管制、"唯GDP论"等观念的影响，需要在具体的奖惩指标上改变部门的目标导向，进而使部门工作人员主观上积极响应产业政策实施方式的改进。对此，首先要强化督查与责任追究，与优化营商环境小组、法制部门等单位展开联合督查，整合各种审查力量，针对出台市场主体文件较多、风险较大的重点部门进行重点督查。聚焦重点领域，全面检查被检查单位是否履行公平竞争审查程序，政策措施是否存在排除、限制竞争等问

题。综合运用约谈整改、质效评估、案例通报等方式强化制度刚性约束。鼓励公平竞争审查联席会议创新监督检查的方式方法,可以通过听取汇报、座谈交流、查阅资料、现场走访等多种形式,重点检查各地联席会议机制运行、制度落实、增量审查和存量清理、产业政策与竞争政策协调等方面的情况,对发现的问题,及时督促整改落实;对成效显著的先进典型总结经验加以推广,对工作不支持、工作不力、违反要求的进行通报批评。建议采取多元的激励机制,全方位激发政策制定机关与工作人员的动力。一方面,可以将政策制定机关的公平竞争审查制度实施情况与政绩考核相挂钩,如将市场公平竞争审查实施成效作为二级指标纳入自治区营商环境评价指标体系,将公平竞争审查工作的完成情况作为法治政府建设的考核标准之一等;另一方面,应将公平竞争审查的实施情况纳入具体负责人员的个人业绩考核中。对于非常态的审查工作中存在的故意或者重大过失等失职渎职行为进行个人追责。

海南市场监督管理局公平竞争审查
第三方评估报告(2023)

武汉大学竞争法与竞争政策研究中心

第一部分　海南省市场监督管理局公平竞争审查制度落实的整体情况

在海南省市场监督管理局的密切组织下、海南省市场监督管理局反垄断局的大力配合下,本次评估工作历时2个月,最终按时完成了预期审查任务,现就海南省市场监督管理局的公平竞争审查制度落实情况整体介绍如下。

第一节　评估的基本数据

评估组在海南省市场监督管理局反垄断局的牵头组织下,对海南省市场监督管理局价格监督检查和反不正当竞争局、特种设备安全监察局、食品综合协调与食品安全抽检监测处、市场监督行政执法局、食品综合协调与食品安全抽检监测处等25个海南省市场监督管理局内设机构出台的相关文件以及海南省市场监督管理局内部公平竞争审查制度的落实情况进行了全面评估。

本次评估工作中,对评估文件的抽取工作分为两个方面。一方面,由评估对象海南省市场监督管理局提供发文目录,评估组对2018年10月至2023年9月发布的文件进行抽查,这一期间总发文数量达万件。依据文件所涉领域和评估对象的需求,评估组从上述文件目录中进行现场抽查,收集汇总了评估对象制定的涉及市场主体经济活动的有效的、正在实施的规章、规范性文件和其他政策措施。另一方面,对于涉及政府采购领域的文件,由第三方评估单位从"海南省市场监督管理局"的官方网站的通知公告中自行查找并进行抽取。

评估单位联络人对抽取文件进行了一一确认,最终,共抽取407份文件进行公平竞争审查。经过与评估单位的多次沟通,评估文件主要涉及招标投标领域、政府采购领域、优化营商环境措施领域以及其他领域。

第二节 支撑材料提交情况

在评估组调研期间,评估对象提供了需要进行评估审查的各项支撑材料,包括了如下几类:第一类是公平竞争委员会会议办公室工作规则、公平竞争委员会会议纪要和公平竞争委员会会议制发的年度或阶段性公平竞争审查工作要点等与公平竞争委员会的建设和运行有关的材料;第二类是宣传培训工作材料、制度落实情况相关文件、2019年至2023年的公平竞争审查工作年度总结等与内部公平竞争审查制度建设和落实情况有关的文件;第三类是公平竞争审查纳入发文办理系统的情况、征求意见程序规范等涉及公平竞争审查程序规范的材料;第四类是公平竞争审查台账、政策措施清理情况等与日常留痕、总结相关的材料;第五类是监督指导工作材料、投诉举报制度和制度创新情况等与公平竞争审查制度的保障举措相关的材料。

此外,团队核心骨干于2023年11月8日前往海南省海口市开展线下调研活动,评估对象对此给予了大力支持,特派相关领导和工作人员与评估组进行了座谈,双方展开了充分、深入的交流。同时,评估组还于线上与海南省市场监督管理局的联络人进行了多次沟通,先后对审查文件和支撑材料进行了多次补充确认,较为圆满地完成了资料的收集、整理和分析等工作。

第三节 评估面的效果分析

一、完善内部制度

首先,海南省市场监督管理局2019年发布了《海南省市场监督管理局开展公平竞争审查暂行规定》,并于2022年进行了修订,明确了公平竞争审查的范围、流程和责任机构。通过发布上述文件,建立起长效自我审查工作机制,规定按照"谁起草,谁审查"的原则,通过起草部门"自我审查+反垄断局复审"等形式,确保审查不走过场、不流于形式;对已出台的政策措施,则采取集中评估制进行公平竞争审查,政策起草单位提出存量文件的评估申请,由反垄断局负责统筹组织和实施评估。

其次,海南省市场监督管理局通过《海南省市场监督管理局关于进一步完善公平竞争审查工作机制的通知》成立公平竞争审查领导小组和领导小组办公室,加强海南省市场监督管理局公平竞争审查制度的内部统筹协调,并对于省局各单位公平竞争审查工作展开督察和指导。在领导小组办公室中,还建立了联络员制度,配齐配强审查工作力量。联络员负责及时传达领导小组办公室关于公平竞争审查工作的部署安排,总结、反馈本单位公平竞争审查制度落实情况等工作。这一制度安排有力地强化了公平竞争审查制度的内部协同和监管,确保了公平竞争审查工作的有序推进。

最后,海南省市场监督管理局将公平竞争审查制度纳入本部门业务培训内容。从《海南省市场监督管理局关于举办公平竞争审查制度与反垄断执法业务培训班的通知》《海南省市场监督管理局关于参加第八届中国竞争政策论坛的通知》《海南省市场监督管理局关于举办海南省市场监督管理系统公平竞争审查业务在线大比武的通知》等文件中可以看出,海南省市场监督管理局通过组织多次公平竞争审查相关培训,进一步提升了本部门人员对公平竞争审查制度的认识和理解。从访谈当中同样可以得知,海南省市场监督管理局每年都会进行公平竞争审查培训,相关工作人员对公平竞争审查的理解较为透彻。海南省还建立了公平竞争审查人才选拔和培养机制,通过各个市县、省级单位推进,通过评选,把选出来的人才纳入人才库当中,充实人员配置。

此外,海南省市场监督管理局还会每年定期公布《公平竞争审查工作情况报告》,对年度公平竞争审查工作情况进行总结,根据海南省市场监督管理局印发的 2019 年至 2022 年的《公平竞争审查工作情况报告》,海南省市场监督管理局近年来不断完善优化审查机制、落实健全审查制度、深入开展审查清理。

二、规范审查程序

为了全面落实公平竞争审查制度,优化公平竞争审查工作,海南省出台了《公平竞争审查制度实施办法(试行)》。该文件对公平竞争审查程序进行了更详细的规定,要求政策制定机关应当建立健全内部特定机构统一审查机制,严格实施统一审查程序。具体到海南省市场监督管理局的实践中来,在流程方面,该局的公平竞争审查流程主要分为三个步骤。第一个步骤,由起草处室自行判断,在发文表单当中判定文件是否需要进行公平竞争审查,如果需要进行审查,起草处室就要填写公平竞争审查表,在表中填写文件的基本情况、起草处室的公平竞争审查意见和征求意见的情况等,然后将相关材料和需要审查的文件一起留存。如果起草处室经过审批发现文件需要进行公平竞争审查,那么就进入第二个步骤,即由反垄断局进行复核。反垄断局会在发文表单和公平竞争审查表中都提出审查意见。反垄断局审查完之后,发文的流程会继续推进,第三个步骤,由分管的局领导进行最终审批。如此,将海南省市场监督管理局反垄断局的复核和分管局领导的审批作为公平竞争审查工作的必经程序,强化了省市场监督管理局公平竞争审查工作的程序性和规范性。

海南省市场监督管理局的公平竞争审查工作的开展取得了较好的效果,但在具体的文件审查过程中还存在进一步改进的空间。部分相关政策出台时并未附《公平竞争审查表》,常态化工作留痕有待提高,特别是日常整理和总结环节有待加强,建议海南省市场监督管理局在落实公平竞争审查工作时,应当严格按"一文一表"原则填写《公平竞争审查表》,形成明确的书面审查结论,并随文归档。

三、提高审查质量

在增量措施审查方面,通过海南省2022年到2023年的年度工作总结,可以发现,海南省市场监督管理局根据省公平竞争委员会的工作部署,按照本单位确立的审查清理机制,有序开展了增量审查,严格对照公平竞争审查标准进行了全面审查,审查流程规范,审查结论正确,经审查对认为具有排除、限制竞争效果且不符合例外规定的,不予出台。

在落实层面,海南省市场监督管理局创新研究机制,并且积极开展调研、交流学习,推动成立首个由政府竞争政策部门与高校共建的竞争政策研究机构。该局领导多次带队与海南大学、总局发展研究中心进行沟通协调,以期加强反垄断疑难案件的法理、经济学分析研究,开展公平竞争审查评估等专业性较强的工作。2019年9月,总局发展研究中心、海南省市场监督管理局与海南大学共同合作成立了中国(海南)竞争政策研究中心,成为支持竞争政策实施工作强有力的外部智库。此外,海南省市场监督管理局领导及工作人员与总局相关部门领导保持密切沟通,并专门拜访了武汉大学、海南大学等高校的专家学者,为强化竞争政策工作努力寻求多方支持和指导。

四、定期评估清理

总体来看,海南省市场监督管理局较好地开展了定期清理评估工作,清理范围全面,对存量政策的清理效果良好。《(2020年)海南省市场监督管理局关于开展妨碍统一市场和公平竞争的政策措施清理工作的通知》(琼反垄断办〔2020〕1号,以下简称清理文件)明确了对2019年12月31日前制定的存量政策措施开展评估清理,以自我清理为原则,重点清理海南自由贸易试验区、自由贸易港建设中涉及的三大领域十二大重点产业项目所包含的妨碍统一市场和公平竞争的各种规定和做法。文件依据市场监管总局发布的《公平竞争审查实施细则》,结合海南省实际情况,以及海南自由贸易试验区、自由贸易港等重点发展项目,列举了清理内容和重点,为包括海南省市场监督管理局在内的海南省各省直单位提供了明确的指引,使清理工作更方便展开。而且文件明确了清理的政策措施的类型范围,其中还结合2020年海南省市场监督管理局进行机构重组这一实际情况对清理范围进行优化,明确规定原工商、食药监、质监、价监等各单位制定的,且机构改革后职能仍在市场监管职能范围的规范性文件和其他政策措施仍属于此次清理的范围之内,使此次清理的范围合理且完善。并且,清理文件对于"其他政策措施"这一概念也进行了明确,指出了其他政策措施是指不属于省政府规章、规范性文件,但涉及市场主体经济活动的其他政策性文件,以及"一事一议"形式的具体政策措施(如会议纪要、批复)等。概念的明确可以减少执行过程中因不确定性而产生的疏漏,能够更为顺利地开展审查清理工作,更好优化市场竞争秩序。

从清理结果来看,海南省市场监督管理局通过定期清理活动,有效清理出了一批违背市场竞争秩序的文件,这说明海南省市场监督管理局认真贯彻落实了维护公平竞争秩序,建设全国统一大市场的精神,将清理工作落到了实处。所清理的文件类型包括规范性文件、其他政策措施等多种,清理文件范围包括食品、质量安全等多部门,清理文件原因也涉及各个方面,在清理公告中也能较为详细地解释清理的原因,例如《海南省市场监督管理局关于废止琼质技监量〔2018〕8号文的通知》文件中就详细地解释了违反公平竞争审查标准的原因,具有较强的公信力。这表明了海南省市场监督管理局较好地掌握了公平竞争审查制度,能够全面充分地对过往文件进行评估和清理。

但海南省市场监督管理局2019年之后进行自我审查没有发现存在涉嫌排除、限制竞争问题的文件。因此,仍建议海南省市场监督管理局提升文件定期清理频率,不仅要对存量文件进行清理,对于增量文件也要定期进行集中清理,以保证公平竞争审查制度的政策连贯性,坚持定期清理违背公平竞争政策的文件可以维护市场竞争秩序,促进市场运行效率,维护消费者福祉。同时,在清理工作中也要建立清理工作文件数量表、规章、规范性文件以及其他政策措施清理情况统计表并向社会公开,以继续提升清理工作的公正性和透明度。

五、举报回应处理方面

海南省市场监督管理局依照《中国(海南)自由贸易试验区反垄断委员会办公室关于印发公平竞争审查举报处理暂行办法的通知》,建立了举报回应处理制度。海南市场监督管理局规定了举报应当满足的实质和形式要件,明确了市场监督管理部门的受理范围,对受理机关的处理和回应时限进行了要求,建立并畅通投诉举报的受理渠道。

在调查阶段,海南省市场监督管理局要求受理机关在核实举报人提供的证据、事实和理由之外,还应当运用科学手段展开调查,必要时可以向有关组织和人员调查情况,听取政策制定机关申辩意见,征求专家学者、法律顾问、专业机构的意见。在对政策制定机关提出处理建议阶段,海南省市场监督管理局要求处理建议书当中载明的建议应当具体、明确,能够为政策制定机关提供具体的指引。与之相对的,在整改阶段,海南省市场监督管理局要求政策制定机关应当在规定期限内将整改情况以书面形式进行反馈,力求对存在应审查而未审查、违反公平竞争审查标准并妨碍统一市场和公平竞争问题的情况及时进行纠正。

当前海南省市场监督管理局虽然制定了举报回应制度,但在相关文件中并未规定进行投诉举报的具体渠道,只是规定可以通过"12345"热线进行举报。此外,在开展集中清理、执法行动的时候会在公开公告中公布邮箱或者邮寄地址等途径,尚未对公平竞争审查建立专门渠道。

此外,也并未提交相关评估材料证明其工作开展情况。通过访谈得知目前尚无针对投诉举报处理的相关台账，这是由于目前海南省市场监督管理局尚未收到专门针对公平竞争审查的投诉举报内容，收到的主要是针对行政性垄断的举报。建议海南省市场监督管理局进一步拓宽公平竞争审查投诉举报渠道，建立专门的网络受理信箱，保留投诉受理记录并制作台账，做到具体工作留痕、可回溯。

六、拓展创新方面

《海南自由贸易港公平竞争条例》规定应当推动运用互联网、大数据、区块链等现代信息技术进行智能化监管，认定竞争违法行为、预警识别影响公平竞争的市场运行风险，提升监管效能，预防和制止不正当竞争行为和垄断行为。但是智能化监管还停留在理论层面，并未有效落实到实际当中，在全省范围内仅在儋州开展过利用现有党政 OA 平台开展公平竞争审查，用"互联网＋"电子信息技术解决增量文件审查不规范、不周延的问题的试点。海南省市场监督管理局同样也通过内部 OA 系统进行数字化的公平竞争审查工作，但公平竞争审查信息化管理系统和数据库尚待完善，希望海南市场监督管理局能够继续完善这一做法，积极开展相关课题研究，将智慧办公、智能管理嵌入公平竞争审查当中，进一步提高公平竞争审查的工作水准。

第二部分　海南省市场监督管理局公平竞争审查制度落实示范做法

海南省作为全国第一个强化竞争政策试点实施省份，承担着市场化改革与对外开放战略中的关键角色。其作为先行示范区，在国内竞争政策实践方面进行的积极探索，对于构建其他省份可以借鉴的政策框架具有极大的价值。2021 年 7 月，习近平总书记主持召开的中央全面深化改革委员会第二十次会议中，强调了"围绕实行高水平对外开放，充分运用国际国内两个市场、两种资源，对标高标准国际经贸规则，积极推动制度创新，以更大力度谋划和推进自由贸易试验区高质量发展"[1]的重要性。在建设自由贸易

---

[1]《习近平主持召开中央全面深化改革委员会第二十次会议强调　统筹指导构建新发展格局　推进种业振兴　推动青藏高原生态环境保护和可持续发展》，载《人民日报》2021 年 7 月 10 日，第 1 版。

试验区和推进强化竞争政策试点的过程中,公平竞争审查制度扮演了重要角色,其通过对政府政策的严格审查和评估,确保政策措施不会对市场公平竞争产生负面影响,这一制度有效地促进了市场效率和透明度,为营造健康的竞争环境提供了坚实基础。公平竞争审查制度的落实不仅是我国自贸区建设和深入推进公平竞争政策实施题中应有之义,公平竞争审查制度的强化和创新也深刻影响着我国自贸区建设的成绩与社会主义市场经济的高质量发展。在上述背景下,海南省市场监督管理局通过创新公平竞争审查配套制度、充分发挥区域协同互查的竞争性监管效能、开展公平竞争审查业务培训与宣传引导和将公平竞争审查制度纳入政府绩效考核目录等公平竞争审查制度的创新实践,在全面落实公平竞争审查制度的基础上,进一步优化公平竞争审查的效率和质量,为自贸区的发展奠定了公平竞争的市场环境的基础。同时,也通过在机制统筹、制度建立、执法实践、理论研究、竞争文化宣传等方面进行的有益探索,为全国强化竞争政策基础性地位,落实和优化公平竞争审查制度提供了有力的支持和示范。

第一节　创新公平竞争审查配套制度

目前,我国公平竞争审查制度的审查模式是以政策制定机关的事前自我审查为主导,反垄断执法部门加强指导,同时加强信息公开,强化社会监督。实践中,公平竞争审查制度的落实主要依赖于政策制定机关的自我审查。在现有模式下,政策制定机关在公平竞争审查制度中存在角色冲突,难免会出现"主观上不愿审"和"客观上不会审"两者交织的情形。除此之外,也会出现公平竞争审查范围和标准不明确,自我审查约束机制较弱等问题。此时,就需要通过完善创新公平竞争审查相关配套制度来有效解决上述困境,促进公平竞争审查制度的更加全面和有效地实施。为此,海南省市场监督管理局在创新公平竞争审查配套制度方面进行了积极探索。

首先,海南省市场监督管理局将公平竞争审查模块嵌入现有党政 OA 办公系统,利用 OA 发文流程开展公平竞争审查,用"互联网+"的信息技术解决增量文件审查不周延的问题。《海南自由贸易港公平竞争审查制度实施办法(暂行)》第 5 条规定:"公平竞争审查作为必经程序纳入电子公文办理系统,实现全程留痕和可回溯管理。"目前,海南省市场监督管理局主要通过由起草单位在起草过程中进行公平竞争审查初审,省局指定的特定机构进行复核的形式来进行公平竞争审查,初审与复核所形成的《公平竞争审查表》上传至公文系统后才能提请局领导签批。这意味着公平竞争审查工作已成为海南省市场监督管理局各单位起草文件的一项必经前置程序。该措施一方面有助于规范审查范围和审查流程,确保涉及市场主体文件的"应审尽审";另一方面也可以借由办公系统助推公平竞争审查工作流程的自动化和规范化,提高协同工作效率,便于畅通单位内部的信息交流。同时,还能够实现公平竞争审查的全程留痕和可回溯管理,为政策制定和执行过程提供了可靠的记录和监督机制。这种机制使审查过程更加透明,为后续的督查和评估奠定基础。

其次,海南省市场监督管理局通过设置公平竞争审查联络员来实现跨机关之间的有效沟通和协调。《海南省市场监管局关于进一步完善公平竞争审查工作机制的通知》中规定:"领导小组办公室建立联络员制度,由省局机关各单位、各直属单位(以下统称各单位)公平竞争审查工作人员担任。联络员因工作变动等原因需要调整的,由所在单位及时报领导小组办公室。联络员负责及时传达领导小组办公室关于公平竞争审查工作的部署安排,总结、反馈本单位公平竞争审查制度落实情况等工作。"换言之,联络员制度的建立旨在确保省局机关各单位及各直属单位在公平竞争审查工作中的顺畅沟通和协调。联络员由各单位中具体负责公平竞争审查工作的人员担任,主要职责包括及时传达领导小组办公室关于公平竞争审查工作的部署安排,以及总结和反馈本单位在公平竞争审查制度实施方面的情况。他们在各单位中不仅担负起信息传递者的角色,同时也是各项审查工作落实的重要推动者。联络员需确保自己所在单位的公平竞争审查工作符合领导小组办公室的指导和要求,并对本单位的落实情况进行有效的总结和反馈。这一角色的设立,不仅加强了各单位之间的信息流通,确保了审查工作的高效进行,而且促进了各部门间的协作和共识形成。通过联络员的及时沟通和协调,海南省市场监督管理局能够确保公平竞争审查工作在不同单位间的一致性和连贯性,提高了公平竞争审查的效率和效果。

再次,海南省市场监督管理局通过落实《海南自由贸易港公平竞争委员会公平竞争审查工作约谈办法》(以下简称《约谈办法》),来强化公平竞争审查制度刚性约束,规范行政机关和法律法规授权的具有管理公共事务职能的组织制定出台政策措施排除、限制竞争行为的约谈工作。《约谈办法》

明确了约谈情形、约谈参加方、约谈方式、约谈流程等内容,同时规定要加强责任追究,对被约谈方超期未整改、落实整改措施不力的将进行通报或抄送上一级纪检监察机关和组织部门等,提出依法依规严肃处理建议等。约谈机制的实施是解决自我审查约束机制较弱问题的有效手段,在现有的公平竞争审查体系中,自我审查容易受到主观因素的影响,导致审查的不严格和不充分。通过实施约谈机制,就未履行公平竞争审查职责或者履行职责不力、造成不良后果等情况进行提醒、告诫和督促整改的谈话,可以有效地提高政策制定单位及其单位负责人对公平竞争审查重要性的认识,督促其及时整改,确保政策的制定和实施符合公平竞争的原则。除此之外,约谈机制的实施还可以使海南省市场监督管理局够及时识别和解决政策制定过程中的潜在风险和问题,避免这些问题演变成更大的市场失灵和公平竞争障碍。这种及时的干预和纠正,对于保持市场环境的健康和稳定发展至关重要。

此外,为了充分发挥社会的监督作用,海南省市场监督管理局还建立健全了公平竞争审查信息公开机制。其在 2022 年制定发布的《海南自由贸易港公平竞争审查制度实施办法(暂行)》第 19 条规定:"建立健全公平竞争审查信息公开机制,每年依法依规向社会公开公平竞争审查工作信息,包括但不限于下列内容:(一)经公平竞争审查出台的政策措施(有正当理由需要限定知悉范围的除外);(二)政策措施公平竞争审查目录;(三)对政策措施的清理情况和结果;(四)公平竞争审查年度工作总结。"信息公开在公平竞争审查制度中的必要性和重要性不容忽视,海南省市场监督管理局在建立健全公平竞争审查信息公开机制方面的努力,体现了对这一原则的深刻理解和承诺。当公平竞争审查工作信息向公众开放时,可以增强决策的透明度,政策制定者和审查者会更加谨慎和负责,从源头防止阻碍市场公平竞争政策措施的出台。通过公平竞争审查信息公开机制的实施,公众可以更有效地参与到监督过程中,对政策制定及政策审查的合理性和公正性进行评估,有效提升社会监督效能。同时,公平竞争审查信息公开也是建立公众信任,潜移默化营造社会公平竞争氛围、优化营商环境的重要手段。

最后,除了建立健全公平竞争审查信息公开机制以外,海南省市场监督管理局还依据《中国(海南)自由贸易试验区反垄断委员会办公室公平竞争审查举报处理暂行办法》(以下简称《举报处理暂行办法》)建立了完善的公平竞争审查举报处理回应机制。《举报处理暂行办法》明确规定了单位和个人就其认为海南自贸港内政策制定机关涉嫌未进行公平竞争审查或违反审查标准出台涉及市场主体经济活动的政策措施,向政策制定机关上级或市场监督管理部门举报的具体流程和受理机关处理举报的程序和时限要求。这意味着海南省市场监督管理局在公平竞争审查举报处理方面承担着重要的职责和作用。公平竞争审查举报处理回应机制的建立和完善,为市场主体和个人提供了一个正式的渠道来报告他们对政策制定机关可能的违规行为的疑虑,这不仅增强了公众对政策制定过程的参与感,也提高了政策制定的透明度和公正性。同时,《举报处理暂行办法》中还规定了具体的处理程序和时限要求,这为举报的处理提供了清晰的时间框架和操作指南,确保了处理工作的效率和时效性。这一点对于维护公平竞争环境的及时性至关重要,因为迅速的处理可以防止潜在的不公平竞争行为对市场造成更广泛影响。

综上所述,海南省市场监督管理局通过将公平竞争审查模块嵌入OA办公系统、建立公平竞争审查联络员制度、落实公平竞争审查约谈制度、建立健全公平竞争审查信息公开机制和举报处理回应机制等创新举措,有效地优化了公平竞争审查制度的实施,强化了公平竞争审查制度的刚性约束力。这些配套措施共同构成了一个旨在保障公平竞争审查的工作质效的审查体系,为构建和优化自己的公平竞争审查制度积累了宝贵的实践经验。

第二节　发挥区域协同互查的竞争性监管效能

在我国目前实行的公平竞争审查制度中,自我审查模式("谁起草,谁审查")是主要的实施方式。这种模式使公平竞争审查的职能被分散到各个政策制定机关之中。虽然海南省已经尝试实行机关内部集中统一审查,或者采用"起草机构初审+内部特定机构复核"的审查方式,但在实践中,由于各机关单位在公平竞争审查制度落实以及理解和执行公平竞争审查标准方面均存在一定差异,统一审查标准的问题仍然是一个挑战。这种差异可能会导致即便在同一政策制定体系内,不同单位对相似政策的审查结果可能大相径庭,从而影响整体审查工作的一致性和效果。同时,自我审查模式带来的公平竞争审查工作缺乏内生动力的问题,以及相关利益的影响,也可能会导致公平竞争审查趋向形式化。当审查机构身份的重合可能存在利益冲突,导致审查工作无法深入、全面地进行。此时,公平竞争审查就可能仅仅停留在表面,难以深入挖掘和审查出政策中可能违反公平竞争原则的细节,从而阻碍市场公平竞争的实现。此外,缺乏外部监督和评估的自我审查模式可能导致审查工作的标准和质量受到主观因素的影响。在这种情境下,政策制定机关可能会更倾向于维护自身利益,而非严格遵循公平竞争的原则,这在一定程度上削弱了公平竞争审查制度的有效性。为解决上述问题,海南省市场监督管理局通过实行区域协同互查的方式,采取跨机关抽查的模式,以提高公平竞争审查的客观性和有效性。

由《中国(海南)自由贸易试验区反垄断委员会办公室关于开展政策措施公平竞争审查交叉抽查的通知》《海南自由贸易港公平竞争委员会办公室关于开展政策措施公平竞争审查交叉抽查的通知》结合调研情况可知,海南省市场监督管理局牵头组织并参与了省级单位之间以及市县(区)政府及其5个部门之间的公平竞争审查交叉抽查。交叉抽查首先抽调相关单位公平竞争审查业务骨干组成抽查组,对被抽查省级单位或市县(区)政府及其5个部门出台的政策措施实施网上随机抽取,之后,抽查组对抽取的文件进行初步审查,并全面梳理抽查政策措施情况,分析存在的典型问题,提出有针对性的整改建议,形成交叉抽查报告上报公平竞争委员会办公室或联席会议办公室。办公室对文件进行组织重点核查,最后形成交叉抽查报告通报各单位,各单位根据报告进行整改落实和相关文件的废止、修改,并以适当方式向公众公开抽查结果。在2021年开展的市县(区)政府政策措施交叉抽查中,海南省共抽查840份文件,而到了2022年,通过实施省级单位政策措施公平竞争审查的交叉抽查,海南省已成功实现了政策措施交叉抽查的全省覆盖。这一实践显著提升了公平竞争审查制度的执行力度和覆盖范围,是海南省市场监督管理局在区域协同互查措施上的重要进步。通过这种区域协同互查措施的实施,海南省市场监督管理局有效地促进了公平竞争审查的深入和全面。

首先,实行区域协同互查有助于发现和纠正问题。当政策制定机关进行公平竞争审查时,可能存在地方利益的影响,如地方保护主义或对当地企业的偏袒。区域协同互查,即由抽调相关单位公平竞争审查业务骨干组成的抽查组参与公平竞争审查,可以有效减少这种地方利益的影响。从某种程度上说,交叉抽查机制通过引入公平竞争审查抽查组对地区制定的涉及市场主体经济活动的政策措施进行抽查,抽查过程相对中立,有助于避免单一视角带来的偏见和误解,确保政策审查的全面性和公平性。交叉抽查机制能够使监管机构在审查中发现其他区域的问题和不足,如对于审查标准理解的偏差、误解或审查标准的滥用。这种及时发现问题的机制对于保持政策执行的正确性和有效性至关重要。通过相互监督和评估,各地区的监管机构可以及时纠正这些问题,从而提升整个公平竞争审查体系的有效性。这种互相监督和反馈的机制有助于持续提高政策执行的质量和效率,确保公平竞争审查制度达到预期目标。

其次,区域协同互查有助于促进审查标准的统一,平衡各地区或单位的公平竞争审查实施情况,推动联动发展。通过跨区域的交叉审查,不同地区的监管机构能够更好地理解和适应统一的审查标准,减少因地域差异或理解问题而产生的标准不一致问题。这种统一性对于确保政策在全省或全国范围内的公平性和效率至关重要。同时,区域协同互查也可以确保各地区或单位在公平竞争审查实施方面的均衡发展,防止某些地区或单位在实施审查时出现较大的差异。这种均衡的发展有利于形成一个更加协调和统一的市场环境,促进经济的整体健康发展。

最后,实行区域协同互查还能强化审查效率,提高审查质量。不同地区或机关在公平竞争审查的实施中可能会积累不同的经验和技巧,通过区域协同互查,这些经验和技巧可以相互交流和共享,从而提高整体审查的效率和质量,同时,也可以优化资源分配和充分利用不同地区的专长和经验。在这个过程中,不同的政策制定机关可以根据其他政策制定机关的审查实践和抽查报告的反馈,不断优化自身的审查方法和流程。通过这种持续的互学互鉴和自我完善,公平竞争审查的方法将更加科学和规范,从而提高整个审查系统的质量。

综上所述,海南省市场监督管理总局通过区域协同互查的方式,以交叉检查的方式开展公平竞争审查检查,不仅有助于提高各政策制定机关的公平竞争审查意识,也有助于发现问题,帮助政策措施制定机关及时补短板、堵漏洞。它可以增加审查的全面性和深度,减少重复劳动和资源浪费,促进部门间的合作与协调,加强对跨部门案件的综合处理和统筹管理。只有通过跨部门的协同努力,才能确保公平竞争审查工作的高效进行,维护市场的公正竞争环境。

第三节　突出公平竞争审查的业务培训与宣传引导

公平竞争审查的重要性在于它是保障市场经济健康运行的核心机制之

一,而公平竞争意识的构建则是培育和弘扬公平竞争文化的基石。将公平竞争理念深植于人心,不仅是推动社会整体向更公正、更透明的经济环境迈进的关键,也是实现由外部强制性规则到内部自我约束的必经之路。这样的转变不仅能够促进市场主体自觉遵守竞争规则,还能够形成强有力的社会监督机制,共同推动公平竞争文化的形成和发展。同时,公平竞争审查工作本身具有一定的复杂性和专业性。特别是在涉及招商引资、产业扶持政策中的政府补贴、工程建设招投标、政府采购等领域,政策的制定和实施需要细致入微的考量,以确保不违背公平竞争的原则。在这些领域,即使是细微违反公平竞争审查的措施出台也可能导致大的市场扭曲。倘若负责审查的工作人员存在对于公平竞争审查工作的认识不到位、对审查标准和尺度把握模糊等问题,就容易出现该审未审、少审漏审、审查不严格或审查标准的误解和误用等问题。因此,确保每一位工作人员都能正确理解和应用公平竞争审查的要求,成为推进公平竞争审查制度的关键。面对构建公平竞争意识和提升公平竞争审查人员的工作能力的重要性和迫切程度,海南省市场监督管理局采取了一系列措施来突出公平竞争审查的业务培训与宣传引导,确保参与公平竞争审查的工作人员对公平竞争审查的要求有充分的理解和正确的应用,促进公平竞争文化的形成和发展。

首先,在对公平竞争审查人员的业务培训和对内宣传引导方面,自2019年至今,海南省市场监督管理局每年都组织多层次的公平竞争审查培训活动,这些培训活动不仅覆盖省级机关,也深入市县市场监督管理部门。培训的内容涵盖公平竞争审查的基本理论、相关法律法规、审查流程、案例分析以及操作技巧等多个方面,旨在全面提升工作人员的专业知识和审查技能。此外,海南省市场监督管理局在公平竞争审查人员的业务培训中采用了多样的形式来加强培训效果。例如,专题培训着重于特定领域或新出现的问题,以确保工作人员能够及时更新他们的知识库,并对特定领域的审查有深入的理解。实践培训则更侧重于操作技巧和实际案例的处理,这种实践导向的培训有助于将理论知识转化为实际操作能力,提升工作人员在面对复杂情况时的处理能力和判断力。同时,海南省市场监督管理局还邀请领域内的专家学者进行深入讲解和经验分享,对公平竞争审查工作中的难点痛点进行深入剖析,并交流制度落实经验,进一步提高审查人员的政治站位和业务水平。值得特别关注的是,2022年海南省市场监督管理局还组织开展了全省市场监管系统公平竞争审查业务技能大练兵、大比武活动,全省共有26支代表队伍、涵盖78名选手参与,他们通过在线平台进行了激烈的技能竞赛。此活动的举办不仅展示了市场监管人员在公平竞争审查领域的专业能力,也是对公平竞争审查实务操作技能的一次全面检验与提升,激发了基层骨干的工作热情。

其次,除了开展业务培训和公平竞争审查业务技能比拼活动以外,为进一步丰富公平竞争审查的知识体系并提供实用的学习资源,海南省市场监督管理局还组织编印了《海南自由贸易港公平竞争审查学习辅导百问》《海南自由贸易港公平竞争审查案例汇编》《公平竞争审查应知应会》《公平竞争审查制度文件汇编》《公平竞争审查案例汇编》等多本学习资料和制度汇编。同时,2023年7月,海南省市场监督管理局还录制发放了"公平竞争审查实务基础与海南实践"视频课程,以解决公平竞争审查工作越深入基层,对审查工作的认识、审查的标准与尺度把握越模糊的问题。其通过制度梳理、疑问解答、案例汇编、视频课程等形式,为省级机关和市县市场监督管理部门提供更加明确的工作规范指引和方法指导,让落实公平竞争审查制度有工具书及视频资料可以参考学习,便于公平竞争审查工作人员准确地理解与适用公平竞争审查制度。案例汇编和典型问题解答的形式一方面可以准确回应政策制定机关在自我审查中遇到的难点痛点,回答诸如对审查细则中重要概念理解和统一把握、对审查范围的把握、审查标准的判断以及发现问题后的解决方法等环节、领域内的集中问题;另一方面也可以帮助政策制定机关特别是基层政府职能部门更直观了解公平竞争审查制度、更深入把握公平竞争审查标准,便于其在自我审查过程中遇到问题时刻翻查对照,从而更有效地落实公平竞争审查制度,推动公平竞争文化的深入发展。

此外,海南省市场监督管理局在公平竞争审查工作对外宣传方面采取了多样化的宣传策略,旨在加强社会对公平竞争审查工作的了解和支持,同时促进公平竞争文化的普及和社会监督的深化。为此,该局充分利用了各类新闻媒体资源,采取了一系列创新且有效的宣传手段。一方面,海南省市场监督管理局通过拍摄宣传短片、印发宣传手册、在官方网站或微信公众号上发布相关新闻等方式,直观地向公众展示公平竞争审查的工作流程和重要成果。通过定期在官方网站和微信公众号上发布公平竞争审查工作相关的宣传内容,增强了与公众的互动和沟通的同时,也增加了公平竞争审查工作的可见度。另一方面，该局还通过制作和播放专题访谈节目、开展专题调研报道等多元化方式，加强对公平竞争政策的宣传和倡导。这些活动通过深入浅出的方式讲解公平竞争的重要性和审查工作的实际影响，加深了公众对公平竞争政策的理解和支持。此外，海南省市场监督管理局的宣传工作得到了包括《人民日报》、人民网、人民论坛、新华网、中国经济网、中新网等国内重量级媒体的大力支持与转载报道。这种全国范围内的媒体转载报道，使海南省市场监督管理局的公平竞争审查工作不仅在本地区产生了积极影响，也在全国层面上引起了广泛关注，进一步推动了公平竞争理念的传播和普及。

最后，海南省市场监督管理局立足于公平竞争审查工作的长远发展，创新建立了公平竞争审查人才的选拔和培养机制。根据调研情况所知，为了确保公平竞争审查工作的专业性和效率，该局设立了一套系统的人才选拔和培养流程，旨在从省级到市县级各单位中识别和培育具有潜力的公平竞争审查专家。该机制首先在省级单位和各市县单位中进行人才的筛选和评估，通过一系列的评选标准，如专业知识水平、工作经验、创新能力和实际操作能力等，挑选出表现突出的人才。然后，这些被选中的人才会被纳入专门的人才库中，这一措施不仅为优秀人才提供了发展和晋升的机会，也为公平竞争审查工作注入了新鲜血液。此外，海南省市场监督管理局还重视将这些人才派遣到基层单位，实现人员的专业化和实务操作能力的提升。在基层单位的工作经历不仅有助于人才更好地理解和掌握公平竞争审查的实际操作，还能够增强他们对于地方市场特性和需求的认识，同时，基层单位的公平竞争审查工作的质效也得以提升。通过这种选拔和培养机制，海南省市场监督管理局不仅确保了公平竞争审查工作由一批专业且经验丰富的人才来执行，还为未来公平竞争审查工作的持续发展和创新打下了坚实的基础。这种人才策略的实施，实现了公平竞争审查工作人员的专业化，解决了由于审查工作人员调动频繁，工作衔接不顺畅，审查工作专业性较强等所导致的相关部门对公平竞争审查业务不熟悉、不熟练，审查质量较低的问题，也为其他地区在公平竞争审查人才选拔和培养方面提供了可借鉴的经验。

综上所述，海南省市场监督管理局通过多层次的业务培训和实践指导、编印专业的学习资料和制度汇编、录制发放视频课程、采用多渠道宣传策略、建立完善公平竞争审查人才选拔和培养机制等措施,加深了公众、政策制定机关及公平竞争审查工作人员对公平竞争审查重要性的认识,提升审查工作的专业水平,并确保审查制度的有效实施。

第四节 将公平竞争审查制度纳入政府绩效考核目录

我国的公平竞争审查制度采取自我审查模式,审查主体与政策制定主体相同。这种角色的双重性可能会导致政策制定时的利益冲突,进而影响公平竞争审查的客观性和公正性。由于专业知识的不足,政策制定机关在进行公平竞争审查时可能无法有效识别和处理相关的市场竞争问题,导致审查工作难以有效执行。在上述两大问题的背景下,公平竞争审查工作的实际落实面临较大的挑战。工作人员在参与审查评估工作时普遍缺乏积极性。这主要是因为公平竞争审查制度的实施增加了各处室的工作量,并伴随一定的风险。行政机关和地方官员往往更注重地方经济发展任务,对产业政策存在倾向性,缺乏行政单位领导的积极倡导,使工作人员在实施公平竞争审查工作时缺乏内生动力。这不仅降低了审查的效率和有效性,还可能导致公平竞争审查趋于形式化的现象发生。

为了解决此问题,海南省市场监督管理局从2020年起将公平竞争审查制度落实情况纳入年度法治政府考核评估指标、依法治省(市、县)工作考核、全省质量工作考核、营商环境考核等多项考核之中,其考核结果计入绩效考核,实现公平竞争审查制度落实情况与绩效考核挂钩,以考核倒逼制度落实,提升审查内生动力。将公平竞争审查制度纳入政府绩效考核目录是十分重要和必要的,这一举措可以有效地缓解上述动机悖论和能力悖论带来的问题。一方面,它为公平竞争审查工作提供了明确的激励和监督机制,有助于提升政策制定机关在公平竞争审查方面的积极性和责任感,一定程度上能化解工作推动中的"堵点"和"矛盾",提升各联席会议成员单位与非成员单位的配合度。具体而言,绩效考核作为一种评价和反馈机制,使公平竞争审查的结果和效率将成为评价政策制定机关及其公平竞争审查人员的工作表现的重要指标,这能够促使政策制定机关对公平竞争审查工作投入更多的关注和资源,也可以促使其在制定和实施政策时更加慎重,确保政策设计和执行不仅符合市场竞争规则,还要能承受外部评价和监督的检验。通过指标增加对公平竞争审查制度落实情况的重视度,切实提高政策执行者的积极性和驱动力。另一方面，将公平竞争审查制度纳入政府绩效考核目录还能够促进政策制定机关提高自身的专业审查能力，保证公平竞争审查工作高质量完成，并进一步鼓励工作创新，实现以考核促提升。考核中所存在的"加分项"可以有效鼓励政策制定机关加强内部的专业培训，提高对公平竞争审查相关法律、法规的理解，促使政策制定机关在实际的审查工作中采用更加科学、规范的方法，提升公平竞争审查质效。同时，将公平竞争审查制度纳入政府绩效考核目录还可以促使政策制定机关定期自我评估和反思，及时发现和纠正审查工作中的不足，进而采取培训、引入专家等方式提升公平竞争审查工作能力，持续提高审查质量。这种持续的自我完善和提升过程，既可以确保公平竞争审查制度的有效实施，也有助于政策制定机关在公平竞争审查方面的能力提升，提高公平竞争审查的审查质量。

综上所述，海南省市场监督管理局将公平竞争审查制度纳入政府绩效考核目录，建立了较为完善的公平竞争审查制度激励机制，利用科学、合理、高效的激励措施来催发制度执行者的工作动力和落实制度要求的积极性。通过这种方式，可以有效提升政策制定机关在公平竞争审查方面的责任感和积极性，并鼓励政策制定机关提升自身的专业审查能力的同时进行工作创新，促进公平竞争审查工作更加规范、高效地展开，为实现市场经济的良性运行提供了坚实的保障。

第三部分　海南省市场监督管理局公平竞争审查工作完善的具体建议

第一节　单位内部建立公平竞争审查激励机制

评估过程中，评估组发现，一方面是公平竞争审查工作的难度较大，产业政策与竞争政策之间的矛盾逐渐凸显，在落实公平竞争审查工作中如何协调二者的关系极具挑战性；另一方面，工作人员对于落实公平竞争审查工作的主观意愿有待提高。从表面上来看，公平竞争审查制度的实施为内部各部门增加了工作量，并且此项工作还需要承担一定风险。行政机关及地方官员会重点关注地方经济发展任务，对于产业政策更为偏向，如果没有行政单位领导的积极倡导以及相应的激励机制，工作人员对于落实公平竞争审查工作的内生动力不足,实际操作过程中容易导致制度逐渐流于形式。故而,完备的监督机制也需要相应的激励机制与之匹配,需要通过科学、合理、高效的激励措施来催发制度执行者的工作动力和落实制度要求的积极性。

评估组建议采取多元的激励机制,全方位激发政策制定机关与工作人员的动力。在我国当前的干部选拔和政绩激励制度背景下,一方面,可以将政策制定机关的公平竞争审查制度实施情况与政绩考核相挂钩。如将市场公平竞争审查实施成效作为二级指标纳入省营商环境评价指标体系,将公平竞争审查工作的完成情况作为法治政府建设的考核标准之一等,以考核促提升,以考评促落实。如该做法在各市各部门得以推广,则一定程度上能化解工作推动中的"堵点"和"矛盾",提升各成员单位与非成员单位的配合度,保证公平竞争审查工作高质量完成,还可以进一步鼓励工作创新,推动涌现出更多"加分项"以向全省推广。这样,就可以通过指标增加对公平竞争审查制度落实情况的重视度,切实提高政策执行者的积极性和驱动力。海南省市场监督管理局在该方面已经有所建树,往后应继续完善公平竞争审查工作实施在法治政府建设中的指标体系建设,不仅在推动海南省市场监督管理局内部制度完善的同时也能助力全省公平竞争审查工作的推动。另一方面,应将公平竞争审查的实施情况纳入具体负责人员的个人业绩考核中。由此将制度的具体实施成效与相关负责人员的自身利益、晋升前景相关联。另外,考虑将公平竞争审查制度落实情况进行定期公示,表彰正面榜样的同时也要对负面典型进行揭示批评,以此将公平竞争审查制度的落实情况与各处室的声誉挂钩。

第二节 细化公平竞争审查考核体系的具体指标

评估组在评估过程中发现,虽然在制度层面上将落实公平竞争审查制度情况纳入全省法治建设、综合绩效考核等指标体系,但具体的占比仍不固定,也没有对更详细的指标去赋分。对此,建议在海南市场监督管理局内部明确考核的要点、建立内部考核体系。这有助于提高政府采购、招标投标活动较多,与经营主体活动联系较为紧密的价格监督检查和反不正当竞争局、特种设备安全监察局、食品综合协调与食品安全抽检监测处、市场监督行政执法局、食品综合协调与食品安全抽检监测处、特种设备检验所等处室对公平竞争审查的重视程度。具体来讲，内部考核可以考虑围绕组织领导、机制运行、日常工作、培训宣传等整体方面，积极配合反垄断局开展的公平竞争审查的相关工作，做好目标文件留痕，不漏审缺审、落实"一文一表"、积极参与相关培训并记录等细节方面对公平竞争审查内部实施进行综合评估打分。在一些优秀的经验中可以看到，攀枝花市在全省率先将公平竞争审查工作纳入法治政府考评，《攀枝花市2022年度法治政府建设工作考评细则》中，通过打分的形式，将公平竞争审查工作纳入法治政府考评，倒逼和督促各县(区)政府和市级部门认真履行审查职能、规范审查流程、提升审查质效，为公平竞争审查制度落地生根提供了有力保障。

第三节 对重点领域文件进行定期抽查和清理

在本次评估过程中，评估组发现，市场监督管理局内部制定市场主体相关文件的处室对公平竞争审查工作重视程度有待提高并且应对一些重点领域的目标文件进一步开展相关审查工作。针对此种情形，评估团队建议海南省市场监督管理局建立健全内部的定期抽查与清理制度，并配套建立相应的定期分析报告机制。定期抽查、清理制度和定期评估、报告机制有利于及时掌握本单位制度的真实情况和现实发展状况，也便于根据评估和报告所反馈的情况，制定本单位下一步的调整方向和完善重点。

首先，建立完善的内部定期抽查与清理制度。通过对存量政策进行二次筛选和排查，有序清理和废除妨碍全国统一市场和公平竞争的各种规定和做法。其次，建议充分重视对于重点领域的文件抽查与评估，尤其要注重招投标与政府采购等易出错的关键领域。这些领域属于行政性垄断的高发"地带"，在定期抽查与清理时需进行重点关注。再次，对于定期抽查与清理过程中发现的问题文件应当作出及时处理。一旦发现已发布的存量文件中涉嫌妨碍全国统一市场和公平竞争的，需及时予以废止或者修改完善。最后，对于定期抽查与清理制度的具体实施，可以交由反垄断局统一进行。同时，还需要对市场主体反应比较强烈、问题暴露比较集中的规定和做法进行重点抽查，并要求其限期整改。

第四节 逐步强化内部信息公开工作

海南自由贸易港公平竞争委员会印发的《海南自由贸易港公平竞争委

员会公平竞争审查信息公开办法(试行)》强调"各级公平竞争办应当将公平竞争审查信息公开情况纳入公平竞争审查督查、评估等工作内容。政策制定机关应当将公平竞争审查信息公开情况纳入年度公平竞争审查工作总结",体现了信息公开对于公平竞争审查的现实重要性。但海南省市场监督管理局内部有关公平竞争审查工作的信息公开并未完全落实。针对此种问题,评估组建议在不断深化公平竞争审查工作的过程中,逐渐落实以下公平竞争审查信息公开工作:第一,扩展公平竞争审查信息公开的阶段。在审查开始前的阶段公开公平竞争审查工作计划,便于公众提前掌握参与时间、内容,提高公众参与的效率;在审查进行的阶段公开公平竞争审查表及审查依据,便于公众有针对性地提出意见或建议,丰富公众意见或建议的说理依据;在审查完成后的阶段公开公平竞争审查报告及公众意见采纳情况报告,便于公众了解意见的采纳范围、程度和理由,提高公众参与的热情。第二,深化公平竞争审查信息公开程度。首先针对《海南自由贸易港公平竞争委员会公平竞争审查信息公开办法(试行)》的要求,对制度范围内应公开的内部制度实施情况进行依法公开,其次对存量文件不仅公开其公平竞争审查结果,还需公开每项政策措施审查结果的依据、理由和影响等内容。对增量文件不仅要公开其征求意见稿,还需同时公开公平竞争审查表证明已经通过审查,以及制定背景、依据、目的、影响范围和程度等背景信息。强化公众知情内容的深度是解决政府和公众信息不对称问题的关键所在,也是提高行政机关工作透明度的必要之举。

第五节 利用数字技术提高审查的智慧化水平

在对海南省市场监督管理局公平竞争审查制度落实情况评估过程中,评估组发现,公平竞争审查的政策措施在形式和内容上涉及面广泛,加之政策制定机关数量众多,导致公平竞争审查的对象范围较大,审查人员囿于专业性,也难以对公平竞争审查范围内文件进行全面审查。对此,丰富信息化手段是行之有效的方式。海南省市场监督管理局可以考虑建立公平竞争审查智慧辅助平台,与公文管理系统相结合,在公文签报过程中或公布前对其是否符合公平竞争审查制度要求进行智能化检测。采用前沿的人工智能技术与机器学习等智能算法相结合的方式,实现政策文件等基础数据自动检索、自动归档、自动更新,文件审查及时开展、及时反馈,确保审查无遗漏、过程可追溯、事后可监督。积极引入数字化审查手段,实现公平竞争自审、会审在线审查。同时,通过数据监测系统将量化的竞争损害成本与政策措施取得的其他效益进行对比分析这一功能,帮助政策制定机关更好适用公平竞争审查例外规定。如果建立审查智慧辅助平台成本过高,也可以引入第三方大数据监测应用,对涉及市场主体经济活动的规范性文件和其他政策措施进行公平竞争审查大数据监测评估。利用关键词搜索,对存量政策措施文件进行全面清理自查,通过机器的初筛确定涉及市场主体的文件,可以大大减少审查人员的重复工作量,实现存量政策措施文件清理全覆盖、全记录。同时,系统还可以定期对违反公平竞争审查的政策措施文件进行采集、分析和研判,掌握各单位排除、限制市场竞争的风险点,对风险大、频率高的单位出台文件前进行针对性指导和事前预警。

宜昌市公平竞争审查第三方评估报告(2023)

武汉大学竞争法与竞争政策研究中心

第一部分　宜昌市公平竞争审查第三方评估的主要内容

第一节　被评估单位名单

本次公平竞争审查制度落实情况第三方评估工作的对象单位为以下单位(50家)：

宜昌市人民政府办公室、宜昌市发展和改革委员会、宜昌市公安局、宜昌市自然资源和规划局、宜昌市农业农村局、宜昌市应急管理局、宜昌市统计局、宜昌市供销合作社联社、宜昌市教育局、宜昌市民政局、宜昌市生态环境局、宜昌市地方金融工作局、宜昌市医疗保障局、宜昌市林业和园林局、宜昌市畜牧兽医中心、宜昌市科学技术局、宜昌市住房和城乡建设局、宜昌市文化和旅游局、宜昌市人民防空办公室、宜昌市住房公积金中心、宜昌市乡村振兴局、宜昌市国有资产监督管理委员会、宜昌市卫生健康委员会、宜昌市交通运输局、宜昌市财政局、宜昌市经济和信息化局、宜昌市民族宗教事务委员会、宜昌市人力资源和社会保障局、宜昌市水利和湖泊局、宜昌市退役军人事务局、宜昌市市场监督管理局、宜昌市城市管理执法委员会、宜昌市烟草专卖局、宜昌市税务局、宜昌市机关事务服务中心、宜昌市公共资源交易中心(36家)。

宜都市政府、枝江市政府、当阳市政府、远安县政府、兴山县政府、秭归县政府、长阳土家族自治县政府、五峰土家族自治县政府、夷陵区政府、西陵区政府、伍家岗区政府、点军区政府、猇亭区政府、宜昌市高新区管委会(14家)。

第二节　工作部署落实情况评估

评估团队根据公平竞争审查制度要求和宜昌市实际情况前期拟定了科学的调研评估提纲，作为评估单位自我评估审查的参照标准，包括被评估单位的基本情况、公平竞争审查机制的建立情况、本单位单独出台和联合出台公平竞争自我审查的实施情况、本单位对涉嫌违反公平竞争文件的整改情况，通过各单位调研评估提纲复函等方式对印发方案、建立机制、督查指导、宣传培训等方面进行重点评估，并了解各单位落实公平竞争审查工作中遇到的困难和阻碍，结合评估组前期搜集的支撑材料，相互补充、相互印证，确保评估资料的真实性、客观性和全面性。

第三节　增量措施审查和存量政策措施清理情况评估

一、线上全面审查复核

在进行增量措施和存量措施审查资料收集期间，受疫情客观因素制约，评估团队线上通过宜昌市各级政府部门网站公开的涉及市场主体经济活动的政策文件和市属各部门通过市市场监督管理局报送的政策文件进行全面审查、复核，筛选违反公平竞争审查的问题线索。增量措施重点评估自我审查范围是否全面、审查流程是否规范、审查结论是否科学，存量政策措施重点评估清理任务是否完成、清理范围是否全面、清理结果是否准确。

二、支撑材料收集

为了便于更好有理有据地推进评估工作，评估团队结合我国市场监管总局和湖北省建立公平竞争审查制度的相关指导意见，制定了评估指标，其中基本项是国家建立公平竞争审查制度中"强制"要求的必须项；鼓励项是"鼓励"政府部门积极探索尝试的"非强制"项，相关指标内容均可以通过提交支撑材料的方式辅助评估，对此评估团队制定了材料清单，其中，基本项对应关键材料清单，鼓励项对应鼓励材料清单。

三、材料汇总评估

评估团队通过对宜昌市各政府部门网站公开的涉及市场主体经济活动的政策文件进行汇总，对材料进行评估审查，按照各项指标的具体表现综合打分。

第二部分　宜昌市公平竞争审查制度落实情况整体介绍

一、评估基本数据

本次评估，评估团队在湖北省宜昌市市场监督管理局牵头组织下，对宜昌市人民政府办公室、宜昌市发展和改革委员会、宜昌市公安局、宜昌市自然资源和规划局、宜昌市农业农村局、宜昌市应急管理局、宜昌市统计局、宜昌市供销合作社联社、宜昌市教育局、宜昌市民政局、宜昌市生态环境局、宜昌市地方金融工作局、宜昌市医疗保障局、宜昌市林业和园林局、宜昌市畜牧兽医中心、宜昌市科学技术局、宜昌市住房和城乡建设局、宜昌市文化和旅游局、宜昌市人民防空办公室、宜昌市住房公积金中心、宜昌市乡村振兴局、宜昌市国有资产监督管理委员会、宜昌市卫生健康委员会、宜昌市交通运输局、宜昌市财政局、宜昌市经济和信息化局、宜昌市民族宗教事务委员会、宜昌市人力资源和社会保障局、宜昌市水利和湖泊局、宜昌市退役军人事务局、宜昌市市场监督管理局、宜昌市城市管理执法委员会、宜昌市烟草专卖局、宜昌市税务局、宜昌市机关事务服务中心、宜昌市公共资源交易中心（36家）。

宜都市政府、枝江市政府、当阳市政府、远安县政府、兴山县政府、秭归县政府、长阳土家族自治县政府、五峰土家族自治县政府、夷陵区政府、西陵区政府、伍家岗区政府、点军区政府、猇亭区政府、宜昌市高新区管委会（14家）。

共计对50家单位的公平竞争审查制度落实情况进行全面评估。

本次评估工作中，评估团队线上在宜昌市政府部门成员单位官方网站中政府公开信息板块，收集汇总了2021年10月至2022年11月，成员单位制定的市场准入、产业发展、招商引资、招标投标、政府采购、经营行为规范、资质标准等涉及市场主体经济活动的有效的、正在实施的规章、规范性文件和其他政策措施。根据公平竞争审查评估工作有关文件和资料清单的显示，本次公平竞争审查第三方评估工作所审查的内容不仅包括对成员单位的存量政策措施、文件的审查，还包括对体制机制的进一步考察。其中经过评估单位项目联络人的一一确认，宜昌市市场监督管理局提供的公平竞争审查的文件共有413份,主要涉及政府补贴资助领域、工程建设招投标领域、政府采购领域以及其他领域的文件。

二、支撑材料提交情况

评估团队通过对宜昌市各政府部门官方网站公开的涉及市场主体经济活动的政策文件进行汇总,并线上与宜昌市公平竞争审查联席会议办公室多次沟通,先后对审查文件和支撑材料进行了补充确认,较为圆满地完成了资料的搜集、整理、分析等工作。

三、规范性文件评估情况

本次评估工作共评估文件413份,经评估论证发现问题文件共计30份,主要涉及违反"市场准入和退出标准"、"商品和要素自由流动标准"和"影响生产经营成本标准",特别是在政府补贴、政策优惠等领域较多。

四、评估面的效果分析

宜昌市各评估单位的公平竞争审查制度落实较为全面,工作中认真贯彻该项制度,支持该项工作的展开。调研评估资料显示,宜昌市基本按照要求建立了公平竞争审查制度,并支持公平竞争审查工作的开展。但是,该项制度的落实,尤其是在内部制度建设和规范审查程序两个方面需要进一步强化和完善。

(一)完善内部制度方面

宜昌市市场监督管理局通过建立自我审查长效机制和规范的审查流程、开展公平竞争审查业务培训以及明确对下级对口部门的业务指导等,已经建立起较为完善的内部制度,有利于公平竞争审查工作的顺利推进。

具体来说,包括如下方面。一是出台印发《宜昌市公平竞争审查联席会议办公室关于印发〈公平竞争审查会审办法等4项工作制度〉的通知》《宜昌市公平竞争审查联席会议办公室关于印发〈市公平竞争审查联席会议制度(修订稿)〉的通知》《宜昌市政策制定机关违反公平竞争审查制度举报受理办法》《宜昌市公平竞争审查联席会议办公室关于成立宜昌市公平竞争审查专家咨询委员会的通知》等工作方案,积极开展涉及市场经济文件和政策措施的审查和清理工作,形成了《宜昌市自我公平竞争审查情况评估报告》,充分发挥公平竞争审查联席会议制度作用,积极推进公平竞争审查工作实施,落实审查要求。

二是宜昌市市场监督管理局根据《关于落实〈湖北省市场监督管理局关于印发服务建设全国统一大市场行动方案的通知〉的专项工作通知》的要求,积极开展公平竞争审查评估工作,并总结了违反公平竞争原则的典型情形,根据现实情况提出了具体化的工作建议。

但是,各部门内部实施制度仍有待进一步细化。具体来说,今后宜昌市市场监督管理局以及各评估单位可以从以下三个方面完善内部制度:一是将公平竞争审查业务培训工作常态化,定期开展公平竞争审查专项培训,并注重保留培训记录,做到工作留痕、可回溯。二是可以进一步优化公平竞争审查联席会议的组建,择优遴选联席会议工作人员,并实行动态调整机制,进一步加强联席会议对于下级对口部门业务指导的针对性。三是探索公平竞争审查制度的保障机制,重点关注对于相关政策执行者的激励机制建构,通过科学、合理、高效的激励机制的实施来保障政策执行者的工作动力和贯彻制度要求的积极性,从而推动公平竞争审查制度的有效实施。此外,各成员单位所构建的审查模式是否扎实落实公平竞争审查制度的要求亦是以后须重点关注的问题,无论是税务局的权益性审查,还是多数部门的相关政策措施出台前置的合法性审查,均须界定和建立其与公平竞争审查的联系与区别,不能将不同的审查模式、审查要求、审查标准、审查目的相互混淆。

(二)规范审查程序方面

首先,宜昌市市场监督管理局出台了相应文件,严格按照《公平竞争审查实施细则》的各项要求对审查程序进行规范和细化。宜昌市市场监督管理局在2022年10月13日召开2022年度宜昌市公平竞争审查联席会议,组织各成员单位进行重点的学习和培训,扎实落实《公平竞争审查实施细则》的各项要求,并要求各单位开展涉及市场经济文件和政策措施的审查和清理工作。

其次,各单位严格按照公平竞争审查程序、针对部门特性开展了自我审查工作。通过《宜昌市自我公平竞争审查情况评估报告》可以看出,宜昌市市场监督管理局及各成员单位落实自我审查原则,对相关文件进行公平竞争审查,未经公平竞争审查的不出台或提交审议。

但是,在具体的文件审查过程中,多数相关政策出台时并未附《公平竞争审查表》,建议各成员单位落实公平竞争审查工作时,应当严格按"一文一表"原则填写《公平竞争审查表》,形成明确的书面审查结论,并随文归档。另外,建议各成员单位可以进一步以颁布内部工作指南等方式进一步明确负责复核工作的特定机构,或负责统一审查工作的特定机构,以文件的方式将该特定机构固定下来,进一步规范审查程序。如此一来,规范化的程序设置将可以进一步强化对于本部门出台法规、规范性文件等抽象行政行为的指引。

(三)提高审查质量方面

总体而言,宜昌市市场监督管理局在提高审查质量方面,严格把控例外规定审查标准、在审查增量措施文件方面也有所行动。并综合运用了征求专家学者和法律顾问等意见、向反垄断执法机构提出咨询以及强化社会监督这三种形式,既保证了公平竞争审查的专业性和准确性,又提升了人民群众对于公平竞争审查工作的满意度,有利于增强其行政行为的公信力。

在后续工作中,各成员单位可以从以下两个方面进行完善:一是进一步对增量措施及例外规定政策制作清单以规范审查程序,提升审查质量。二是注重发挥市公平竞争审查联席会议办公室的作用。公平竞争审查联席会议办公室作为部门内部擅长、精通公平竞争审查相关知识的专业人员汇聚部门,各成员单位还可以考量通过向联席会议办公室提出咨询的方式,以进一步提高审查质量。

(四)定期清理评估方面

总体而言,在定期评估清理方面,各成员单位定期开展相关工作,清理范围全面,清理情况良好。宜昌市监局及时布置各县市区联席会议和各成员单位认真清理排查"排除、限制公平竞争"政策措施,要求各成员单位对本部门、本单位2020年1月1日以来制定的规范性文件和政策措施进行全面清理。截至2021年7月30日统计,全市共清理排查2279件,发现问题67件,拟修改3件,拟废止64件;其中,全市本级23家成员单位清理排查424件,发现问题5件,拟修改2件,拟废止3件。

并且,宜昌市市场监督管理局注重发挥第三方评估机制在清理评估工作中的作用。《宜昌市公平竞争审查联席会议办公室关于印发市公平竞争审查联席会议制度(修订稿)的通知》中显示:建立市公平竞争审查专家咨询论证机制和引入第三方评估审查机制。委托具有资质能力的高等院校、科研院所、专家咨询机构等第三方评估机构对全市公平竞争审查工作进行评估。探索引入第三方评估机构,同时要引入具有资质的高等院校、律师事务所、专业咨询机构等进行审查,是对公平竞争审查工作强有力的措施。

(五)举报回应处理方面

宜昌市公平竞争审查联席会议办公室建立了举报回应处理渠道,并有序开展了相关工作。通过《宜昌市政策制定机关违反公平竞争审查制度举报受理办法》可以发现,文件明确宜昌市加大公平竞争投诉举报制度的建设。然而,当前虽然有畅通的投诉举报渠道,也对投诉举报意见及时作出了回应,但是投诉举报处理相关台账需得到落实。建议各成员单位进一步拓宽投诉举报渠道,建立网络受理信箱,保留投诉受理记录并制作台账。

(六)拓展创新方面

在拓展创新方面,宜昌市市场监督管理局及各成员单位创新审查方式,加强交流学习,积极学习已系统建立公平竞争第三方评估审查机制地区的先进经验,探索引入第三方评估机构,与此同时,还需要引入具有资质的高等院校、律师事务所、专业咨询机构等进行审查。在具体成果上,宜昌市向全市成员单位发出《宜昌市公平竞争审查联席会议办公室关于成立宜昌市公平竞争审查专家咨询委员会的通知》,充分体现出宜昌市对待公平竞争审查工作的严肃态度与拓新精神,也取得了切实成效。

第三部分 宜昌市落实公平竞争审查制度的完善建议

第一节 评估对象建设公平竞争审查制度的针对性措施

一、加强单位领导班子的公平竞争审查培训工作

评估团队建议应逐步建立健全对单位领导班子的公平竞争审查培训制度。通过加强对单位领导班子的培训工作,狠抓制度落实,着力强化领导班子成员对竞争中立的理解,从而在领导管理层率先培育竞争文化,有助于自上而下地推动公平竞争审查制度的有效实施,带动单位整体对于竞争理念的认知适应市场发展。

为确保公平竞争审查制度的贯彻落实,单位领导班子应对实施公平竞争审查制度有足够的认可和支持,并发挥好模范带头和引领作用,保障公平竞争审查制度的理念和要求在整个单位得以正确传达。首先,为了确保公

平竞争审查制度真正落地生根,切实发挥作用,要做好针对领导班子的政策文件解读和宣传工作。只有领导班子对于公平竞争审查的认识到位,才能带动其他行政人员工作成效的提高。其次,建议通过邀请专家开展探讨会、举办专题培训、内部媒体宣传等形式加强对领导班子的培训,使领导班子成员对《建立公平竞争审查制度的意见》《公平竞争审查实施细则》等相关文件有更加深入了解。并且要将针对领导班子的公平竞争审查业务培训工作常态化,定期开展公平竞争审查专项培训,并注重保留培训记录和培训成果展现,做到工作可回溯。最后,坚决杜绝培训形式化,每一次培训工作均应当有成果展现,避免对培训工作的敷衍塞责而流于形式。

二、规范公平竞争审查制度的流程

评估团队建议应当将公平竞争审查模块嵌入OA办公系统,将公平竞争审查工作作为本单位起草文件的一道必经前置程序,借助办公系统提高工作效率,也便于畅通单位内部的信息交流。在落实公平竞争审查制度的工作流程中应当有的放矢,明确工作重点。首先,借由办公系统助推公平竞争审查工作流程的自动化和规范化,提高协同工作效率。其次,注重资料管理的规范性,工作人员应当对公平竞争审查相关的各类文件按照一定标准进行分类保存。再次,明确落实"谁起草,谁审查"的公平竞争审查原则,并加强单位内部各处室之间的工作信息互动,通过"各自审查为主、相互学习为辅"的方式优化审查程序。最后,建议宜昌市探索成立负责公平竞争审查复核工作的特定机构或者工作小组,对所有以宜昌市名义出台的相关文件进行公平竞争审查的集中复核审查,并明确规定需要定期开展集中复核审查,以此规范审查程序的流程。

三、单位内部建立公平竞争审查激励机制

评估团队建议单位内部建立一套完善的公平竞争审查激励机制,通过科学、合理、高效的激励措施来催发制度执行者的工作动力和落实制度要求的积极性,从而推动本单位公平竞争审查制度的实施成效。我们建议应当采取多元的激励机制,全方位激发工作人员的动力。一方面,可以定期开展宜昌市各部门内部的公平竞争审查知识竞赛等活动,对于表现优异者给予相应的荣誉或者适当的物质奖励;另一方面,应将公平竞争审查的实施情况

纳入具体负责人员的个人业绩考核中。由此将制度的具体实施成效与相关负责人员的自身利益、晋升前景相关联，当属对工作人员最为高效的激励方式。此外，评估组认为还应当对各部门的公平竞争审查制度落实情况进行定期公示，表彰正面榜样的同时也要对负面典型进行揭示，以此将公平竞争审查制度的落实情况与各部门的声誉挂钩。

四、做好常态化工作的留痕

评估团队建议宜昌市各部门应当特别重视日常工作存档、留痕的态度，注意加强日常整理和总结环节。一方面，需要按照规定开展工作，严格按照"一文一表"的原则填写《公平竞争审查表》，对每一份起草的文件都要形成明确的书面审查结论，并将之随文归档。除此之外，落实公平竞争审查制度须从细微处着手，以内部硬性规定的形式对日常工作的基本标准和工作记录作出要求，保障审查过程中的每一项工作、每一个环节均有迹可循、有据可查。另一方面，可考虑将需要留痕的工作形成常态化流程，把相关工作记录汇编成册、统一保存，对各类培训事项、培训活动也要进行详细记录，注重保留培训记录，做到工作具有可回溯性。单位内部全体成员须形成常态化工作留痕意识，做好常态化工作的留痕并逐步形成就公平竞争审查留痕工作的良好习惯，保障发布的每一份文件均符合公平竞争审查要求，每一份公平竞争审查表均有签字、有日期、有盖章，实现全程留痕和可回溯管理。

五、对审查标准的遵守情况进行严格把控

评估团队建议建立健全责任追究机制以实现相关工作人员对于审查标准的严格遵守。

一方面，针对审查工作人员的专业素养不足的现实问题，须加强业务培训和指导，增强工作人员对公平竞争审查标准的认知深度和准确度，严格把控审查标准和审查尺度，将合法性审查与公平竞争审查合理区分，最大限度地消除能力缺失导致对审查标准遵守情况不佳。另一方面，对于审查工作中存在的故意或者重大过失等失职渎职行为进行个人追责，制定配套规范的责任认定程序和标准。一旦公平竞争审的复核工作中发现明显违背审查标准的情形，必须对直接负责人问责。此外，建立健全单位内部机构之间的沟通协商机制，加强处室之间针对审查标准的定期交流，以此形成互相答疑和互相监督的良性循环,使公平竞争审查真正做到可监督、可检查、可问责,从而保障审查工作的客观性和有效性。

六、对重点领域文件进行定期抽查与清理

评估团队建议宜昌市各部门建立健全定期抽查与清理制度,并配套相应的定期分析报告。定期抽查、清理制度和定期评估、报告机制有利于及时掌握本单位制度的真实情况和现实发展状况,也便于联席会议根据评估和报告反馈情况为本单位下一步调整方向和完善重点作出监督。

首先,建立完善的定期抽查与清理制度。通过对存量政策进行二次筛选和排查,有序清理和废除妨碍全国统一市场和公平竞争的各种规定和做法。其次,建议充分重视对于重点领域的文件抽查与评估,尤其要注重政府补贴、工程建设招投标与政府采购等易出错的关键领域。这些领域属于行政性垄断的高发"地带",在定期抽查与清理时需进行重点关注。再次,对于定期抽查与清理过程中发现的问题文件应当作出及时处理。一旦发现已发布的存量文件中涉嫌妨碍全国统一市场和公平竞争的,需及时予以废止或者修改完善。最后,对于定期抽查与清理制度的具体方式,可以交由各单位的法规科统一进行。对市场主体反应比较强烈、问题暴露比较集中的规定和做法进行重点抽查,抽查结果及时反馈给市监局,并要求其限期整改。

第二节 对国内其他地区公平竞争审查制度的经验借鉴

一、制发高质量公平竞争审查实务操作手册

各行政机关对于公平竞争审查制度的推进落实拥有较大的自主权,可以根据本单位实际情况决定具体负责审查工作的人员配置、审查流程等工作细节。鉴于宜昌市目前在公平竞争审查工作中存在的内部机制不完善、人员配置不充足、对于审查标准的把握不到位等客观困境,评估组建议通过制定高质量的公平竞争审查实务操作手册为本单位的工作完善提供指引。

制定高质量的公平竞争审查实务操作手册,也已成为国内其他地区或部门较为成功的一种做法,也为这些单位的公平竞争审查制度取得了一些成效。例如,某省某市的公平竞争审查联席会议办公室编制了《公平竞争审查操作指南》,形成了程序规范、可操作性强、简便易学的公平竞争审查实用工作手册,为全市公平竞争审查工作提供了专业化、标准化和规范化的操作指引。深圳市国资委也出台了《深圳市国资委公平竞争审查操作规程》，按照要求建立健全市国资委公平竞争审查机制，不断提升国资监管科学化、规范化、法治化水平，细化了公平竞争审查工作，推动国有企业依法公平参与市场竞争。因此，评估团队建议宜昌市可以根据本单位工作特色，编制兼具实用性与专业性的公平竞争审查实务操作手册。通过尽可能详细的操作指引，明确公平竞争审查的责任主体、审查范围、审查标准、审查程序以及审查结论的运用等，印发给各部门交流学习和贯彻落实。

二、注重第三方评估机构的外部监督作用

公平竞争审查作为一项正处于建设完善中的制度，各行政机关中负责审查的多数工作人员尚且缺乏相关工作知识和经验，对公平竞争审查制度的理解和把握也有待提高。在激励机制缺位的情况下，公平竞争审查难以成为单位工作的重点，各部门的自我审查工作容易陷入困境，加之自我审查具有审查主体众多且分散的不足，可能造成审查标准的不统一，需要注重发挥第三方评估机构的外部监督作用。

第三方评估机构对于公平竞争审查制度往往有着更深层次的理论理解，其所具有的第三方中立性的立场也更能够保障文件审查的公正性。通过引入第三方评估机构，可以借助第三方评估机构在专业性、效率性等方面的优势，稳固或强化公平竞争审查工作的效能。宜昌市应当建立长效的第三方评估机制，委托高等院校、科研院所、专业咨询机构等进行公平竞争审查，对本单位制度落实、审查清理、制度实施和评估配合等情况进行专业评估，作为公平竞争审查下一步改进工作的指引。对于拟发布政策文件和已发布文件均可咨询第三方评估机构的意见，同时政策制定机关应当在书面审查结论中说明征求评估相关情况。

三、发挥公平竞争审查联席会议的外部监督作用

《公平竞争审查实施细则》第4条明确指出："县级以上地方各级人民政府负责建立健全本地区公平竞争审查工作联席会议制度（以下简称联席会议），统筹协调和监督指导本地区公平竞争审查工作，原则上由本级人民政府分管负责同志担任联席会议召集人。联席会议办公室设在市场监管部门，承担联席会议日常工作。"联席会议作为一个协调本市公平竞争审查整

体工作的议事机构,应当扮演"承上启下、组织协调"的角色。

评估团队建议,宜昌市在公平竞争审查工作中要着力推进联席会议制度的建设,强化与联席会议,以及联席会议成员单位之间的沟通协调,充分发挥联席会议作用。一方面,制度文件的过程中需要向联席会议寻求帮助。公平竞争审查工作联席会议负责重大政策措施会商会审工作,对存在较大争议或者与其他部门意见难以协调一致的政策文件,可以提请同级公平竞争审查联席会议协调,联席会议认为确有必要的,可以召开会议进行协调。经过联席会议的充分论证,再决定是否可以出台这些文件。另一方面,可以在联席会议的指导下完善本单位的内部审查工作机制,包括明确审查部门、审查程序、实质性审查内容及程序性审查步骤。通过加强与联席会议的交流,发挥其他成员单位的智慧。另外,也可以通过宜昌市联席会议监督各部门的公平竞争审查工作质量,确保专人专岗,提升岗位稳定性,压实工作职责,筑牢审查基础,利用公平竞争审查联席会议努力推进公平竞争审查工作制度化、规范化、常态化。

四、强化公平竞争审查的业务培训与宣传引导

针对宜昌市各部门存在工作人员专业性有所欠缺的现象,评估组建议定期开展业务培训。除了派相关代表参与市场监管局或全市公平竞争审查联席会议组织的公平竞争审查业务培训外,本单位还应当组织更具有针对性的业务培训。具体来看,业务培训应当由法规科牵头组织,接受培训的对象可以确定为各科室负责公平竞争审查工作的具体负责人。通过邀请对公平竞争审查制度相关理论有深入了解的专家学者进行现场讲解,采取互动答疑的形式,实现提升本单位工作负责人对于公平竞争审查工作的整体认知水准与业务水平。

评估团队建议宜昌市各部门强化公平竞争审查的宣传引导工作。在对内宣传方面,可以制定公平竞争审查宣传手册或操作指南等纸质资料,将其放在单位办公场所或电梯内,供工作人员随时翻阅查看。在对外宣传方面,需要充分利用各类新闻媒体加强公平竞争审查工作的相关宣传。例如,通过拍摄宣传短片、印发宣传手册、在单位官方网站或者微信公众号上进行相关新闻的推送等方式,让外界能够充分了解公平竞争审查工作情况,同时也便于单位接受社会公众的监督。

附件 《公平竞争审查条例》出台的时代背景、现实意义以及未来展望

伟大的变革时代,需要伟大的变革制度,公平竞争审查制度就是当今变革时代的一项变革制度。公平竞争是市场经济的核心和灵魂,在我国社会主义市场经济发展和建立现代市场体系进程中,坚持公平竞争和实现竞争法治始终是其最基本特征和最重要要求。党的十八大以来,随着我国构建高水平社会主义市场经济体制,党中央制定一系列公平竞争重大政策,完善公平竞争监管体制机制,深化公平竞争监管实践,推动我国公平竞争治理进入新阶段。作为国家维护市场公平竞争秩序的顶层设计——公平竞争审查制度,历时八年不断发展和完善。从2016年6月制度建立,到2022年6月《反垄断法》将其纳入法律,再到2024年6月《公平竞争审查条例》正式公布,标志着公平竞争审查制度的法治化和体系化又向前迈出坚实一步。

一、《公平竞争审查条例》出台的时代背景

我国产业政策与竞争政策之间产生严重制度张力。21世纪初,产业政策对于市场与竞争的干预得到强化。随着中国改革开放的不断深入与市场经济的发展成熟,站在全国统一大市场和国家整体、长远发展利益立场,产业政策的不良效应日趋显著,其局限性主要体现在政府与市场、中央与地方、地方与地方的三维关系中。

政府与市场的关系。改革开放之前,计划经济体制居于主导地位,政府直接干预经济活动。改革开放初期,中国作为转型经济体,政府干预市场的行为还广泛存在,突出表现在产业政策上。我国产业政策存在政府路径依赖和长期偏好,具有政策工具繁多、规模庞大、影响范围广泛等特征。在政府干预和产业政策占据主导地位的情况下,对市场竞争产生负面影响。虽然党中央在十八届三中全会以来适时提出"让市场在资源配置中起决定性

作用和更好发挥政府作用、确立竞争政策基础地位",要求各级政府正确把握竞争政策和产业政策的关系,然而改革至今,政府干预与市场竞争即"政府与市场两只手"的关系没有得到根本缓解。

中央与地方的不同关注点。中央政府的政策制定着眼于宏观经济利益与社会福利的最大化,以及国家长期战略的实现,强调政策的整体性、前瞻性和综合性,同时关注经济安全和可持续性等多维因素,旨在通过产业结构的优化升级强化国家在全球经济体系中的竞争力。相对而言,地方政府更侧重于区域利益的最大化,包括增强地方产业的竞争力和追求区域经济增长。同时,地方政府决策过程中还可能受制于官员任期和政绩评价体系的影响,倾向于关注能够迅速带来经济收益和政治成绩的"短平快"项目,把政府的资源向国有企业和大企业倾斜,往往忽视长远可持续发展和扶持民营经济中小企业的重要性。

地方之间的相互竞争。中国地方政府间的 GDP 竞赛被广泛认为是推动经济快速增长的关键因素之一,站在政府主导资源配置立场和地方发展视角也许具有一定的合理性,但站在市场决定资源配置立场和国家长远整体发展视角,这种"竞赛"对市场竞争的危害、对中小企业发展信心的减损、对国家整体利益和长远发展的损害,却是明显的。这种地方政府间的竞争,不仅体现在地方政府间的经济角逐,也反映在为推进区域产业发展而制定的各类政策措施上。首先,地方政府官员在制定和实施产业政策时,主要出于推动辖区内企业和产业发展这一目标。其次,在零和博弈的政治晋升环境中,地方政府在产业政策的实施上呈现出割据性。"下管一级"的人事任命机制使同级别的地方官员共处一个竞争单元,限制了官员间的合作空间,导致产业政策的分别实施。具体表现在:第一,为了争夺资源和机会,有的地方政府可能制定针对性产业政策,引发区域间局部竞争;第二,有的地方政府通过实施地方保护政策,保护本地企业免受外部竞争的影响,以促进本地企业和产业的增长;第三,面对上级考核和经济发展的双重压力,有的地方政府更倾向于制定全面发展本地产业链的政策,以实现本地经济效益最大化。这种策略可能导致区域间产业发展缺乏协同,形成区域内产业互补但区域间联系薄弱的局面,与新时代全国统一大市场建设要求不符。

《公平竞争审查条例》的公布实施正值国家发展战略从产业政策向竞争政策转型的关键时期,《公平竞争审查条例》从把握新发展阶段、贯彻新发展理念、构建新发展格局实际出发,遵循市场经济体制从低级阶段向高级阶段发展的规律,在《反垄断法》对公平竞争审查制度作出原则性规定基础上,以行政法规的形式对公平竞争审查的对象、标准、机制、监督保障等作出全面、系统、详细的规定,旨在规范政府干预行为、优化资源配置、降低制度性交易成本、调动经营者积极性和创造性方面发挥重要作用。《公平竞争审查条例》以第3条"公平竞争审查工作坚持中国共产党的领导,贯彻党和国家路线方针政策和决策部署"为统领,围绕"国家加强公平竞争审查工作,保障各类经营者依法平等使用生产要素、公平参与市场竞争"这一核心目标,在宏观和微观层面展现出公平竞争审查制度丰富的法治意涵。宏观方面,以助力构建统一开放、竞争有序的市场体系为基本要求,将牢牢把握保护和促进公平竞争的基础地位,积极推动有效市场和有为政府更好结合作为实现该要求的应然目标;微观方面,以着力通过做"减法"即减轻企业的竞争负担和做"加法"即增加企业的竞争机会相结合的方式,共同优化市场化法治化国际化营商环境,鼓励企业在公平竞争的市场环境中不断创新,促进新质生产力的成长和壮大。

二、《公平竞争审查条例》出台的现实意义

(一)公平竞争审查制度向法治化体系化迈出关键一步

公平竞争审查制度志存高远,从产生那天起,就以深入推进经济体制改革、全面推进依法治国、实现创新驱动发展、释放市场主体活力为使命。然而,2016年国务院印发的《建立公平竞争审查制度的意见》,只是一份作为"软法"的规范性文件,刚性约束不强,实施效果不理想。2019年的《优化营商环境条例》,强调以"保障各类市场主体公平参与市场竞争"作为优化营商环境的主要举措,其第63条第1款规定,"制定与市场主体生产经营活动密切相关的行政法规、规章、行政规范性文件,应当按照国务院的规定进行公平竞争审查"。这是我国首次将公平竞争审查制度纳入行政法规之中,初步实现了该项制度的法治化。2022年完成首次修订的《反垄断法》,其第5条规定,"国家建立健全公平竞争审查制度。行政机关和法律、法规授权的具有管理公共事务职能的组织在制定涉及市场主体经济活动的规定时,应当进行公平竞争审查"。该项制度成为国家重要法律的一项重要规定,刚性约束大大增强,法治化又向前迈进了一大步。然而,毕竟公平竞争审查制度是一项重大制度,高度抽象和概括的《反垄断法》不能够完全包容制度的全部内容,还需要制定一部专门的行政法规将更多的制度内容囊括其中,《公平竞争审查条例》的出台,使该项重要制度向着法治化体系化又迈出了坚实的一步。

(二)为又好又快建设全国统一大市场助力国内市场高效畅通和规模拓展提供更有力的制度保障

《公平竞争审查条例》通过建立统一的市场规则和公平竞争的制度环境,助力解决地方保护、行业封锁等顽疾,打破区域市场壁垒,促进资源在全国范围高效配置,为建设全国统一大市场提供了坚实的法律保障。《公平竞争审查条例》以四大标准保障市场的高效运行与公平竞争。市场准入与退出标准的建立,为市场主体提供了明确的进入和退出机制,确保市场的开放性和流动性,规范市场秩序,避免市场失灵。商品要素自由流动标准的确立,保障生产要素在全国范围自由流动和高效配置,消除地方保护主义对资源流动的阻碍,促进市场一体化发展。影响生产经营成本标准通过规制地方政府的歧视性、特定性奖励补贴政策和税收优惠政策,确保市场的公平性和透明性,降低企业生产经营成本,提升市场整体效率。影响生产经营行为标准通过规范政府对市场主体经营行为的干预,维护市场秩序的稳定和营商环境的公平,促使企业在公平竞争的环境中提升创新能力、产品质量和服务水平,增强市场竞争力。

此外,《公平竞争审查条例》第 15 条明确指出,国家鼓励有条件的地区探索建立跨区域、跨部门的公平竞争审查工作机制。这一条款的设置具有深远意义。一方面,其推动区域之间的协调合作,通过跨部门的联动,增强了政策执行的统一性和协调性,有助于消除区域壁垒。另一方面,有助于形成更为综合和系统的公平竞争审查体系,提升审查工作的覆盖面和有效性,从而更好地促进全国统一大市场建设。

《公平竞争审查条例》及其所确立的标准体系,从源头上保障企业竞争机会公平、规则公平、手段公平,在法律实施中确保市场准入与退出的合理规范、资源要素的自由流动、生产经营成本的有效控制以及经营行为的规范化,从而实现不同所有制、不同规模、不同注册地的企业公平竞争。这不仅是对实质正义标准的再次重申和倡导,更是对社会主义市场经济和中国式现代化道路的深刻洞见与准确诠释,并且将这一认识精确地融入了法律制度之中,切实为建立健全既统一又公平的市场基础制度规则提供强大动力和坚实保障。

(三)充分发挥制度效能完善现代市场体系建设推动有为政府与有效市场有机结合

《公平竞争审查条例》的出台作为深化经济体制改革的重要举措,不仅为现代市场体系的构建提供了坚实的法律基础,更进一步奠定公平竞争审查制度作为经济法中"合宪性审查机制"的核心地位。《公平竞争审查条例》全面涵盖所有涉及经营者经济活动的法律、行政法规、地方性法规、规章、规范性文件及具体政策措施,首次明确"负责法律起草的行政机关"负有公平竞争审查职责,通过扩展适用范围,将公平竞争审查的覆盖面从最初的规章及政策措施,扩大到包括所有层级的法律法规政策措施等。审查范围"全覆盖"打破了层级限制,使政府"有形之手"必须尊重市场公平竞争规律、将"有形之手"打造为"市场公平竞争友好之手"成为可能。

《公平竞争审查条例》明确国务院和地方政府建立公平竞争审查协调机制的要求,确立中央与地方的联动机制。国务院市场监管部门负责指导和督促公平竞争审查制度的实施,县级以上地方人民政府市场监管部门在本行政区域内组织实施这一制度。该机制安排实现了公平竞争审查工作的全国协调统一,确保政策执行的高效性与一致性,提升了政策出台的科学性和合理性。通过中央与地方协同合作的机制设计,在保障公平竞争审查的全覆盖和高效运转的同时,进而增强市场治理的整体性和系统性。

《公平竞争审查条例》第14条规定,县级以上人民政府出台或提请本级人民代表大会及其常务委员会审议的政策措施,需经起草部门初步审查后,再由市场监督管理部门进行二次审查。其赋予市场监督管理部门更高的职能,通过多层次、多部门的审查机制,增强了审查工作的有效性和权威性,有效防止不当行政干预对市场的扭曲,维护市场的良性运行。

(四)营造公平竞争市场环境激发各类经营主体发展活力优化市场化法治化国际化营商环境

《公平竞争审查条例》在首条中明确提出"规范公平竞争审查工作,促进市场公平竞争,优化营商环境,建设全国统一大市场"的宏伟目标,不仅为公平竞争审查工作确立了清晰的方向,更凸显了其在构建全国统一大市场和优化营商环境中的关键作用。尤为重要的是,第3条第2款进一步细化该目标,明确保障各类经营者依法平等使用生产要素、公平参与市场竞争。这一规定确保市场主体能够在一个公平、公正、透明的市场环境中展开竞争,充分激发其创新动力和发展活力,从而为经济高质量发展注入强劲动力。

近年来,我国格外关注世界银行营商环境报告,对标国际先进水平,不断优化营商环境。国务院在颁布的《优化营商环境条例》中明确提出建立市场化、法治化、国际化营商环境,这是以市场主体为本位、加强市场主体的平等保护、推动服务型政府建设的宣言,其中也将公平竞争审查作为优化营商环境的重要措施。

进一步来讲,市场化意味着坚持公平公正原则,坚决破除市场准入壁垒和不合理的体制机制障碍,依法保障各类市场主体在政府采购、招标投标、税收优惠等方面的公平待遇,实现市场准入畅通、开放有序、竞争充分、秩序规范,最大限度地激发市场主体活力和社会创造力。法治化意味着通过严格的公平竞争审查程序,确保各级政府依法行政,减少人为干预和政策的不确定性,增强法律的权威性和可预期性。《公平竞争审查条例》将公平竞争审查纳入法治政府建设和优化营商环境的考核评价内容,进一步强化了法治在市场经济中的基础地位。法治是最好的营商环境,通过完善市场领域的法律制度、以公正监管促进公平竞争,能够全面提升市场化法治化水平。国际化包括"引进来"和"走出去"两个层面。"引进来"是指高标准对接先进的国际竞争法规则,对标全球营商环境评价标准,更加主动学习和吸收世界银行关于"宜商环境"对竞争要素的全新认识,着重打造法治化、国际化、便利化的国际一流营商环境。"走出去"是指主动提炼和总结具有我国特色的成熟竞争法制度,通过《公平竞争审查条例》出台的契机,积极与国际通行的竞争政策接轨,推进我国公平竞争审查制度的国家版本,由国内走向国际。这对于当今世界部分国家肆意以国家安全和产业政策为名干涉市场主体的公平竞争和交往秩序而言具有重要意义。

(五)助力培育和发展新质生产力促进发展质量变革、效率变革、动力变革

新质生产力,作为以科技创新、绿色发展和高效治理为核心的新型生产力,代表了未来经济发展的方向。《公平竞争审查条例》的出台,反映了中国在新时代背景下通过制度创新引领全球经济发展的雄心和能力,也展示了其对新质生产力的深刻理解和战略部署,从法治层面深刻影响了新质生产

力的培育和发展。习近平总书记指出:"新质生产力的显著特点是创新,既包括技术和业态模式层面的创新,也包括管理和制度层面的创新。"[1]《公平竞争审查条例》作为公平竞争审查制度进一步深化的制度创新成果,不仅是发展新质生产力的本质体现,同时承载着鼓励创新、加快形成新质生产力的重要时代使命。

当前我国经济发展进入新常态,必须依靠创新驱动来推进经济持续健康发展。企业是创新的主体,公平竞争是创新的重要动力。《公平竞争审查条例》通过提供一个保护和激励创新的法律环境,消除影响公平竞争、妨碍创新的各种制度束缚,为大众创业、万众创新营造公平竞争的市场环境。公平竞争不仅是市场经济的基本原则,更是激发创新活力、推动经济高质量发展的关键。新质生产力不仅依赖于市场主体的创新能力,还需要高效的政府治理体系作为支撑。习近平总书记强调:"发展新质生产力,必须进一步全面深化改革,形成与之相适应的新型生产关系"[2]《公平竞争审查条例》通过明确政府在市场监管中的角色和职责,要求政府主动破除一些束缚市场公平竞争的"陈规旧矩",通过准确把握对市场干预的"度",让市场竞争来检验新质生产力发展的质量。

值得一提的是,《公平竞争审查条例》新增"为促进科学技术进步、增强国家自主创新能力"的例外规定,其充分考虑到科技创新在我国实际国情和发展阶段的特殊性以及竞争机制在少数特定领域的局限性,当科技创新政策给社会带来的利益远大于其可能对市场竞争产生的不利影响时,这项新增内容有助于将实现科技创新目标对市场竞争的影响控制在最小范围内。与此同时,《公平竞争审查条例》需要对生态保护政策进行充分尊重与让位,应坚持生态优先的理念,落实例外规定中的绿色豁免制度,确保国家公权力主体能够在法律框架下为保障环保利益而实施适度与合理的国家限制竞争行为,从而培育新质生产力,促进经济社会发展全面绿色转型。

---

[1] 习近平:《开创我国高质量发展新局面》,载《求是》2024年第12期。

[2] 《发展新质生产力是推动高质量发展的内在要求和重要着力点》,载《求是》2024年第11期。

三、公平竞争审查制度的未来展望

(一)制定规章指南:继续健全制度的法治化体系化

公平竞争审查制度的法治化体系化不会止于作为行政法规的《公平竞争审查条例》这一层级,还需要通过陆续制定公平竞争审查的重大事项会审、第三方审查、抽查、督查、举报、约谈、合规、激励等规章、指南,多维度完善法治体系,逐步健全公平竞争审查制度法律体系,切实增强该项制度的可操作性,保障审查工作能够在法治框架内全面落实。法治化体系化的公平竞争审查制度在政府与市场之间架起牢固可靠的公平竞争桥梁,使两者能够在维护市场公平竞争和促进经济高质量发展中形成合力。

(二)细化审查标准:提升制度的精确性与可操作性

《公平竞争审查条例》坚持问题导向,进一步优化四大标准,建立了涵盖经营主体生命周期、经营全链条的审查标准体系。但《公平竞争审查条例》中的标准整体基本沿用《公平竞争审查实施细则》中的二级标准,在以下几个方面有待完善:其一,审查标准语义不清。"特定经营者""不合理""歧视性"等表述乃审查标准中的重要违法要件,不同审查主体对同一用词或有不同理解,易致分歧。其二,兜底条款适用存在障碍。《公平竞争审查条例》中四大标准都设置对应的兜底条款,将未穷尽列举的情形涵摄于"其他"的规定中,但应涵盖在兜底条款内的行为界定并不清晰,缺少判断依据。其三,竞争评估操作性不明。现行标准以"不得"设置禁止性条款。但所禁止的行为后果如何,是否毫无例外都具有反竞争效果,尚无法一概而论,虽然标准试图通过设置例外规定来解决此问题,但由于缺乏竞争评估的基础,往往导致基层审查人员出现不敢适用或适用有误的局面。

因此,面对公平竞争审查实践中,政策措施数量庞大、基层人员审查能力有待提高、工作时效性要求高的现实处境,公平竞争审查制度立法理应继续细化《公平竞争审查实施细则》中的三级标准,使其更加具备可适用性。首先,列举式标准是公平竞争审查制度有效落实并服务于基层实践的基础,通过归纳实践审查重点,以细化、整合、新增、删除列举式条款的方式健全现有标准。其次,标准应同时兼具实践类型化的列举式标准与实质抽象化的一般性标准,在搭建好审查标准的整体框架体系之后,通过对审查标准中的审查对象和行为、竞争影响和判断标准进行要件式解构,增强公平竞争审查标准的自主性、整体性和体系性。最后,强调例外规定中重要概念的精确性以及标准的可量化性与可验证性。在概念定义与目标厘定方面进一步作出细致界定,在标准设定方面采用更具精细化和客观化的评估指标,突出例外规定设计的可操作性。

(三)补强监督保障体系:完善制度与提升效能

我国现阶段在审查主体上采取了"自我审查为主、有关机关指导备案、社会监督补充"的多元复合审查模式。虽然《公平竞争审查条例》要求特定政策文件需由市场监管部门进行第二次审查,但考虑其在地方政府面前话语权不强,加之执法资源和执法赋能不足,决定了公平竞争审查模式在当下的客观现实下不得不维系。

为避免自我审查模式主导下出现"主观上不愿审"和"客观审查质量差"的情形。在内部监督保障中,首先,应进一步将公平竞争审查制度实施成效纳入官员政绩考核的评价指标内,并构建起精细化、可量化的评价指标体系,以便对制度落实情况进行全方位的监测和反馈,从而充分调动审查人员维护市场公平竞争秩序的积极性。其次,必须进一步提高上级机关、市场监管部门对政策制定机关的威慑力和约束力,结合已有的行政责任,继续压实民事责任、刑事责任,视情节严重程度对制定政策者的失职行为给予相称的惩处并公开。最后,以《公平竞争审查条例》出台为契机,鼓励地方政府组建专业的审查队伍,为地方提供充足的人手保障。

在外部监督保障中,第一,注重审查信息公开。明确信息公开的方式和期限,同时重视审查结果与过程的全面公开。第二,细化征求意见制度。明确征求意见的具体程序和形式,充分利用网络平台和新媒体对拟定政策进行说明,再通过书面意见收集、座谈会、听证会、网络直播等形式广泛听取利害关系人和社会公众意见。第三,畅通公众投诉举报渠道。明确投诉举报所需的事实、证据等基本信息要件,同时建立更完善的举报反馈机制,明确反馈的内容、流程、时限,督促举报信息接收部门尽快调查、处理、公开回应举报内容。第四,推广第三方评估机制。第三方评估机构不仅具备补充性、修正性和再审查性,还能有效弥补自我审查的不足,通过问卷调查、指标评估和数据分析等方法,对政策进行客观、独立、公开的定性和定量分析,与政策制定机关的自我审查相辅相成。

(四)创新审查机制:前瞻探索与深化应用

为深化智慧监管理念下的审查机制创新,市场监管部门必须重视数据采集和分析系统的构建,通过数据驱动的监管模式,及时发现潜在违反公平竞争的线索和趋势。然后,风险预警和预防机制的建立,进一步夯实了市场监管的基础。通过建立风险预警模型和监测指标体系,识别可能存在的市场异常情况,并采取相应的预防措施,降低市场风险的发生概率。另外,各部门之间的数据共享与合作,是实现全面监管的关键。市场监管部门与其他相关部门通过建立信息共享和合作机制,能够充分利用各方的数据资源,更全面、准确地了解企业经营状况和政策实施情况,切实提高政策制定机关公平竞争审查的质量和效率。

与此同时,为响应《公平竞争审查条例》探索建立跨区域、跨部门的审查工作机制要求,应在地区自建平台的基础上探索创建一个有助于协调、互动的全国公平竞争审查交流平台,在该平台上建立政府审查经验分享、重要信息披露等机制,同时增加公众投诉、举报以及听证等参与途径,拓宽公众参与政府决策的渠道,这将有助于地方公平竞争审查制度的统一实施,并能协调各地的经济政策,增强地区经济发展的互补性。

后　记

本书分为理论和实践两大部分。本书是在武汉大学竞争法与竞争政策研究中心主任孙晋教授领导组织协调下，其和中心全体成员尤其一批批博士生的集体智慧和汗水的结晶。理论成果的作者和参与各个公平竞争审查第三方评估项目的成员都被视为本书的参与者。

对本书编撰出版作出贡献的中心人员名单如下（按姓氏笔画排序）：

万召宗、卫才旺、马姗姗、马太华、王贵、王帅、王牧、王迪、王晓倩、王金广、尹强、冯涛、邝磊、刘腾岳、朱公欢、孙晋、孙凯茜、李心怡、何楸苗、张松、杨卓儒、余欣然、阿力木江·阿布都克尤木、帕孜丽娅·玉苏甫、孟凡雨、周灿、胡旨钰、钟原、袁野、顾瑞琪、徐则林、黄咏祺、谌立芳、彭正航、曾满子、蓝澜、雷林轩、雷昊楠、蔡倩梦、黎盼盼。

本书的编撰和出版得到中心主任孙晋教授主持的国家社科基金重大项目"适应新时代市场监管需要的权力配置研究"（项目编号：20&ZD194）的经费支持，为该项目的阶段性重要研究成果之一。

最后，也是最重要的，本书能够高质量高效率付梓面世，与法律出版社法治与经济分社社长沈小英编审的关心和重视分不开，与陈妮副编审认真负责的编校密不可分，感谢两位编辑老师的辛勤付出。

囿于作者水平有限，书中错漏难免存在，尚祈读者海涵并不吝指正！